JN097982

コロナ危機の経済学

提言と分析

小林慶一郎・森川正之 編著

日本経済新聞出版

コロナ危機の経済学＊目次

序 章 ──────── 森川正之
コロナ危機と日本経済 ……………………………………………………… 005

第1部　今、どのような政策が必要なのか

第**1**章 ──────── 小林慶一郎・奴田原健悟
コロナ危機の経済政策
──経済社会を止めないために「検査・追跡・待機」の増強を ……… 027

第**2**章 ──────── 鶴光太郎
コロナ危機の現状、政策対応及び今後の課題
──「大いなる制度変化」に向けて ……………………………………… 043

第**3**章 ──────── 八田達夫
パンデミックにも対応できるセーフティネットの構築 …………… 059

第**4**章 ──────── 佐藤主光
コロナ経済対策について──財政の視点から ……………………… 077

第**5**章 ──────── 小黒一正
迅速な現金給付と「デジタル政府」の重要性
──COVID-19の出口戦略も視野に …………………………………… 095

第**6**章 ──────── 戸堂康之
コロナ後のグローバル化のゆくえ ……………………………………… 111

第**7**章 ──────── 山下一仁
新型コロナウイルスと食料安全保障 …………………………………… 125

第**8**章 ──────── 楡井 誠
社会的距離政策・外部性・デジタル技術 …………………………… 141

第**9**章 ──────── 土居丈朗
コロナ危機で露呈した医療の弱点とその克服 ……………………… 155

第**10**章 ──────── 中川善典・西條辰義
ポスト・コロナのフューチャー・デザイン ………………………… 167

第2部　コロナ危機で経済、企業、個人はどう変わるのか

第**11**章 ─────── 関沢洋一
感染症のSIRモデルと新型コロナウイルスへの基本戦略 ………………… 187

第**12**章 ─────── 長岡貞男
創薬による新型コロナウイルス危機の克服 ……………………………… 203

第**13**章 ─────── 小西葉子
POSで見るコロナ禍の消費動向 ………………………………………… 221

第**14**章 ─────── 宮川大介
コロナ危機後の行動制限政策と企業業績・倒産
──マイクロデータの活用による実態把握 ……………………………… 239

第**15**章 ─────── 菊池信之介・北尾早霧・御子柴みなも
新型コロナ危機による労働市場への影響と格差の拡大 ………………… 257

第**16**章 ─────── 黒田祥子
新型コロナウイルスと労働時間の二極化
──エッセンシャル・ワーカーの過重労働と日本の働き方改革 ……… 271

第**17**章 ─────── 森川正之
コロナ危機と在宅勤務の生産性 ………………………………………… 285

第**18**章 ─────── 藤田昌久・浜口伸明
文明としての都市とコロナ危機 ………………………………………… 301

第**19**章 ─────── 近藤恵介
感染症対策と都市政策 …………………………………………………… 315

第**20**章 ─────── 中田大悟
パンデミックの長期的課題──子供への影響を中心に ………………… 331

終　章 ─────── 小林慶一郎・佐藤主光
コロナ後の経済・社会へのビジョン──ポストコロナ八策 ………… 345

あとがき──今、求められる対処と長期的な展望 …………………… 361

索　引　　365
執筆者紹介　373

序 章

コロナ危機と日本経済

森川正之*

1. はじめに

コロナ危機の影響

　本書は、新型コロナウイルス感染症（以下、「新型コロナ」）の世界的な拡大と深刻な経済的影響——「コロナ危機」——と政策対応について、日本の経済学者の分析と提言をまとめたものである。

　2019年末に中国で発生した新型コロナは、グローバルな人の移動を背景に急速に拡散した。感染者は世界のすべての国にわたっており、6月下旬の時点で累積感染者数は1,000万人を、死亡者数は50万人を超えている。最近は発展途上国での増加が顕著になっている。日本でも感染者数は累計1万8,000人を超え、死亡者数は1,000人近くなっている。ただし、感染者数はあくまでも検査で確認された数字に過ぎず、無症状者を含めた実際の数字ははるかに多いと考えられている。また、感染の有無がわかっていない死亡者も相当数あると見られ、感染率や死亡率の公表値には不確実性が極めて大きい。

　コロナ危機は、ほとんどの人が想定していなかった事態である。例えば世界経済フォーラムの Global Risks Report 2020（2020年1月）において、感染症は発生確率の上位10項目に含まれておらず、発生した場合の影響度でも下位に位置付けられていた。経済予測の専門家の中にもこの事態を想定していた人はいなかった。

* 一橋大学経済研究所教授、経済産業研究所（RIETI）所長

コロナ危機は既に世界経済に深刻な影響をもたらしている。本書が出版される頃には既に2020年第2四半期の経済指標がほぼ明らかになっているはずだが、日本を含む主要国の経済指標は世界金融危機時を上回るマイナスを記録している可能性が高い。OECD（経済協力開発機構）の世界経済見通し（2020年6月）は、年内にコロナ感染症の第二波が起きた場合、2020年の世界の経済成長率−7.6％という大きなマイナス成長を予測している（日本は−7.3％）。2021年には＋2.8％という回復を見込んでいる（日本は−0.5％）が、不況の深さや長さの不確実性は高い。今後、世界や各国の経済見通し改定が頻繁に行われるだろう。

5月頃から各国で社会的離隔（social distancing）措置を緩和する動きも広がったが、平時と同様の活動ができるようになったわけではなく、また、感染動向次第で再び規制が強化されることも十分ありうる。コロナ危機が最終的にいつ終息するかによるが、戦後の大きなショックを上回り、戦前の世界恐慌に匹敵する可能性もないとは言えない。

コロナ危機の経済分析

コロナ危機は、石油危機、世界金融危機、東日本大震災といった大型のショックと比較されることが多いが、過去の経済危機や自然災害とは顕著な性質の違いがある。生産・消費といった経済活動自体が感染を拡大するという特異性である。不況に対しては、金融政策・財政政策で需要を刺激するのが教科書的な処方箋になるが、コロナ危機の場合、需要拡大策自体が感染拡大を助長し、危機を深刻化する。生産活動が外部不経済効果を持つという点では、水質汚濁、大気汚染といった公害問題と類似した面があるが、対象が広範なセクターに及び、消費活動も負の外部性を持ち、拡大のスピードが極めて速いという点で大きく異なる。

こうした事態に直面し、経済学者の研究も活発化しており、3月頃からコロナ危機に関する論文が急増している[1]。査読付き学術誌での刊行には時間がか

---

1 コロナ危機以前にも、インフルエンザ、エイズ、エボラ出血熱などの感染症を対象とした経済分析は多数行われてきた。筆者の目に触れた中で優れた実証分析として Adda (2016)。

かるため、現時点ではディスカッション・ペーパーなどの形で公表されている
ものがほとんどだが、欧州の代表的なシンクタンクである経済政策研究センタ
ー（CEPR）は、3月下旬からコロナ危機に関連する代表的な研究論文をまと
めた*Covid Economics*という電子雑誌をスタートし、高頻度での刊行が続いて
いる。

　最も特徴的な研究は、医学分野で標準的な感染症の数理モデル（「SIR モデ
ル」）を経済活動を折り込む形に拡張した理論モデルを構築し、一定の仮定の
下に感染者数と経済的影響をシミュレーションして、最適な社会的離隔政策を
検討するタイプの分析である[2]。ランダムな PCR 検査や抗体検査を行う国が現
れており、また、外出禁止令遵守の実態や感染抑止効果を事後評価する分析結
果も出始めているので、次第に精度の高いシミュレーションが可能になると期
待される。

　もう一つ特徴的なのは、コロナ危機の広がるスピードが極めて速いため、経
済的影響をリアルタイムに近い形で把握した分析が活発なことである。政府統
計も徐々に利用されるようになってきたが、月次や四半期の統計データは遅れ
るので、株価、携帯電話の位置情報、クレジットカードの購買履歴や POS デ
ータ、民間のオンライン求人求職データ、新聞報道のテキスト分析など、日次
や週次の高頻度データを活用した研究が多い。海外ではいくつかの企業が携帯
電話の位置情報データを研究者に無償で公開したり、新型コロナ関連の論文を
無料で閲覧可能にしたりしており、研究の進展に貢献している。個人や企業を
対象としたインターネット調査に基づく研究も徐々に進んでいる。

本書の意図

　強力な離隔政策は感染者数や死亡者数を抑制する上で間違いなく有効だが、
少なくとも短期的な経済コストは非常に大きい。経済活動を完全に停止すれば
感染者数の増加は大幅に低減できるが、人々の生活はもちろん医療活動も維持
できなくなる。そうしたトレードオフの中での最適な政策選択を扱うことは、
経済学の比較優位である。

2　感染症経済モデルのサーベイ論文としてStock（2020）、Avery *et al.*（2020）を挙げておく。

　コロナ危機は経済活動全般に及んでおり、マクロ経済学、医療経済学、労働経済学、ファイナンス、行動経済学、国際経済学など経済学のほぼすべての分野の研究課題である。本書の各章は、日本の経済学者のうち経済産業研究所（RIETI）の研究に何らかの形で関わっている方々、したがって政策志向の強い研究者が執筆に当たった。専門分野は様々であり、知名度の高いベテランからフレッシュな中堅・若手の研究者までバラエティに富んでいる。5月末頃までの情報をもとにした暫定的な論考であり、執筆時期から本書刊行までのラグを考えると out of date になる部分があるかもしれない。しかし、書籍として公刊することによって多くの方々の目に触れ、批判的なものを含めて多くの意見を仰ぐことが、今後の研究や政策提言の深化にとって有益だと考えている。

　第1部、第2部の各章において具体的な分析や政策提言を行うが、この序章では、①感染拡大への対応、②経済への影響を緩和するための経済政策、③中長期的影響と課題に分けて、本書各章の議論や最近の研究にリファーしつつ、コロナ危機の影響と政策対応について概観したい。

2. 感染拡大への対応

感染症モデルと経済学の融合

　新型コロナへの対応策の中心になってきたのは、水際対策のほか、外出禁止、営業活動の制限といった社会的離隔政策である。日本の新型インフルエンザ等対策特別措置法に基づく緊急事態宣言、「三つの密」を避けるための営業・外出自粛などの措置もこれに当たる。

　標準的な感染症モデルによれば、「基本再生産数」——感染率が高いほど、回復率が低いほど大きくなる——が1を超える場合、感染者数の急速な拡大が生じる（第11章関沢論文参照）。マスク着用や手洗いの励行、不要不急の外出自粛、感染防止に配慮した営業といった個人・企業の行動によって感染拡大のスピードは鈍化する。感染症モデルに経済行動を折り込んだ理論モデルのシミュレーションのいくつかは、外出禁止令など政府の関与がなくても個人の行動変化を通じて感染のピークが後ずれし、死亡者数はかなり減少するという結果を報告している（Krueger *et al.*, 2020; Farboodi *et al.*, 2020; Brotherhood *et al.*,

2020）。

　政府が強い関与を行わず国民の主体的な取り組みを基本としたいわゆる「スウェーデン方式」は、こうした考え方に基づくものと考えられる。実際、携帯デバイスの位置情報に基づく人の移動の分析は、外出禁止令といった政府の措置が発動されるよりも早い段階で地理的移動が減少しており、人々が自発的に外出を自粛したことを示している（Alfaro *et al.,* 2020; Gupta *et al.,* 2020）。スウェーデンが仮に外出禁止措置をとっていたとしても感染者数の動向に大きな差はなかったとする反実仮想分析もある（Born *et al.,* 2020）。

　しかし、感染症には二つの負の外部効果がある（Jones *et al.,* 2020）。一つは、利己的な個人にとって他者への感染リスクを減らす誘因は十分に大きくないこと、もう一つは、医療サービスの供給制約がある中で、病院の混雑をもたらすという外部性である。すなわち感染拡大を避けようとする個人や企業のインセンティブは、社会全体として望ましい水準に比べて過小になると考えられ、この外部性は量的に大きい（Bethune and Korinek, 2020）。特に「医療崩壊」と言われる病院の混雑は深刻な問題で、感染カーブをフラット化するためには、出入国制限、外出禁止令、感染リスクの高い業種の営業禁止といった政府の関与が必要になる。

　感染症は地域を越えてスピルオーバーするので、地方自治体レベルではなく国全体としてコーディネートされた対策をとることが望ましい。例えば、ある自治体が経済的影響を避けようとして緩い措置をとった場合、当該地域だけでなく他地域の感染者も増加する（第19章近藤論文参照）。さらに国際的なスピルオーバーも存在するので、各国自身の利害のみに基づいて感染抑制政策の選択が行われた場合、制限は過小になったり過剰になったりする。人の移動を通じた感染症の伝搬のほか、ロックダウンによって中間財貿易が影響を受け、グローバル・サプライチェーンを通じて他国の生産活動に影響を及ぼす経路も存在する（第6章戸堂論文参照）。今後、正常化に向けた出口戦略の動きが広がる中、出入国管理などの規制の国際的コーディネーションも重要になるだろう。また、一国主義に基づく貿易制限措置を抑制するなど通商ルールの役割も大きい（第7章山下論文参照）。

　感染症モデル（SIRモデル）に経済行動を折り込んだ拡張モデルを用いた最

適な離隔政策——タイミング、強度、期間——のシミュレーションが活発に行われてきた。モデルの構造やパラメーター値の設定によって結果に幅はあるが、総じて言えば、①強力な抑制政策をとるほど経済への負の影響が大きくなるというトレードオフが存在すること、②政策関与がない自然体では感染が過大になること、③感染拡大の比較的早い段階で営業制限・外出規制などの強力な社会的離隔政策を行うことが望ましいことを示すものが多い。トレードオフの存在を前提として、死亡者の生命を経済価値（VSLY：value of a statistical life year）に換算すると、経済に対して大きなコストを伴う強力な離隔政策が十分正当化されることも指摘されている（Goldstein and Lee, 2020）。

　ただし、新型コロナウイルスの検査率は低く、サンプルにバイアスがあるため、感染率、死亡率、抑止政策の効果などを表す基礎的なパラメーター自体の不確実性が大きい[3]。このため、シミュレーションの定量的な数字は相当大きな誤差がありうる前提で解釈する必要がある。日々の感染者数がメディアで盛んに報じられてきたが、PCR検査の対象数は限られており、特に日本は主要国と比較して人口当たりの検査率が低い。しかも検査対象がランダムではないため、国民全体の感染率を知る上での役割は限られる。状況は次第に改善しているが、経済活動とのトレードオフを緩和する最適な政策立案のためには、ランダム検査によって感染者数や感染死亡率を正確に把握することが極めて重要になる。さらに言えば、検査の拡大自体が経済対策としての意味も持つ（第1章小林・奴田原論文参照）。

感染症経済モデルのバリエーション

　基本的な感染症経済モデルは国民全体を同質的に捉えているが、実際には個人特性（年齢、健康状態）、産業・職業特性によって、感染・重篤化・死亡のリスクには大きな違いがある。このため年齢による重篤化・死亡リスクの違いを折り込んだモデルでのシミュレーション（Acemoglu *et al.*, 2020; Brotherhood *et al.*, 2020; Rampini, 2020）、複数の産業を含む形にモデルを拡張して感染リス

3　実際の感染者数は50倍以上、死亡率は数十％多いという試算もある（Jinjarak *et al.*, 2020）。

クの産業による違いを考慮したシミュレーション（Baqaee *et al.*, 2020; Bodenstein *et al.*, 2020; Favero *et al.*, 2020）も見られる。

　こうした観点から、いわゆる「三つの密」の可能性が高い業種・業態をターゲットした政策には妥当性がある。他方、個人特性に着目した政策はあまり採用されていないが、感染した場合の重篤化リスクが高く、医療サービスの混雑の外部性が大きい高齢者と健康な若者を区別して扱うことが望ましいとする研究結果が多い[4]。そして若年者と高齢者のリスクの違いを考慮した社会的離隔政策、年齢に応じた段階的な制限解除といった提言がされている。リスクの低い健康な若者は、医療サービスを混雑させる度合いが小さく、その就労拡大によって経済活動の低下を小さくできる。また、重症化リスクの低い人がある程度のスピードで感染して免疫を獲得することは、社会全体を平時に戻す上で望ましい（＝正の外部性）面もある。

　財政コストにまで拡張した分析は見られないが、医療サービスの供給制約緩和だけでなく、医療財政への負荷軽減にも寄与する可能性がある。ただし、活動レベルが高い若年者からの感染リスクは大きいので、高リスクの高齢者との接触を減らす措置をとる必要がある。スーパーマーケットでの買い物や各種窓口の利用時間帯を年齢で分ける措置はそうしたやり方の一種である。シルバーパスなどの仕組みも、新型コロナ感染症が続く間は高齢者の感染リスクを助長するおそれがあるので、感染拡大時には停止するなど運用を工夫することが考えられる。

感染抑止政策の事後評価

　社会的離隔措置導入後のデータが利用可能になるのに伴って、政策の因果的な効果を事後評価する研究も始まっている。国際比較データを用いた分析、国内の地域別データを用いた分析など様々な例があるが、総じて外出禁止政策や営業停止措置が感染拡大や死亡者数の増加を抑制する上で有効だったことを示している。感染拡大抑止と雇用維持の間のトレードオフの存在も確認されてい

---

[4]　ただし、新型コロナによる死亡者と他の死因の年齢構成を比較すると大きな違いはない（Goldstein and Lee, 2020）。日本の場合、いずれも70歳以上が80％超を占めており、高齢者の死亡リスクは新型コロナが際立っているわけではない。

るが、救われた生命を金銭換算すると費用対便益は十分高かったという分析がある。

　本稿執筆時点において、日本を含む主要国の感染者数増加は一旦ピークアウトし、強力な規制を段階的に緩和した国が多い。しかし、有効なワクチンはまだ開発されていないし、人口の6〜8割が感染して集団免疫を獲得する時期はまだ遠い可能性が高い（Fernández-Villaverde and Jones, 2020）。そうだとすれば、当分の間は規制を緩和することで感染者が再び増加し、医療サービス供給の上限を超えない範囲にとどまるようコントロールする期間（＝「新しい生活様式」）がかなり長く続くだろう。感染者が獲得する免疫が完全ではなかったり、ウイルス自体が変質する場合、新たな感染の波が来る危険性も排除できない。費用対効果の観点から、事業活動別の感染リスク、個人特性別の重篤化・死亡リスクに応じた政策を、政策評価の結果も踏まえて工夫することが望ましい。また、引き続き検査能力の拡充、感染者を離隔する施設の整備、医療機関の中での的確な役割分担が必要である（第9章土居論文参照）。

　もちろん、有効な治療薬やワクチンの開発・普及は、健康と経済のトレードオフ自体を解消する上で最善の対応策である（第12章長岡論文参照）。ただし、開発のインセンティブは知的財産権の保護をはじめ様々な政策的要因に依存する。なお、集団免疫にどの程度近づいたかを把握する上で、PCR検査だけでなく無症状の既感染者を把握するための抗体検査の役割も高まってきている。

3. 経済活動への影響と経済政策

不確実性と金融政策

　新型コロナの拡大は、消費・投資行動を慎重にさせて財・サービス需要を減少させると同時に、生産活動を制約することを通じて供給力を低下させている。自然災害とは異なり需要側／供給側の複合的ショックである。グローバルにも、観光客の減少など需要側の影響、グローバル・サプライチェーンの機能不全による供給側への影響という二面性がある。コロナ危機には、経済活動自体が感染を拡大するという特異性があるため、感染者数の抑制を目的とした営

業・外出制限などの社会的離隔政策が、需給両面の経済的影響を増幅する。

こうした新しいタイプのショックは、先行きの不確実性を著しく高めた。感染実態の不透明性、終息時期（治療薬やワクチンの開発を含む）の予測不可能性が根本にあるが、営業自粛・外出禁止措置の見通しなど政策の不確実性も存在する。こうした感染症の不確実性は、二次的にマクロ経済や企業業績の先行き見通しを困難にする。不確実性を測るために様々な代理変数が使用されているが、最も代表的で容易に利用可能なのは株価に基づく不確実性指標である。米国のVIX指数（「恐怖指数」）や日本の日経平均ボラティリティー指数の動きを見ると3月半ばには世界経済危機時に匹敵する水準まで高まった。

一般に経済の不確実性が前向きの投資行動を抑制する傾向を持つことはよく知られている。また、予備的動機に基づく貯蓄増加は家計消費を低迷させる。コロナ危機に伴う不確実性増大の結果、例えばBaker *et al.*（2020a）の推計によれば、2020年の米国GDP（国内総生産）は前年同期比でマイナス10%以上低下し、90%信頼区間を見るとマイナス20%を超える低下もありうる。GDP低下のうち約6割は、新型コロナウイルスに起因する不確実性増大の影響によるとしている。

VIX指数は依然として高水準で推移しているものの、3月下旬以降はピーク時に比べてかなり低下した。株価の水準も3月半ばまで急落した後は持ち直しており、これまでのところ世界金融危機時に比べて下落幅の累計はずっと小さい。為替レートも一部の新興国通貨を除けば世界経済危機時と比較して安定している。日本銀行を含む各国中央銀行の金融緩和や主要国の緊急経済対策が、システミック・リスクや先行き不確実性を低減し、投資家のパニックを回避する上で有効だった可能性を示唆している[5]。うまくいっている政策は注目されないが、世界金融危機の教訓、その後の多数の経済分析の成果が生かされているように見える。

今後も予期せざるイベントによって株価が大きく変動する可能性はあるが、株価はフォワード・ルッキングな指標であり、本稿執筆時点では、いずれかの

5　例えばCaballero and Simsek（2020）は、金利制約がある中、大規模な資産購入（LSAPs）政策は、資産価格の下方スパイラルを止める上で極めて有効だと論じている。

時点で感染症が終息し、(V字かU字かL字かはともかく)経済が回復経路に向かうことが折り込まれていると解釈できる。

財政政策による支援措置

危機時における積極的な財政政策の役割——特にゼロ金利制約で金融政策の有効性が限られる場合——を否定する人は少ないだろう。しかし、前述の通り、経済活動を活発化すること自体が感染拡大を助長するコロナ危機においては、需要創出よりもマスク・防護服の生産、検査体制の整備を含めて医療サービス供給能力を拡大するための政府支出に加えて、営業自粛に伴う雇用維持への助成や一時的な失業者への給付、生活困窮者の支援といった政策が望ましい。在宅勤務をしやすくするための投資への支援措置にも大きな意義がある。実際、日本の「緊急経済対策」でもこうした政策に力点が置かれている。

生活に困窮すれば、自身が感染する、あるいは他人に感染させるリスクがあっても経済活動を自粛するのは難しいから、突然仕事を失った人への失業保険給付や所得が大幅に減少した人への所得移転といった政策は、所得再分配だけでなく感染症の拡大抑止という観点からも必要である。ただし、経済学的には困窮者にターゲットした対策ほど効率性が高いというのがコンセンサスである。例えば最近の米国における家計への現金補助が消費支出に及ぼした分析によると、低所得世帯、金融資産保有額が少ない世帯で食料品を中心に支出が増加した一方、銀行預金残高が多く流動性制約のない高所得世帯の消費支出を増やす効果は見られなかった(Baker *et al.*, 2020b)。また、社会的離隔政策の下での消費の減少は家計行動の慎重化による予備的貯蓄行動を反映しており、所得移転の消費拡大効果は通常の不況時に比べて小さいことが指摘されている(Coibion *et al.*, 2020b)。

この点で、国民全員を対象とした一人10万円の給付金が最善だったと考える経済学者はおそらく少ない(第2章鶴論文参照)。正当化するとすれば、対象を限定した政策の実施には執行コストと時間がかかるという観点からだけだろう。この意味で、マイナンバーカードの普及率の低さ、所得や資産の捕捉が不完全であることなど、平時から指摘されていた日本の所得再分配政策の問題点が顕在化したと言える(第5章小黒論文参照)。

　コロナ危機を契機に、ターゲットを絞った効率的な所得再分配を迅速に可能にする仕組を構築する必要がある。感染症への対応が長期化する可能性を考えると、マイナンバーカードの使い勝手を抜本的に改善した上で保有者への給付を優先するなど普及拡大を加速することが考えられる。さらに広い視野から言えば、失業及び所得減少に対応するための基本的なセーフティネットのツールである雇用保険制度及び生活保護制度の問題点を克服し、頑健な社会保険体制を再構築することが必要である（第3章八田論文参照）。

　ただし、緊急時における財政支出の拡大は、中長期的には政府財政の持続可能性に影響する。万が一コロナ危機が終息する前に財政が破綻するようなことがあれば、国民生活への影響は甚大になる。短期と長期のトレードオフの中で、助成のターゲットを絞ったり、対象期間を制限するなど過大な支出規模にならないような工夫も必要になるだろう。ウイルス感染症拡大を抑制するための外出自粛などの社会的離隔政策によって最も大きな損失を受けるのは、営業が停止された産業の若い就労者、最も利益を享受するのは仕事から引退した感染リスクの高い高齢者である（Glover *et al.,* 2020）。つまりコロナ危機は、世代間問題という側面を持っている。その点でも、就労していない年金生活者まで給付対象にすることの妥当性には疑問がある。

産業構造と新陳代謝

　製造業よりもサービス産業が大きな影響を受けている点も、コロナ危機が過去の経済危機と大きく異なる点である。一般にサービス産業に比べて製造業の方が生産のボラティリティーが高く、石油危機、世界経済危機、東日本大震災といった過去の大きなショックでも製造業が強い影響を受けた。しかし、コロナ危機では、宿泊業、飲食業、娯楽業をはじめ対個人サービス業への影響が深刻である。近年、外国人訪日客増加の恩恵を受けてきた宿泊業は、コロナ危機により客室稼働率が東日本大震災直後を下回る歴史的な低水準に落ち込み、廃業・倒産した施設も増えている（第14章宮川論文参照）。コロナ危機が長期化した場合には、資金繰り難によって倒産件数はさらに増加するおそれがある。

　サービス産業、特に対人サービス業の多くは「生産と消費の同時性」という特徴を持っており、人と人の直接的な接触を前提としている。在庫というバッ

ファーが存在しないので、需要変動が稼働率――宿泊業の客室稼働率、旅客運輸業の座席占有率など――、ひいては企業業績に直結する性質を持っている。そして対人サービスという性格から、感染拡大防止のための自粛要請の対象と位置付けられる傾向も強く、在宅勤務の実行可能性も乏しい。

　一方、医療サービスは需要超過の状態が続いたし、情報通信業や宅配サービスも在宅勤務や遠隔授業の拡大に伴う追加需要が生じた[6]。小売業は業態による違いが大きく、百貨店が深刻な打撃を受けた一方で、食料品を中心に扱うスーパーマーケットは堅調だし、ネット通販は在宅勤務関連の財を中心に好調に推移した。健康関連品、パソコン、食品、化粧品など取り扱い品目による違いも顕著である（第13章小西論文参照）。サービス産業の中でも業種・業態によって状況は大きく異なる。

　サービス産業はフェイス・ツー・フェイスのコミュニケーションが活発に行われる大都市ほど集積の利益を享受し、生産性が高いという性質を持っている。この点も、対人接触を抑制することが求められるコロナ危機の下では不利に作用している。今後の展開にも依存するが、東京一極集中や地方分散など、今後の地域構造や都市政策のあり方にも関わる問題である（第18章藤田・浜口論文参照）。

　企業レベルでは、同じ産業の中での企業間での違いも見られる。需要が急減する中、日本企業に限らず、流動性が潤沢で借り入れの少ない企業ほど株価への影響が小さかった（Ramelli and Wagner, 2020; Ding *et al.*, 2020）。コロナ危機の前、日本企業の過剰なキャッシュ保有はしばしば批判され、政府は積極的な投資を促してきたが、皮肉なことに不確実性が増大する中、予備的なキャッシュを潤沢に保有する企業が市場から高く評価された。

　企業倒産はサンクされた投資を無駄にするし、一時的な資金繰り難による倒産増加はシステミック・リスクにつながるおそれもあるので、過渡的なショックの下での企業の資金繰りを支援することは十分正当化される。個人に対する所得移転と同様、感染リスクの高い事業活動を自粛する誘因としての意味もあ

6　ただし、医療サービスでも新型コロナウイルス感染症以外の外来患者減少などのマイナスの影響が生じている。

る。例えば、事業継続の困難に直面している中小企業に対して、実質無利子・無担保の融資、持続化給付金といった政策がとられている。

　店舗などに係る賃料への補助制度（家賃支援給付金）も追加的に行われたが、これには議論の余地がある。結果として補助金の利益が帰着するのは土地・建物の所有者だし、自己所有の場合の帰属家賃・地代は対象にならない。建物や土地は自己所有だが賃料以外のコストが大きい企業もあるだろう。費用構成は産業・企業によって異なるので、使途を限定した補助制度よりも、汎用的な緊急時支援の方が合理性が高いように思う。

　ただし、不況時に非効率な企業が退出し、効率性の高い企業が成長すること——新陳代謝——は、経済全体の生産性を高める上で重要なメカニズムである。ショック直後の連鎖倒産リスクが落ち着いた段階では、将来の成長力を高めることを視野に入れる必要がある。人々の生活様式や事業活動スタイルの変化により、コロナ危機後の産業・就業構造がおそらくコロナ前と異なることを念頭に置くならば、労働や資本の産業間・企業間での移動を促していくことが必要になる。こうした問題意識から Barrero et al. (2020) は、①過大な失業給付、②企業内での雇用維持への補助、③職業資格制度・土地利用規制、④創業への規制（特に医療分野）を資源再配分を阻害する要因として指摘している。次に述べる労働市場政策とも関係があり、日本がこれからとるべき政策を考える上でも示唆に富む。

労働市場への政策対応

　日本はコロナ危機前の時点で深刻な労働力不足の状況にあったため、今のところ失業率の上昇は大きくないが、非正規労働者に集中する形で雇用への影響が生じている。米国では、失業よりも非労働力化という形での影響が顕著なことが確認されている（Coibion et al., 2020a）。日本でも失業率の上昇が限られている要因として、休業者の増加や女性・高齢者の労働市場からの退出が寄与している。

　サービス産業は、需要変動への柔軟な対応の必要性が高いことから、もともとパートタイマー、アルバイトをはじめ非正規労働者比率が高い。コロナ危機の下、平時における季節・時間帯による需要変動とは比較にならない極端な需

要減少に見舞われた。また、対人サービス従事者は在宅勤務を行うことが難しいので、雇用調整の対象になりやすい。本社の間接部門は在宅勤務による対応の余地が大きいが、在宅勤務が可能な労働者は高学歴で賃金水準も高い傾向がある（第15章菊池・北尾・御子柴論文参照）。こうした事情から、コロナ危機は労働者の中での格差を拡大する傾向を持っており、失職した生活困窮者にターゲットした金銭的助成や再就職支援が必要である。雇用だけでなく労働時間の面でも二極化が見られ、特に医療従事者をはじめとするエッセンシャル・ワーカーの過重労働が深刻である。コロナ危機の長期化を視野に入れた働き方の見直しが必要である（第16章黒田論文参照）。

　経済対策の中で力点が置かれている雇用調整助成金は、対象範囲の拡大、支給率の引き上げなどの措置が講じられており、コロナ危機後に従来の産業・就業構造に戻るとすれば、時限的な支援措置として合理性がある。しかし、新型コロナが完全に終息するにはまだ時間を要すると考えられ、政府が「新しい生活様式」を唱道している中、また、第二波、第三波の可能性も排除できないことを考慮すれば、既存企業の中に労働者を維持する施策だけでなく、労働市場でのマッチングを改善し、労働需要が増加するセクターでの雇用吸収を促す政策にも力点を置くことが望ましい。コロナ危機で労働需要が増加しているセクターも存在し、宿泊・飲食サービス従業者の他社への派遣など民間レベルでの取り組みが起きている。労働市場のマッチング機能を改善する対応策として注目される。

　もともと特定求職者雇用開発助成金、中途採用等支援助成金、地域雇用開発助成金といった雇用吸収側の企業を対象とした制度が存在し、東日本大震災のときには被災離職者を雇い入れた企業への助成も行われた。また、最近は副業を可能にするための制度整備が進められてきた。コロナ危機が完全に終息するまでの期間の長さやその後の就業構造の変化を想定するならば、企業内での雇用維持を前提とした雇用調整助成金から受け手側への助成に力点を移していく必要があるだろう。

4. 中長期的影響と課題

長期停滞への懸念

　自然災害や戦争と異なり、コロナ危機は資本設備の毀損がほとんどなく、死亡者の多くは労働市場から引退した高齢者が占めていて就労人口への影響は小さい。このため集団免疫の達成またはワクチンの開発によって感染症自体が終息すれば、経済は回復するというのがおそらく基本シナリオである。特に、コロナ危機の影響を大きく受けたサービス産業は需要が戻れば生産も回復に向かうはずである。ただし、感染症経済モデルに基づく分析の多くは集団免疫の達成（あるいはワクチンの開発）を前提としており、免疫が完全ではなく再び感染する可能性が残るなど、この前提が崩れると感染症の終息自体が遠くなる。1918～19年のスペイン風邪のように、第二波、第三波が起きる可能性もある。

　過去の感染症爆発の経済的影響は長期にわたって持続し、自然利子率の低下が何十年にも及んだという分析がある（Jordá *et al.*, 2020）。コロナ危機が終息した後も世界経済が長期停滞に陥るかどうかは、不可逆的な履歴効果（hysteresis）があるかどうかによる。成長会計の枠組みで考えると、生産要素投入量、生産性の動向がどうなるかによる。このうち資本蓄積（＝投資）は長期的な労働投入量と全要素生産性（TFP）の伸びに依存する内生変数なので、中長期的な潜在成長率の行方にはコロナ危機後の生産性の動向が大きく影響する。

　履歴効果を持つ可能性のある要素として、コロナ危機下で非労働力化した人の完全な引退やスキルの劣化、学校教育の質の低下に起因する子供の学力低下、企業・個人のリスク回避度の高まりによる予備的なキャッシュ保有性向の高止まり（＝投資・消費意欲の低下）、グローバル化の後退などが考えられる。企業行動の保守化は、長期的に生産性を高めるような無形資産投資を減少させるかもしれない。スタートアップ企業の減少が長期にわたって持続的な影響を持つことも懸念される（Sedláček and Sterk, 2020）。この点で休業や在宅勤務と並行して新しいスキルを身に付ける努力（＝人的資本投資）を後押しすることが望ましい。このほかまだよくわかっていない要素として、出生率や子供の

健康への長期的影響もありうる（第20章中田論文参照）。

危機が生産性を高める可能性

　他方、コロナ危機後の生産性を高めうる要素もある。日本が遅れているとされてきた生産性向上余地の具体化である。ここでは、①デジタル技術の活用、②企業の業務改善、③規制改革、④新陳代謝の4つを挙げておきたい。コロナ感染症の拡大に伴って在宅勤務、遠隔教育、オンライン診療などデジタル技術の活用が半強制的に進展した。コロナ危機終息後には必要不可欠でなくなるが、この過程で人々のIT（情報技術）スキルは向上したはずだし、デジタル・ツールを使うことへの抵抗感は低下した。対人業務に感染リスクがないロボットを活用する例も現れており、コロナ危機が自動化技術の採用を促進することを示す分析も存在する（Leduc and Liu, 2020）。

　ホワイトカラー労働者の多くが経験した在宅勤務は、書類への押印や決裁手続き、厳格だが煩瑣な社内ルールの中に無駄なものが多かったことを明らかにした（第17章森川論文参照）。コロナ危機を契機に必要に迫られて実施された業務改革の中にはもとに戻らないものも多いだろう。制度面では治療薬の迅速な治験・承認、オンラインでの初診診療、歯科医によるPCR検査など、「岩盤規制」の改革につながったものもある。まだ不必要な規制やコンプライアンスが多数残存していると思われるが、この機会に合理化していくことは将来の成長力向上につながるだろう（第8章楡井論文参照）。

　コロナ危機に限らず不況は、生産性の低い企業が撤退し、回復局面で生産性の高い企業が成長するという形で、経済全体の生産性を高める新陳代謝効果を持つ。繰り返しになるが、労働や資本の産業間・企業間での再配分を阻害しないような形で緊急時の政策を行うことが、危機後の成長力を高める上で重要になる。

政府債務と世代間問題

　コロナ危機後の経済に影響する政策的な要素として、財政支出拡大に伴う財政収支の悪化、政府債務の増大も無視できない。政府債務残高は世界各国とも大きく増加したが、日本はコロナ危機前の時点での政府債務のGDP比が特に

高く、基礎的財政収支も赤字が続いていたので、政府債務が長期的な経済成長に負の効果を持つとすれば、日本は最も深刻な影響を受けかねない。

　好況局面で過大な成長見通しを前提に経済財政運営を行ってきたツケとも言えるが、財政や社会保障制度の持続可能性が疑われるおそれもあり、コロナ危機終息後、少なくとも財政破綻を回避するための枠組みを再構築することが課題になる（第4章佐藤論文参照）。ただし、この問題はコロナ危機特有のものではなく、自然災害や戦争に伴う財政支出拡大、あるいは少子高齢化による社会保障支出の増大と経済学的に本質的な違いはない。この問題への対応には、将来世代を意識したフューチャー・デザインが関係する（第10章中川・西條論文参照）。

5. おわりに

　コロナ危機は想定外のショックだったが、経済分析は急速に進んでいる。感染症の疫学モデルと経済モデルを融合した理論モデルが開発・利用されるなど、文理融合型の研究が進んでいる。精度の高い基礎データが限られているため、政策シミュレーションに使用される感染率など重要なパラメーターの不確実性はまだ大きい。しかし、当面どのような政策を講じるのが望ましいかについての定性的な理解はかなり深まった。新型コロナとの闘いはまだまだ続くので、疫学的なデータの蓄積に伴い、感染者数を医療供給制約の範囲内に抑えつつ、経済的コストを小さくする費用対効果の高い政策が明らかにされていくことを期待したい。

　しかし、感染者・死亡者の動向が国によって大きく異なるのは何故なのか、どのような政策が実際に有効なのか、わかっていないことも多い。特にPCR検査件数や集中治療設備が少なく、マスクや消毒薬も不足し、罰則付きのロックダウンといった強力な手段を用いなかった日本で、人口当たり死亡者数が欧米主要国に比べてはるかに低水準にとどまっている理由は謎である。

　エビデンスに基づく政策形成（EBPM）の観点から、経済対策としてとられた助成金、税制、金融措置などが実際にどの程度の効果を持ったかの解明も、今後の政策選択に貢献する重要な課題である。コロナ危機対策の中には自然実

験的な要素が多々含まれており、実証研究の素材は山積している。

　人々の移動パタン（携帯電話の位置情報）、消費行動（クレジットカード情報、POS データ）、求人求職行動（オンライン・マッチング・サービス情報）など民間のリアルタイム・データを活用した研究が盛んに行われている。海外ではいくつかの企業がこうしたデータを研究目的での利用者に無償提供しており、定量的な分析に活用されている。日本でもこうした動きが広がることを期待したい。今後は精度の高い公的統計のミクロデータを用いた研究も進んでいくだろうが、統計データの収集・計測・加工もコロナ危機の影響で様々な困難があることに注意が必要である。

　最後に本書の構成を簡単に述べておきたい。第 1 部は、これまでにとられてきた政策、今後必要となる政策についての議論に重点を置いた論文を集めている。第 2 部は、実証研究や理論についての記述を中心に、政策的含意にも触れる分析的な論文を集めている。終章では、各章の議論を踏まえつつ、コロナ危機後の経済社会のビジョンについて総括している。いずれの章も 5 月末頃までのデータや文献に基づいて執筆されたもので、日々刻々と状況が変化する中、分析や提言自体が暫定的な性格のものであることを留保しておきたい。また、本書全体を通じて意見にわたる部分はすべて執筆者の個人的見解である。

〈参照文献〉

Acemoglu, D., V. Chernozhukov, I. Werning, and M.D. Whinston (2020). "A Multi-Risk SIR Model with Optimally Targeted Lockdown." NBER Working Paper, No. 27102.

Adda, J. (2016). "Economic Activity and the Spread of Viral Diseases: Evidence from High Frequency Data." *Quarterly Journal of Economics*, 131 (2), 891–941.

Alfaro, L., E. Faia, N. Lamersdorf, and F. Saidi (2020). "Social Interactions in Pandemics: Fear, Altruism, and Reciprocity." NBER Working Paper, No. 27134.

Avery, C., W. Bossert, A. Clark, G. Ellison, and S.F. Ellison (2020). "Policy Implications of Models of the Spread of Coronavirus: Perspectives and Opportunities for Economists." NBER Working Paper, No. 27007.

Baker, S.R., N. Bloom, S.J. Davis, and S.J. Terry (2020a). "COVID-Induced Economic Uncertainty." NBER Working Paper, No. 26983.

Baker, S.R., R.A. Farrokhnia, S. Meyer, M. Pagel, and C. Yannelis (2020b). "Income, Liquidity, and the Consumption Response to the 2020 Economic Stimulus Payments." NBER Working Paper, No. 27097.

Baqaee, D., E. Farhi, M.J. Mina, and J.H. Stock (2020). "Reopening Scenarios." NBER Working Paper, No. 27244.

Barrero, J.M., N. Bloom, and S.J. Davis (2020). "COVID-19 Is Also a Reallocation Shock." NBER Working Paper, No. 27137.

Bethune, Z.A. and A. Korinek (2020). "Covid-19 Infection Externalities: Trading Off Lives vs. Livelihoods." NBER Working Paper, No. 27009.

Bodenstein, M., G. Corsetti, and L. Guerrieri (2020). "Social Distancing and Supply Disruptions in a Pandemic." CEPR Discussion Paper, No. 14629.

Born, B., A. Dietrich, and G. Müller (2020). "Do Lockdowns Work? Counterfactual for Sweden." CEPR Discussion Paper, No. 14744.

Brotherhood, L., P. Kircher, C. Santos, and M. Tertilt (2020). "An Economic Model of the Covid-19 Epidemic: The Importance of Testing and Age-Specific Policies." CEPR Discussion Paper, No. 14695.

Caballero, R. and A. Simsek (2020). "A Model of Asset Price Spirals and Aggregate Demand Amplification of a 'Covid-19' Shock." CEPR Discussion Paper, No. 14627.

Coibion, O., Y. Gorodnichenko, and M. Weber (2020a). "Labor Markets During the COVID-19 Crisis: A Preliminary View." NBER Working Paper, No. 27017.

Coibion, O., Y. Gorodnichenko, and M. Weber (2020b). "The Cost of the Covid-19 Crisis: Lockdowns, Macroeconomic Expectations, and Consumer Spending." NBER Working Paper, No. 27141.

Ding, W., R. Levine, C. Lin, and W. Xie (2020). "Corporate Immunity to the COVID-19 Pandemic." NBER Working Paper, No. 27055.

Farboodi, M., G. Jarosch, and R. Shimer (2020). "Internal and External Effects of Social Distancing in a Pandemic." NBER Working Paper, No. 27059.

Favero, C.A., A. Ichino, and A. Rustichini (2020). "Restarting the Economy while Saving Lives under Covid-19." CEPR Discussion Paper, No. 14664.

Fernández-Villaverde, J. and C.I. Jones (2020). "Estimating and Simulating a SIRD Model of COVID-19 for Many Countries, States, and Cities." CEPR Discussion Paper, No. 14711.

Glover, A., J. Heathcote, D. Krueger, and J.-V. Ríos-Rull (2020). "Health versus Wealth: On the Distributional Effects of Controlling a Pandemic." NBER Working Paper, No. 27046.

Goldstein, J.R. and R.D. Lee (2020). "Demographic Perspectives on Mortality of Covid-19 and Other Epidemics." NBER Working Paper, No. 27043.

Gupta, S., T.D. Nguyen, F.L. Rojas, S. Raman, B. Lee, A. Bento, K.I. Simon, and C. Wing (2020). "Tracking Public and Private Response to the COVID-19 Epidemic: Evidence from State and Local Government Actions." NBER Working Paper, No. 27027.

Jinjarak, Y., R. Ahmed, S. Nair-Desai, W. Xin, and J. Aizenman (2020). "Accounting for Global COVID-19 Diffusion Patterns, January-April 2020." NBER Working Paper, No. 27185.

Jones, C.J., T. Philippon, and V. Venkateswaran (2020). "Optimal Mitigation Policies in a Pandemic: Social Distancing and Working from Home." NBER Working Paper, No. 26984.

Jordá, Ó., S.R. Singh, and A.M. Taylor (2020). "Longer-Run Economic Consequences of Pandemics." CEPR Discussion Paper, No. 14543.

Krueger, D., H. Uhlig, and T. Xie (2020). "Macroeconomic Dynamics and Reallocation in an Epidemic." NBER Working Paper, No. 27047.

Leduc, S. and Z. Liu (2020). "Can Pandemic-Induced Job Uncertainty Stimulate Automation?" FEB San Francisco Working Paper, No. 2020-19.

Ramelli, S. and A.F. Wagner (2020). "Feverish Stock Price Reactions to COVID-19." CEPR Discussion Paper, No. 14511.

Rampini, A.A. (2020). "Sequential Lifting of COVID-19 Interventions with Population Heterogeneity." NBER Working Paper, No. 27063.

Sedlacek, P. and V. Sterk (2020). "Startups and Employment Following the COVID-19 Pandemic: A Calculator." CEPR Discussion Paper, No. 14671.

Stock, J.H. (2020). "Data Gaps and the Policy Response to the Novel Coronavirus." NBER Working Paper, No. 26902.

第1部
今、どのような政策が必要なのか

第**1**章

コロナ危機の経済政策
——経済社会を止めないために
「検査・追跡・待機」の増強を

小林慶一郎*
奴田原健悟**

1. はじめに

　今までの日本のコロナ対策のアプローチは、外出自粛・休業要請という行動制限によって感染機会を物理的に減らし、一方、絞り込んだ検査によってクラスターを発見して潰す、という戦略だった。この戦略は、海外由来の感染が多数を占め、クラスターの追跡が容易だった初期のステージでは合理性があった。しかし、既にコロナウイルスが広く市中に拡散し、ウイルスとの共存が不可避と考えられるようになった現状（本稿執筆時の 2020 年 5 月末）においては、感染拡大防止のためには、

①厳しい外出自粛と企業への休業要請によって感染機会を物理的に減らす状態を、有効な治療法やワクチンが開発され普及するまで維持する（「行動制限」の長期化）

②効果的な検査の拡充によって感染者を洗い出し、接触者を幅広く追跡し、陽性者に人との接触を断った療養・待機をしてもらう（「検査・追跡・待機」）

*　東京財団政策研究所研究主幹、慶應義塾大学経済学部客員教授、経済産業研究所プログラムディレクター・ファカルティフェロー、キヤノングローバル戦略研究所（CIGS）研究主幹
**　専修大学経済学部教授、キヤノングローバル戦略研究所（CIGS）主任研究員

のいずれか、またはそれらの組み合わせを実施することが選択肢となる。

　治療法とワクチンが成功裏に開発され普及するとしても、最低でも、2年以上の時間がかかると見込まれるが、それまで行動制限を高いレベルで続けていたら、大量倒産と大量失業が発生して経済社会がもたない。大量の失業に伴って、経済苦による自殺者が発生することも確実なので、感染症対策としての行動制限は人命のコストを伴うことにも留意しなければならない。したがって、行動制限を早急に緩和して経済活動の正常化を段階的に進めつつ、感染拡大を抑え込むことを目指すべきである。そのために、早急に②のアプローチに戦略の重心を移す必要がある。つまり、2020年5月25日に解除された緊急事態宣言を再び発動しなくてもすむように、医療と検査のキャパシティを十分な数量、早急に増やす必要がある。特に検査能力については、インフルエンザの流行期に医療現場が混乱や崩壊を来さないよう、冬までに現状の10倍（一日20万件）程度に増強することが強く求められるのではないか。

　ただし、その前提条件として、軽症・無症状の人向けのホテルなどの待機施設を大量に準備することと、待機者をケアする大人数のスタッフの確保が欠かせない。また中等症者、重症者、重篤者の増加に備えて、ICU（集中治療室）、人工呼吸器、人工心肺装置などを増やし、医療提供体制を抜本的に強化する必要がある。以下で説明するように、「検査・追跡・待機」は、一種の経済政策（景気対策）であり、その実施のためには、医療界に限定せず、広く非医療界の人材と資源を投入するべきである。

2. 行動制限アプローチの限界

　行動制限アプローチは、ワクチンと治療法が開発され普及するまでの「時間稼ぎ」の政策である。外出自粛と休業をしている間にワクチンと治療法ができれば、感染拡大は終わり、コロナ危機は解決する。しかし、問題は、ワクチンや治療法ができて普及するまでに最低でも1年から2年はかかる見込みである（運が悪ければエイズウイルスのようにワクチンが何十年経っても見つからないかもしれない）のに対し、自粛と休業をそんなに続けたら経済と社会が崩壊

する、ということである。半年も自粛と休業が続けば、大量の倒産と失業が発生する。1997年末の金融危機のあと、それ以前は毎年2万人台だった自殺者が毎年3万人台に上昇してその水準が14年も継続したが、それと同じことが起きるだろう。金融危機によって14年間で十数万人が自殺した計算になる。今回のコロナ危機において、自粛と休業で感染症の死者を数万人減らせても、経済苦による自殺者が10万人規模で増えたら政策としては失敗である。

　今後を展望すると、緊急事態宣言が5月25日に解除された後、いずれ感染が再拡大し、再び外出自粛・休業要請を導入せざるをえなくなるおそれが大きい。その後、再び感染者数を抑制できたとしても、自粛解禁後、また感染拡大によって三たび外出自粛・休業要請を導入する……というオン・オフの繰り返しになるおそれがある。ハーバード大学の公衆衛生専門家の分析では、こうしたオン・オフが2022年（大多数の国民が感染して免疫を持つ頃、すなわち社会が集団免疫を獲得する頃）まで継続するおそれがあると警鐘を鳴らしている（Kissler *et al.*, 2020）。

　感染症拡大の古典的数理モデル（SIRモデル）を分析した経済学者も、コンピュータシミュレーションの結果から、今後18ヵ月は厳しい外出規制が必要であり、感染が減ったからといって途中で外出規制を解除すると、その瞬間に単純に感染が増加に転じるだけだと警告している（Atkeson, 2020）。この点は、筆者らもシミュレーションで確認した。

　筆者らは、後述するHoltemoeller（2020）と類似するSIRモデルを用いて、行動制限（接触削減）政策の効果を計測した（小林・奴田原 2020）。「接触削減なし」、「30日間接触8割削減」、「60日間接触7割削減」、「360日間接触6割削減」を続けた場合の、感染者数と総死者数と一日当たりGDP（国内総生産）を計算した。感染拡大の開始が第1日で、第30日に政策介入を開始することとした。

　図1は第60日（政策開始後30日目）まで、図2は第720日までプロットしたものである。図1が示すように、接触削減政策が実施されている間は、強度に応じた感染防止の効果が見られる。しかし、図2の感染者数の推移が示すように、政策終了後には、一定の時差を伴いつつも、感染拡大が再開することがわかる。30日間接触8割削減のケースでは、政策終了後すみやかに感染拡大が

再開し、第112日（政策終了後、52日目）には感染爆発のピークを迎える。60日間接触7割削減のケースでも、政策終了後、間を置かずに感染が再拡大し、第159日（政策終了後、69日目）に感染爆発のピークとなる。360日間接触6割削減のケースでは、政策終了後、かなり長い時間、感染再拡大は見られないが、第600日あたりから感染拡大が大きくなり、第683日（政策終了後、293日目）に感染爆発のピークとなる。第1,000日までの総死者数で見ると、政策介入なしの場合は総人口の2.1％が死亡するのに対し、30日間接触8割削減のケースでは1.7％、60日間接触7割削減のケースでは1.6％、360日間接触6割

図1　接触削減政策の導入後、30日間の推移

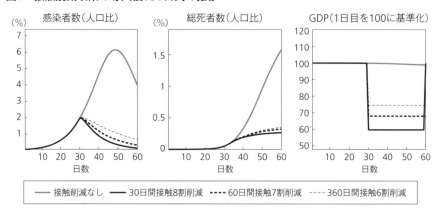

図2　接触削減政策の導入後、690日間の推移

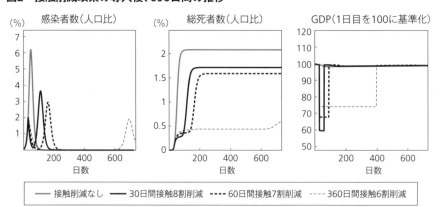

削減のケースでは0.6％となった。

　行動制限を1ヵ月続けるか2ヵ月にするかでは、死亡者数にはあまり大きな違いを生じないことがわかる。一方、1年間接触削減を続ければかなり死者数を減らすことができるが、1年間も行動制限を続ければ経済が破綻とも言うべき状態になるので、これは現実的な選択肢とは言いがたいのではないだろうか。

　世界の動向に目を向けると、中国、台湾、韓国、シンガポールなど感染抑止に成果を出した国・地域は、強力な都市・国境封鎖（①のアプローチ）だけでなく、効果的な検査で感染者を囲い込む積極的感染抑止（②のアプローチ）に膨大な政策資源を迅速に投入して、大規模な検査・追跡・待機のシステムを作り上げてきた。加えて、米国、ドイツ、英国も、検査能力を急速に増強し、日本とは桁違いの検査件数を実現している。検査・追跡・待機の徹底によって社会全体の感染リスクを封じ込め、経済活動の制限を緩和する、という②のアプローチは、世界の大きな潮流になりつつある。

3. 行動制限と検査・追跡・待機の代替性

　なぜ、新型コロナウイルス感染症の流行に対応して、今、世界中で都市封鎖が起き、日本で外出自粛や休業要請のような行動制限をしなければならないのか。それは、検査・追跡・待機をすぐに完璧にはできないからだった。PCR検査を大量に迅速に実施でき、接触者の追跡と健康観察を漏れなく行い、陽性者を確実に待機させて人との接触を遮断できるシステムがあれば、そもそも行動制限で経済を停止させる必要はなかった。

　空想的な思考実験だが、100％感染者を検知できる「理想の検査」があったとしよう。外出自粛や休業要請をしなくても、日本人全員を「理想の検査」にかけて感染者を特定し、その全員に人との接触を断って2週間ほど待機してもらえば感染は完全に終息する。もう少し現実に近い話をすると、「人との接触を8割削減する」という政府目標を達成することと同じ感染防止効果は、現在のPCR検査の技術でも、日本人全員を2回検査して陽性が1回でも出た人に他人との接触を断って待機してもらえれば理論上は達成できる（詳しくはコラム

を参照)。

コラム
接触8割削減を検査・待機で代替できるか?

　各人が他人との接触を8割削減すると、感染者と接触する確率も8割削減される。これと同じ感染防止効果は、検査と待機の政策によって「感染者の8割が人との接触を断って待機」すれば達成できる。この点はSIRモデルと呼ばれる数理モデルで確認できる。

　では、現在のPCR検査の技術で感染者の8割を検出できるだろうか。PCR検査の感度(検査を受けた真の感染者のうち陽性になる割合)は70%と言われるので、8割の感染者を検出するためには、「日本の居住者全員を2回検査して、1回でも陽性が出たら感染者とみなし、人との接触を断った待機を陰性確認が出るまで実施する」とすればよい。この方法で91%の感染者を待機にできる($0.91 = 1 - (1 - 0.7)^2$より)。

　したがって感染者8割待機は現在の検査技術でも理論的には実現可能と言える(ただし、各回の検査誤差は独立事象であると仮定している)。また、PCR検査の特異度(真の非感染者のうち、陰性になる割合)は99%と想定すれば、「2回検査して1回でも陽性なら陽性判定」とするルールの場合、特異度は98%に下がる($0.98 = (0.99)^2$より)。しかし2回のPCR検査で感度91%、特異度98%を達成できれば、一定の条件下では検査精度を考慮して許容できる範囲と言えるのではないか。

　要するに、「完璧な検査・追跡・待機のシステム」があれば、経済活動の停止をする必要はなかったのだが、そんな夢のようなシステムが存在しない中で、急速に新型コロナの感染拡大が起きたので、やむなく、経済活動を強制的に停止し、人と人の接触を物理的に減らす状況に世界中の国々は追い込まれた。

　それならば、現在の不完全な検査・追跡・待機のシステムを「完璧」なものに近づけて行けばよいではないか、というのが素朴な発想として出てくる。こ

の発想を真正面から追求したいくつかの提言が米国で提案されている。例えば
ノーベル経済学賞受賞者のポール・ローマー教授（ニューヨーク大学）の提言
（Romer, 2020）、ハーバード大学の提言（Allen, Block, and Cohen, 2020）など、
いずれも検査と接触者追跡と待機を大量に実施することで、社会から感染リス
クを極限まで除去することを目指そう、というものである。

　これらの提言に共通する考え方は、検査・追跡・待機によって感染者を早期
発見して社会から隔離した状態で待機してもらえれば、通常の経済社会活動は
普通に再開できるはずだ、という発想である。つまり、検査と追跡と待機を医
療行為としてだけではなく、「経済政策」と捉えるという一種の「発想の転換」
があるのである。目の前の患者を診断して適切な治療を行う準備のために検査
を行う、という「医療」の視点だけで検査と待機の問題を見るのではなく、
「経済」や「社会」の視点で捉え直すと、次のことがわかる。

　それは、生活環境に潜在している感染者をできる限り多く見つけ出し、人と
の接触を断って療養・待機してもらうことが、消費者・労働者・事業者などに
とっての感染リスクを軽減し、感染不安（これは「感染した場合に適切な検査
や治療を受けられないかもしれない」という不安を含む）を恐れて萎縮する状
態から人々を解放し、経済活動の正常化を促すということである。つまり、
「検査・追跡・待機は、経済活動を活性化させる景気対策としての意義を持つ」
のである。

4.「検査・追跡・待機」——経済政策としての三つの意義

　外出の自粛と休業要請によって「人との接触を8割減らす」ことができれ
ば、1ヵ月程度で感染者数が激減するとされ、自粛と休業が続いた5月下旬ま
での間に実際に感染者数は大きく減少した。5月25日に緊急事態宣言は解除さ
れ、これで経済を再開した状態を続けることができると多くの国民は期待して
いる。しかし、経済を持続的に再開できるのは、「検査・追跡・待機」の能力
が十分にあって、感染のクラスターを迅速に検知して潰せる、ということが前
提である。検査・追跡・待機が十分にできないままの状態で経済を再開すれ
ば、再び感染拡大が起きる。このことは、第2節で見たように、感染症伝播モ

デル（SIRモデル）のシミュレーションで簡単に確認できることである。したがって、感染者数が一旦減った後の感染コントロールをするためにも、検査・追跡・待機のシステムを整備拡充することは、2年以上続くと思われるコロナとの闘いにおいて必須である。

「検査・追跡・待機」は経済政策としても大きな意義がある。それは次の三つである。

ポイント1. 外出自粛や休業に比べて、検査・追跡・待機は、経済コストが安い

自粛と休業によって経済停止した状態が今年6月まで続く場合（今年後半からは経済が徐々に正常化する場合）、日本の経済成長率はマイナス5.2％程度になると試算されている（2020年4月14日のIMF〔国際通貨基金〕の試算）。経済停止が1年続けばマイナス10％成長になってもおかしくない。コロナがなかった場合の経済成長を控えめにゼロ％だったと仮定すると、経済停止による経済損失は年間25兆円から50兆円に達する。

検査と追跡と待機のキャパシティを大幅に増強したとしたらどうなるか。PCR検査を毎日10万件行うと仮定すると、年間の総コストは1兆円弱（一件2万円と仮定した）。PCR検査要員と接触者の追跡要員として10万人を雇用したとして、年間2兆円程度である（1人2,000万円の報酬と経費がかかるとした）。また、待機施設として、民間のホテルや旅館から50万室を借り上げたとして、年間2兆円程度である（一室一日1万円程度とした）。つまり検査・追跡・待機のシステムを整備拡充する費用はかなり多めに見積もっても5兆円程度と見られる。検査システムを拡充整備することで経済停止を免れるとすれば、5兆円のコストで50兆円の経済損失が回避できることになる（もちろん感染を増やさないことを大前提として）。

筆者らが行ったSIRモデルの分析でも、自粛と休業をなるべく短期間でマイルドなものにし、検査・追跡・待機を長期間かつ厳格に行うことが経済的な損失を最小化することが示されている（小林・奴田原, 2020）。我々の研究は、オリヴァー・ホルテミュラー教授（ハーレ経済研究所）と類似のモデルを使ったシミュレーションである（Holtemoeller, 2020）。ホルテミュラー教授の研究は、SIRモデルに「検査・追跡・待機」政策を導入したおそらく初めての研究

だが、そこでは社会厚生関数を最大にするためには、「検査と待機を可能な限り増やし、1年程度の長期間続ける一方で、経済停止は半年程度で解除すること」が最適な政策だと示されている。

我々の研究では、社会厚生関数を定義することなく、感染症の当初2年間の死者数を「自粛と休業だけで接触8割削減を1年間継続するケース」の当初2年間の死者数より大きくしないという条件下で、GDPの損失を最小化する政策を探った。具体的には、「自粛と休業で接触削減」と「検査と待機」のどちらをどの程度の期間と厳格さで導入する場合にGDPの損失が最小になるかを総当たりのシミュレーションで調べた（なお、我々のシミュレーションでは、真の生産量から検査費用を差し引いた、いわば「可処分所得」に相当するものをGDPとした）。

その結果は、「検査と待機を可能な限り増やして長い期間実施し、一方、自粛と休業は接触5割削減のゆるやかなものを3ヵ月程度続けて、その後は解除する」ことが最も望ましいと示された。

ポイント2.
大規模な検査・追跡・待機は、感染防止と景気刺激の両方の効果を持つ

大規模な検査と追跡と待機によって、生活環境から感染者の多くが隔離されれば、消費者や労働者は感染者と接触するリスクが減る（感染防止効果）。さらに、経済的に重要なことは、個々の消費者や労働者が感じる「感染リスクの不安」が軽減されることである。以下に説明するように、検査・追跡・待機の政策は、感染不安を減らすことによって、経済を活性化させる（景気刺激効果）。自粛と休業という行動制限は「医療か、経済か」の二項対立の政策だったが、検査・追跡・待機は二項対立を超えて「医療も、経済も」を目指す政策であると言える。

合理的期待を持つ個人で構成される経済モデルで感染リスクを考察する。多数の感染者が隔離されずに、社会の中で活動していると、消費者や労働者が強い「感染リスク」を感じることになり、感染を恐れて、消費や労働の活動を減らす。つまり、感染を恐れて、人々が萎縮し、経済が悪化してしまうのである。この点は、米国の経済学者マーティン・アイケンバウム教授（ノースウェ

スタン大学）たちの研究によって明らかになっている（Eichenbaum, Rebelo, and Trabandt, 2020）。

アイケンバウム教授らによると、消費者や労働者が感染リスクを恐れないと仮定して、理論モデルで計算すると、コロナ感染症が流行っても、経済は1.5％程度しか落ち込まない（週単位。消費で測った場合）。しかし、人々が感染リスクを恐れて行動を変える理論モデルでシミュレーションすると、コロナが流行ると人々が萎縮し、消費や労働の活動を減らすので、経済は最悪期には17％も悪化する（週単位）。

この計算結果は、「感染リスクを低減できれば、消費活動が活発になり、景気は回復する」ということを意味している。

逆に、ただ単に自粛と休業を続けるだけで、社会の中の感染リスクがあまり減らなければ、緊急事態宣言を解除しても、人々は萎縮したままであり、不況はますます悪化する。いくら観光業振興のために旅行代金を政府が補助しても、感染リスクが高いままなら、誰も観光に行こうとは考えまい。財政資金を使うなら、大規模な検査・追跡・待機システムの構築のために使う方が、景気刺激効果があるはずである。

ポール・ローマー教授は、現在の「双子の危機（公衆衛生危機と、大恐慌を超える経済危機）」を克服するための最もシンプルなプランは、国中のあらゆる人材と資源を投入して、大規模な「検査と待機」を行うことだ、と主張している（Romer, 2020）。ローマー教授も、「生活環境の感染リスクが高ければ人々が萎縮して経済活動が収縮し、大恐慌になる。経済を正常化するには、大規模に検査をして陽性者を社会から隔離して待機させるしかない」と主張している。

ポイント3. 逼迫する医療を支援するため経済政策資源を投入すべき

大規模な検査・追跡・待機システムの構築が、（感染症対策であると同時に）景気対策であるということは、このシステム構築のために経済界など広く非医療界から知恵と人材と資源を総動員することを正当化する。既に逼迫する医療界の負担を、非医療界が分担すれば、コロナ対策を円滑に、効率的に実施できるようになる。

　現時点（2020 年 5 月末）での検査・追跡・待機の業務は、医療行政の一環として、医療界の人材と資源のみを使って実施され、「現在の医療のキャパシティが所与の上限である」という暗黙の前提が置かれているようである。医療の供給能力の増強を図ってはいるが、あくまでそれは医療界の中の資源配分をコロナ対策に重点化する、というにとどまっている。むしろ、PCR 検査の業務などについては、医療従事者全体の有効活用すらできていない。PCR 検査の検体採取（鼻腔の粘膜の採取）は、これまで医師に限定されていたが、最近ようやく歯科医師が実施できることになった。しかし、医師の指示がなければ、看護師など他の医療従事者は検体採取を行うことを今でも許されていない。

　これでは市中の感染者が爆発的に増えてきたときに対応できない。検査用機器や試薬の供給、検査の事前準備の手間、扱える人材、検体採取のリスクなど、あらゆるところにボトルネックがあり、医療行政の資源と人材だけでは、検査数を増やせない。非医療界の人材と資源を使うことで、この行き詰まりを打破することを模索すべきであろう。

　例えば、経済界の有志が志願して資源（土地、建物）や人員を提供し、自治体や国が適正な対価を支払ってそれらの資源や人材を使い、PCR 検査センターや軽症者・無症状者専用の療養待機施設を作る、ということにすれば、「医療のキャパシティが足りないために検査や待機を増やせない」という壁を越えることができる。

　ワクチンや治療薬が開発されるまで（開発が成功したとして）最短でも 1 年以上かかる。世界から新型コロナが根絶されたり、集団免疫が定着して普通のインフルエンザ程度の病気になったりするまでには、なお数年はかかるだろう。今後、数年（あるいはもっと長く）、コロナと共存する時代が続く。そのコロナ時代の経済社会に必要な新しい「社会インフラ」として大規模な「検査・追跡・待機」システムを位置付けるべきである。国や自治体が、ダムや空港や道路を全国各地に整備してきたのと同じように、検査システムの整備は一種の新しい公共事業として集中的に進めるべきものだと考えられる。

　既に余裕のない医療界の負担を軽減するためにも、社会や行政の他分野の人材と資源を生かして、検査と追跡と待機のシステムを急速に拡充するべきである（検査業務などを医療従事者に限定する規制などは、例外的に規制緩和する

ことも必要である）。

　「検査と追跡と待機は、新しい社会インフラであり、その整備は新しい公共事業である」という新しい基本哲学の下で、検査機器の生産や輸入の拡大から始まり、急速な人材育成、検体採取者の規制緩和など、新しい枠組みで政策を構想する必要がある。

5. おわりに──医療崩壊を防ぎ、将来の不確実性を 減らすための医療・検査体制の増強

　理論的な観点から、「検査・追跡・待機」が感染抑止政策としては行動制限（接触削減）政策と代替的な政策であること、そして、経済主体が感じる感染リスクを低減することによって需要を増やす景気刺激策でもあることを論じた。

　2020年5月25日に全国で緊急事態宣言が解除された後の今後への政策的含意を考えると、秋または冬に、再び緊急事態宣言を発出することを回避するために、現実問題として、「検査・追跡・待機」政策の大幅な強化が必要であると言える。緊急事態の再宣言による外出自粛と休業要請は、消費者や企業のマインドに極めて大きなネガティブな影響を与えるので、経済を持続的に回復させるためには、緊急事態の再宣言は極力、回避しなければならない。どのような場合に緊急事態宣言が再度出るのかと言えば、それは感染が拡大して医療と検査のキャパシティを超える事態、すなわち、医療崩壊が差し迫った場合である。したがって、緊急事態再宣言を避けるためには、今後に予想される感染拡大に際しても、感染者数が医療と検査のキャパシティの上限に達しないように、今のうちから医療と検査のキャパシティを拡大しておくことが必要である。なお以下の議論については、筆者（小林）が取りまとめに関わった有識者114名による政策提言「積極的感染防止戦略による経済社会活動の正常化を」（https://www.canon-igs.org/column/macroeconomics/20200618_6497.html）も参考にされたい。

　では、どれほどの数量を想定しなければならないだろうか。今後1年以内に起きる可能性がある事象の中で、一つ確実にあるのは、インフルエンザの流行である。インフルエンザが大流行する年には、ピーク時に週当たり200万人前

後の患者が発生する（一日当たり 30 万人）。大流行しない年でも、ピーク時週当たり 100 万人前後（一日当たり 14 万人）の患者が発生すると言われる。インフルエンザ疑いの受診者が来たとき、インフルエンザと新型コロナウイルスの両方に感染している可能性があるので、そのような受診者すべてに新型コロナの感染検査を行わなければ、現場の医師やスタッフは感染リスクの大きな恐れを感じるはずである。殺到するインフルエンザ疑い患者に対して診察がスムーズに行われなければ、一種の医療「麻痺」状態になる。検査や診察が十分に行われない中で、インフルエンザの背後でコロナの感染拡大が起きたら、2〜3 週間後には重症者や中等症者が医療現場に押し寄せ、本当に医療崩壊が起きることになる。医療崩壊が起きそうになれば、再び緊急事態宣言が発出され、経済活動のかなりの部分がまた停止させられる。

　こうした事態を回避するために、インフルエンザが流行する冬までの数ヵ月の間に、重症者用の病床や ICU を現状の数倍に増床し、人工呼吸器、人工心肺装置、感染防止用の資材（マスク、防護服、消毒液など）の供給増と備蓄など、医療提供体制の強化を、わかりやすい数値目標を立てて実行する必要がある（医療提供体制の増強についてのある程度の数値的目安は、消費者や事業者の不安を取り除くために必要不可欠である）。さらに、検査体制についても、インフルエンザ流行に対応するためには、10 万〜20 万件の感染検査が行える検査能力を整備する必要がある。これは、インフルエンザかコロナが疑われる症状がある人を検査して、コロナ感染者を選別し、コロナ感染者であればその接触者を幅広く追跡して（接触者に症状がなくても）検査を行うことを想定した数字である。本来は、それら有症者とその接触者（無症状を含む）だけではなく、感染した場合に死亡リスクが高い高齢者や基礎疾患保持者に接する人々（医療従事者、介護施設や障害福祉施設の関係者）の定期検査も行うべきである。

　インフルエンザ以外にも、2021 年夏の東京オリンピック・パラリンピックの開催のためには、出入国規制の緩和を進める必要がある。コロナ前の平時には、海外からの入国者はひと月当たり 400 万人だった。2021 年の春から夏にかけて、その 4 分の 1 としてもひと月 100 万人（一日当たり 3 万人）である。これら入国者は水際対策として、全員コロナの感染検査を受けてもらうべきであ

る。2020年4月の訪日客は前年同月比99.9％減の2,900人であったが、このような「鎖国」を続けていたらオリンピック・パラリンピックはまったく開催のめどが立たないし、インバウンドの回復による地域経済の活性化も図れない。

インフルエンザと入国者の感染検査という避けがたい要素だけでも、一日当たり20万件規模の検査能力が必要となる。再び緊急事態宣言を出して経済を止めるというのでないとするならば、2020年の夏の3〜5ヵ月程度の時間で、膨大なロジスティックス上の問題を解決して、医療提供体制の大幅な増強と、一日当たり20万件規模の検査能力を整備することが求められる。時間はないのである。

さらに付言すれば、例えば「9月末までに10万件、インフルエンザ流行に対応し11月末までに20万件」というように、（ある程度の幅を持ったものでも）具体的な数字の目標を置いた医療提供体制と検査体制の整備計画が国民に示されることは経済政策として重要である。なぜなら、経済成長の原動力の一つは企業の設備投資であるが、その決定は、将来予想によって決まるからである。現下の情勢において、その企業の将来予想を決める最重要情報の一つが、「医療提供体制と検査体制が、今後、どのようなペースでどこまで増強されていくのか」という情報である。

将来の不確実性を少しでも軽減し、設備投資を促して経済を活性化するためにも、政府は、具体的な数字の入った「医療提供体制と検査体制の増強計画」を国民に示すことが求められている。

〈参照文献〉

小林慶一郎、奴田原健悟（2020）.「感染症拡大モデルにおける行動制限政策と検査隔離政策の比較」CIGS Working Paper (forthcoming).

Allen, D., S. Block, and J. Cohen, (2020). "Roadmap to Pandemic Resilience." Edmond J. Safra Center for Ethics, Harvard University, Updated April, 20, 2020.

Atkeson, Andrew G. (2020). "What will be the economic impact of COVID-19 in the US? Rough estimates of disease scenarios."

Eichenbaum, Martin S., Sergio Rebelo, and Mathias Trabandt (2020). "The

Macroeconomics of Epidemics."

Holtemoeller, Oliver (2020). "Integrated Assessment of Epidemic and Economic Dynamics." IWH Discussion paper, No. 4/2020.

Kissler, Stephen, Christine Tedijanto, Marc Lipsitch, and Yonatan H. Grad (2020). "Social distancing strategies for curbing the COVID-19 epidemic."

Romer, Paul (2020). "Roadmap to Responsibly Reopen America." https://roadmap.paulromer.net/paulromer-roadmap-report.pdf

.

第**2**章

コロナ危機の現状、政策対応及び今後の課題
——「大いなる制度変化」に向けて

鶴光太郎*

1. はじめに

　中国・武漢に端を発する新型コロナウイルス感染症は、3月から4月にかけて、欧州、米国で爆発的に広がり、100年前のスペイン風邪の世界的な流行にも匹敵するパンデミックとなり、世界的な危機が広がっている。日本に目を向けると、3月下旬から東京などを中心に感染者数が急拡大し、4月7日に都府県に発令された緊急事態宣言は4月16日には全国に拡大された。5月連休以降、全国的に新規感染者数の減少傾向が明確となり、5月中旬から末にかけて緊急事態宣言が順次解除されることとなった。

　しかし、日本より先に経済活動を再開している国によっては感染が再度増加するような動きを見せている。スペイン風邪の場合と同様、第二波、第三波が当然来襲することを前提に、今後の国民生活、経済活動のあり方を考えていくことが必要である。本稿は、3月23日時点で新型コロナウイルス感染症の現状・影響・政策対応について論じた鶴（2020）を2020年5月29日までの情報に基づき、アップデートするとともに、コロナ危機を「大いなる制度変化」の起点と捉え、そのインプリケーションを論じてみたい。

---

*　慶應義塾大学大学院商学研究科教授

2. 新型コロナウイルス感染症の現状評価

鶴（2020）では、執筆時点（2020 年 3 月 23 日）の日本の感染状況について以下のように評価していた：

- 欧州などで見られるような感染の爆発的な増加（オーバーシュート）はなんとか抑制
- 日本の場合、検査数がそもそも少ないため、感染者数が過小評価されているという指摘もあるが、死者数の水準、増加率がある程度それの裏付けに
- クラスター感染を抑制し、持ちこたえていくことで、感染者数の推移を示すカーブを平準化させ、感染者数のピークを低くし、先にずらしていくことが重要
- むやみに検査数を増やし軽症の患者が病院へ殺到すれば医療崩壊が起きることへの理解が進み、検査のあり方などもかなり国民に浸透
- 終息への道のりは予想していた以上に長いことを覚悟せざるをえない状況。少なくとも 1 年（年明け）を覚悟しなければならない持久戦

上記の評価は、2ヵ月ほど経った 5 月末（執筆時点）でも依然、妥当な評価と考えている。新規感染者数を国際比較すると、新規感染者の爆発的な拡大が見られた欧州、米国は急上昇した分、日本よりも早くにピークを迎えた[1]。しかし、一部の国に見られるように深刻な医療崩壊を引き起こしたことは記憶に新しい。一方、日本では新規感染者数がピークを迎えた 4 月中旬には、首都圏などで医療崩壊の瀬戸際まで行ったものの、なんとか乗り越えることができたと言える。まさに、感染者数のピークを低く、先にずらし、カーブを平準化させ、医療崩壊を防ぐという感染症対策としては「王道」と言える上記の戦略は日本において成功したと言ってもよいだろう。

---

1 *Financial Times* のウェブサイト、"Coronavirus tracked: has the epidemic peaked near you?" を参照。国を選択し（6ヵ国まで）、死者数、感染者数の推移を自由に国際比較できる。

国際的に見ても少ない検査数、死亡者数の評価

　しかし、日本に対しては、検査数が少なすぎるという批判は当然ある。OECDの調査（OECD, 2020）によれば、PCR検査数は、人口1,000人当たりわずか1.8人で、OECD加盟国36ヵ国中、メキシコの0.4人に次ぐ二番目の少なさである。ドイツの10分の1以下であり、異常に少ないことは言い訳できない状況だ。検査の窓口や受け持つ機関が保健所や公的機関であり、そもそもマンパワーが不足するなど、大きな「目詰まり」があり、それば半ば放置されてきたことは否定できない。検査を受けたくても受けられない事例が数えきれないほどあったことも事実であろう。

　しかし、一方で、鶴（2020）でも指摘したように、感染症による人口当たりの死者の数が国際的に見ても非常に低い水準となっていることにも留意が必要だ（表1）。検査が足りないことで感染症にかかっているにもかかわらず隔離・入院ができないことで重症化しておれば、諸外国よりも死亡者数が相対的に大きくなってもおかしくないであろう。死者数が相対的に少ないということは、検査を受けられない人も含めそもそも国際的に見ても相対的に感染者数が少ないのか、それとも潜在的な感染者数は諸外国と比べても少なくな

表1　新型コロナウイルス感染症による死亡者数（人口100万人当たり）の国際比較

国	人口100万人当たりの死者数（人、2020/5/28現在）
ベルギー	819.8
スペイン	580.4
英国	564.6
イタリア	547.3
フランス	426.9
スウェーデン	414.4
オランダ	341.8
米国	306.9
カナダ	185.5
ブラジル	122.2
ドイツ	101.6
デンマーク	97.5
フィンランド	56.7
ノルウェー	44.2
ロシア	27.5
日本	6.8
インドネシア	5.5
韓国	5.2
ニュージーランド	4.5
オーストラリア	4.1
シンガポール	4.1
マレーシア	3.6
インド	3.4
中国	3.3
タイ	0.8
台湾	0.3

（出所）米ジョンズ・ホプキンス大学コロナウイルス・リソース・センター

いものの、重症化する割合が少ないのか、どのような要因が影響しているか検証が必要である。

　終息への道のりは、感染症に対するワクチンの開発スピードにかかっている。2020年3月3日に米国立アレルギー・感染症研究所（NIAID）のアンソニー・ファウチ所長は、上院公聴会で、ワクチンを使えるようになるまでに少なくとも1年半はかかると述べている。世界中で急速に開発が進み、この秋、または、来年春に向けて実用化を目指している事例はある。一方で、通常は5〜10年程度の期間がかかり、SARS（重症急性呼吸器症候群）やMERS（中東呼吸器症候群）もワクチンは実用化できていないことを強調する意見もある[2]。ワクチンの開発動向については、過度に楽観も悲観もすべきではなく、予断を許さないが、今後1〜2年間でワクチンが実用化される前の段階では、終息しかけたように見えても、必ず、第二波、第三波が来る可能性があり、後述するようにそれを想定に置いた生活様式の変化などの対応が必要であろう。

3. 段階別に見た日本経済への影響

　次に、日本経済への影響を考えてみよう。鶴（2020）では、日本経済への影響を以下の三つの段階に分けて考察した。

- 第一段階：国内の感染が広がる前、武漢での感染の急拡大で、中国からの部品供給のストップしたことが中国の部品を使用する製造業へマイナスの影響
- 第二段階：国内感染が広がる中で、人の移動・集まりが極端に制限されることにより、国内の特定の産業（観光業〈旅館・ホテル、バス〉）、鉄道業、航空業、飲食業、エンターテインメント・イベント業（遊園地、コンサートなど）への影響（大きな需要ショック）
- 第三段階：海外と日本の間で人の移動が極端に制限されるとともに、世界

2　もちろん、感染症が終息してしまい、候補のワクチンを試すことが難しいとの指摘もある。

的な需要・供給ショックの連鎖、増幅による影響（主に大幅な輸出などの
減少としてまず出現）

　第二段階の人の接触・移動（接触が前提）によるサービス消費を提供してい
る産業をまとめてフェイス・ツー・フェイス（Face to Face）産業（以下、
「F2F産業」）と呼ぶことにしよう（Watanabe, 2020；渡辺, 2020参照）。諸外国
と同様、「F2F産業」が最も大きな打撃を受けていることは変わらない。

コロナショックの起点である「F2F産業」への需要ショック

　4月の緊急事態宣言以降、「F2F産業」の中でも人との接触度合いが高い（い
わゆる「三密」になりやすい）産業には大都市圏を中心に休業要請が出され、
産業としての供給が制約されることになった（例えば、東京の飲食業の夜8時
までの営業要請）。コロナショックについては、内外を問わず、需要・供給・
所得ショックの複合ショックと捉えられることが多い。全体として見れば、そ
ういう解釈も可能であるが、最も大きいマイナスの影響を受けている「F2F産
業」はあくまでも、消費者が感染を避けるため、「F2F産業」が提供するサー
ビス消費を避けるという大きな消費選好ショック、つまり、需要ショックが起
きたことが大きな起点であったことは留意すべきであろう。

　渡辺（2020）は、コロナショックは供給ショックと需要ショックの両面があ
るものの、いずれが支配的であるかを見極める重要性を強調している。その
際、鍵となるのは物価の変化方向である。供給の縮小が大きければ物価は上昇
するはずだからだ。そうした観点からは、100年前のスペイン風邪や2011年の
東日本大震災では物価が上がっているので供給ショックが支配的であった一
方、2008年のリーマンショック、さらに、今回のコロナショックは世界的に
見てもGDP（国内総生産）の減少と物価の下落が同時に進行しており、需要シ
ョックが支配的であると論じている。

　また、第三段階の輸出の減少は、5月中旬に発表された、3月の国際収支
（速報）に既に現れており、輸出は前年同月比12.2%の大幅減少となっている。
また、訪日外国人旅行者数（3月）も前年同月比93.0%減で旅行収支が悪化、
サービス収支全体で見ても、前年同月比で2,488億円黒字幅縮小となるなど大

きな影響が出ている。

予想上回る製造業への影響

　一方、3月時点で筆者が十分予想できていなかった影響としては製造業への
影響がある。世界経済への影響は輸出を通じて現れると考えていたが、自動車
及び同部品産業への影響が予想以上に大きい。部品の点数が多く、生産工程が
細分化し、中国のみならずグローバルに複雑なサプライチェーンを構築してい
る製造業ほど影響が大きいということであろう。自動車産業はその筆頭であろ
うし、自体、移動手段であり、世界的に移動が制限されている中で、新車販売
台数も世界的落ち込みを見せている。自動車産業については、需要・供給ショ
ックが一気に押し寄せていると言えよう。

　産業ごとの影響の大きさを見るための一つの方法としては、品目別に見た消
費の変化への着目がある。3月の「家計調査」（総務庁）の前年からの減少を見
ると、国内パック旅行、航空運賃、遊園地入場・乗り物代が8〜9割減、鉄道
運賃、文化施設入場料、映画・演劇等入場料が6〜8割減、宿泊料、飲酒代
（外食）が5〜6割減と「F2F産業」が提供するサービス消費が半減以下になる
など、相当厳しい状況がうかがえる。一方、サービスではなく、財の消費の落
ち込みが目立つのは婦人用被服・履物、化粧品で、減少の大きな品目では3〜5
割減となっている。在宅勤務、外出自粛が特に女性の消費行動に影響を及ぼし
ていることがわかる。

4. 新型コロナウイルス感染症のショックの性質

　次に、感染症のショックの性質について、さらなる深掘りをしたい。鶴
（2020）では以下の点を指摘した：

- 新型コロナウイルス感染症のショックは、供給面、需要面双方とも、基本
  的にテンポラリー（一時的）なショック
- 経済のファンダメンタルズが悪化したわけではなく、感染症が収まれば、
  経済はいずれ元に戻るはず（死者は高齢者が中心で恒久的な労働供給減効

果は小）

- 第三段階の世界経済からのリパーカッションが大きくなれば、世界経済危機のときのような影響がもう一段加わる可能性
- 感染症の蔓延や経済の停滞が長引き、テンポラリーなショックがパーマネントなショックに変質してしまうという履歴（ヒステリシス）効果が発生してしまうと対応はかなり困難
- 今回大きな影響を受けているサービス産業では、供給と消費の「同時性」が要求されるため、その時点で消費されないと後で2倍消費することは難しく、感染症が終息した後のV字回復は期待薄

コロナショックはこれまでの経済危機とは異なり、感染症が終息すれば理論的には経済は元の状態に戻ることができるはずである。しかし、一時的なショックにとどまるのは終息まで3〜6ヵ月程度の短期の場合であり、上記で指摘した恒久的なショックになることは避けられない状況である。特に、そのショックの大きさは、既に、リーマンショックを上回り、1930年代の大恐慌に近づく可能性も懸念されている。

リーマンショックを上回り、大恐慌に近づくコロナショック

日本経済の実質GDPは、前期比年率で昨年10〜12月期に7.3%減の後、さらに、コロナショックの影響で、同3.4%減となった後、民間研究機関平均（ESPフォーキャスト2020年5月公表）では、4〜6月期は同21.3%減と、さらに大幅な落ち込みが予測されている。世界経済危機当時、最も実質GDPが落ち込んだのは2009年1〜3月期の同17.8%減であるので、四半期ベースの落ち込みとしてはそれを上回ることが予想されている。4〜6月期を底にして回復が予想されているが、2020年度全体では、実質経済成長率は5.4%減の見通しである。米国、ユーロ圏においては感染拡大がより深刻な影響を生んでおり、4〜6月期の実質GDPは前期比年率で30〜40%程度の落ち込みと予想され、日本の落ち込みをさらに大きく上回ると見られている（例えば、大和総研, 2020参照）。

また、米国の4月の失業率（季節調整済み）は14.7%と3月の4.4%から急上

昇し、比較可能な統計をとり始めた1948年以降、最悪となった。リーマンショック後の2009年10月の10.0％や、第二次オイルショックの影響を受けた1982年12月の10.8％を大幅に上回った[3]。米国は随意雇用の原則があり一時帰休などのレイオフを行いやすいため、このようなショックが起きると、欧州や日本よりも失業率が急上昇しやすいことには留意が必要である。例えば、ドイツの4月の失業率（同）は5.8％と後述する雇用維持政策の効果もあって、前月から0.8％ポイント上昇にとどまっている[4]。

　一方、日本については、4月の失業率を見ても前月からわずかな悪化（0.1％増の2.6％）にとどまっており、まだ、明確な影響は見られない。しかし、4月の休業者数、非労働力人口は激増しており、前年同月差の同労働力人口比は、それぞれ6.2％、0.9％にも及ぶ。増加した休業者や非労働力化した者がもし失業者にカウントされれば、失業率は7％程度上がるほどのインパクトがあることに留意が必要だ。また、先行指標である新規求人数は、宿泊業・飲食サービス業で前年同月比47.9％減とかなり落ち込む中で、製造業も同40.3％減[5]となり、業種間のばらつきは小さい。また、雇用形態別雇用者数（労働力調査）は4月の正規雇用労働者は同1.8％増である一方、非正規雇用労働者は同4.6％減と雇用悪化は非正規雇用により鮮明に表れており、今後さらなる悪化が懸念される状況だ。

　また、今回のコロナショックの特徴として、政策担当者、実務家などから特に挙げられるのは「先が読めない」という問題だ。感染症による世界的なショックは1世紀ほど経験していなかったというのはあるが、前述したように「今の状況がいつまで続くのか」の不安に見られるように、終息時期が予想できないことで将来への不確実性が著しく高まり、それがあらゆる経済活動において「様子見」のオプションが選択され、現実の経済活動が抑制されている面も大きい。Baker *et al.*（2020）は、米国経済の不確実性を示す指標が1〜3月期で

3　5月は大方の予想に反して、13.3％にとどまった。
4　ドイツ連邦銀行。英国は4月、前月の3.5％から5.8％へ上昇（英国家統計局）。
5　4月の鉱工業生産も自動車工業を中心に感染拡大防止策として工場を停止したことなどが影響し、前月比9.1％の大幅減となっており、リーマンショック後の同8.8％低下（2009年1月）をわずかであるが上回り、製造業への影響の深刻さがうかがえる。

急上昇し、それが2020年10〜12月期の経済成長率（前年比）の予想減少率の半分程度を説明しうるなど、今回のコロナショックにおける不確実性増大の悪影響を強調している。

　以上のように、コロナショックはリーマンショックをはるかに上回るくらいのインパクトがあり、そのショックは一時的なものにとどめることは難しく、恒久的なショックになることは避けられない。恒久的なショックになるのは、ショックの規模だけでなく、それが終息する時期が見えないという意味で、コロナと共存しながら、我々の生活様式を変えていかなければならないことも影響している。コロナショックを契機に大きなビッグプッシュが働き、国民の共有化された予想、繰り返し行われてきたゲームの均衡が変化し、比較制度分析の意味での「大いなる制度変化」が進行しつつあると考えるべきであろう。

5. 求められる政策対応

　それでは、このような状況を踏まえて、政策対応はどうあるべきか。鶴（2020）では、4月7日に政府が緊急経済対策を最終決定する以前に以下のような提言を行っていた。

- ショックは一時的（temporary）であるので、政策対応も一時的（temporary）、また、影響を受ける産業は今のところかなり集中しているのでそこにターゲット（targeted）を絞り、かなり迅速機動的な（timely）対応を行うべき（三つの"T"が重要）
  国家財政状況はかなり深刻であるが、テンポラリー（一時的）な措置ということで金に糸目をつけず、思い切った規模の対策を行うべき
- 消費税率引き下げといったパーマネント（恒久的）になる可能性のある政策は断固として避けるべき
- 国民全員へ一律に給付金や商品券を与えるような「一律的」政策もターゲティングの観点から避けるべき
- 最も重要な政策対応は、労働者の失業や企業の倒産を避ける対策を行い、テンポラリーなショックがパーマネントなショックに変化することをでき

るだけ抑制すること

- 具体的には、雇用調整助成金、日本政策金融公庫を通じた公的金融（利子補給による実質的な金利ゼロ）が大きな鍵
- ターゲットを意識した対応を行うため、個人ではなく、企業を通じた支援を重視すべき
- 今回（コロナショック）、雇用調整助成金では非正規へも配慮され、学校の休校に伴う賃金補償ではフリーランスなどへも配慮がなされたことは評価

引き続き最優先目標である雇用維持と事業継続

　4月7日に決定された緊急経済対策は、概ね、上記の考え方とも整合的な内容であったと考えられる。経済政策という観点からは「雇用の維持と事業の継続」が重視され、①雇用調整助成金の特例措置の拡充、②日本政策金融公庫等による実質無利子融資の継続・拡充、③都道府県の制度融資を活用した実質無利子融資の民間金融機関までの拡大、④収入に相当の減少があった事業者の国税・地方税・社会保険料の納付を無担保かつ延滞税なしで1年間猶予など、が大きな柱になっている。

　これに加え、⑤事業継続に困っている中小・小規模事業者等への支援のため、「持続化給付金（仮称）」という新たな給付金制度の創設[6]（申請は電子申請を原則）を決定したことは評価できる。

　また、⑥生活に困っている世帯や個人への支援として、一定の条件を満たす世帯[7]に対し、一世帯当たり30万円の給付を行うことを内容とする新たな給付金制度（「生活支援臨時給付金〈仮称〉」）の創設も当初の緊急経済対策では一旦、盛り込まれることとなった。

6　事業収入が前年同月比50％以上減少した事業者について、中堅・中小企業は上限200万円、個人事業主は上限100万円の範囲内で、前年度の事業収入からの減少額を給付する。

7　世帯主の月間収入（2020年2月〜6月の任意の月）が、新型コロナウイルス感染症発生前に比べて減少し、かつ年間ベースに引き直すと個人住民税均等割非課税水準となる低所得世帯や、新型コロナウイルス感染症発生前に比べて大幅に減少（半減以上）し、かつ年間ベースに引き直すと個人住民税均等割非課税水準の2倍以下となる世帯などを当初対象。その後、撤回。

　鶴（2020）では、以下のように、個人に対する一律的な給付金の配布は反対していただけに、ターゲットを絞る政策が決定されたことに対しては、筆者にとっては予想外の展開でやはり高く評価していた。

- 一律で給付金などを配る政策は国民に人気があり政治的にはなびきやすい。所得制限などでターゲットを絞るととたんに実施コストが高くなってしまい、迅速性を考えると一律的な政策が実施されやすい。また、商品券の方が現金よりも消費にはプラスと要望する業界関係者もいるようであるが、使おうと思っていた現金を使わなくなるだけで基本的に差はないはずだ。今回はお金を使いたくても使えない状況が問題であるので、給付金などはより貯蓄に回るであろうことは明らかだ。たとえ、10万円を一律に配っても、本当に困窮している人には十分でない一方、困っていない人は買いたいものが新たに出てくるわけではないのが実際ではないか。

　しかし、その後、与党内で強硬な反対が出たため、一度、閣議決定したものを修正するという異例の展開で、国民一人一律に10万円を支給する「特別定額給付金（仮称）」に取って代わられることとなった（詳しい経緯については、清水, 2020参照）。給付金の対象者がわかりにくい、国民へより迅速に配布する必要があることなどがその理由として説明されていたようだが、与党として選挙に勝つためにはなるべく幅広い「バラマキ」の方が有益であることは明らかである。その意味では筆者の想定通りの展開となってしまった。

　緊急経済対策の規模は、給付金制度の変更により、事業規模117.1兆円（GDP比21％、財政支出48.4兆円）とリーマンショック時の経済対策（2009年4月）の規模（事業規模56.8兆円、財政支出15.4兆円）を大きく上回るものとなった。他の先進国の経済対策の規模を比べてみても、米国14％、ドイツ22％、フランス18％、英国19％と遜色のない規模となっている（内閣府, 2020）

　また、第二次補正予算（事業規模117.1兆円、予算規模31.9兆円）が5月27日閣議決定された。雇用維持という観点からは、企業が支払う休業手当を支援する雇用調整助成金の上限（日額上限1万5,000円、月額33万円）を引き上げ

るとともに、従業員が企業を介さず申請できる新設の給付金を創設した。ま
た、事業継続の観点から、既に、対策の大きな柱になっている、日本政策金融
公庫・商工中金や民間の実質無利子・無担保融資をさらに大幅に拡充するとと
もに、懸案であった事業者の家賃を補助する「家賃支援給付金」を創設した[8]。
また、資金繰りの対応強化の観点からは、上記の融資スキームに加え、資本性
資金の活用[9]、金融機能の強化も盛り込まれた[10]。

これまでの雇用維持、事業継続に加え、学生、医療従事者、ひとり親世帯へ
の支援などきめ細かな目配りを通じ、国民の生活を守り、恒久的なショックに
結び付かないようにするため最大限の努力をしていくことは、この時点（5月
末）では適切な対応だ。しかし、中央銀行による財政ファイナンスという状況
に限りなく近づく中で、同様の規模の経済対策を今後も状況に応じて打ち出す
ことができるか、また、適当であるかどうかは必ずしも明らかではない。

最も大きな影響を受けている「F2F産業」においては、上記のような「空前
絶後」の規模の対策を講じてもなお、失業や倒産・廃業などを避けることはで
きないであろう。かつての構造不況業種と同じように、産業としてのあり方を
抜本的に見直し、積極的な事業の再構築を図り、資本、労働といった資源配分
の転換を行うことに対し、政府が支援を行っていくことも今後検討していくべ
きであろう。

また、政府の対応としては、前述のように今回のコロナショックが不確実性
を大きく上昇させていることを考慮すると、政府自身が不確実性を高める要因
にはなるべきでないということだ。例えば、緊急事態宣言をどういう状態にな

8　5月の緊急事態宣言延長で売り上げ急減に直面する事業者（1ヵ月で売り上げが前年同月
　比で50%以上減少、または連続した3ヵ月間で売り上げが前年同期比で30%以上減少）を
　下支えする。給付率は3分の2、給付上限額（月額）は法人50万円、個人25万円とし、6
　ヵ月分を給付する。複数店舗所有など家賃の総支払額が高い場合は、月額家賃のうち上
　限超過額の3分の1を給付する例外特例を設け、給付上限額を法人100万円、個人50万円
　に引き上げ。
9　日本政策投資銀行、商工中金、日本政策金融公庫などにおいて劣後ローンを実施すると
　ともに、日本政策投資銀行、産業革新投資機構、地域経済活性化支援機構及び中小企業
　基盤整備機構において出資などを実施。
10　金融機能強化法に基づく民間金融機関に対する資本参加スキームの期限を延長するとと
　もに、資本参加枠を拡充。

れば解除するか。政府が感染を抑えるという立場からすればできるだけ判断において裁量の余地を残したいだろうが、それでは国民の立場からすれば先が読めず、不確実性が高まってしまう。解除のための明確かつ客観的基準を作り、それにコミットすることが必要である。これはマクロ経済政策で論じられてきた「裁量 vs. ルール」の議論とまったく同じだ。今回、遅まきながら、「直近 1 週間の 10 万人当たりの感染者が 0.5 人程度以下」という基準が示され、それを基本としながら解除の判断が行われたことは評価したい。

6. おわりに――今回の危機を飛躍に結び付けるために

コロナ危機に対しては、「ピンチをチャンスに変える」という前向きの発想や取り組みがしばしば聞かれるようになった。鶴（2020）でも、コロナ危機を言い訳にするのではなく、以下のように、今回の危機を飛躍に結び付ける重要性を強調した。

- 「見えない未来」の下、「見えない敵」と格闘するという初めての経験の下、「思考停止」「冬眠」してしまえば、我々の失うものも大きくなる一方
- 長期戦の中で手洗いなどの個人の衛生管理をし、「密室・密集・密接」を避けながら、各自が最大限できることは何かを考え続けていく必要あり
- テレワークは子育て・介護のためではなく、創造性や生産性を高めるために全従業員が利用できるような仕組みを整えて、積極的に活用すべきと論じてきたが（例えば、鶴, 2019 参照）、折しも、強制的にテレワークを行わなければならない状況に多くの企業が直面
- テレビ・ウェブ会議なども含め、やってみれば案外できるのではというのが大方の感想では
- 日本企業の場合、メンバーシップ型の雇用システムの下で、「大部屋」におけるフェイス・ツー・フェイスのコミュニケーションやコーディネーションを重視してきたことが、職場のデジタル化へのハードルに
- デジタル化の利点を理解し、職場に一気に普及させていく格好の機会
- （教育の現場においても）将来のある子供、若者を守りながら、質の高い

教育を実施するため、オンライン授業・学習への迅速な対応が必要

今回のコロナ危機という未曽有の事態においては、国民、政府とも十分に対応できない、後手に回るなど様々な問題が噴出し、多くの混乱が起きたことは事実であろう。しかし、今生きている世代では経験がなかったまったく新たな環境への適応において試行錯誤はつきものである。そこを乗り越えていくためには、我々は他者に対しても「寛容」になることが求められている。

抜本的なデジタル・トランスフォーメーションを目指して

その一方で、今回のコロナ危機を通じてあぶり出された大きな課題としては、デジタル化・ICT（情報通信技術）、ビッグデータ・AI（人工知能）の徹底活用の遅れが挙げられるのではないであろうか。日本が誇る情報の伝達・共有などにおける「人力」の高い優位性が、逆に新たなテクノロジーの積極的な受け入れの大きな妨げになってきたことが浮き彫りになった。これは「イノベーションのジレンマ」の典型例とも言える。

例えば、韓国や台湾では感染者の行動把握（追跡、他者との接触）、スマートフォン（および専用アプリ）、位置データなどが活用されている一方、報道によれば、日本では感染者数という最も基本的なデータさえ、関係機関がファックスのやり取りで情報の伝達・共有が行われているため、数値に誤りが生じるような事例もあったようだ。上記のテレワークも、そもそもテレワークを行うための環境（ハードウェア、ソフトウェア、通信環境、居住環境など）が十分整備されていなかったという問題があったが、それを最後に阻むハードルは「はんこ文化」「紙文化」であった。

雇用調整助成金、創設された各種給付金の支給という経済対策の「一丁目一番地」も煩雑な手続きが障害になったり、従来の「はんこ文化」「紙文化」が立ちはだかり、オンライン申請のインフラが十分整備されてこなかったことが迅速な支給の最も大きなボトルネックになってしまっている。特に、今回の特別定額給付金については、オンライン申請は内容のチェックのためにむしろ給付に時間がかかる可能性があり、オンライン申請を取りやめる自治体も出てきているとの報道もあり、まさに本末転倒と言わざるをえない。また、マイナン

バーも個人の税務情報や口座情報と紐付けされておれば、給付金も一律ではなくて対象を限定しても迅速な給付が可能になったはずだ。

　個人についてのビッグデータの利活用を考えるときに必ず出てくる課題としては、プライバシーの問題がある。コロナ危機は「戦争」であり、非常事態における国家体制はどうしても中央集権的になり、政府の関与・介入は大きくなりがちだ。個人情報へのコントロールが強まることへの国民の危機感も大きいことは確かである。一方、今回のコロナ危機のように「命を守る」という何物にも代えがたい目標を達成するために、プライバシーの問題をどう考え、折り合いをつけるか難しい選択をつきつけられていることは確かだ。こうしたことを考慮しつつも、コロナ危機が日本経済の抜本的なデジタル・トランスフォーメーション（DX）を進めるチャンスとなることを期待したい。

〈参照文献〉

清水真人（2020）「10万円給付に透ける『安倍一強』終わりの始まり」『日経ヴェリタス』2020年4月26日号。

大和総研（2020）「第205回日本経済予測」。

鶴光太郎（2019）「新たなテクノロジーは働き方をいかに変えるか—AI時代に向けた展望」RIETI PDP 19-P-023（矢野誠, 2020）『第4次産業革命と日本経済—経済社会の変化と持続的成長』第7章、東京大学出版会。

鶴光太郎（2020）「新型コロナウイルス感染症の経済への影響と求められる政策対応」RIETI特別コラム：新型コロナウイルス−課題と分析。

内閣府（2020）「新型コロナウイルス感染症緊急経済対策の経済効果試算（改定版）」。

渡辺努（2020）「新型コロナウイルスが消費と物価に及ぼす影響」『月刊 資本市場』2020、4（No.416）。

Baker,S. N.Bloom, S.Davis and S. Terry（2000）."COVID-Induced Economic Uncertainty." NBER Working Paper No. 26983.

OECD（2020）."Testing for COVID-19: A way to lift confinement restrictions."

Watanabe T.（2020）."The Responses of Consumption and Prices in Japan to the COVID-19 Crisis and the Tohoku Earthquake." CARF-F-476.

第3章

パンデミックにも対応できるセーフティネットの構築[1]

八田達夫[*]

1. はじめに

　感染症の蔓延が引き起こす失業と所得の減少に対応するために社会が用意している基本的なセーフティネットのツールは、雇用保険と生活保護である。しかし、今回の新型コロナウイルス感染症に対して、これらの制度の限界が明らかになった。

　例えば、今回の急激な経済失速に際して、会社都合による一時帰休（layoff）に対して、失業保険給付が支給されれば、従業員も会社も助かったであろう。失業保険給付は、迅速に支給されるからである。しかし米国と違って、日本では一時帰休に対して失業保険の支給は許されていない。

　次に、雇用調整助成金制度の使い勝手を改善すれば、企業は解雇することなく休業手当を支給できるという主張がある。しかし、保険料の仕組みを今のままにして、この制度の使い勝手を良くすれば、保険財政は崩壊しうる。

　さらに、日本では、高い解雇手当を契約で結ぶインセンティブを企業に与える制度が整備されていない。解雇に際して、企業が支払う退職金の大部分は、自己理由退職にも支払われる額であり、解雇手当[2]に相当する分は極めて少額である。

＊　アジア成長研究所所長、理事長
1　本稿に関して、井堀利宏氏、大内伸哉氏、大竹文雄氏、大林尚氏、川口大司氏、佐分利応貴氏、佐用久幸氏、保科寛樹氏、八代尚宏氏から貴重なコメントやご教示をいただいた。厚くお礼申し上げる。残る誤りは筆者のものである。

　一方、失業保険の給付期間が終わると生活保護受給者は急増すると予想されるが、急増への対応は大きな不安を抱えている。ケースワーカーには相当な知識と経験が必要で、一朝一夕に増やすことはできないからだ。

　本稿では、今回のパンデミックが露わにした現行のセーフティネット制度の弱点を解消し、「給付を迅速に支給できるセーフティネット」を構築する方策を検討する。すなわち、第2節で一時帰休者に失業保険を支給し、休業者に休業手当を支給してもモラルハザードを防げる雇用保険改革を、第3節で解雇手当を契約に入れやすくするための労働者保護規制を、第4節で低所得になった人へ迅速に現金を給付できる所得税制改革を、提案する。

2. 失業保険給付金

1 一時帰休に対する給付

　米国では、2020年5月末までの10週間で、失業保険申請が4,000万件に達した。このように申請数が増えたのは、米国の失業保険では、企業の経営が行き詰まったときに、業績回復後の再雇用の約束付きで一時帰休（layoff）された従業員にも、失業保険給付金が迅速に支給されるからだ。

　一方日本では、4月に東京都のタクシー会社が、客足が戻れば再雇用することを約束した上で600人の従業員を解雇し、その間は失業保険が得られるようにしようとしたところ、東京労働局の担当者は、「元の会社に早期に戻ることが約束された状態では、失業保険の受給資格を満たしていない」と指摘したと報じられている。日本の失業保険給付金は、仕事を探している失業者に対して給付されるのだから、再就職が内定している人に給付するわけにいかないというわけである。

　しかし、一時帰休を命じられた従業員にとって、その会社が営業再開される保証はない。また再開をしたとしても、雇用規模を縮小すると戻れないかもしれない。さらには、再開のタイミングは失業保険給付の期間が終わってからか

2　なお「解雇手当」は、解雇予告のタイミングに無関係に支払われ、「解雇予告手当」は、従業員に対して解雇日の30日以上前に、解雇予告せずに解雇したとき支払いが義務付けられる。

もしれない。このようなリスクを労働者は抱えている。したがって、この際の再雇用の約束というのは、将来雇用を再開した場合には優先的に雇用するという、一種のオプション契約であるとみなすことができる。これは再雇用の不確実性を前提とした約束であって、通常の内定とはまったく異なる。

　実際に求職活動をしているのならば、後になって「不正受給」とみなすことなく失業保険給付金を支給する制度改革をすることが、労働者・企業双方にとって選択肢を増やすことになるであろう[3]。

2 解雇履歴に連動した雇用保険料率の調整制（履歴料率制）

　しかし、一時帰休に対する雇用保険給付を行えるようにする制度改革には、より本質的な批判がなされている。この改革は、雇用保険財政全体の健全性を脅かすというものである。

　この批判は、この改革によって、一時帰休をさせる企業が失業保険に対してモラルハザードを引き起こすことに向けられている。「労働者を解雇すれば、会社が追加の負担をすることなく、失業保険から労働者の生活資金を出してもらえる。それは失業保険へのフリーライドではないか」というわけだ。

　批判は当然である。実はこの批判は、一時帰休に対してだけでなく解雇全般にあてはまる。日本の雇用保険制度は、保険制度としてみるとき、企業による解雇乱発防止装置を欠く、欠陥制度である。だからこそ、その代わりに、厳しい解雇規制によって過大な給付を抑制している。したがって、「一時帰体には歯止めをかける必要がある」というのが制度設計者の本音だったと言えよう。

　一方、米国の雇用制度では、失業保険税は企業側のみ負担するが、この税率の設定で解雇履歴に連動して調整される「履歴料率制」（experience rating）が採用されている[4]。この制度では、解雇率が高い企業は、より高い料率の税を支払わなくてはならない。これが企業による不必要な解雇乱発を防いでいる。

---

[3] もちろん中には、就職活動を一切せずに、将来の再雇用のチャンスを狙って家事に専念するという人もいるかもしれない。その場合には、失業保険の受給資格がなくなるのは当然である。
[4] U.S. Department of Labor（2019, Chapter 2, p. 6）。なお小西（2018）はこの制度を「経験料率制」と呼んでいる。

日本でも雇用保険料の企業側負担部分に対して履歴料率制を早急に採用すべきであろう。この制度改革を行うことによって、企業が解雇する場合には、将来それなりのペナルティを払うことを覚悟しなくてはならなくなる。

　履歴料率型の保険料の設定は、一時帰休に対する給付を認めるか否かを別にしても、解雇乱発を防止するために緊急を要する改革である。しかし、もし「履歴料率制」の創設によって、モラルハザードが防止されるならば、求職活動をしている一時帰休者に対して給付を認めるべきである。

3　休業手当

　さらには、企業は労働者に休業手当を支給すべきで、失業保険に頼るべきではないという指摘もある。休業手当を支給すべきか、一旦解雇して後で再雇用するかの判断は、企業に任されるべきことであり、休業手当の原資として政府補助は与えられるべきではない（ただし不況時に、政府が企業にこの手当の支給のための貸し付けを行うことは貸金市場における情報の非対称性の観点から正当化できよう）。

　現実には、この原資として雇用調整助成金という政府補助が企業に与えられている。この助成金は強いモラルハザードを起こす。雇用調整助成金を原資に休業手当を支払った企業が破綻すれば、失業者に対して失業保険も支給されるため、雇用保険は二重の支給となるからである。

　現在かろうじてモラルハザードが避けられているのは、雇用調整助成金を受けるための手続きが煩雑なためである。5月11日時点で20万件以上の相談件数に対して4,500件余りしか実際に支給決定されていない。その上、受給までに2〜3ヵ月かかる。この間給付を肩代わりすることは、危機にある企業にとって重い負担である（結果的に、これは、中小企業に不利な制度である）。

　しかし、給付を迅速にできるように、雇用調整助成金の受給条件を緩和すれば、モラルハザードは失業保険以上に強い形で起き、雇用保険は崩壊する可能性がある。

　このモラルハザードを防ぐには、休業手当が休業者に直接保険給付されるオプションを雇用保険の中に新設すればいい。不況時に休業手当を支払うことを望む企業は、前もって追加的保険料を払えばこのオプションを活用できる（た

だし、この追加保険料も履歴料率制にすべきだし、企業自身が休業手当の一部を負担する共同保険も義務づけるべきである）。このオプションを活用しなかったために休業手当を払えない企業は、一旦解雇して、できるだけ早く再雇用できるように努力することになる。

その場合、基本的には、第3節2（3）で論じるように、一時帰休後に再雇用をできるだけ迅速にさせるための政策処置を講じるべきである[5]。

4 雇用保険収支の健全性

雇用保険財政健全化のために、履歴料率制に加えてとりうるもう一つの有効な方策は、自己理由の退職に対する雇用保険給付金の支給条件を厳しくすることである。さらに、厳しくする度合いに応じて、雇用保険料の労働者側負担分を引き下げるべきである。米国では自己理由退職に対する雇用保険給付金の支給は認められていないが、労働者側の保険料負担もゼロである。日本でも、米国型の制度にした上で、追加の保険料を払う労働者には、自己理由退職に対する給付が支給されるオプションを希望者に用意することも考えられる。

日本の雇用保険は、①解雇失業保険、②休業手当保険（今は雇用調整助成金）、③自己都合退職失業の3種の異なる保険に給付している。結局、雇用保険収支の健全化のためには、それぞれを、次のように改革することが役立つ。まず、①への加入義務付けは続けるが労働者側の保険料負担をゼロとする。次に、②と③への参加はオプションにし、②に加入を希望する企業と、③に加入を希望する労働者は、それぞれへの追加保険料を支払うこととする。その際保険料はすべて、履歴料率制とする。

3. 定期就業権と解雇手当

1 定期就業権の必要性

不況時に解雇される場合には、公的に定められた失業保険給付に加えて、あ

5 なお、雇用調整助成金の受給条件を緩和するよりは、一時帰休に対して失業保険を適用すべきだという主張については、八代（2020）を参照のこと。

らかじめ決められた額の生活支援を即時に受け取れる仕組みがほしいと考える労働者は多いであろう。不況時には、再就職先を見つけにくいからである。

　日本では、解雇された場合に得られる生活支援は基本的に退職金である。この額は、自己都合退職の場合も得られる退職金の額に、解雇によって上乗せされる額——いわば「解雇プレミアム」——を加えたものである。自己都合退職にも支払われる部分は、いわば給与の後払い（一種の貯蓄）だと考えられる。この部分は、外部積み立てされて、年金の原資として用いられる場合も多い。一方、解雇プレミアムは、勤続20年のモデルワーカーにとって平均1.3ヵ月分でしかない[6]。失業保険で受け取ることができる最大額は6ヵ月分であるから、解雇プレミアムはその約2割でしかない。

　さらに問題なのは、企業が破綻したときにはこの退職金すら払われない可能性が高いことだ。会社都合で解雇されるのはまさに企業が危機に瀕しているときであるから、退職金の解雇プレミアムは、労働者にとって二重の意味で頼りにならない。

　逆に言うと、企業に対して、解雇をためらわせるインセンティブは、失業保険料だけでなく、退職金に関しても小さい。そのために解雇規制を厳しくせざるをえない制度になっているといえよう（解雇を不当だと考える場合には労働審判制度の解決金を得ることができるが、これには、結果に対する不確実性があるだけでなく、時間がかかる）。

　会社都合によって解雇された人に対して迅速に生活支援をするには、企業と労働者があらかじめ契約を結んで、解雇された場合には両者が事前に合意した額の補償が支払われる契約を行えばよい。米国で民民の契約で行われている解雇手当（severance payment）がそれである。大企業の約半分で、そのような契約が行われており、中小企業でも1割程度がこの制度を持っている。Miller（2018）によれば、解雇手当を勤続年数に比例して引き上げる企業では、20年働いた労働者に対しては平均8ヵ月分の解雇手当が支払われている[7]。

6　ここでは、モデルワーカーとして、ボーナス込みの初任給が年300万円で、現在は年800万円を得ている、勤続年数20年の45歳の大企業（企業規模1,000人以上）の労働者を想定している。厚生労働省（2018）の表45と46によれば、このモデルワーカーが会社都合で退職した場合の退職金は、自己都合退職の場合を約1.3ヵ月分上回っていた。

　ところが、日本ではこのような高い解雇手当を設定するインセンティブが、企業側にはまったくない。仮にそれだけの解雇手当を払うことを約束しても、解雇することは、解雇権濫用法理の下に裁判所に認められないことが多いからだ。

　その結果、いざ大不況が訪れて企業の倒産が増える場合には、退職金に内蔵された低い解雇プレミアムに満足するか、それすらも企業破綻によって得られないという状況に、日本の労働者は置かれている。

　解雇条件を当事者間で自由に決めた場合にそれが確実に実行される労働者の権利を、「定期就業権」と呼ぼう。従来、日本では、解雇を避けることを趣旨とする「整理解雇の四条件」や「5年での無期限転換ルール」などの従来型解雇規制によって「雇用慣行型」の雇用契約が守られてきた。このために、定期就業権を守る制度的な枠組みを欠いている。

2 「定期就業型」の契約
(1) 定義
　そこで、新規契約に関しては、「定期就業権」に基づき、雇用期間・賃金・解雇条件を明記した「定期就業型」契約を結ぶことを可能にする制度改革を提案したい。これは、①契約期間と、②契約期間終了前の解雇に対する解雇手当の額を明記している契約である。司法は、その契約を尊重する。この契約を「定期就業権」に基づく契約と呼ぶのは、定期借家権と似た側面があるからである[8]。

　「定期就業型」契約の下では、雇用期間は自由に選択できる。事前に決めた就業期間が終了した直後の再契約も妨げない（これは、現制度における非正規

7　Miller (2018). 平均的には、1年ごとに1.6週分の離職手当が増額される。したがって、20年間働けば32週分（＝8ヵ月分）となる。

8　借地借家法による借家契約では、契約期間終了後に契約を終了させることができるのは、正当事由を満たす場合に限定されていた。岩田（1976）は、この限定は、政府が行うべき社会政策を、契約の自由を制限することによって民間企業に押しつけているとし、その弊害を指摘した。この限定を不要とする「定期借家」契約は、2001年に、借地借家法とは別の法律で可能となった。定期借家権が結果的に借家人の利益を守るものであることについては、八田（1997）および阿部・野村・福井（1988）を参照のこと。

労働者にとって、最大の権利獲得となる）。さらに、終身雇用を定めることも
できる。この契約では、ジョブ型もメンバーシップ型も可能である。一定期間
（例えば1年）以上の「定期就業型」契約はすべて正規雇用である。

　新規契約に関しては、企業は、「定期就業型」と「雇用慣行型」の契約のい
ずれかを選べる。したがって、後者の契約を下支えしている従来型の雇用規制
もそのまま存続させる。解雇されたときに高額な解雇手当が払われることを望
む労働者は、そのような契約をオファーしている企業を（おそらくは低賃金を
甘受して）選ぶことができるし、自身の技能に自信があって転職が得られると
考える労働者は、解雇手当なしに解雇されるリスクはとるから今高い賃金を得
ようとして、そのような契約をオファーしている企業を選ぶことができる権利
も獲得する。

（2）解雇手当の支給を担保する労働者保護規制

　しかし、解雇手当の制度新設に対しては、「金銭解雇の自由化である」とい
う反対論がある。しかも、日本の現行制度を前提とすると、それら反対論には
十分な理由がある。日本では、金銭解雇の自由化は、反対論者も納得できる新
しい労働者保護制度を作ることを前提にしなければならない。

　反対論の第1は、解雇条件さえ明示されていれば解雇できるのならば、日本
では、解雇の頻度が高まり、保険財政上の問題を引き起こすというものであ
る。一般に、解雇が雇用者に追加負担を発生させるモラルハザード防止策を講
じられていない失業保険制度の下では、新たな解雇は、失業保険給付を過大に
発生させてしまう。しかし現在の日本の雇用保険制度は、前述したように、こ
のモラルハザードを抑制する内在的な手段を欠いている[9]。したがって、現行
の解雇規制をはずして解雇可能にすれば、解雇による他者への負担に歯止めが
なくなる。一方、米国では、先に述べたような履歴連動型の保険料率を設け
て、過度な失業保険への依存問題を避けさせている。日本でも、自由な雇用契
約を認める前提として、失業保険の保険料の企業負担分への履歴料率制の導入

---

[9] 元来、すべての保険はモラルハザードを抑制する仕組みを持つべきだが、雇用保険に関
　しては、解雇の妥当性を判断しにくいから、特に強くモラルハザードが起きる。

が必要である

　反対論の第2は、企業の経営が行き詰まった場合や企業が破綻したときには、企業は、解雇手当を支払えなくなるというものである。この事態を防ぐために、解雇手当の原資は、社外の独立のファンドに積み立てることを法的に義務づけるべきである。そうして経営が破綻した場合にも、企業は潰れても解雇手当だけは支払われるような制度を作る必要がある（この解雇手当の社外積み立ての義務化は、筆者の知る限り、台湾にはあるが米国にはない）。

　反対論の第3は、解雇手当額の交渉をするのは、慣れない労働者にとって大変かもしれないというものである。この問題に対応するには、新規の雇用契約に関しては、デフォルトの解雇手当の額を公的に決めることが役立つ。雇用者と労働者が合意すれば、特約によって、このデフォルトのレベルより低くすることも高くすることもできる[10]。米国ではいくつかの州でこのような解雇手当のデフォルトレベルを設定している[11]。

(3) 一時帰休後の再雇用と解雇手当

　なお、履歴料率制と解雇手当積立口座における一時帰休に関する取り扱いを次のようにすれば、企業には、完全解雇でなく一時帰休後、早期に再雇用するインセンティブが生まれる。すなわち、①一定期間内にレイオフを終えることができて再雇用した場合には、雇用保険の履歴料率制での算定基準である解雇履歴から消すこととする。②短期間で再雇用されることになった場合には、多くもらった解雇手当の一部を、解雇手当積立口座に戻せば、労働者にとっても、次のレイオフの際にもらえる解雇金の額を減らさずに済み、優遇利子税制によってより有利に運用できるようにする。

10　雇用者と労働者が合意すれば、離職手当ゼロで解雇できるという契約も可能になる。米国で伝統的に、"employment at will"の原則の下、離職手当をゼロとする解雇も選択肢として認めるべきだという考えが支配的である。その理由は、労働者の側が、離職手当が払われなくてもよいから、高い賃金を今ほしい場合に、そのような契約を結ぶ自由も与えるべきだという考えからである。日本で、「employment at will はとんでもない」という専門家は多いが、それは解雇に歯止めを付けない日本の雇用保険制度を前提にしている場合が多いように見える。

11　文献については、Hatta（2018, p.173）を参照のこと。

(4) 経過措置規制

　以上をまとめると、新規の雇用契約に限って解雇手当を伴う解雇の自由化を
するためには、以下の労働者保護規制を設けるべきである（これまで解雇手当
自由化論者は、これらの新規制を併せて提唱してこなかった）。

　①頻繁に解雇する企業に対するペナルティが、雇用保険料の設定に含まれて
　　いること（履歴料率制）。
　②解雇手当は、外部（しかも国が認定した口座に）積み立てを義務付けるこ
　　と。
　③国がデフォルトの解雇手当の水準を設定すること。

　ただし、保険料への履歴料率制の導入は、既存の雇用契約をしている人も対
象になるから、導入に時間がかかるかもしれない。したがって、履歴料率制が
導入されるまでの間は、それを補完する解雇抑制策として、次の方策を採用で
きよう。

　④履歴料率制が導入されるまでの間は、すべての解雇に対して最低限の解雇
　　手当の設定を国が企業に義務付ける。これを「経過措置最低限解雇手当」
　　と呼ぼう。

　そのような解雇手当を義務付けている国としては台湾がある。台湾では、
我々のモデルワーカーの場合には6ヵ月分の解雇手当の支払いが義務付けられ
ている[12]。もちろん当事者間の交渉で、この額より高い解雇金を設定すること
は可能である。日本でも、台湾の先例にならって、モデルワーカーに対して6
ヵ月分というのが「経過措置最低限解雇手当」の適切なレベルではないだろう
か[13]。

　なお日本では、モデルワーカーに対して、最大6ヵ月分雇用の保険が給付さ

---

[12] Shiu and Chien（2018）、Hatta（2018, p. 172）を参照。これは米国の、自由契約で決めた解
　　雇金の平均である8ヵ月より低いが、米国の場合には解雇金を払わない契約も多いから、
　　むしろ十分に米国と比較しうる額だと言えよう。

れている。それに相当する額が、失業時に上乗せして支給されるようになる
と、社会不安はかなり緩和され、毎回の危機ごとに発生する自殺者を減らすの
にも役立つだろう。

3. 「雇用慣行型」契約

(1) 「雇用慣行型」契約と「定期就業型」契約の選択

　なお、新規契約であっても「定期就業型」を採用することに対しては批判が
ありうる。日本では、労使間の交渉力の非対称性の前提から、解雇手当と賃金
の組み合わせに関する選択の自由は労働者に不利になるという指摘がなされて
きたからである。

　もし新規の契約に関しては「雇用慣行型」を禁じることとし、すべての契約
を「定期就業型」のみにするのならば、交渉力の非対称性がある場合には、労
働者に不利になる場合もあるかもしれない。

　しかし第2節 (1) で説明したように、新規契約に関しては、「定期就業型」
と「雇用慣行型」のいずれも選択できる。この状況では、労働者が不利な立場
に置かれる可能性がなくなる。もし大半の労働者は、"労働者にとって不利な"
「定期就業型」を避けて「雇用慣行型」を選ぼうとし、大半の企業は "企業に
とって有利な"「定期就業型」を選ぼうとするならば、「定期就業型」の賃金は
格段に高いものになり、労働者側に極めて強い交渉力を与える状況が出現する
だろう。したがって、仮に交渉力の非対称性があったとしても、両タイプの契
約が選択可能ならば、「定期就業型」契約を導入することによって、労働者が
不利な状況に置かれることはない。

　実際には、「定期就業型」契約は、労働者に多くのメリットをもたらす。例
えば、「定期就業型」の終身雇用契約をした労働者は、将来のパンデミック不
況で会社が倒産しても、迅速に確実に解雇手当を受給できる。

13　なおドイツでは、不当解雇の法定による解決金として、10ヵ月分がこのモデルワーカー
　　に対しては与えられている。日本では約12ヵ月分が平均的に労働審判の解決金として与
　　えられている（大竹・鶴 , 2016）。新規の雇用契約に関しては、自由な雇用契約をするこ
　　とを原則とした上で、日本の雇用保険が持っている解雇促進機能を部分的に相殺するた
　　めに離職手当を義務付けるのであるから、ドイツや日本の法定の解決金よりも低くてし
　　かるべきである。

　「定期就業型」契約は、解雇手当以外のメリットも与える。まず、この契約は有期労働者にとって特に有利である。従来雇用規制の下では、経済全体の好不況に関係なく10年間はブームが見込めるがその後は見通しがつかない新興業種の企業であっても、企業は有期労働者を5年で雇い止めしなければならず、再雇用は禁じられている。「定期就業型」契約の下では、例えば、10年契約をすることができるから、一つの企業で技術を蓄積していくことができる。さらに、労働者が定期就業型契約を選べば、「雇用慣行型」の下で、雇い止めの時期がたまたまパンデミック不況に重なるリスクを避けることができる。

　次に、新規契約に関しては、「ジョブ型雇用」の採用の障害を取り除く。現在の労働規制の下では、コロナ禍を機に普及したテレワークをしても時間配分の自由が利かないという労働者の不満が高まっている。高度プロフェッショナル制度では、時間配分を自由にできるが、それが適用される賃金水準や職種が厳しく制限されているためである。新規契約に関しては、「定期就業型」の契約を結べば、賃金水準や職種に関する条件を、契約内で当事者間で原則として自由に定めることができる。

　一方、「定期就業型」契約では、企業側は、かなり高い解雇金の積み立てをしなければならない。特に従来、実質的に不況時に退職金を払わず解雇してきた中小企業にとっては、雇用保険料の「履歴料率制」の採用や、一定水準の解雇手当支払いの義務付けはかなり厳しいものになり、解雇に関する実質的な負担を強めることになる。したがって、当事者のタイプによって、いずれのタイプの契約も選び続けられる可能性が高い[14]。

　なお、「定期就業型」と明記された契約のみをそう認め、それ以外はデフォルトとして「雇用慣行型」とみなすことにすれば、新型契約の導入をスムーズにするであろう。

---

14 定期借家権はその状況にある。2000年に定期借家制度が導入されて以来20年が経つが、従来型の借家契約も定期借家契約も、場面に応じて選ばれ続けている。例えば、森ビルや東京建物などが供給する高級賃貸マンションは、以前は会社借り上げ専用だったが、今はそのほとんどが定期借家になり、大会社に所属しなくても借りられるようになった。しかし、一般の低家賃借家の多くが、旧来の正当事由要件付きの借家である。

(2) 既存契約

　既存の雇用契約に関する制度を変えるのは容易なことではない。むしろ、既存の契約と新規の契約に共通な標準的な規制改革をしようとすると、新規の契約における自由化や労働者保護制度の新設を妨げることになりかねない。したがって、「定期就業型」契約に対する制度が導入された後も、既存の「雇用慣行型」の雇用契約をそのまま維持し[15]、その上で、新規の契約に対してのみ新しいタイプの契約を公的に認めるべきである。

　この手法を、ヴェイカンシー・ディコントロールと呼ぶ。これは家賃規制廃止に関してボストンなどで採用された手法である。日本は借家権の規制を緩和するためにこの手法を用い、さらに新規契約の当事者は、従来型の契約と定期借家権契約とを選択できるようにした。この方式を解雇規制についても踏襲するのが最も現実的な改革へのアプローチではなかろうか。

　阪神・淡路大震災の直後、空いている住宅の家主が契約期間通りに戻ってこないことを恐れて借家として貸さなかった例が多発した。定期借家権は、この事態をきっかけに、改革が提案されたときに生まれた概念であり[16]、最終的に新規契約に対して実現するに至った。定期就業契約も、コロナ危機を契機に、新規契約に限定して、労働者に対する十分な保護規制を作った上で、第一歩を踏み出すべきである。

4. 低所得者への給付

　感染症の蔓延が引き起こす所得の減少に対応するために、社会が用意してい

---

[15] 「定期就業型」契約の導入の前にも後にも、既存の「雇用慣行型」の雇用契約に対して一定の解雇手当額を規制によって定めることはありうる。その場合は、既存契約に関する変更だから新契約を対象に設定される「経過措置最低限解雇手当」額より相当に高い金額でなければ労働者側が納得しないであろう。例えば、川口・川田（2018）は、従業員1,000人以上の企業に20年間働いた人には、38.6ヵ月分の年数に基づいた解雇に対する補償を払うことにして予見可能にすべきだという。
　一方、新規契約を結ぼうとする労使は、「雇用慣行型」と「定期就業型」の雇用契約を選択できるが、前者に解雇手当の規制ができた場合には、「経過措置最低限解雇手当」より高いから、望むならば、それを後者の契約に取り込むことも可能である。

[16] 八田（1995）

る基本的なセーフティネットのツールは、生活保護である。

　しかし、所得が激減したからといってすぐ生活保護に入れるわけではない。生活保護を受給するためには、ほとんどの貯蓄を使い果たし、資産も売り払って持っていないことが条件とされている。さらに、行政にとっても、生活保護の世帯に対応する専門性が高いケースワーカーの増員コストは大きい。

　したがって、急速に起きるパンデミックが生み出す一時的な貧困に対して、素早く対応できるシステムが必要である。

　それは、一定の賃金所得以下になった低所得者には、自動的に所得補償がされる「士（サムライ）所得税」[17]を採用することによって可能になる。これは、米国、英国、イタリア、オランダ、韓国、カナダ、スウェーデン、フィンランドなどOECD（経済協力開発機構）加盟国の10ヵ国以上が採用している。財産に関する条件を置かないから、給付は迅速である。特にこれをマイナンバー制度と組み合わせることによって、管理コストの低いセーフティネットを用意することができよう。生活保護システムのようにケースワーカーに重い負担をかけずに済む。

　もし財政的に心配ならば、初期には例えば子供のいる世帯に限るといったところから始めることも可能である。米国ではニクソン政権がそのような形で、「士所得税」の一種である Earned Income Tax Credit を始めた。

　パンデミックが起きるたびに、所得の高い人にまで10万円給付金のような新制度を作ることに比べて、この制度の下では、必要な人にだけ、支給が自動的に、したがって迅速に開始される。

　次に、このセーフティネットを維持するために必要な財源も整備する必要がある。不況が収まった時点での、中高所得者の所得税率引き上げである。消費

17　ここで「士所得税」とは、低所得者への補助金付きの所得税の総称である。すなわち①ベーシックインカム、②フリードマンの「負の所得税」（八田〔2009〕の22章7節を参照）、③その変形である「給付付き税額控除」などを含む概念である。なお、①の支給対象は個人であり、②と③の支給対象は世帯である。さらに、③は賃金ゼロの人には支給されない。従来、①②③を包摂する概念がなかったため、「士所得税」という総称を導入した。この税制は、「プラス・マイナス（士）の所得税」とも呼びうることが、命名の由来である。ただし新渡戸稲造によれば、武士道の重要な要素は、仁（他への思いやり）であったとのことなので、士をサムライと読むことは、あながち無意味ではないかもしれない。

図1　所得水準ごとの平均所得税率（2018年）

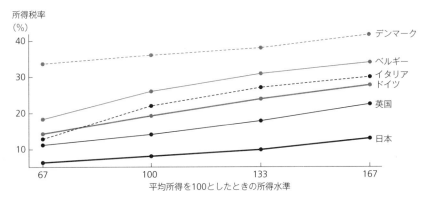

（出所）OECD, OECD.Stat, Tax Database: Table 1.5. より著者作成

税と異なり、所得税収は、好況時には大きく増える。図が示すように、多くの
国と比べて、日本の所得税率は引き上げる余地が大きい[18]。このため、所得税
制を整備すれば、将来大きな財源を確保できる[19]。

5. むすび

　不況は、社会不安を引き起こし、多くの人に苦しみを与える。特に失業や破
産は、自殺者を増やす。不況時に、失業者や低所得者に対して迅速な生活支援
を行うことは社会の成熟度を示す指標だとも言えよう。

　今回の新型コロナウイルス危機に当たっては、この生活支援は不完全であ
り、しかも時間がかかった。その上、付け焼刃の支援は、多くの財政的な負担
を将来にかけることになった。

　今後のパンデミック不況に対しては、迅速に生活支援が行われる制度を作ら
なければならない。

　まず、失業者に対しては、雇用保険料をそれぞれの企業の解雇履歴に応じて

---

[18]　現在の日本のGDP（国内総生産）に対する所得税収比率はOECD先進国の中で最低のレ
ベルである。OECD（2020）を参照。

[19]　2018年の日本の平均給与は、国税庁の統計では440万円である。国税庁（2019）を参照。

変動させる「履歴料率制」の採用が必須であることを示した。この改革によって、解雇の乱発を抑制しつつ、失業保険を一時帰休者に対しても支給することが可能になる。

　もし、雇用保険料の履歴料率制がただちに導入できないならば、新規契約で「定期就業型」の雇用契約を選択した企業には、解雇した者へ一定の法定の解雇金の支払いを義務付ける制度が、解雇の乱発を防ぐために有効である。米国では、解雇手当が雇用期間に依存する契約を採用している企業では、20年勤続の場合には平均約8ヵ月分の解雇手当が支払われている。台湾では、解雇時には、20年勤続の場合には6ヵ月分の解雇手当の支払いが、失業保険の上乗せとして義務付けられている。日本でも、台湾水準の解雇手当を義務付けることが第一歩であろう。こうして、最低限の解雇手当の義務付けとその支払いのための外部積み立ての義務付けを伴う定期就業型契約を可能にすることが、改革の第一歩である。

　次に、低所得者に対しては、所得税の累進制強化の一環として「士（サムライ）所得税」を導入することが、所得を急速に失った人への迅速な支援のために必須である。特に、生活保護にかかる事務負担を大幅に軽減する。このシステムは、長期的には、不況の度に高所得の人にまでバラマキをするより財政的にも健全である。

　日本では、経済危機のたびに多くの自殺者を出してきた。今回のコロナ危機は、この状況から脱出するためには、日本のセーフティネットのどこを強化すべきかを明らかにした。この苦い経験を無駄にすべきではない[20]。

20　今回のコロナウイルス災害は、外部不経済のリスクに対する制度構築も政府に対して迫った。すなわち、感染を高い確率で引き起こすために休業が社会的に求められる業種の事業者にかかる負担を、最終的には誰が負担するべきかという問題である。この問題に対しては、次回からは、高感染力業種に対して休業命令を出すこととし、この業種の事業者には、休業命令保険への加入を強制することによって、これら業種のサービスの利用者が感染予防コストを負担する仕組みを作るべきことを八田（2020）が指摘している。この方式の下では、高感染力業種における従業員への休業手当の原資としては、雇用調整助成金ではなく、休業命令保険からの給付を用いることになる。

〈参照文献〉

阿部泰隆・野村好弘・福井秀夫 編著（1998）『定期借家権』信山社出版、1998 年 4 月。

岩田規久男（1976）「借地借家法の経済学的分析」『季刊現代経済』24、pp. 122-138。

大内伸哉・川口大司編著（2018）『解雇規制を問い直す』有斐閣、2018 年 2 月。

大竹文雄・鶴光太郎（2016）「金銭解決に関する統計分析」、厚生労働省 第 7 回 透明かつ公正な労働紛争解決システム等の在り方に関する検討会、2016 年 6 月 6 日。https://www.mhlw.go.jp/file/05-Shingikai-11201000-Roudoukijunkyoku-Soumuka/0000126517.pdf

川口大司・川田恵介（2018）「完全補償ルールに基づく補償金額の算定」、大内伸也・川口大司 編著（2018）、pp. 253-283。

厚生労働省（2018）「退職給付（一時金・年金）の支給実態」、就労条件総合調査（平成 30 年度）。

国税庁（2019）「平成 30 年分 民間給与実態統計 調査結果報告」、p. 12, 2019 年 9 月。https://www.nta.go.jp/publication/statistics/kokuzeicho/minkan2018/pdf/001.pdf

小西康之（2018）「アメリカ法」、大内伸也・川口大司編著（2018）pp. 155-173。

今野晴貴（2020）「タクシー会社の大量解雇は『美談』ではない 労働者たちが怒っているわけとは？」Yahoo! ニュース 個人『ブラック企業と労働問題を考察する』、2020 年 4 月 12 日。https://news.yahoo.co.jp/byline/konnoharuki/20200412-00172870/

八田達夫（1995）「大震災を機に「定期借家権」導入を」『論壇』朝日新聞。

八田達夫（1997）「「定期借家権」はなぜ必要か」『ジュリスト』有斐閣、1997 年 12 月 1 日号（No.1124）。

八田達夫（2009）『ミクロ経済学 II』東洋経済新報社。

八田達夫（2020）「パンデミックに対して経済を頑健化する制度改革」「RIETI 特別コラム パンデミックに対して経済を頑健化する制度改革」RIETI。https://www.rieti.go.jp/jp/columns/a01_0572.html

ビジネスジャーナル（2020）「ロイヤルリムジン、全乗務員一時解雇し失業保険勧める →労働局『受給資格を満たさず』」、2020 年 4 月 9 日。https://www.excite.co.jp/news/article/Bizjournal_202004_post_151166/?p=2

八代尚宏（2020）「コロナ休業者を本当に救う対策が『みなし失業手当』である理由」「ダイヤモンドオンライン」、2020 年 5 月 28 日。https://diamond.jp/articles/-/238609

Hatta, Tatsuo（2018）. "Introducing Severance Payment Systems in Japan: A Proposal for Vacancy Decontrol." in *Hatta & Ouchi, eds.*（*2018*）. pp. 147-186.

Hatta, Tatsuo, and Shinya Ouchi, eds. (2018). *Severance Payment and Labor Mobility, A Comparative Study of Taiwan and Japan*, Springer.

Miller, Stephen (2018). "Severance Tied to Tenure and Position as Formal Policies Decline." *SHRM*, 1 March 2018, https://www.shrm.org/resourcesandtools/hr-topics/compensation/pages/severance-policy-and-payout-trends.aspx

OECD (2020). "*Tax on personal income (indicator)*." (Accessed on 25 May 2020)

Shiu, Howard, and Irving Chien (2018). "A Brief Introduction to Employment Termination and Severance Payment Systems in Taiwan: A Reference Model for Japan's Reform of Labor Mobility." in *Hatta & Ouchi, eds.* (*2018*). pp. 41-91.

U.S. Department of Labor, Employment and Training Administration (2019). "*The Comparison of State Unemployment Laws.*" https://oui.doleta.gov/unemploy/pdf/uilawcompar/2019/financing.pdf

第**4**章
コロナ経済対策について
――財政の視点から

佐藤主光*

1. はじめに

　新型コロナウイルス（以下、「コロナ」）は、わが国の財政にも大きな影響を及ぼしている。第1次補正予算を含む「緊急経済対策」、及び第2次補正予算の事業費規模は合わせて200兆円を超えた。2020年度の国債の発行額は借換債、財投債を含めて既に250兆円超にのぼる。政府は「オールジャパンで圧倒的な資金を投入する」という姿勢だ。しかし、緊急時の対策にあたっては、平時の体制の不備（マイナンバーの普及や事前手続きの厳格さ）が露呈しやすい。

　実際、第1次補正予算での国民への一律10万円（「特別定額給付金」）の支給にあたっては現場（自治体）で混乱が見受けられた。マイナンバーと金融機関の口座が紐付いておらず、（マイナンバー法上の制約から）マイナンバーの利用が見込めないことから、申請や確認作業など手続きには時間がかからざるをえないことがある。一律だから迅速というわけではない。今回の給付金に限らず、わが国の給付・手当は「申請」に拠ってきた。支援を必要とする家計に対して行政から働きかける「プッシュ型」にはなっていない。

　他方、後述の通り、英国では個人事業主への支援金の実施にあたって、その対象者については歳入税関庁（HMRC）がデータから割り出して給付の案内を送付している。

---

*　一橋大学経済学研究科教授、同大学社会科学高等研究院医療政策・経済研究センター長

　また、個人事業主・中小企業への新たな支援として「雇用調整助成金」制度が拡充された。しかし、雇用調整助成金や融資の手続きは煩雑で時間がかかるとの指摘がなされている。例えば、今年2月から4月3日までに雇用調整助成金の申請は214件、うち支給済みは2件に過ぎなかった。政府は残業時間の記入を不要にするなど申請に係る記載事項を半減させて手続きを簡素化することで「支給まで1ヵ月」とするが、1ヵ月ではスピード感がないだろう。わが国では申請に際して「事前」の審査を厳格にしてきたが、緊急性を鑑みれば、一旦申請通り助成・融資を行い「事後」に改めて審査の上、（資金の一部回収を含めて）必要な調整するといった対応があってもよいはずだ。

　コロナ禍は有効なワクチン・治療薬が開発・認可されるまで終息することはない。一旦感染数が収まっても第二波、第三波が発生するだろう。本章ではコロナ禍が長期化するシナリオについてこうした不備を見直すとともに、コロナ後を見据えた個人・事業者の生活・社会機能を維持できる新たなセーフティネットのあり方について提言する。また、大規模かつ今後とも増加が見込まれる経済対策の財源確保について財政学の視点から考察する。非常時において財政的な制約を考慮するべきではないという向きもあるが、財政が持続的でなければ経済対策も持続できない。第1次・第2次補正予算では支出の規模が優先され、結果的に財政規律のタガが外れた感がある。しかし、積極的財政は財政規律の弛緩を意味しない。

2. 個人給付をどうするか?

タイムリーな所得捕捉

　コロナ禍において収入を失っている働き手の多くは平時においては税・社会保険料を納めている経済・社会の「支え手」である。非常時にはこうした支え手を支えることが求められる。具体的には緊急事態宣言が出されるなど一定期間において一定割合（雇用調整助成金では前年同期比10%）収入が落ち込んだ個人を（当初から予定されていた退職等ではないなど）一定の事由を確認の上、助成する仕組みである。しかし、現行制度の枠組みにおいて、上述のようなタイムリーな助成は難しい。所得をタイムリーに捕捉できないからだ。

　例えば、児童手当や各種保険料の減免など自治体が活用する所得情報は前年所得による。毎月の支払いには源泉徴収の仕組みがあるが、的確な課税の執行が目的であり、所得情報を他に転用しているわけではない。

　ここで参考になるのが英国の事例だ。英国では2013年4月以降、雇用主が従業員に給与を支払うたびに源泉徴収額と合わせて給与（所得）情報をオンライン提出することが義務付けられた。これを「リアルタイム情報システム」という。ICT（情報通信技術）の活用を徹底することでタイムリーな所得情報の収集を可能にした。複数の雇用主からの給与などの合算も容易かつ迅速に行われる。このリアルタイム情報システムは低所得の勤労世帯への給付（「ユニバーサルクレジット」）にも活用される。結果、給付額に1ヵ月前の収入が反映される。非正規やフリーランスなど収入が不安定な雇用が増えていることを勘案すれば、リアルタイムの所得捕捉とそれに応じた給付などの支援の実施は非常時に限らず、平時においても有益となろう。

消費喚起より所得保障

　政府は経済の「V字回復」を掲げる。そのために消費税の減税を含めて大規模な消費刺激策を求める向きがある。しかし、「バンカーショット」は景気を一時的に浮揚させても、コロナの第二波が襲えば再び落ち込むなど、かえって不安定を助長しかねない。そもそも、コロナ禍の影響はすべての業種で一様というわけではない。飲食業や観光業、百貨店などの売り上げが減少する一方、通販、ドラッグストア・コンビニなどは売り上げを伸ばしてきた。緊急事態宣言が解除されれば、飲食など、自ずと消費が回復するところもあろう。他方、インバウンドに依存してきた観光業は当面集客が見込めないかもしれない。

　ここで優先すべきは一律かつ急激な「消費喚起」より、対象を定めた堅実な「所得保障」だろう。具体的には、非正規・フリーランスなどコロナ禍で収入が落ち込んだ就労者を支援するものだ。ミクロ的には再分配に加えて（収入を平準化させる）保険としての役割を果たす[1]。今回のコロナ禍では、医療従事者に加えて、スーパーの店員、配送員などテレワークを行うことのできない

---

[1] 所得保障が経済安定化機能を果たすことは IMF（2020）においても強調されている。

「エッセンシャル・ワーカー」の存在が大きかった。平時における社会の支え手を非常時に支える。マクロの観点からすれば、この保険の機能は経済の安定化にも寄与する。彼らの所得が維持されれば、消費される部分も少なくないだろう。例えば、光熱費や家賃の支払いや借入金の返済が滞らない。他者にお金が回れば、そこからケインズ経済学でいう乗数効果が働くことにもなるはずだ。

　政府は補正予算で雇用調整助成金（休業手当）の拡充や持続化給付金、みなし失業給付及び家賃補助など家計への支援策を打ち出してきた。しかし、制度が乱立気味で複雑になっている。制度を整理して支援策を「一本化」する、少なくても支援の窓口は自治体、あるいはハローワークなどに「ワンストップ」にすること（オンライン申請の統一化など）が求められる[2]。さらに無審査、少なくても申請書類は必要最低限にとどめ、事後的に給付金額を調整することが望ましい。従前、現場では雇用調整助成金などを含めて事前の審査を厳格にして誤りを避ける「無謬性」が重視されてきた。支援の迅速化にあたっては事前ではなく事後の調整を認める方向へ転換させることが必要だ。

　例えば、一旦、自己申告に基づき、前年所得の一定割合（例：前年の1ヵ月当たり所得の6割、最長1年）の現金を支給する。「前年所得」とするのは（平時から低所得の家計というよりも）コロナ禍で収入減に苛まれた家計への重点的な支援とするからだ。あらかじめ収入の決まっている年金生活者や生活保護世帯などは対象としない。加えて、前年の総世帯所得が一定額以下であることを要件とする。以って本人がパート労働者などであっても世帯主が高所得者のケースも対象としない。

　なお、就労の証明としては雇用主からの就労証明書や雇用保険、前年の確定申告書などを用いる。いずれも事後的な提出を認める。前年所得の情報は確定申告や（雇用主から提出される）「給与支払報告書」などにより、自治体が有している。赤字事業者で確定申告をしていない者については「定額」払い（例：1ヵ月10万円、最長1年）とする。そのうえで今年の年末調整や確定申告

2　持続化給付金等では委託料の不透明性が問題視されている。過大な金額は補正予算において規模を通線してきた結果ともいえよう。他方、支援ごとに窓口が異なるなど、利便性への配慮に欠けていたことは否めない。

の際、今年の所得が前年所得等の一定額以上の場合、その超過額を一定の調整率（例：20％）で回収（＝課税）する[3]。

　給付と所得の情報はマイナンバーで紐付ける。そのためのマイナンバー法の改正を合わせて進める。今年の収入が大幅に減った就業者なら課税はなく給付は満額となる。他方、結果的に所得が高ければ、給付額はすべて課税される。こうした給付は当面の生活資金のための家計への貸し付けであり、その返済を所得に応じた融資と給付の「ハイブリッド」と解釈できよう。

負の所得税へ

　そのうえで中長期的には平時において経済・社会の支え手である就労者を支えるための新たなセーフティネットを構築する。公的年金・生活保護を含め既存のセーフティネットは就労していない家計を前提にしていた。他方、就労者を対象としたセーフティネットは諸外国では勤労税額控除（給付付き税額控除）として実施されてきた。これを、給付を制度的に所得税と統合することで「負の所得税」を実現する。所得が多いときは課税される一方、減少したときは補填される仕組みを構築するのである。（平時から低所得な個人への）再分

図1　負の所得税

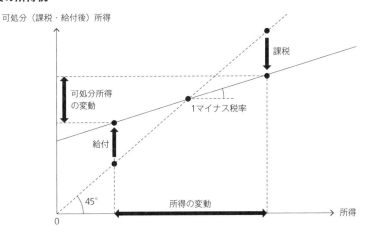

3　ネットの給付＝一定額＋調整率＊（前年所得−現年所得）となる。

配を強化するだけでなく、（平時は中高所得であっても非常時に所得が急減するような個人の）収入を安定化させるという意味で保険機能、マクロ的には安定化機能を果たすことになる。ここで、適正な所得情報は課税のみならず、給付のために活用される。なお、税率や給付の水準は就労に係る家計の誘因（インセンティブ）と再分配・保険効果の比較衡量（トレードオフ）から決まる。

3. 事業者への支援

協力金はどうあるべきか

　緊急事態宣言にあたり政府は事業者への営業自粛を要請した。強制力がない一方、自粛は要請に応じた事業者（個人・企業）自らの判断によるということもあって彼らの経済的損失は補償されない。他方、業界団体は「自粛を要請するのであれば補償とセット」で実施することを要望していた。これに応じて東京都を含む自治体は独自の「協力金」の支給を実施したが、結果として、地域間で金額や基準がバラツキ、不公平と不透明性が生じることになった。コロナ禍の第二波に際しては、自粛の範囲や補償に関して国が「ガイドライン」を作成、事業者などの「予見可能性」を高めるようにするべきだろう。このとき、事業者への支援として参考になるのが英国の事例である。

　英国政府は新型ウイルスにより収入を失った個人事業主などを対象に所得の8割に当たる額を1ヵ月につき最大2,500ポンド（約32万円）まで支給することを決定した。各人への給付額は過去3年の確定申告を元に決まり、他の所得と同様、課税対象となる。対象者については歳入税関庁（HMRC）がデータから割り出して給付の案内を送付する。ただし、過去3年間の営業利益が5万ポンド以下などを要件とする（ここでも課税と給付が連結している）。給付は今年6月から始まり、3ヵ月分が一括で支払われるという。「自己申告」によるわが国の給付金とは大きく異なる。課税上の扱いでも両国に違いが見受けられる。

新たな損失補償の提案

　これに倣うとすれば、次のような損失補償が考えられよう。自営業など個人

事業主については過去３年間に確定申告された事業所得（＝売り上げマイナス諸経費）をベースに１ヵ月当たりに所得を概算する。ただし、事業の開始が３年以内のときは直近の事業年度の平均とする。英国と同様、この１ヵ月当たり概算所得の一定割合を給付額（以下、損失補償）の基準とする。

　①前述の給付同様、前年の事業所得が一定以下で、②自粛要請に応じて休業することを要件に収入がなくなった自営業やフリーランスに対して一定の上限額（例えば１ヵ月30万円）まで損失補償する。休業期間が１ヵ月以内の場合は日数に応じて調整される。確定申告をしていない事業者については最低賃金（東京都であれば1,013円）と法定労働時間（一週40時間・一日当たり８時間）を基準に支給額を定める。

　個人事業主のほか、中小・零細企業も対象になる。例えば過去３年間の消費税の納税額の平均から１ヵ月当たりの損失補償額を算出する。（諸経費が控除される前の）売り上げを基準とするため、従業員・関係者への賃金のほか、借入金の利払い費及びテナント等の家賃の支払いにも充てられる。したがって、自粛に際して、これらの支払いが滞らないようにできる。

　なお、持続化給付金など他の制度からの支援がある事業者については当該金額だけ損失補償を減額する。通常の事業所得と同様に課税対象とし、所得が回復した事業者からは一部を回収する。

　損失補償は事業者への生活支援になるとともに、自粛要請に協力する誘因付けになるだろう。加えて、これを契機に自営業者等による適正な確定申告を促すことが期待できる。「クロヨン」あるいは「トーゴーサン」と揶揄されるように自営業者の過少申告が税制の公平性を損なうことが問題視されてきた。過少申告の「程度」については十分なエビデンスがあるわけではないが、所得捕捉の正確性を欠いてきたことは否めない。上の損失補償は所得を過少申告してきた事業主に対する支給額を実際の所得に比して減じる。むしろ、正しく申告した方が得となる。コロナ感染の第二波以降、同様の休業要請が出たとき、あるいは他の災害で収入が激減したときに適切に補償してもらえるのであれば、コンプライアンスが高まる契機にもなろう。

4. 構造転換

企業支援の二つの過誤

　新型コロナの感染拡大という非常時において当面の生活と雇用を守るために
も、中小企業への支援は緊急措置として欠かせない。他方、感染が終息した後
の経済・社会の環境は大きく変わることが見込まれる。一部の飲食産業や観光
産業は斜陽化するかもしれない。他方、経済活動のオンライン化が促進される
だろう。「ポスト・コロナ」を見据えたとき、感染拡大前への「原形復旧」を志
向したような中小企業保護は、新たな経済・社会環境に応じた産業の新陳代謝
やイノベーションを阻害しかねない。

　天災・災害時の企業支援には二つの過誤（エラー）が知られている。このう
ち「第一種の過誤」とは、本来救済すべき企業を救済できないことを指す。成
長の担い手に成りうる新興企業などがコロナ感染のような偶発的な事件で倒産
するようなことになれば、今後の日本経済にとって痛手になる。今回の緊急措
置はこの過誤を避けるためと言える。

　一方、「第二種の過誤」は当初から売り上げが減少傾向あるいは後継者がな
く、いずれ市場から撤退もしくは事業を第三者に譲渡していたはずの企業に対
してコロナを理由に「延命」してしまうことだ。ポスト・コロナにおいては避
けるべき過誤といえる。

　その典型例として関東大震災（1923年）直後の日銀による震災手形の再割引
が挙げられる。1920年の戦後恐慌以来苦境に陥ってきた企業やその関係銀行
の整理を先送りした。人為的に延命されたことが昭和恐慌の糸口となった。同
様の事例が東日本大震災（2011年）においてもあった。被災企業に対する支援
の一つに「グループ補助金」があったが、受給企業75社（2019年2月時点）が
業績回復せず倒産している。高齢化や過疎化、地場産業の衰退でもって経済が
「構造的」に低迷してきた面は否めない。現状維持、あるいは原形復旧へのこ
だわりが産業の構造転換を損ねたともいえる。

廃業への支援を

とはいえ緊急時において、支援すべき（＝生産性の高い）企業とそうでない（＝本来撤退すべき）企業を識別することは難しい。今回の緊急措置はやむをえないとして、問われるのは今後の対応だ。すべての中小企業を滞りなく救済するフェーズからこれを選別するフェーズへの切り替えが求められる。災害時における中小企業支援は、本来、資金調達の困難やサプライチェーンの途絶、それに伴う外部性など「市場の失敗」に対処する「経済政策」的なものであり、弱者救済のための「社会政策」とは異なる。

具体的には支援の継続にあたって、生産性の向上に向けた取り組み、未策定の企業については事業継続計画（BCP）の作成、など一定の自助努力を要請する。BCP は新型インフルエンザが流行した折にも、策定が促されていた。しかし、中小企業における BCP 策定率は 15% 程度（平成 28 年版『中小企業白書』）と低い水準にとどまる。これを契機に天災・災害に対する中小企業経営の「強靱化」を進める。

あわせて、新陳代謝の促進が「弱者切り捨て」にならないようセーフティネット＝社会政策として撤退（廃業）に対する支援も講じる。わが国の中小企業政策は事業の継続に偏ってきた。対照的に災害などを機に「廃業」を選ぶ経営者などへの支援は乏しい。中小企業庁の調査によれば、廃業にあたっては主に生活資金や債務の返済など廃業に係るコストに対して多くの経営者が不安を抱えているという。産業の新陳代謝の促進を図る観点からも、廃業の障害を緩和する措置を講じることが求められる。以って、事業を継続するか、撤退するかの誘因に対する中立性を確保する。

具体的には、第三者への事業譲渡（M&A）を促進（譲渡益は非課税）して、生活資金を確保できるようにする。廃業支援の新たな助成制度を創設することも一案だ[4]。新たな財政負担を懸念する向きもあろうが、採算性の乏しい企業が事業を続ければ、同様の、あるいはそれ以上の財政支出を要するかもしれない[5]。

---

[4] 中小企業の経営者向けの退職金制度としては「小規模企業共済」がある。また、一定の生活費の確保や、「華美でない」自宅に住み続けられるよう「経営者保証ガイドライン」も策定された。民間では前向きな（早い時機での）自主廃業を支援する「カーテンコール融資」のような取り組みもある。あわせて、これらの制度を普及・充実させる。

5. 財源のあり方

悪化する財政

　IMF（2020）はわが国の一般政府の財政収支赤字（対 GDP〔国内総生産〕比）は 2.8%（2019 年）から 7.1%（2020 年）に悪化すると予測する。一度限りの増加であれば、元利償還費は後年、平準化できようが、コロナ禍の出口は未だに見えていない。補正予算は第 1 次、第 2 次と続き、事業費の規模は企業などへの融資・出資を含めて 200 兆円を超える。うち、持続化給付金、国民一律 10 万円給付、家賃補助、学生支援、地方創生臨時交付金などには 50 兆円を超える国費が充当されてきた。

　第 1 次・第 2 次補正予算の段階で今年の国債発行額は既に 250 兆円を超えている。企業への無利子・無担保融資や信用保証にしても、企業の経営が行き詰まり返済不能となれば、最終的には国の負担となる部分が少なくない。加えて、医療機関や医療従事者などへの支援、ワクチン開発、PCR 検査や抗体検査の実施に向けた体制整備などにもさらなる支出を要するだろう。政府は「今は財政再建などを言っている場合ではない」とする。とはいえ、非常時に財政規律のタガが外れて、平時になってもなお財政が健全化しないようであれば、国債への信認が損なわれる事態にもなり得る。コロナ禍における財政拡大をコロナ後に「常態化」させないようコロナ経済対策にかかる支出を「別勘定」にすることが望ましい。東日本大震災復興特別会計に倣って「コロナ特別会計」を創設、持続化給付金等経済対策を一元的に管理する。特別会計の支出は時限付きとして平時には持ち越さない。しかし、財政拡大に歯止めがかからないとき、「プラン B」（コンティンジェンシー・プラン）が必要になってくるかもしれない。

5　休業要請を契機に廃業・事業譲渡を考える事業者も出てくるだろう。休業要請に応じることを条件に申告所得の数年分、あるいは固定資産税評価額に応じた金額で当該事業を政府に買い取ってもらう権利を付与した「プットオプション」を与えるのも一案だろう。

リスクマネジメントとしての財政再建

　他方、MMT（現代貨幣論）を含めて財政赤字は問題ではないという主張もある。長引くデフレ経済下で家計・企業は余剰資金を抱えており、国債はそれらを吸収しているに過ぎないという。また、仮に中央銀行が国債を購入（財政ファイナンス）して、貨幣（マネタリーベース）を市中に流通させても、多くは現預金として滞留する（消費に回らない）ためインフレにはならない。よって政府は財政的に制約されないというわけだ。

　しかし、状況は変わりうる。生産活動が滞るとモノ＝供給が不足しかねない。カネに対してモノが足りない結果がインフレである。財政ファイナンスに依存して、インフレが起きれば、すべての家計にとって甚大な負担になろう。

　インフレは消費税などと異なり、政府にとって直接コントロールする術がない。主流派の経済学者もリーマンショック後の不況時のように消費・投資などマクロ需要が不足しているとき、「例外的な環境」における財政赤字による財政出動には同意する。とはいえ、それが永続できるとは考えない。「課税平準化理論」の観点から、コロナ禍は一時的で、一旦終息すれば、経済は平常化して自ずから財政赤字を解消できるよう税収が回復できるという期待もあろう。しかし、コロナ禍前から「構造的」な財政赤字を抱えてきたわが国においては自律的に収支が均衡化しそうにない。コロナ後の投資家の期待も一変するかもしれない。「最善を期待しつつ最悪に備える」というリスク管理の観点からも財政に起こりうる最悪の状況は見据えておくべきだ。

コンティンジェンシー・プランを

　ただし、拙速な増税は経済・家計へのダメージを一層深めかねない。コロナの終息を待って（例えば、2022年以降）財政支出の累積額や経済の「状態」に応じた財源調達の対策を「予め」かつ「重層的」に講じることが肝要だろう。ではどうするか。

　「コンティンジェンシー・プラン（非常時対応）」として個人の所得と金融資産への臨時課税の「段階的」実施が望ましい。消費税は平時の社会保障給付費（年金・医療・介護など）及び構造的な基礎的財政収支の均衡化に充当する[6]。臨時課税は、先に提言したコロナ特別会計に係る国債の元利償還費に充当す

る。ここでは、コロナ禍で所得減に苛まれた家計の負担を回避（むしろ、彼らの生活再建を優先）しつつ、所得の高い納税者に一定の負担を求める。ただし、年金収入など所得は限られていても現預金などの資産を多く保有する高齢（退職）世代も少なくない。実際、金融資産の多くは高齢世代に集中してきた。

わが国の資産課税としては国税では相続税・贈与税、地方税には固定資産税などがある。とはいえ、これら既存の資産課税を強化するだけでは財政の急速な悪化に対応できないかもしれない。これに関連してLandais, Saez and Zucman（2020）は国債の累積は民間部門、特に富裕層の資産形成につながってきたとして、彼らに応分の負担を求めることが社会連帯の観点からも望ましいとする。

本章も、新たな資産課税、具体的には一定額以上の金融資産を保有する家計への「一回限り」の課税を提言したい。こうした資産課税は平時の課税ではない。財政悪化とそれに伴う金利上昇を含む経済への悪影響を抑える手段として用意する。「一回限り」としたのは財産税に「新しい資本」（新規の貯蓄）ではなく、既に蓄積した「古い資本」（既存の貯蓄）への（経済活動を歪めない）「一括税」的な性格を与えること、及び租税回避の誘因を極力抑えることによる。所得課税・資産課税を段階的に導入することで財源の確保を図る。すなわち①国債の所定の増加額までは経済の回復による税収増で賄い、②その水準を超えると所得税の増税、③さらに状況が悪化して国債の信認が問われるような事態になったとき増税の第2弾として財産税を実施するといった「重層的」な対応があってよい。以ってコロナ禍が財政危機に転化することを防ぐ。次節では、所得・金融資産への臨時課税の制度設計と規模について考察する。

6　いずれにせよ、中長期的には消費税の増税は必須と言える。国際通貨基金（IMF〈2018年11月〉）は、2030年までに債務残高の対GDP比を安定化させるとともに、医療・介護費用の増加に対応するために必要な財政収支の改善を対GDP比の7%と試算し、その半分（3.5%）を消費税率の15%までの漸進的な引き上げで埋めることを提言している。経済協力開発機構（OECD〈2019年4月〉）は、財政再建の規模を対GDP比の5〜8%として、これをすべて消費税増税で賄うとすれば、将来的に消費税率は20〜26%に達するものと見込む。

6. 制度設計と試算

所得税の増税

　コロナ終息後も財政の拡大が続き、前述の閾値を超えるようであれば第1弾として高所得層への増税を行う。給与所得、事業所得、利子・配当、譲渡益などを合算した（各種所得控除後の）「合計所得」が一定額以上の納税者について、課税所得の超過額に対して一定率で課税をする。

　「申告所得税標本調査」（2018年）によれば、（各種控除後の）合計所得が2,000万円超の部分を課税対象とすれば、課税所得は9兆4,000億円余りになる。これに一定期間（例：10年間）一律15％の課税をすると、税収は14兆円（年間1兆4,000億円）ほどと見込まれる。なお、合計所得の内訳を見ると、高所得層において株式譲渡益など（現行税率が20％の）金融所得の占める比重が9割を超える。彼らの最高税率は（総合課税の70％＝55％＋15％ではなく）35％にとどまる。

　とはいえ、さらなる財政支出の増加で、国債がさらに累積して次の閾値に達するならば、第2弾としてより幅広く負担を求めるよう所得税の定率増税を実施する。2019年度の所得税の税収は19兆9,000億円余りである。仮に5％の復興所得税同様、所得税額に上乗せする「定率増税」をすると、1兆円弱の税収が確保できる。これを例えば10年など一定期間実施する（税収は総額約10兆円）。

図2　財源確保スキーム

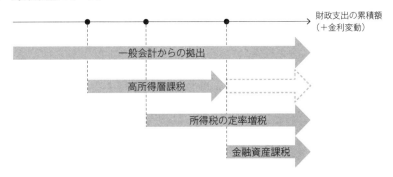

財産税の創設

　こうした財源があっても、なお財政赤字の拡大が続いて、国債金利が不安定化するなど市場が動揺するリスクは残る。中央銀行は国債を「無制限に購入」することを表明しているが、インフレが顕在化するなど限界があるかもしれない。

　このとき臨時増税の第3弾として「一回限り」で金融資産課税を実施する。マクロベース（資金循環統計）でみると、わが国の金融資産は（現金と年金受給権を除いて）1,660兆円（2019年）、負債残高は328兆円である。集計方法や資産の定義などに違いはあるが、ミクロベース（全国消費実態調査「二人以上世帯」〔2016年〕）では貯蓄残高（現預金のほか、債券、有価証券等を含む）の約41%が残高4,000万円超の家計に集中する。「粗い試算」だが、4,000万円を

表1　財産税の課税対象

(兆円)

			2019年	課税対象	控除対象
金融資産残高合計			1,903		
	現金・預金	現金	96	×	
		流動性預金	485	○	
		定期性預金	418	○	
		外貨預金	8	○	
	債務証券		26	○	
	株式等・投資信託受益証券		286	○	
	保険・年金・定型保証	非生命保険準備金	53	○	
		生命保険受給権	223	○	
		年金保険受給権	99	○	
		年金受給権	151	×	
	対外証券投資		20	○	
課税対象金融資産残高(1)			1,656		
うち貯蓄4千万円以上世帯の保有額(2)＝(1)＊41%			679		
4千万円超過額(3)＝(2)－世帯数＊9.5%＊4千万円			455		
金融負債残高合計(4)			328	○	
うち貯蓄4千万円以上世帯の負債額(5)＝(4)＊7%			23		
資産税の課税ベース(6)＝(3)－(5)			432		

(出所) 日本銀行「資金循環統計」（金額は2019年）、総務省「全国消費実態調査」（2016年）
(注) 1　残高4千万円超の家計の世帯割合（9.5%）及び資産・負債に占める割合（資産41%、負債7%）は全国消費実態調査「二人以上世帯」（2016年）の貯蓄残高（現預金、債券、有価証券等）による。
　　 2　総世帯数は約5,900万世帯（2019年1月1日現在）

超えた純金融資産に財産税を課すとすれば、課税ベースは 432 兆円余りである。税率を 10％とすれば、約 43 兆円の財源が確保できる[7]。

　ただし、現状、金融機関の口座にはマイナンバーが紐付いているわけではない。「原則」すべての預貯金に対して 10％の課税として、総額が 4,000 万円に満たないことを立証するよう、あらかじめマイナンバーを付番することを求める（応じないときは 10％で課税する）のも一案。前述の通り、高所得層において金融所得の占める比重が 9 割を超える。二重課税を避けるため、第 2 弾の増税額については資産課税額からの控除を認める。

　財産税という選択肢は財政の「出口戦略」を明らかにすることで個人や企業の「予見可能性」を高めるだろう。結果として、（増税を避けるよう）コスト意識を喚起して財政規律を回復させ、（償還財源が担保されるため）市場金利も安定化するならば、実際に発動されることはない。

　無論、資産課税は実物資産を含めて幅広く実施することが望ましい。この問題への部分的な対処としては固定資産税の引き上げを組み合わせることがある。なお、骨董品・美術品に資産を移す動きがあるかもしれないが、これらには購入時に消費税（10％）がかかる。ここでは現金や（受け取りが将来になる）私的年金など一部の金融資産は除いている。資産を現金で保有する層との公平も問われよう。

　課税を逃れるよう現金に資産を置き換える動きもあろう。2024 年度に新しい紙幣が発行される予定である。（発行予定を変えるなど）新紙幣と資産課税のタイミングを合わせて、旧紙幣を新紙幣に対して一定程度減価させて交換するとすれば、実質的に課税と同じ効果になる。

法人課税をどうするか

　本節の最後に法人課税について言及しておきたい。財務省「法人企業統計」

7　資金循環には個人事業主（個人企業）の事業性資金が含まれるなど個人金融資産に限らない。消費者生活実態調査の預貯金とも定義が一致しているわけではなく、過大評価になっているものと思われる。関連して野村総研（2018）は純金融資産保有額を階層別に推計、「アッパーマス層」（3,000 万円以上）の保有資産規模を 709 兆円、1 億円以上の「富裕層」の規模を 272 兆円と推計している。

によると企業が保有する「現預金等」は2018年度には223兆円に上る。この現預金などへの課税（所謂「内部留保金課税」）を含めて法人企業も応分の負担をすべきという主張もあろう。もっとも、法人企業の現預金が株価に反映されているとすれば、これを課税対象に含む前述の資産課税と二重課税になる。また、コロナ後の経済の再生に向けて雇用と投資の回復を最優先とするなら、拙速な法人税の増税は有益ではない。ここでは、経済の再生と課税の公平の両立が求められてくる。より抜本的な改革としては、法人税を（Rベースの）キャッシュフローに転換することだろう。

　結論だけ言えば、キャッシュフロー課税は雇用や投資に対して中立的である一方、独占的利益や無形資産、研究開発などリスクの高い投資が成功したときの利益（「超過利潤」という）への課税となる。GAFA（グーグル、アップル、フェイスブック、アマゾン）をはじめデジタル企業は高い超過利潤を上げているとされる。キャッシュフロー税はこうした担税力の高い企業への課税強化につながる。従前、法人課税をめぐっては「税率」の多寡が議論の中心だった。むしろ、「課税ベース」のあり方が問われて然るべきだろう。経済のグローバル化とデジタル化が進む中で法人税には課税の工夫が必要だ。その上でコロナ経済対策を含む財政支出の財源を確保するようにするのが望ましい。

〈参照文献〉
OECD（2019）「OECD対日経済審査報告書2019年版」2019年4月。
野村総合政策研究所（2018）「日本の富裕世帯は127万世帯、純金融資産総額は299兆円と推計」News Release 2018年12月18日。

IMF (2018). "Japan 2018 Staff Report." IMF Country Report, No. 18/333, 28 November.
IMF (2020). "Fiscal Monitor: Policies to Support People During the COVID-19 Pandemic." April.
Landais, C., E. Saez, and G. Zucman (2020). "A progressive European wealth tax to fund the European COVID response." VOX CPER Policy Proposal, April 3.

補論：データ

●全国消費実態調査（二人以上世帯）

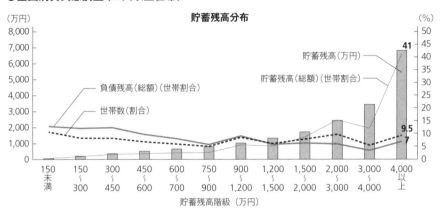

（出所）全国消費実態調査（2016 年）

●申告所得税標本調査（2018年）

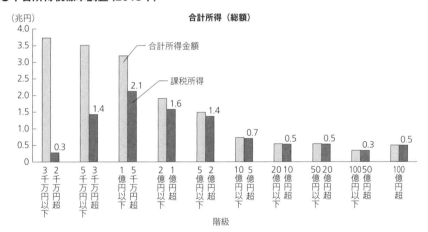

第**5**章

迅速な現金給付と「デジタル政府」の重要性
——COVID-19の出口戦略も視野に

小黒一正*

1. はじめに——深刻な売り上げ蒸発

　新型コロナウイルス（COVID-19）の感染拡大は、我々の社会に深刻な影響を及ぼしている。例えば、内閣府の「2020年1-3月期・四半期別GDP速報（1次速報値）」では、2020年1-3月期の実質GDP（国内総生産）成長率は年率マイナス3.4％（前期比）であったが、民間エコノミスト予想の平均では4-6月期の成長率は年率マイナス20％超（前期比）であり、筆者も戦後最大の落ち込みとなる可能性が高いと予想する。

　また、新型インフルエンザ等特別措置法（平成24年法律第31号）32条1項に基づき、2020年4月7日、政府は「緊急事態宣言」を発令したが、同月16日に全国に拡大され、外出制限や営業の自粛要請で真っ先に打撃を受けたのが飲食やホテル・観光などの産業である。外食や旅館・ホテルなどから客足が遠のき、一種の「売り上げ蒸発」が起こった。

　売り上げが前年同月比で9割減の企業もあるが、東京商工リサーチの第4回「新型コロナウイルスに関するアンケート」調査によると、前年同月における4月の売り上げを100とするとき、1万905社のうち約84％の企業が前年割れで、売り上げの中央値は全企業・中小企業・大企業のいずれも80である。5月以降の売り上げ減がさらに加速する可能性もあり、仮にこれら産業の売り上げ

＊　法政大学経済学部教授

がコロナウイルスの影響により前年同日比で一日20％減少と予測するとき、日本全体の「売り上げ蒸発」はどの程度か。

　一つの参考になるのが、経済産業省が公表する「経済センサス・活動調査」である。直近（2018年6月）の確報によると、2015年における全産業の売上高は約1,625兆円である。2015年の名目GDPは約531兆円なので、全産業の売上高はGDPの約3倍であり、全産業における一日当たりの売上高は平均で約4.5兆円である。また、全産業の売上高のうち、旅館・ホテルなどの宿泊業・飲食サービス業は約25兆円、映画館や劇場などの生活関連サービス業・娯楽業は約46兆円、デパートなどの卸売業・小売業は約501兆円だ。これら産業の売上高が全産業の売上高に占める割合は約35％であり、その一日当たりの売上高は平均で約1.6兆円である。

　すなわち、長期間にわたる外出制限や飲食店などの営業活動の自粛による売り上げ蒸発は、旅館・ホテルなどの宿泊業・飲食サービス業、映画館や劇場などの生活関連サービス業・娯楽業、デパートなどの卸売業・小売業の産業だけで、一日平均約0.32兆円であり、現時点で正確な予測は難しいが、1ヵ月で9.6兆円になる可能性もある。

　もっとも、新型コロナウイルスの新規感染者の減少に伴い、緊急事態宣言は地域別に5月から徐々に解除されており、状況は変化しつつあるため、売り上げも回復する可能性がある。しかしながら、社会活動や経済活動の本格的な再開で感染が再拡大し、自粛が再度要請されるシナリオもありうる。再自粛が3ヵ月継続すると28.8兆円の売り上げ蒸発になり、これだけの売り上げ蒸発が数ヵ月にわたって継続すると、企業の資金繰りに甚大な影響を与えることは想像に難くない。

　実際、2020年版の『中小企業白書』（2020年4月20日閣議決定）では、「宿泊業・飲食サービス業では、今後半年間で資金繰り難が深刻化する可能性」を指摘している。また、2018年度の法人企業統計調査（財務省）によると、資本金1,000万～5,000万円の中小企業が保有する現預金は運営コストの約3ヵ月分しかない。

2. 政府の緊急経済対策と条件付き現金給付の問題点

　このような状況の下、3月下旬から4月上旬、自民党・公明党や国民民主党など各党は、新型コロナウイルスの感染拡大にかかる緊急経済対策の提言を取りまとめて公表したが、今回の対策で最大の争点となったのは「現金給付の範囲（支給対象・条件）と金額」であった。

　公明党や国民民主党は、現金給付は一律で、国民一人当たり10万円の給付を行うことを提言していたが、当初（4月上旬）、安倍首相は支給対象を「一定の水準まで所得が減少した世帯」との条件を付け、一世帯当たり30万円を現金給付する旨の意向を示して政治的に一時決着した。しかしながら、支給対象に関するこの条件の下では、日本の全世帯（約5,300万世帯）のうち約1,000万世帯のみが対象になる見通しで、政権の連立を組む公明党や世論の反発を受け、最終的（4月中旬）には2020年度補正予算を組み替えて、一律の現金給付を行うことで最終決着した。

　では、当初の政府案（条件付き現金給付）の何が問題であったのか。タイムリーな所得情報を把握できない現行制度では、公平性の観点から、この条件は難しい問題を抱えている。また、支給対象を「個人」でなく、「世帯」とすることも様々な問題を引き起こす。この点を簡単な事例で考察してみよう。

支給対象（世帯 vs. 個人）

　まず、給付を「個人」単位でなく、「世帯」単位で行う問題点を考えてみよう。このため、いま、年収が400万円の個人A、年収300万円の個人B、年収100万円の個人Cがいるものとする。その際、世帯1は個人Aのみの1人世帯、世帯2は個人Bと個人Cの2人世帯で構成されるものとする。また、世帯1と世帯2の世帯年収は同じ400万円とし、新型コロナウイルスの感染拡大の影響に伴う所得の減少も同じで、それぞれ30万円の現金給付を受けたとする。

　このとき、世帯1では1人（個人Aのみ）で30万円を受け取れるが、世帯2では2人（個人B＋個人C）で30万円なので、それぞれは平均で15万円の現金給付しか受け取れない。これは、「世帯」単位での給付が公平性の原則に

反する可能性を示す。

　なお、「個人」単位でも、一律の給付でなく、所得制限を付けると、それも問題が発生する。例えば、上記の事例で、「個人」単位で現金給付を行うが、「年収350万円以下に給付」という所得制限をかけたとする。このとき、個人Bと個人Cは30万円の現金給付を受け取ることができるが、個人Aは給付を受け取れない。

支給の条件

　では、「一定の水準まで所得が減少した世帯」との条件はどうか。政府が2020年4月7日に閣議決定した緊急経済対策では、支給条件は「世帯主の月間収入（本年2月〜6月の任意の月）が、①新型コロナウイルス感染症発生前に比べて減少し、かつ年間ベースに引き直すと個人住民税均等割非課税水準となる低所得世帯や、②新型コロナウイルス感染症発生前に比べて大幅に減少（半減以上）し、かつ年間ベースに引き直すと個人住民税均等割非課税水準の2倍以下となる世帯等」と記載されている。

　まず、住民税均等割非課税の世帯年収は、独身世帯では約100万円以下、配偶者や子供が扶養のとき、夫婦世帯では約150万円以下、夫婦と子供1人の世帯では約200万円以下、夫婦と子供2人の世帯では約250万円以下などである（注：数字は概ね10万円単位の値）。

　今、年収400万円の世帯（配偶者や子供が扶養）が、新型コロナウイルスの影響で年収が45%減の220万円となったとする。このとき、上記①と②の条件では、この世帯が夫婦と子供2人の世帯であれば（①に該当し）現金給付30万円を受け取ることができるが、この世帯が夫婦と子供1人の世帯であれば（①と②の両方に該当せず）受け取ることができない可能性がある。扶養の子供が1人多いか少ないかで、現金給付の受給に関する可否が決まってしまう。

　他方、世帯構成が同じ（夫婦と子供2人の世帯かつ配偶者や子供が扶養）だが、感染症発生前の年収が600万円の世帯と550万円の世帯がおり、どちらも感染症発生後の年収が300万円になったとする。このとき、夫婦と子供2人の世帯における住民税均等割非課税の年収は約250万円のため、感染症発生後の年収が300万円ならば、①は該当しない。一方、この世帯における②の「個人

住民税均等割非課税水準の２倍以下」の条件は「感染症発生後の年収が約 500
万円以下」を意味するから、感染症発生後の年収が 300 万円のどちらの世帯
も、②のこの条件は満たす。しかし、感染症発生前の年収が 600 万円の世帯の
年収減は 50％だが、感染症発生前の年収が 550 万円の世帯は年収減が約 45％の
ため、②の「感染症発生前に比べて大幅に減少（半減以上)」の条件は年収 600
万円の世帯は満たすが、年収 550 万円の世帯は満たさない。

　以上から、感染症発生前の年収が 600 万円の世帯は（②に該当し）現金給付
30 万円を受け取ることができるが、感染症発生前の年収が 550 万円の世帯は
（①と②の両方に該当せず）受け取ることができない。もともと、年収 550 万
円の世帯の方が家計が厳しいと思われるが、感染症発生前の年収の微妙な差異
で、現金給付の受給に関する可否が決まってしまう。このような制度設計は公
平性の原則に反しないか。

　また、支給条件の「……2 倍以下となる世帯等」の「等」の解釈が明らかで
なく、この「等」が「共働き世帯のケース」を含む可能性があったが、「世帯主
の月間収入（本年 2 月〜6 月の任意の月）が」という条件が、共働き世帯にも
適用となるのか否かも重要であった。例えば、共働き世帯で世帯年収が同じケ
ースを考えよう。このとき、年収減が世帯主ならば支給対象になるが、もし年
収減が世帯主でなければ支給の対象外という扱いとなると、公平性の原則に反
する。

　なお、新型コロナウイルスの影響で収入に変動がない生活保護受給者や年金
受給者・公務員は基本的に①や②に該当しないが、低年金で老後の生活費の不
足分を働いて賄っている世帯のうち収入が減少するケースは①や②に該当する
可能性がある。

　しかしながら、失業手当の受給者などの扱いも気になる。失業手当の受給者
を対象外にするが、失業手当の申請を遅らすことで 30 万円の現金給付を受け
取れるならば、現金給付と失業手当のタイミングが異なる人々の間で不公平が
発生してしまう。合理的な人間ならば、戦略的に申請のタイミングを変えるは
ずだ。

賃金操作の可能性

　政府の制度設計で最も問題なのが、戦略的な「賃金操作」をどう防止するかである。例えば、今、独身世帯の従業員（年収120万円）を抱える企業が従業員の5月・6月分の賃金を年収ベースで30万円カットしたとする。このとき、この従業員（独身世帯）の感染症発生後の年収は、住民税均等割非課税の世帯年収（約100万円）を下回るため、支給条件の①に該当し、この従業員は30万円の現金給付を受け取ることができる。

　この賃金カットが、新型コロナウイルスの影響であれば問題ないが、そうでない場合も経営者は戦略的に賃金カットができるが、そのカット分は企業や経営者の利益となる。このような戦略的な賃金操作を政府は見抜くことができるはずがない。このような悪意のある企業は得をし、真面目な企業が損をする可能性も否定できない。

　また、支給条件の「世帯主の月間収入（本年2月～6月の任意の月）が、…年間ベースに引き直すと」も「賃金操作」を可能とする。例えば、月収15万円（年収180万円）の従業員（独身世帯）に対し、新型コロナウイルスの影響と偽り、その6月分の賃金を12万円カットし、7月分以降の月収は15万円に戻す戦略をとる。このとき、7月から12月の月収予測を6月分の賃金を基準にしながら、この従業員の年収を年間ベースに引き直すと、それは96万円（= 15万円×5ヵ月＋3万円×7ヵ月）になる。この年収は、住民税均等割非課税の世帯年収（約100万円）を下回るため、支給条件の①に該当し、この従業員は30万円の現金給付を受け取ることができる。

3. 改革の哲学とデジタル政府の重要性

　以上の問題を考慮しながら、本当に困っている人々に公費を投入する方法はないか。万能の策はないが、現行制度でタイムリーな所得情報を把握するのは困難であるため、まずは一律の現金給付を行い、今回のコロナウイルスの問題が終息して経済活動が正常化してから、国債発行で賄った財源を長期間（例：10年間や20年間）かつ税率の低い追加課税で償還する方法が考えられる。その際、税制改正が必要になるが、所得の高低などに応じて追加課税を行えば、

所得再分配的な効果を持つはずである。

　東日本大震災でも、震災の復旧・復興財源を調達するため、政府は「復興債」という国債を発行しており、所得税の2.1%上乗せ（25年間）や個人住民税の年1,000円上乗せ（10年間）などで財源を確保している。また、1923年9月の関東大震災後でも、復興債を発行している。これはBarro（1979）の「課税平準化の理論」に従うものだが、政府は危機時での保険的な機能（＝コストの時間分散機能）も持ち、民間では負担できないコストを均すことができるのは政府しかいない。

　基本的に筆者は財政再建派で、通常であれば、このような手段（国債発行で一律の現金給付＋事後的な追加課税）には賛成しないが、政府の緊急事態宣言の発令により、今回の問題はもはや国民全体に波及しており、Mankiw（2020）も似た提言をしているように、複雑で情報の非対称性が大きく、緊急性を要するという点が、これまでとまったく異なった。

　しかも、新型コロナウイルスのワクチンや治療薬などの開発が早くても1年半かかるという専門家の見解もあり、新型コロナウイルスの問題がいつ終息するかは誰もわからず、我々は「真の不確実性」に直面している。財政にも限界があるが、国民一人当たり10万円の現金給付であれば約13兆円の予算であり、財源的に確保不可能な規模ではない。

　もっとも、本当の意味での実務的な問題は、できる限り迅速に現金給付をどうやって行うかであった。米国ではトランプ大統領が現金給付（成人の国民一人当たり最大10万円程度）を行うことを明らかにし、速やかに、内国歳入庁（IRS）が個々の口座（納税者が確定申告に利用した銀行口座）に直接振り込む対応などをとったが、わが国では迅速に給付することができなかった。

　この問題点については様々な議論があるが、米国やオーストラリアなどの諸外国と比較して、迅速かつ的確に給付ができない理由についても、我々は理解を深める必要がある。

　理解のヒントは、3月下旬に出版した拙著『日本経済の再構築』（日本経済新聞出版社）の第8章にある。第8章では「改革の哲学」や「デジタル政府」などの重要性を説明しており、改革の哲学として以下の三つの哲学を提案している。

〈哲学1〉　まず、リスク分散機能と再分配機能を切り分ける。その上で、真の困窮者に対する再分配を強化し、改革を脱政治化する

〈哲学2〉　透明かつ簡素なデジタル政府を構築し、確実な給付と負担の公平性を実現する（ICT などの最先端テクノロジーも利用し、透明かつ簡素な政府を構築するとともに、時間や場所を問わず、個々のニーズに応じた最適な形でのプッシュ型・行政〔社会保障を含む〕を推進する）

〈哲学3〉　民と官が互いに協力して新しい「公共」を創る（複合的かつ複雑なリスクに対応するため、これまでの官と民の固定的な役割分担を超え、民間主導でも多様かつ柔軟な公共の担い手などを創出可能とする枠組みを構築する）

　迅速かつ的確な給付に関係するのは、上記の哲学のうち〈哲学2〉であり、「時間や場所を問わず、個々のニーズに応じた最適な形でのプッシュ型・行政（社会保障を含む）を推進する」という部分が重要な意味を持つ。

　日本では、2016年1月から「マイナンバー制度」が動き始めているが、それと同時に「マイナポータル」というシステムも2017年11月から試行的運用を開始している。

　時々誤解があるが、マイナンバー制度において、「マイナンバー（個人番号）」と「マイナンバーカード（個人番号カード）」は異なる仕組みである。マイナンバーは、日本国内の全住民に付番される12桁の個人番号をいい、本人確認は「番号確認＋身元確認（例：運転免許証）」で行われる仕組みになっている。また、法人にも13桁の法人番号が付与され、法人番号は誰でも自由に利用できるが、マイナンバー（個人番号）は、マイナンバー法に定める以外の個人番号の収集・保管が禁止されている。

　これに対し、マイナンバーカードは、個人の申請により交付される顔写真付きカードをいい、マイナンバーの本人確認（番号確認＋身元確認）を1枚で行うことができる仕組みである。カードには、マイナンバー（個人番号）を使わずに電子的に個人を認証する機能など（ICチップ）を搭載している。カードを利用せず、「指紋認証」などの最新テクノロジーで本人確認を行う方法につい

ての議論もあるが、そのエラー率が1%の場合、1億人の人口では100万人もエラーが発生する可能性があり、慎重な検討が必要となる。

　また、マイナポータルとは、「政府が運営するインターネット上のサービスで、自宅のパソコンやスマホ等から、行政機関が保有する自分のマイナンバー関連情報や情報連携により行政機関間でやり取りされた記録の確認のほか、地方公共団体の行政サービスの検索やオンライン申請などが行えるサイト」をいい、別名「情報提供等記録開示システム」という。

　巨額の開発予算を投じている「マイナポータル」の利用は低調であり、新型コロナウイルスの感染拡大が本格化する直前（2020年3月時点）でマイナンバーカードの交付実績は日本の全人口の約15.5%しかなかった。

4. デジタル政府の本当のコアは「プッシュ型・行政サービス」

　では、デジタル政府の先進国はどうか。例えば、「世界で最も簡素で効率的な行政」の実現を目標に、スウェーデンでは2008年に政府が「The new Swedish action plan for a modern eGovernment」という行動計画を発表し、様々な試みを展開している。

　このうち、スウェーデン政府が最も力を入れてきたのが、「eID」を基盤とする「デジタル政府サービス」である。「eID」はわが国のマイナンバー制度、「デジタル政府サービス」はマイナポータルに類似するがその中身や質はまったく異なり、スウェーデンでは、オンライン上で認証・署名がeIDで簡単にでき、時間や場所を問わず、「確定申告」「運転免許証の申請・更新」「児童手当」など9割以上のサービスがネット上で対応可能になっている。

　デジタル政府の本当のコアは「プッシュ型・行政サービス」であり、社会保障の分野などと最も関係が深い。マイナポータルを利用すれば、行政がその利用者にとって最も適切なタイミングに必要な行政サービスの情報を個別に通知することができるが、プッシュ型・行政サービスとは、このような方法で行政側から能動的に提供するサービスをいう。

　従来型の行政は「プル型」で、国民が行政側に相談や申請をして初めて行政手続きなどがスタートする仕組みであり、行政手続きなどのアプローチの起点

が国民側にあるが、「プッシュ型」は「プル型」の逆の仕組みでアプローチの起点が行政側にある。

　もっとも、それを可能にするためには、利用者である国民に、マイナポータルに必要な情報を事前に登録してもらう必要がある。その際、プッシュ型の情報提供や給付を行うためには、銀行口座を含む個人情報とマイナンバーを紐付けする必要もあり、それら登録を義務付ける検討も必要だろう[1]。

　現状では、制度改正したために受けられる給付や減税を気づかずにいるケースも多いが、利用者の年収や年齢、家族構成や配偶者の年収、振り込み先の銀行口座などを事前に登録しておけば、年収や年齢を条件とする手当が制度改正で新設された場合、給付額の通知や銀行口座への振り込みなどをスムーズに行うことができ、社会保障関係の給付や税制上の還付を含め、申請漏れで本来は受給可能な手当を受給し損ねる事態も回避できる。このため、登録しなければ給付しない検討も必要だ。

　これは、デジタル政府がセーフティネットとしても機能することを意味するが、今回の新型コロナウイルス感染拡大の対策でも利用できる。例えば、オーストラリアでは、専用サイト「Affected by coronavirus（COVID-19）」から申請し、「myGov account」などを利用することで現金給付を受け取ることができる（図1参照）。

　また、マイナンバー情報と現金給付などを紐付けるには、法改正も必要だ。現在のところ、マイナンバー法（行政手続きにおける特定の個人を識別するための番号の利用等に関する法律）では、個人情報保護の観点から、生活保護などの場合を除き、マイナンバーをその内容に含む個人情報を現金給付などに活用することは認められていない（同法19条）。

　しかしながら、今回の緊急事態のほか、震災などでも迅速な給付が必要となるケースも多いはずであり、マイナンバーの活用が必要となる事例を再検討

1　政府は、災害時に迅速な給付を可能とするため、2021年の通常国会において、銀行口座とマイナンバーを紐付ける関連法改正案の提出を表明している。なお、当初、個人が持つ全口座の登録を目指していたが、世論の反発を受けて「希望者のみ」とし、国民1人について1口座の登録義務化を目指す方針である。段階的でも構わないが、最終的には、すべての銀行口座とマイナンバーを紐付けることが望ましい。

図1　オーストラリアのコロナウイルス専門サイト

し、何らかの法改正を行うことも望まれる。

　いずれにせよ、日本でもデジタル政府の構築が進み、マイナンバーやマイナ
ポータルなどで、タイムリーな所得情報を把握できる仕組みが存在すれば、今
回の緊急事態でも迅速かつ的確に現金給付が実行できたはずである。平時のう
ちに備えができなかったことが悔やまれるが、マイナンバー法の改正を含め、
今からでも「日本経済の再構築」に向けた議論を開始することが望まれる。

5. おわりに──COVID-19の出口戦略（案）

　なお、財政や経済の限界にも留意が必要だ。新型コロナウイルスの感染拡大
は一時的に終息しつつあるが、再び感染が拡大し、第二波、第三波が到来する
可能性もある。今回の経済対策において、国の一般会計予算でも合計50兆円
超もの補正予算（第1次補正予算＝約25兆円、第2次補正予算＝約32兆円）
を打っている。しかしながら、わが国の公的債務残高は対GDP比で200％超に
達しており、今後発生する経済的な損失をいつまでも財政が穴埋めすることは
不可能だ。また、一律の外出制限や営業自粛が我々の社会活動や経済活動に及
ぼす影響も大きい。

　まさに時間との戦いだが、新型コロナウイルスの性質や特性などは不確実な

部分が多い。例えば、①潜在的な感染者数、②真の致死率、③抗体の継続期間、④BCG仮説やウイルス型による毒性などをめぐる論争（自然免疫・交差免疫や人種の違いを含む）、⑤ワクチンや治療薬などの医薬品、新たな治療法の確立の可能性などである。

　例えば、統計サイト「Worldometer's COVID-19 データ」（2020年5月23日時点）によると、人口100万人当たりの死者数は、ベルギー（797人）、スペイン（612人）、イタリア（539人）、英国（536人）、フランス（433人）、スウェーデン（389人）、日本（6人）、韓国（5人）、中国（3人）であり、白人系とアジア系で致死率が異なるという仮説もある（図2）。しかしながら、この仮説の妥当性を筆者が判断する知見はないが、感染が最初に始まった中国・武漢市の人口は約1,100万人、その死亡者数は3,869人（4月18日CNN報道）なので、武漢市の人口100万人当たりの死亡者数は約350人であり、これはスウェーデンやフランスなどの値にも近く、仮説と矛盾しているように見える。

　また、⑥外出制限や営業自粛を段階的に解除した後、感染の再拡大が起こるのか、⑦時間の経過でウイルスは自然消滅するか否か、⑧いずれウイルスを100％封じ込めることが可能か否かなどもわかっていない。

　これらの調査研究は筆者の専門外であり、感染症や疫学などが専門の研究者の結論を待つしかないが、論争の決着には一定の時間が必要だろう。今我々

図2　人口100万人当たりの累積死亡者数（2020年5月23日時点）

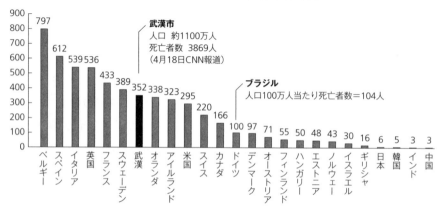

（出所）https://www.worldometers.info/coronavirus/

は、この不確実な状況を前提に、命を守りながら通常の社会活動や経済活動を徐々に取り戻す「戦略」を検討する必要がある。

このため、筆者らは「緊急提言　新型コロナ・V字回復プロジェクト」のウェブ提言を構築し、この問題の「出口戦略」に関する緊急提言を発表している。緊急提言の主なメッセージは次のようなものだ。

まず、感染拡大の抑制と社会活動・経済活動の両立を図るためには、全国民が希望すれば新型コロナウイルスの感染の状況を定期的（2週間に1回程度）に知ることができ、継続的に陰性の人々は安心して外出や仕事を再開できるような体制を遅くとも半年以内に作ることが、次のステップに進むために最も重要である、というものだ。

このうち、「感染の状況を定期的に（全国民が2週間に1回）知ることができる」の意味は二つある。一つはマクロ的な感染状況、もう一つはミクロ的な感染状況だ。

検査はPCR検査に限らず、抗原検査や抗体検査を含め、高精度で有用性が高い検査は積極的に取り入れることは当然だが、マクロ的な感染状況については抗体検査が重要となる。現在のところ、わが国でもいくつかの抗体調査が実施されているものの、サンプル数などに問題があり、潜在的な感染者数も正確にわかっておらず、まずは大規模な抗体調査を定期的に行い、マクロ的な感染状況を把握する必要があろう。

また、ミクロ的な感染状況については、「感染の状況を定期的に（全国民が2週間に1回）知ることができる」ためには、一日1,000万件の検査を行う必要があるが、この検査では、抗原検査、LAMP法や唾液で感染の有無を調べるPCR検査用試薬なども対象としている。

我々が闘う敵はウイルスであり、「『命』を守るか、『経済』を守るか」という観念的な二項対立を続けていても、この問題を解決することはできない。仮に緊急事態宣言が解除されても、感染が再び拡大し、医療崩壊を防ぐために自粛が再開される可能性もある。新型コロナウイルス対策の「出口」とは、「命」か「経済」かの二項対立ではなく、徹底した検査により、人びとが安心して消費、教育、運動、レジャーなどの社会生活を送れるようになる「命も経済も守る出口戦略」ではないか。

　このため、米国経済学会で重鎮のニューヨーク大学のポール・ローマー教授（ノーベル経済学賞受賞）は1日2,000万件の検査を提言している（Romer, 2020）。また、英国の感染症学者チーム（Peto, *et al.* 2020）は1日1000万件、ロックフェラー財団（Allen, *et al.* 2020a）は3,000万件/週、ハーバード大学の倫理センター（Allen, *et al.* 2020b）は1日500件以上の検査を提言しており、その鍵を握るのが検査の拡充だ。以下、簡単に説明しよう。

　まず、感染症対策の基本は「検査」と「隔離」であり、感染拡大の抑制のため、その徹底が必要であることは言うまでもない。一方で、既に外出制限や営業自粛による資金繰り悪化やコロナ関連倒産が出始めているが、そもそも、感染していない人々の方が多いはずだ。にもかかわらず、多くの人々に外出制限や自粛が要請される理由は何か。それは、感染の有無に関する「情報の非対称性」が存在するからだ。また、我々も自分自身の感染の有無を判断できないケースも多い。だから、外出制限や自粛により、他人との接触を減少させようとする。

　しかし、通常の経済活動を再開するとき、我々がお互いの感染の有無について判別ができていたら、状況は劇的に変わってくる。感染症対策と経済学の視点を融合させず、「検査」を単に感染症対策の観点から、感染の有無のみに利用するのは視野が狭い。検査で陽性反応が出た者の「隔離」は当然だが、経済政策の視点も取り込み、継続的な「陰性者」を徐々に自由な経済活動に戻す「出口戦略」の立案やその環境整備が極めて重要だ。

　もっとも、偽陽性の問題などがあるため、ウェブ提言では「偽陽性・偽陰性の問題は、複数検査で対応」と記載している。詳細はウェブ提言の「Q&A」に掲載したエクセル・ファイル（https://bit.ly/2WSPeix）を利用して確認してもらいたいが、例えば「感染率＝1％かつ特異度99.9％」の場合、連続2回検査陽性を「陽性」と定義すると、東京都の人口（1,395万人）でも偽陽性は14人になる（検査の独立性が前提）。また、同じ条件で、連続3回検査陽性を「陽性」と定義するならば、東京都の人口（1,395万人）でも偽陽性は0人になり、陽性判定は100％になる。

　このほか、①偽陰性の問題に対処するため、例えば陰性の判断は連続2回検査を行って連続2回陰性のときに「陰性」とすること（この場合、「陰性」以外

は「陽性」判定となるが、当然、再検査を容認）や、②情報の非対称性を解消し、我々がお互いに検査結果（PCR検査や抗原検査）を容易に確認できる環境の整備も重要で、PCR等検査陰性証明書を発行することも考えられる。

　Acemoglu, *et al.*（2020）の論文や提言も似た問題意識を持っているが、外出制限や自粛といった一律の政策は効率的ではない。官邸を中心に関係省庁、都道府県及び協力団体などが一体となり体制整備や分析などを行う「新型コロナウイルス検査緊急対策ネットワーク」（仮称）の構築が提言の前提だが、今我々は「命」も「経済」も守るものと発想を転換し、産官学の叡智を結集することで、ウイルスを徐々に封じ込めながら、感染リスクや年齢といったグループの特性に応じて、通常の経済活動を取り戻すための戦略を早急に講じる必要があろう。

〈参照文献〉

小黒一正（2020）『日本経済の再構築』（日本経済新聞出版社）。
鹿島平和研究所・国力研究会／安全保障外交政策研究会＋有志（2020）「緊急提言　新型コロナ・V字回復プロジェクト『全国民に検査』を次なるフェーズの一丁目一番地に」。http://www.kazumasaoguro.com/covid-19/

Acemoglu, D., Chernozhukov, V., Werning, I., and Whinston, M.（2020）. "A multi-risk SIR model with optimally targeted lockdown." NBER Working Paper, No. 27102. https://www.nber.org/papers/w27102
Allen, D., *et al.*（2020a）. "National Covid-19 Testing Action Plan　Pragmatic steps to reopen our workplaces and our communities." Rockefeller Foundation. https://bit.ly/2wWIxTC
Allen, D., *et al.*（2020b）. "Roadmap to Pandemic Resilience." Safra Center for Ethics, Harvard University. https://ethics.harvard.edu/Covid-Roadmap
Barro, R.（1979）"On the Determination of the Public Debt," *Journal of Political Economy 87*, pp940-971.
Mankiw, G.（2020）"A Proposal for Social Insurance During the Pandemic." http://gregmankiw.blogspot.com/2020/03/a-proposal-for-social-insurance-during.html

Peto, J., *et al.* (2020) "Stopping the lockdown and ending the epidemic by universal weekly testing as the exit strategy." https://ephg-covid-19.org/

Romer, P. (2020) "Roadmap to responsibly reopen America." https://roadmap.paulromer.net/

第**6**章

コロナ後のグローバル化のゆくえ

戸堂康之[*]

はじめに

　新型コロナウイルス（以下、「コロナ」）の感染拡大を予防するため、世界各国は都市や地域の封鎖（ロックダウン）や外出規制などで人々の行動を制限するばかりでなく、出入国や特定品目の貿易をも厳しく規制した。その結果、世界の経済活動は著しく縮小し、国境を越えた経済取引も減少している。例えば、世界貿易機関（WTO）の予測によると、今年の世界の貿易量は最大で32％減少するという（WTO, 2020b）。

　本章では、コロナ後の世界において、日本企業のグローバル化がどうなるのか、どうあるべきなのかについて、特にグローバル・バリューチェーンの役割に注目して議論したい。

1. コロナ前・コロナ中のグローバル化の減退

コロナ前のグローバル化の停滞

　そもそもコロナ前にもグローバル化は停滞していた。世界の貿易額や直接投資額の対 GDP 比はリーマンショックのあった 2008 年までは順調に拡大していたが、その後は停滞もしくは縮小してしまっている（図1）。これは、米国発のリーマンショックが世界に波及し、海外の需要減で輸出産業への影響が特に大きかったことから、グローバル化にリスクが伴うことが認識されたからだ。

　しかも時を同じくして、先進諸国、特に米国では中国から安価な製品の輸入

＊　早稲田大学政治経済学術院教授

図1 世界の貿易額・直接投資額の推移

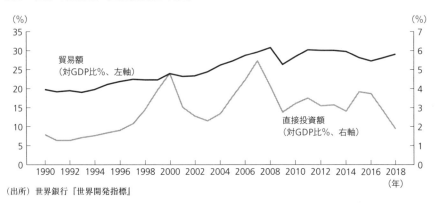

（出所）世界銀行『世界開発指標』

が急増し、競争が激化した製造業で所得や雇用が減少した（Acemoglu, Akcigit, and Kerr, 2016; Acemoglu *et al.* 2016; Autor, Dorn, and Hanson , 2013）。その結果、先進国の中間層の所得は 20 年にわたってほとんど増えなかった（Milanovic, 2013）。彼らがグローバル化に反対したことで、米国の TPP（環太平洋パートナーシップ協定）からの離脱や中国からの輸入品に対する関税引き上げ、英国による EU 離脱など、各国で保護主義的な動きが活発化したのだ。

　さらに 2018 年以降には、安全保障問題がグローバル化の停滞に拍車をかけている。米国は、ファーウェイなど中国企業の情報通信（IT）機器によって情報が漏洩し、国家安全保障が脅かされているとしてきた。その問題は、中国が 2017 年に国家情報法を施行し、民間企業であっても中国政府の情報活動に協力しなければならず、要請があれば政府に情報を提供する必要があると規定したことで（国立国会図書館調査及び立法考査局, 2017）、より深刻に捉えられるようになった。そのため、米国は 2019 年 5 月にファーウェイに対する輸出を実質的に禁止し、その後も AI（人工知能）やビデオ監視関連企業などに禁輸を拡大した。

　米国は対内投資の規制も強化していた。2018 年 11 月には半導体や IT、軍事などの産業での対米投資に対して事前申告を義務付けて投資の可否を厳しく審査することとし、2020 年 2 月にはさらにその審査対象を広げた。

　このような米国の貿易や直接投資に対する規制強化は米国外にも波及し、日本やヨーロッパ諸国もそれに追随している。日本は、2019年1月にIT・軍事関連の製品の輸出管理を強化し、2019年7月に安全保障上の懸念を理由として韓国への半導体素材3品目に対する輸出管理を強化した。また、外為法の改正などによって対日投資の規制も強化した。

　その結果、コロナの感染が本格化する2020年2月以前にも、すでに米国の対中国輸出も中国の対米投資も激減していた。日本の輸出も、2018年12月以降前年同月比マイナス成長が続いていた。米中経済の分断（デカップリング）が確実に進行し、グローバル化の停滞は深刻化していたのだ。

コロナ後の世界経済の分断の加速

　このような動きはコロナショックによって加速されることとなった。特に、次の三つの理由から、コロナ後にはグローバル化の衰退、特に米中経済の分断が深刻化している。

　第一に、グローバル化の進行がコロナ感染の急速な拡大を招いたことや、コロナの影響によって世界各国で生産が縮小し、海外からの部品の調達に支障が出たことから、グローバル化によって海外の経済ショックが国内に流入するリスクが再認識されている。日本でも、コロナが最初に発生した中国で多くの都市が経済封鎖されたことで、自動車産業・電機電子産業で中国からの部品や素材の供給が滞り、国内の生産を停止した工場が出た。

　この問題も、コロナによって新しく生じたものではなく、コロナ前から認識されていたことだ。例えば、東日本大震災後にもサプライチェーンの途絶が生じ、被災地からの部品・素材の供給が滞ったために被災地外でも生産が縮小した。筆者と兵庫県立大学の井上寛康氏との推計では、被災地外の生産減は被災地内の減少額の約100倍にも上った（Inoue and Todo, 2019）。これは海外からの経済ショックの流入ではないが、経済ショックがサプライチェーンを伝わって波及し、間接的にも大きな影響を及ぼすことをはっきりと示している。

　コロナによる影響の拡散は、グローバル化のリスクをもう一度クローズアップすることとなった。だから、グローバル化、特にサプライチェーンの国際的な拡大が行きすぎていたのではないかという議論が起きている。例えば、日本

は既に海外での生産拠点の国内回帰や ASEAN（東南アジア諸国連合）への移
転などに対する大規模な補助金を決定している。

　第二に、コロナの感染が深刻化し、マスクや人工呼吸器、医薬品などの医療
関係物資の国内需要が増大すると、多くの国でそれら物資の輸出を制限した。
さらに、将来に対する不安感から、食糧に対する輸出規制を行う国も出た。
WTO（世界貿易機関）のレポートによれば、80ヵ国・地域がコロナに関連し
た何らかの輸出規制を行ったという（WTO, 2020a）。つまり、グローバル化に
よって医療安全保障、食糧安全保障が脅かされうることが明らかになったの
だ。

　この問題は、米国にとって深刻だ。もともと米国は医薬品の供給の多くを中
国に依存しており、例えば抗生物質の90％が中国からの輸入であった。しか
し、世界的な感染拡大初期の3月初めに米国が中国からの入国を禁止したこと
に反発して、中国新華社通信は「中国が米国への医薬品の輸出禁止を行えば、
米国は新型コロナウイルスの大海に沈むだろう」と警告した（新華社, 2020）。
このことから、米国は今後 IT だけではなく、様々な産業分野で安全保障面か
ら中国依存の見直しを進めていくだろう。

　第三に、欧米で中国に対する不快感や警戒感が強まっている。これは、コロ
ナの感染拡大が中国武漢市から始まったことがもともとの原因である。それに
対して、中国もウイルスが米国から持ち込まれた可能性やコロナへの対処にお
ける中国の政治体制の優越性を主張し、欧米と中国の感情的・政治的な対立が
激化している。そもそも、大災害後には外国人に対する反感が高揚しがちだ。
2020年3月に行われた調査によると、米国人の66％は中国を否定的に見てお
り、2011年の36％、2018年の47％から比べると相当悪化している（Pew
Research Center, 2020）。

　このような感情的・政治的な対立は、欧米諸国の中国に対する経済政策にも
影響し始めているように思われる。例えば、英国は2020年1月に米国からの要
請を除けてまでも、ファーウェイの5G機器の一部導入を決定していた。しか
し、5月末になってそれを覆し、ファーウェイ機器の排除を決定した上で、G7
諸国とオーストラリア、韓国、インドの民主主義国家10ヵ国に対して、5G技
術を開発し、中国依存を減らすための協力を呼びかけたという（AFP, 2020）。

中国経済を分離しようとする動きが、世界に拡散しつつあるのだ。

2. コロナ後のグローバル化

より多様にグローバル化を

　このようなグローバル化の縮小、米中分断の流れの中、日本はコロナ後の世界をどのように進んでいくべきだろうか。まずはっきりしているのは、グローバル化に背を向けるべきではないことだ。それには二つの理由がある。

　第一には、グローバル化によって情報や知識の往来が活発化し、イノベーションが促進されて経済が成長するからだ。貿易や直接投資の経済効果は、データによる多くのエビデンスがある。例えば、日本企業は輸出もしくは対外直接投資を行うことで生産性を2%上昇させる（Kimura and Kiyota, 2006）。また、外資企業が日本国内で研究開発活動を行うことで日本企業の生産性が向上することもわかっている（Todo, 2006）。さらに、国際共同研究を実施することで日本企業の生み出す特許の質（引用数）が大幅に改善されることも、データによって実証されている（Iino *et al.*, 2018）。だから、海外から感染症や経済ショックが流入してしまうからといって、出入国や貿易の制限を続けたり、海外の多くの生産拠点を国内回帰させてしまうのは経済的な損失が大きすぎる。

　第二に、グローバル化によって経済ショックが国内に流入するリスクは、むしろグローバル化で対処できる。そもそもリスク管理の基本は分散化・多様化である。ある国で経済ショックが起きてその国からの部品や素材の供給が途絶したり、その国への輸出が減少したりしても、それ以外の多くの国ともつながっていれば、サプライチェーンの途絶の問題は緩和できる。

　実際、2012年にハリケーン・サンディが米国東海岸を襲って大きな経済被害を及ぼしたとき、被災地企業とサプライチェーンでつながっていた被災地外の米企業は大きく売り上げを減らした。しかし、被災地企業とつながっていたものの、国外とも取引のあった米企業や米国国外の企業の売り上げは、それほど減らなかった（Kashiwagi *et al.*, 2018）。これは、グローバルな企業ほど被災した取引先の代替企業を見つけるのが容易だったからだろうと推察できる。

　だから、グローバル化に伴うリスクを下げるには、むしろ生産拠点を分散

し、さらに多様にグローバル化することが必要で、国内回帰を進めることはリスクを上げてしまうことになる。特に、近い将来の発生が予測される南海トラフ地震では、太平洋沿岸の日本の主要な産業集積地が大きな被害を受けるだろう。そうすると、企業が取引先を国内で代替することは困難となり、海外に代替先がない場合にはその損害は計り知れない。海外、もしくは国内であっても多様な地域に取引先が分散化している方がリスクの軽減になるのだ。

先進国と多様で強いバリューチェーンを構築する

　グローバルに多様につながるということは、特定の一国に依存しないということに他ならない。その観点から見ると、コロナ前には日本はグローバル・サプライチェーンの中で中国に強く依存し過ぎていたと言える。2019年には、日本の全輸出額の19％が中国向けであり、部品（Broad Economic Categoryの22、42、53）に限れば中国のシェアは22％であった。輸入についても同様で、中国のシェアは全輸入額の23％、部品輸入額の27％に上る（UN Comtrade）。だからこそ、中国でコロナ感染拡大が起きた当初には中国からの部品や素材の供給が途絶して、日本国内の生産も大幅に縮小せざるをえなかったのだ。

　半面、中国は日本、ASEAN諸国、韓国、欧米、南アジアとまんべんなく大規模に取引をしている。だから、中国は、多様なアジアのサプライチェーンのハブとなり、効率よくかつ強靭な生産活動を行っていると言える。

　日本も、強靭性を高めるためには中国依存を減らして、より多様な国とつながっていく必要がある。その一つのやり方は、ASEANに比重を移していくことだが、ASEANには既に日本企業のサプライチェーンが十分に発達しており、分散化によるリスクを減らすという意味では効果は小さい。

　だから、ここではむしろ欧米や台湾、韓国、オーストラリアなどの先進国とのつながりを強化するということを提案したい。

　その理由の一つは、発展途上国や新興国で生産を行うメリットが減少していることである。これまでは、安い人件費を求めて途上国に生産拠点を移すことが多かったが、経済成長の著しい途上国や新興国では人件費も上昇しており、日本との差は縮まっている。例えば、2008年から2018年までの賃金上昇率は、上海で165％、ジャカルタで135％、ホーチミンで153％となっており（三菱

UFJ 銀行, 2019)、今後のさらなる上昇も予想される。しかも、近年はロボットや IT（情報技術）の活用によって製造コストに占める人件費の割合が減少している。

　もう一つの理由は、グローバルな企業関係が、部品や素材の供給だけではなく、研究開発や商品開発、マーケティングのためのデータ解析における連携というような、より付加価値の高い分野での協業をも含んだ関係に拡大していることだ。つまり、グローバルな企業ネットワークの本質は、部品を効率的に供給するための「サプライチェーン」ではなく、より川上（研究開発など）や川下（マーケティングなど）の企業活動をも包含した、高い付加価値を生み出すための「バリューチェーン」に変化してきている。その潮流を踏まえた上で企業のグローバル戦略を考えていく必要があり、高い付加価値を生み出す企業活動の拠点としては先進国がパートナーとしてふさわしい。

　さらに、IT 化や IoT（モノのインターネット）化の進展とともに、企業は膨大なデータを収集して、生産効率の改善や技術開発、マーケティングに利用するようになった。しかし、中国やベトナム、ロシアなどの国では、企業に対して個人情報を含むデータを自国内のサーバーに保存することを求めており、政府が企業のデータにアクセスすることを認めている（Ferracane *et al.*, 2018）。したがって、これらの国に拠点を置くことのリスクが高まっている。半面、CPTPP（環太平洋パートナーシップに関する包括的及び先進的な協定、いわゆる TPP11）、日 EU・EPA（経済連携協定）、日米デジタル貿易協定では、データの自国での保存の要求を原則的に禁止しており、日本にとってこれらの協定のパートナー国での拠点形成のリスクは比較的小さい。

　これらのことから、様々な先進国に拠点を置き、製造だけではなく、研究開発やデータ解析などの付加価値の高い活動の拠点をも展開していくことが望まれる。実は、リーマンショック後に世界的には直接投資が減少する中で（図1）、日本から欧米への対外投資は製造業、非製造業に限らず増加している（図2）。この傾向をコロナ後にも継続し、先進国向けの投資の拡大によって日本のバリューチェーンの多様化や高付加価値化が進むことが期待される。

　ただし、多様に先進国とつながり、日本がグローバル・バリューチェーンのハブとなるためには、対外投資だけではなく対日投資を呼び込むことも同様に

図2 日本の対外直接投資

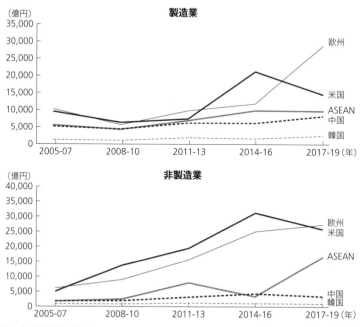

(注) 3年間の年間平均額（億円）
(出所) 日本銀行、国際収支統計

重要だ。その意味では、日本の対日投資はまだまだ改善の余地はある。対日投資の対GDP比は2000〜02年の0.2%から2016〜18年の0.6%に増加してはいるものの、他の主要国とくらべるとまだまだ少ない（図3）。だから、先進国からの直接投資を呼び込んで、日本企業との連携でその知識を国内に波及させることが必要だ。

　前述の通り、国際共同研究は国内のイノベーションを向上させる働きがある。しかし、日本企業はこの点でも非常に立ち遅れている。国際特許において海外との共同研究の成果であるものの割合は、EUや米国で約10%、中国でもそれに近い8.9%であるが、日本はわずか1.3%に過ぎない（OECD, 2017）。国際共同研究が十分でないことから、海外の新しい知識や技術を吸収することができずにガラパゴス化してしまっているのが、日本経済の停滞の大きな要因の一つである。したがって、貿易や投資関係だけではなく、共同研究などの知的

図3　対外投資・対内投資の対GDP比（2016〜18年平均、%）

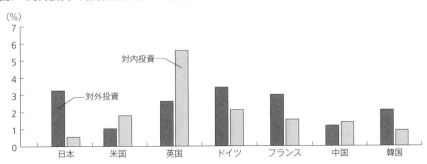

（出所）世界銀行，世界開発指標

ネットワークを通じてよりグローバルにつながることが望まれる。

　このように、サプライチェーン、資本関係、共同研究などを通じて重層的につながってバリューチェーンを形成することは、より強靱な経済を構築することにもつながる。

　コロナショックによって、多様なつながりだけでは十分に危機に対応できないことが明らかになった。世界全体で生産が制限されているときには、多様につながっていても不足した部品供給の代替先を見つけることは難しい。医療関連物資や食糧などの輸出を制限するケースも起きた。

　このような状況では、信頼関係に基づく強いつながり、日本的な系列のような関係が取引の継続に有効だ。例えば東日本大震災後には、被災地外の企業と被災地の企業、そして被災地内の企業同士が助け合ってサプライチェーンの途絶に対処したことはよく知られている。これらの企業は、部品や素材の取引だけではなく、生産工程を効率化するための技能講習や特殊な部品を開発するための共同研究、資本関係でもつながっていることも多かった。このような重層的なつながりの中で、双方の利益が強くリンクされ、信頼関係ができている。だからこそ、困っている相手を助ける代わりに、自分が困っているときには相手に助けてもらえるという相互扶助の関係が暗黙のうちに成り立っているのだ。

　このような強いつながりであれば、コロナショックのようなケースでも自国ファーストを超えて取引が継続されるはずだ。実際、3M社はトランプ米大統領の要請を拒んでまで、米国で生産されたマスクをカナダや中南米に輸出し続

けた。これは取引先と強くつながっていたからだろう。だから日本企業は、グローバルなネットワークでも重層的に強くつながることで信頼関係を構築し、強靭なバリューチェーンにしていく必要がある。

　ただし、このような強いつながりの構築は簡単ではない。海外で適切なパートナーを見つけることはコストがかかるからだ。だから、政府は情報やビジネスマッチングの場を提供することで、強靭なバリューチェーンの構築を支援する必要がある。例えば、ジェトロ（日本貿易振興機構）は中小企業が輸出のための展示会に参加することに対して支援を行っているが、そのような支援は確かに効果があることがデータで示されている（Makioka, 2020）。このような支援はジェトロだけではなく、中小企業基盤整備機構や自治体、JICA（国際協力機構）も行っており、さらに拡充することが望まれる。

　また、国際共同研究に対する支援も重要だ。例えばEUでは国際共同研究に対して多くの予算を割いており、このような枠組みを今後G7やCPTPPなどに組み込んで、日本の知的ネットワークのグローバル化を飛躍的に進めるべきだ。

経済と安全保障とを切り分ける

　以上、日本は中国依存を減らしてより多様で強いつながりを先進諸国と構築していくべきだと主張してきた。しかしこれは、供給途絶のリスクを減らし、高い付加価値を生み強靭なバリューチェーンを構築するためであり、日中経済を分断した方がよいということでは決してない。中国は既に世界のGDPの約15％を占める経済大国であり、国際特許の出願数で世界一の技術大国だ。また、今後この経済力と技術力がますます強化されていくことは間違いない。だから、中国との経済関係を切ってしまうのは、日本の経済的利益から考えてありえない選択だ。

　また、米中の分断がこのまま進行すれば、スペイン風邪や世界恐慌の後に経済のブロック化が進行して第二次世界大戦を引き起こしたように、最悪の事態にもなりかねない。そのときに最も大きな影響を受けるのは中国の隣国である日本であり、日本は積極的に米中の分断を緩和していくべき立場にある。

　とはいえ、冒頭で述べたように中国との貿易・投資関係には安全保障問題が

絡んでおり、その解決なしには中国との持続的な経済関係は望めない。そのためには、経済と安全保障を切り分けるための国際ルールを構築していくことが望ましい。

安全保障を理由として貿易を制限できることはWTOでもルール化されており、その要件はGATT（関税及び貿易に関する一般協定）第21条で規定されている。しかし、その規定は解釈の余地が大きく、WTO紛争解決手続きで解釈が提示されたことも一度しかないために、明確さに欠ける。

だから、安全保障のために貿易を規制することが許されるとしても、どのような品目がどのような理由で規制されてもよいのかを、できるだけ細かにルール化するべきだ。輸出管理が必要な品目や技術については、既に「通常兵器及び関連汎用品・技術の輸出管理に関するワッセナー・アレンジメント」でかなり細かく規定されているが、その参加国は旧西側諸国を中心に42ヵ国と比較的少なく、中国やロシアなどは参加していない。また、法的拘束力のない紳士的な申し合わせにとどまっている。

だから、安全保障とグローバル化を両立させる一つの方法は、より多くの国が参加し、より強い拘束力を持った国際的な枠組みにこのワッセナー・アレンジメント的な規定を組み込んでいくことだ。まずは、兵器関連のものだけではなく、コロナで問題が浮き彫りになった医療関連や食糧などの物資や技術を含めてリスト化する。そのうえで、どのような情報を公開し、どのような手続きを踏むことで、安全保障を理由としてそれらの物資や技術の輸出規制が可能となるのかを明確にすること、そして、そのような輸出規制に関わる紛争解決のための手続きをルール化することが、このような枠組みの鍵となる。

海外投資についても同様で、安全保障を理由としてどのような産業への投資を規制することが許されるのか、規制の要件は何かについて、国際ルールに詳細な形で規定することが望まれる。このようなルールは各国の国内法では規定されている。例えば日本であれば、2020年の改正外為法でかなり詳細に規定されることとなった（財務省, 2020）。とはいえ、これはあくまでも国内ルールであり、今後国際的な緊張が高まるにつれて、各国の規制がエスカレートしてしまう危険もある。実際、この数年米国が対内投資規制を強めるにしたがって、欧州諸国も日本もそれに追随している。だから、これ以上の規制の高まり

を避けるため、国際的な場でルールを規定して共有しておくべきであろう。

むろん、これらのルールを規定するのに最もふさわしい場はWTOであるはずだが、現在のWTOにはそのような役割は期待できない。次善の策は、大規模な多国間のEPAにこれらのルールを規定することだ。特に、現在交渉中の日中韓EPAやRCEP（東アジア地域包括経済連携）において、安全保障を理由とした自由な貿易、投資、技術移転の留保条件について、明確で詳細なルールを規定できれば、中国との経済関係において安全保障問題をある程度分離することは不可能ではない。

3. おわりに

コロナの感染拡大を機に、世界経済の分断が加速している。しかし、経済のブロック化がどのような結末を招くかは、日本が第二次世界大戦の経験から身に染みて知っていることだ。だから、日本企業には分断の波に呑まれてしまうことなく、むしろこれを機にグローバル化を進めてもらいたい。ただし、行き過ぎた中国依存は減らすべきで、欧米韓台豪などの先進国とイノベーティブで強靭なバリューチェーンを構築していくことが望まれる。また、日本政府には企業のネットワーク支援や経済と安保を切り分けるルール作りによって、企業の多様なグローバル化を強力にサポートしてもらいたい。

最後に、グローバル化の損得を冷静に判断するには、感情的にならないことが必要だ。コロナ感染拡大に伴う欧米でのアジア人に対する差別行為を見ると、現在の欧米諸国の中国に対する反発は経済や安全保障上の利害を超えた感情があるようにも見える。しかし本来は、あくまでも経済や安全保障上の問題をもとにして冷静に中国との関係を考え、その問題を緩和する方策を考えるべきだ。そのためには、コロナ予防のために閉ざされてしまった留学生の往来や社会交流を早く再開して、相互理解を深めて感情の負のスパイラルを回避することも望まれる。

〈参照文献〉

清田耕造（2017）「日本の直接投資と国際貿易－3つの疑問—」日本経済学会石川賞受賞
記念講演資料。http://user.keio.ac.jp/~kiyota/jea.pdf

国立国会図書館調査及び立法考査局（2017）「中国の国家情報法」。
http://dl.ndl.go.jp/view/download/digidepo_11000634_po_02740005.pdf?contentNo=1

財務省（2020）「対日直接投資審査制度について」。
https://www.mof.go.jp/international_policy/gaitame_kawase/fdi/index.htm

三菱 UFJ 銀行（2019）「アジア・オセアニア各国の賃金比較」, MUFG BK Global
Business Insight AREA Report 514. https://www.bk.mufg.jp/report/insasean/
AW20190508.pdf

新華社（2020）「理直气壮，世界应该感谢中国」. http://www.xinhuanet.com/2020-03/04/
c_1125660473.htm

Acemoglu, Daron, Ufuk Akcigit, and William Kerr（2016）. "Networks and the
Macroeconomy: An Empirical Exploration." *NBER Macroeconomics Annual*, 30
(1) :273-335.

Acemoglu, Daron, David Autor, David Dorn, Gordon H Hanson, and Brendan Price
(2016). "Import Competition and the Great US Employment Sag of the 2000s."
Journal of Labor Economics, 34 (S1) :S141-S198.

AFP（2020）. Britain wants US to form a 10-nation 5G alliance to cut reliance on
China's Huawei, May 29. https://www.scmp.com/news/world/europe/
article/3086774/uk-wants-us-form-10-nation-5g-alliance-cut-reliance-chinas-huawei

Autor, David H. David Dorn, and Gordon H. Hanson（2013）. "The China Syndrome:
Local Market Effects of Import Competition in the United States." *The
American Economic Review*, 103 (6) :2121-2168.

Ferracane, Martina Francesca, Hosuk Lee-Makiyama, and Erik van der Marel（2018）.
"Digital Trade Restrictiveness Index: European Centre for International Political
Economy." https://ecipe.org/dte/dte-report/

Iino, Takashi, Hiroyasu Inoue, Yukiko U. Saito, and Yasuyuki Todo（2018）. "How Does
the Global Network of Research Collaboration Affect the Quality of Innovation?"
RIETI Discussion Paper, 18-E-070, Research Institute of Economy, Trade and
Industry.

Inoue, Hiroyasu, and Yasuyuki Todo（2019）. "Firm-Level Propagation of Shocks
through Supply-Chain Networks." *Nature Sustainability*, 2:841-847.

Kashiwagi, Yuzuka, Yasuyuki Todo, and Petr Matous（2018）. "International

Propagation of Economic Shocks through Global Supply Chains." WINPEC Working Paper, No. E1810, Waseda Institute of Political Economy, Waseda University.

Kimura, Fukunari, and Kozo Kiyota (2006). "Exports, FDI, and Productivity: Dynamic Evidence from Japanese Firms." *Review of World Economics*, 142 (4) :695-719.

Makioka, Ryo (2020). "Do Trade Fairs Promtoe Export?" RIETI Discussion Paper, 20-E-007, Research Institute of Economy, Trade and Industry.

Milanovic, Branko (2013). "Global Income Inequality in Numbers: In History and Now." *Global policy* 4 (2) :198-208.

OECD (2017). OECD *Science, Technology and Industry Scoreboard 2017.* OECD Publishing. http://dx.doi.org/10.1787/9789264268821-en

Pew Research Center (2020). "U.S. Views of China Increasingly Negative amid Coronavirus Outbreak." https://www.pewresearch.org/global/2020/04/21/u-s-views-of-china-increasingly-negative-amid-coronavirus-outbreak/

Todo, Yasuyuki (2006). "Knowledge Spillovers from Foreign Direct Investment in R&D: Evidence from Japanese Firm-Level Data." *Journal of Asian Economics*, 17 (6) :996-1013.

WTO (2020a). "Export Prohibitions and Restrictions." https://www.wto.org/english/tratop_e/covid19_e/export_prohibitions_report_e.pdf

WTO (2020b). "Trade Set to Plunge as COVID-19 Pandemic Upends Global Economy." https://www.wto.org/english/news_e/pres20_e/pr855_e.htm.

第**7**章

新型コロナウイルスと食料安全保障

山下一仁*

1. はじめに

　ロシアやインドなどの輸出制限をきっかけに、2020 年 3 月、FAO（国際連合食糧農業機関）、WHO（世界保健機関）、WTO（世界貿易機関）の事務局長は連名で共同声明を出し、「食料品の入手可能性への懸念から輸出国による輸出制限の連鎖が起きて国際市場で食料品不足が起きかねない」と警告した。

　果たして、そうなのだろうか。世界でどのような国が輸出したり輸入したりしているのか、これらの国の食料・農業事情はどうなのか、これら輸出国は過去に輸出制限をしたのか、その結果はどのようなものとなったのか、輸出制限についての国際規律はどのようなものなのか、それがなぜ機能しないのか、その欠陥は何か、といったイッシューについて、正しく理解されているとは思えない。

　この章では、まず食料問題に冷静に対応するために、世界の生産・貿易に関する基本的な事実について解説したうえで、日本がとるべき食料安全保障政策について述べることとしたい。

＊　経済産業研究所（RIETI）上席研究員、キヤノングローバル戦略研究所（CIGS）研究主幹、東京大学公共政策大学院客員教授

2. 世界の農業生産・貿易事情

農業は同じではない

　農業という産業をすべて同じように考えている人が多い。しかし、工業にもセメント、鉄鋼から電気製品、自動車まで多様で異質な業種があるように、農業の中にも、穀物、野菜、果樹、畜産など様々な種類がある。

　先進国の穀物生産については機械化が進んでいるので、労働をほとんど必要としない。穀物は土地集約型の農業である。農場当たりの農地が大きければ大きいほど、より大型の機械を使用することができ、生産コストは減少する。農場規模が大きければ大きいほど、労働一単位当たりの生産量は増加する。つまり労働生産性は向上し、農家の所得も増加する。

　畜産も機械化が進んだ。日本ではわずか4,000戸しかいない養豚農家が900万頭の豚を肥育している。平均すると、農家一戸当たり2,000頭以上の豚を肥育している。養鶏農家（ブロイラー）は2,000戸の農家が7億羽の鶏を出荷している。一戸当たり30万羽だ。これらは、輸入トウモロコシを豚や鶏に与えれば大きくなるという、工場さながらの生産だ。他の農業のように天候や自然の影響を受けない。畜産は動物を相手にすること以外は製造業に近い。なお、一部の酪農と肉牛を除いて、日本の畜産は米国などから輸入されたトウモロコシ、大豆、乾草などをエサとして生産している。シーレーンが破壊され、飼料の輸入が途切れると、日本の畜産は壊滅する。

　これに対して、野菜や果樹の栽培は大きな農地を必要としない労働集約的な産業である。これらは、新型コロナウイルスの影響で海外からの移民や研修生などが使用できなくなった場合に影響を受けるかもしれない。しかし、先進国の穀物生産は影響を受けない。労働力が足りなくなるからといってすべての農業に影響が生じるのではない。

　もちろん、途上国では、資本の蓄積が不十分で機械化が進んでいないので、多くの労働を投下しながら、米などの穀物生産が行われている。このため、労働の生産性は低く、農民の所得水準は低い。ただし、労働は豊富なので、新型コロナウイルスの影響によって穀物生産が大きく減少するとは考えられない。

人との接触が必要な、外食、理髪などのサービス産業と異なり、途上国の農地は小さいとはいえ、ソーシャルディスタンスに気を付けながら農作業をできるだろう。

なぜ先進国が穀物の輸出国になるのか

　食料の中でも、人間の生命維持に不可欠なものは、カロリーを提供してくれる、米、麦、トウモロコシなどの穀物と大豆である。これらは、家畜の餌になって畜産物も供給する。

　小麦、大豆、トウモロコシなどの輸出国は米国などの先進国が主体だ。農業については途上国が比較優位を持っていると思われるのに、なぜ先進国が輸出国になるのだろうか。

　食料需要は人口に比例する。人口が2倍なら胃袋も2倍になる。先進国と異なり、途上国においては、人口の大幅な増加により食料需要は顕著に増加した。食料を供給する農業について見ると、機械化や品種改良などの技術進歩、肥料、農薬の活用などにより先進国において穀物・大豆の生産性は飛躍的に上昇した。

　これに対して、途上国では、技術進歩や資本の蓄積は限定されたものだった。米と小麦の高収量品種の開発は、1960年代、アジアと南米の熱帯地域で緑の革命と言われる穀物増産をもたらした。しかし、それらの品種は肥料を多く必要とするうえ、倒伏防止のため短稈の品種でなければならなかった。東南アジアの洪水の多い地域では浮稲という背が高い品種が使われていたが、短稈品種を栽培するためには水の管理ができる灌漑水田に限られた。また、緑の革命は、アフリカの常食である雑穀、豆類、イモ類には及ばなかった。

　需要に対して供給が大きく増加した結果、先進国では大幅に穀物価格が低下し、輸出国としての地位が強化された。農家所得が減少したため、先進国では農業保護を増加させた。これはさらなる供給増加、価格低下圧力を生んだ。

　逆に、途上国では需要が供給を上回ったため、国内価格は上昇し、輸入に依存するようになった。豊富にある労働を集約的に使用して工業化による経済発展を進めたい途上国では、労働コストを抑制するために食料品・農産物価格を低下させる政策がとられた。先進国とは逆に、途上国では農業搾取政策が行わ

れた。都市部の一人当たり所得が農村部の3倍以上にもなる中国の"三農問題"はこれが原因である。さらに、国際経済学の誤った理解と応用により、コーヒー、ココアなどのモノカルチャー生産に移行したサハラ以南のアフリカ諸国ではその国際価格が大きく低下し、交易条件が悪化した。穀物などを十分に輸入できなくなり、飢餓が発生した。

食料危機の二つの局面

　食料危機とは、どのような事態なのか。

　日本で起きた大きな食料危機は1918年の米騒動と終戦後の食糧難だ。共通しているのは、供給減少による米や食料品価格の高騰である。輸出急増、生産減少という一時的、突発的な事由による出来事であった。終戦時には闇市場で食料を買えない大多数の人たちのために、食管制度の下で、政府は米などの食糧を農協を通じて農家から強権的に供出（政府への売り渡し）させ、これを国民に等しくかつ安価で配給した。

　世界で起きた食料危機としては、1973年、2008年の穀物価格高騰が挙げられる。2008年には、米の輸入が減少したフィリピンでは、配給を受けるために多くの人が行列を作った。これも、世界の穀物生産の減少やソ連の大量穀物買い付け、米国の政策変更と原油価格の上昇によるトウモロコシからのエタノール生産の増加という一時的な事由によるものであった。

　これらの食料危機は、いつもは穀物や食料品の価格が低いのに、天候不順など何らかの突発的な理由で需給のバランスが崩れ、価格が急騰するという短期的な現象である。これは、"price pike"（pikeは「槍」の意味）と呼ばれる。

　これに対して、2050年にかけて生じると主張される食料危機は、一時的、一過性のものではなく、恒常的に供給が人口や所得の増加による需要増に追いつかないという構造的な理由から、穀物や食料品の価格が一般の消費者が購入困難になるほど上昇していくというものである。

　この説が本当なら、人口や所得は2050年に突然増えるのではなく徐々に増えていくのだから、穀物や食料品の価格は2050年の高い水準に向けて、これまでも上昇傾向にあるはずである。しかし、そのような兆候はまったくない。次の米国農務省作成の図のように、穀物の実質国際価格は、人口の爆発的な増

図1 穀物・大豆の実質価格の長期的な推移（1912-2018）

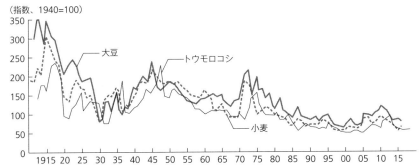

（出所）USDA, Economic Research Service calculations using data from USDA, National Agricultural Statistics Service and U.S. Department of Labor, Bureau of Labor Statistics.

加にもかかわらず、この 100 年以上もの間長期低落傾向にある。食料危機と言われた 2008 年の価格すら、1980 年代までの価格よりも相当低い水準である。

　世界の人口が 2015 年から 35 年間で 74 億人から 96 億人へ 22 億人増加するが、その前の 35 年間に人口は 30 億人も増加している。穀物などの実質価格の低下を可能にしたのは人口の増加を上回る穀物生産の増加である。1961 年から 2016 年まで人口は 2.4 倍だが、米、小麦とも生産は 3.4 倍増えている。

　同じく 2050 年に食料を 60％増やさなければならないという主張があるが、年率にすれば 1.4％程度でよい。これまでの生産のトレンドからすれば、その程度の増産は簡単に達成できる。2000 年から 2016 年にかけての平均伸び率で 2050 年を見通すと、米 59％、小麦 79％、大豆 404％、トウモロコシ 262％増加する。食料危機を煽らなければ主要国からの拠出金を確保できない国際機関の思惑があるのだろう。

穀物輸出国の生産・貿易の特徴

　安定的な穀物や大豆の輸出国は、米国、カナダ、オーストラリア、ブラジルである。消費面では、穀物価格が上昇しても所得水準が高いので、インドのように輸出規制をする必要はない。先進国では、食料支出のうち農産物の占める割合はわずかである。日本（2015 年）では、食料支出のうち 87％は加工・流通・外食への帰属分で、農水産物の割合は輸入 2％、国産 11％に過ぎない。

図2　小麦輸出・生産量（2017年）

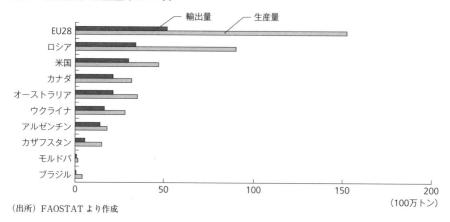

（出所）FAOSTAT より作成

2008年のように輸入農水産物2%の一部に過ぎない穀物などの価格が3倍に上昇しても、全体の食料支出にほとんど影響しない。このとき日本の食料消費者物価指数は2.6%上昇しただけである。所得水準の低いフィリピンと異なり、このとき食料危機を感じた日本人はいなかったはずである。

　主要な小麦輸出国であり、わが国の輸入先である、米国、カナダ、オーストラリアの3ヵ国では、輸出量が生産量の6〜7割もの割合を占めている。大豆も二大輸出国であるブラジル、米国の輸出量が生産量に占める割合は5〜6割である（2017年）。

　これらの国が輸出を制限すると、国内に穀物や大豆があふれ、価格が暴落し、深刻な農業不況が生じる。米中貿易戦争では中国の輸入制限によって輸出できなくなった米国産大豆は農家の庭先に野積みされ、価格は低下し、連邦政府による巨額の支援策が必要となった。米国が輸出制限を行っても同様なことが起きる。

　1979年アフガニスタンに侵攻したソ連を制裁するため、米国はソ連への穀物輸出を禁止した。しかし、ソ連はアルゼンチンなど他の国から穀物を調達し、米国農業はソ連市場を失った。あわてた米国は、翌年禁輸を解除したが、深刻な農業不況に陥り、農家の倒産・離農が相次いだ。独占的な輸出国でない限り、穀物を戦略物資としては使えない。

　1973年、大豆貿易を独占していた米国は、飼料として利用していたアンチョビーが不漁になったので、それに代わり、国内の畜産農家へ大豆を優先的に供給するため、短期間だが大豆の輸出を禁止した。味噌、豆腐、醤油など大豆製品を食料として消費する日本はパニックになり、ブラジルのセラードと呼ばれる広大なサバンナ地域における大規模な農地開発を支援した。この結果、短期間でブラジルは米国を凌ぐ大輸出国になった。

　現在の大豆貿易では、中国の輸入が世界の6割以上を占め、中国の買い手独占状態となっている。2018年米中貿易戦争で、中国は大豆を武器に米国に対抗した。大豆に関しては、米国は惨敗した。1973年に大豆を禁輸さえしなければ、米国は世界最大の大豆輸出国としての独占的な地位を維持できていた。そうであれば、唯一と言ってよい大豆供給国である米国に対し、中国は大豆の関税を上げることはできなかったはずだ。大豆の禁輸と対ソ穀物禁輸という70年代の輸出制限で大きな痛手を被った米国は、二度と輸出制限を行わない。

穀物貿易の例外としての米

　穀物でも米は例外だ。途上国にとって、食料を買う経済力があるかどうかということは、決定的に重要だ。

　2008年にインドは米の輸出を禁止した。このときインドが不作になったわけではない。米国のエタノール政策によって穀物の国際価格が高騰しただけである。

　しかし、自由な貿易に任せると、穀物は価格が低いインド国内から高い価格の国際市場に輸出される。そうなれば、国内の供給が減って、国内の価格も国際価格と同じ水準まで上昇する。価格裁定行為である。収入のほとんどを食費に支出している貧しい人は、食料価格が2倍、3倍になると、食料を買えなくなり、飢餓が発生する。インドはこれを防ごうとしたのだ。ベトナムもインドに追随した。

　たしかに、このようなインドやベトナムの行為は、国際価格をある程度押し上げ、フィリピンなどの輸入国の貧しい人に影響を与えたかもしれない。しかし、国際社会では、主権国家に強制できる世界政府は存在しない。どの国も、国内で飢餓が発生するかもしれないインドなどに、輸出しろとは言えない。し

図3　米輸出量・生産量（2017年）

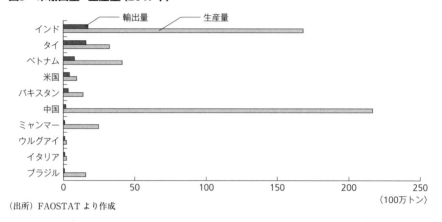

（出所）FAOSTAT より作成

　かも国際価格の高騰にインドは何らの責任もない。

　米輸出の上位3ヵ国で、輸出量が生産量に占める割合は、インド7％、タイ35％、ベトナム14％（2017年）であり、小麦や大豆に比べて輸出に回される量は極めて少ない。

　また、米の国際市場は、小麦の貿易量の4分の1しかない薄い市場（a thin market）である。わずかの豊凶の差によって、貿易量は大幅に増減する。インドの米輸出は2010年200万トン程度だったのに、2017年には1,200万トンと約6倍になっている。しかし、それでも1億7,000万トンの生産量のわずか7％に過ぎない。少しばかりの不作になれば、輸出は大きく減少する。7％の生産減少で、輸出はゼロとなる。主要な輸出国が途上国で輸出が不安定であることが、米について輸出制限が行われやすい理由である。ただし、同じく米の輸出国でも、輸出依存度が高く、かつ所得が高いタイは、輸出を制限しない。

　インドなどの輸出制限で2008年にはフィリピンが影響を受けた。ただし、日本のイニシアチブによってASEAN諸国と日中韓三ヵ国による米備蓄制度（APTERR）が2012年から実施され、これまでも危機時にはフィリピンなどに米を支援している。WHO、WTO、FAOなどは食料不足の警鐘を鳴らすだけではなく、このような日本の努力を見習うべきだ。

輸出制限の国際規律が抱える問題

　ガット・ウルグアイ・ラウンド交渉の最終局面で、筆者も含めた日本交渉団は輸出制限を禁止すべきだという提案を行った。米の関税化の特例措置だけでは、日本が食料安全保障の主張を貫徹できたとは言えず、国内から批判を受けるだろうという有力政治家の主張があった。

　ジュネーブで交渉に当たった筆者は、輸出国である米国が反対するのではないかと心配したが、杞憂だった。あっさりと米国は受け入れた。「輸出規制はしない、自由貿易こそが世界の食料安全保障に貢献する」というのが、米国やオーストラリアなど輸出国の主張だった。

　反対したのはインドだった。「インドのような国では、作柄などによってある時は輸出国になったり、ある時は輸入国になったりする。食料が足りなくなったときに輸出しろと言われても困る。そもそも自国が困ったときに輸出制限をするのは当然ではないか」と言うのだ。日本提案は、大幅に後退したものの、輸出制限を行おうとする国はWTO農業委員会に通報して、輸入国と協議するという規定（WTO農業協定第12条）となって実現した。しかし、インドの反対によって純食料輸入途上国には適用しないこととされた。

　WTOの規律は、輸出制限行為に対して大きな欠陥を持っている。穀物の国際価格が上昇した1995年から97年にかけてEUは域内の余剰農産物を国際市場で処分するための輸出補助金の支給を停止し、逆に域内農産物の輸出をストップし域内の消費者、加工業者に国際価格よりも安価に穀物を供給するため、輸出業者に輸出税を課した。ウルグアイ・ラウンド交渉では輸出補助金により途上国に安価な食料を供給しているというのがEUの主張であったが、国際価格が上昇し、途上国にとって食料入手が困難となる局面では輸出税により域内市場への供給を優先した。このように、小麦について最も輸出量が多いEUも、現在輸出規制をしている第2位のロシアも、信頼できる輸出国であるかどうか疑問がある。ロシア小麦は品質面でも問題がある。

　輸出税によって、国内価格は国際価格よりも低下する。その加工業者は他の国の競争者よりも安い価格で原材料を仕入れることができる。アルゼンチンが長年大豆に輸出税を課してきたのは、大豆ではなく付加価値の高い大豆油の競争力を増やして、輸出しようとしたためである。インドネシア、マレーシアや

ロシアなどが丸太に輸出税を課すのも、木材加工品の輸出振興が目的である。輸出税はWTOでは禁止されている輸出補助金と同等の効果を持つ。また、国際経済学では輸出税も輸入関税も同じ効果を持つ（ラーナーの対称性定理）とされるのに、WTO上輸出税についての規律はない。

　米国のような大輸出国が輸出制限をすることはないし、インドのような途上国が輸出制限をしても、国内に飢餓が生じても輸出しろとは言えない。輸出制限についての国際規律は、このような限界を持っている。これまで多くの国が輸出制限をしたが、WTO農業協定第12条に基づき通報した国は極めて少なかった。WTO事務局も加盟国も、真剣にこの問題に取り組もうとはしなかった。世界の食料安全保障の解決のためには、途上国における貧困の解決、食料生産の拡大がより重要だ。

穀物価格と原油価格の連動

　さらに、穀物価格は原油価格と連動するようになっている。トウモロコシの最大の生産国も輸出国も米国である。近年のエネルギー政策転換によって、ガソリンの代わりとなるエタノール向けは急激に増加し、現在では、トウモロコシ用途全体の3～4割を占めるようになっている。トウモロコシの需要は、エタノールを通じて、原油の需給に大きく関連する。2008年の穀物価格の上昇

図4　価格指数の推移（2000年1月＝100）

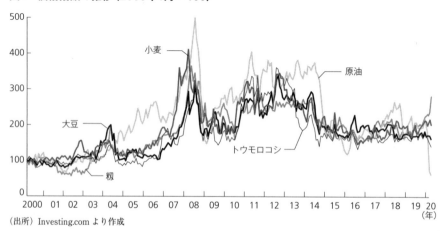

（出所）Investing.com より作成

は原油価格の上昇によって生じた。

　新型コロナウイルス感染拡大による大幅な需要の減少で原油価格が暴落している。2008年と逆の現象とメカニズムが働き、穀物や大豆の価格低下を招く可能性がある。しかし、穀物生産コストの大きな部分を占める原油価格が低下していることから、農家収益への影響は相殺され、穀物生産が大きく減少することにはならないだろう。新型コロナウイルスの影響で仕事が減少した途上国の人たちの所得が減少するかもしれない。しかし、穀物価格の低下は、その効果を相殺してくれる。なお、現在、米の価格だけは特別の要因により上昇しているが、米が食べられなくてもパンや麺類などの小麦製品を食べればよい。すべての穀物価格が上昇した2008年とは異なる。

3. 食料安全保障の考え方

日本の農業・農政は信頼できるのか

　食品が安全であることと、安全と思うことは別物である。隣の農家の作物は安全だと思うが、外国産には不安を感じる。実際には、隣の農家の方が多くの農薬を使っていても、である。それと同じく、国民は外国の農業よりも国内の農業を信頼する。しかし、国内の農業・農政は我々の食料安全保障に貢献してきたのだろうか。

　日本人の主食は米だとされてきた。ところが農政は、1960年以降食管制度の下で米価を大幅に上げて国産の米の需要を減少させ、さらに麦価を据え置いて輸入麦主体の麦の需要を拡大させた。外国品優遇政策を採れば、食料自給率が低下するのは当然だ。高米価政策は1995年の食管制度廃止以降も減反（生産調整）制度によって継続し、現在毎年10万トン以上の米が米価維持のために減産されている。欧米の農政は、農家保護を価格支持から直接支払いに転換している。しかし、日本には高米価で発展してきたJA農協という組織が存在するので、減反・高米価政策は廃止できない。

　今では米を500万トン減産する一方、麦を800万トン輸入している。1960年当時米の消費量は小麦の3倍以上もあったのに、今では同じ量まで接近している。もはや日本は"瑞穂の国"ではない。

1993年ガット・ウルグアイ・ラウンド交渉で米の関税化特例措置を米国などに認めさせたとき、その根拠として食料安全保障などの非貿易的関心事項を掲げた。この当時、米の生産量は1,000万トンを超えていた。それが減反で今では750万トンもない。主食である米の生産を4分の1以上も減少させて、何が食料安全保障だろうか。戦前農林省の減反案を潰したのは陸軍省だった。今に陸軍省はなく、代わって農協が高米価維持のため懸命に米減産の旗を振る。

食料安全保障の二つの要素と日本で起こる食料危機への対応

食料安全保障には、二つの要素がある。①食料を買う資力があるかどうか（経済的なアクセス）と、②食料を現実に入手できるかどうか（物理的なアクセス）である。貧しい途上国では二つとも欠けている。食料品価格が上がると、収入のほとんどを食費に支出している人は、買えなくなる。このとき、先進国が港まで食料を援助しても、内陸部までの輸送インフラが整備されていないと、食料は困っている人に届かない。

所得の高い日本では、穀物価格が高騰しても、食料危機は生じない。日本で生じる可能性が高い食料危機とは、東日本大震災で起こったように、お金があっても、物流が途絶して食料が手に入らないという事態である。最も重大なケースは、日本周辺で軍事的な紛争が生じてシーレーンが破壊され、海外から食料を積んだ船が日本に寄港しようとしても近づけないという事態である。

危機への対応は、短期的には備蓄と中長期的には食料増産である。

最も効果的な対策は、減反廃止による米の増産と、これによる輸出である。危機時には輸出に回していた米を食べるのだ。輸出は財政負担の要らない無償の備蓄の役割を果たす。同時に米の増産によって農民、農地など農業資源の確保もできる。

1993年冷夏の影響で米は前年の1,057万トンから783万トンの大幅な減産となった。慌てた政府はタイや中国などから260万トンの米を緊急輸入したが、輸入米は消費者に嫌われ大量に売れ残った。平成の米騒動である。このとき米の生産可能量は1,300万トン程度だった。減反をしないで、通常年において1,000万トンを国内消費、300万トンを輸出に向けていれば、これだけの減産でも輸入をする必要はなかった。不作という危機時には国内農業ではなくタイな

どの農業を頼ったことになる。多額の保護を受けながら、国内農業は国民への供給責任を果たしていない。

減反政策とは、生産を一定の米価の下での需要に一致させようとする政策である。余計な生産は許さない。余計な生産をしたら米価を下げてしまう。余裕のないギリギリの生産計画である。農産物の生産に天候不順による不作はつきものである。食料安全保障とは「不測の事態に対する備え」のはずなのに、減反政策によって、不作という「不測の事態に対する備え」を欠いてしまった。

この当時1,000万トン程度の規模の小さい国際米市場で日本が大量に買い付けたため、米の国際価格は2倍に上昇し、途上国の貧しい人を苦しめた。しかも金にあかせて途上国から米を奪いながら、その米を食べようとしなかった。世界の食料安全保障のためにも、減反は廃止すべきだ。

2018年のカリフォルニア米の価格1万1,464円（日本の輸入価格）からすれば、品質面で優位な日本米は1万3,000円程度で輸出できる。減反をやめれば、米価は瞬間的に7,000円程度に低下するが、商社が7,000円で買い付けて1万3,000円で売ると必ず儲かるので、国内市場から米の供給が減少し、国内米価もすぐに1万3,000円に上昇する。これも価格裁定行為である。これで、翌年の米生産は大きく増加する。さらに、減反廃止でこれまで抑制されてきた収量の高い米が作付けされるようになると、米生産は現在の750万トンから1,500万トンへ拡大し、輸出は量で750万トンとなる。財政負担による現在の米麦の備蓄に代わり、1年分の米の無償備蓄が可能となる。

図5　日米の米価推移

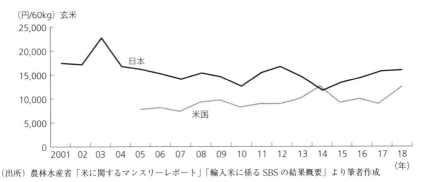

（出所）農林水産省「米に関するマンスリーレポート」「輸入米に係るSBSの結果概要」より筆者作成

医療のように、通常の政策なら、財政負担をすれば国民は安く財やサービスの提供を受ける。ところが、減反政策は、財政負担をして農家に米を減産させ、米価を上げて消費者の負担を高めるという異常な政策である。

米価の低下で影響を受ける主業農家に限定して直接支払いをすれば、財政負担は500億円程度ですむ。今の減反補助金4,000億円から財政負担は大幅に減少する。米価低下で零細農家が退出して、主業農家の規模拡大・コストダウンが進み、所得が向上するので、いずれ、この直接支払いも要らなくなる。もちろん、消費者も米価低下の利益を受ける。

食料有事法制の検討

危機時の食料増産には、今の農業生産とは別の考慮が必要となる。石油などの輸入も途絶するので、食料増産のために農業機械は使用できないし、化学肥料や農薬の生産・供給も困難となる。現在の生産者も石油なしの農業についての経験も技術もない。現在の形態の農業を保護することは、食料危機時にほとんど役に立たないのかもしれない。

現在のような単収が期待できない以上、より多くの農地資源を確保するため、ゴルフ場や小学校の運動場などを農地に転換しなければならない。種籾や種芋なども、単収が高い現在の農業生産よりも多く準備しておかなければならない。また、機械、化学肥料、農薬を労働で代替せざるをえない。田植え機が使用できないので、手植えになる。経験のない人が作物を栽培することは容易ではない。国民皆農も視野に入れた教育も考えなければならない。

流通面では、国民に乏しい食料を均等に配分するために、戦時戦後におけるような配給制度を復活しなければならない。そのためには、購入通帳を印刷・保管して、危機時にはただちに国民に行き渡るような体制を整備しておかなければならない。しかし、そのような用意や準備はない。今、シーレーンが破壊されたら、とんでもない混乱と悲劇が起こってしまうだろう。

こうした食料有事法制が必要なのだが、これまで農政は食料安全保障という概念を農業保護の方便として利用してきただけで、具体的な対策はほとんど講じられていない。食料安全保障とか多面的機能とかは良い概念なのだが、これらから政策が導かれたことなど一度もなかった。農業が大切なので保護すべき

だという後付けの理由として、これらのキーワードが活用されただけだった。

4. まとめ

　戦前は、米騒動や東北の飢饉など、食糧難や食料危機はたびたび起こる現象だった。しかし、終戦時以来、実に70年以上も、国民の多くが飢餓状態になるという危機は起きていない。農林水産省だけではなく、JA農協や農林族議員も含め、農業界のほとんどの人が、食料安全保障を唱えても、食料危機が実際に起きるとは考えてこなかったのではないか。

　終戦の食糧難を経験した人ばかりか、この人たちからその話を聞いた筆者の世代の人たちも、食料・農業政策に関与することはなくなっている。戦後も食糧難も忘却の彼方に消えつつある。米穀類購入通帳を見たこともない世代が、食糧難やそのための対策を想像し、検討し、準備することは難しくなっている。

　JA農協の政治団体であるJA全中は、食料安全保障とか多面的機能とかの標語を掲げてTPP反対などの政治運動をしてきた。食料安全保障などのために減反政策が必要だという理由を、JA全中の人からぜひ聞いてみたいものだ。

　新型コロナウイルスの感染拡大を契機に、単なる作文ではなく、真剣に食料安全保障政策を検討すべきではないだろうか。

〈参照文献〉
山下一仁 (2018)『いま蘇る柳田國男の農政改革』新潮選書。
山下一仁 (2015)『日本農業は世界に勝てる』日本経済新聞出版社。
山下一仁 (2010)『農業ビッグバンの経済学』日本経済新聞出版社。
山下一仁 (2009)『フードセキュリティ－米づくりが日本を救う！』日本評論社。

第8章

社会的距離政策・外部性・デジタル技術

楡井　誠[*]

1. はじめに

　本章では、経済学の原則的な規範分析を踏まえて、コロナ禍の経済対策について考察する。とりわけ、日本経済が置かれた長期的環境に留意して、コロナ禍と長期的要素の交絡点に問題を見出していく。

2. 危機の様相と緊急対策

　本章が初出[1]した翌日4月8日、緊急事態宣言が発令された。その前後、日本における感染第一波は多くの健康損失をもたらしたが、欧米と比較すれば軽微だった。豊かなイタリア北部やニューヨーク市において医療供給が逼迫し、死者の急増を見たことは先進国を震撼させた。そして、米国では雇用が4月だけで2,000万人も失われ、日本でも休業者数が同月600万人に及んだことは、健康損失のみならず、経済損失も甚大になることを覚悟させた。

公衆衛生介入政策

　感染がパンデミックに至れば、健康損失と経済損失が輻輳して拡大することは当初から予期された。パンデミック対策の形成に影響を与えたインペリア

＊　東京大学大学院経済学研究科教授
1　楡井、2020年4月7日、経済産業研究所コラム

ル・カレッジCOVID-19対応チームのファーガソン教授らの3月時点での論文[2]
は、新型コロナウイルスの蔓延に対する社会的距離政策（social distancing）
が長期にわたる可能性を既に告げていた。同時期のランセットの論文[3]の冒頭
は印象的である。「個人は自身の命を優先する。それに不可避的に付随する経
済の落ち込みには、政府の緩和措置が必要である」。人の命を救うものは医療
である。そして日々の暮らしを成り立たせているのは経済である。

　コロナ禍との戦いにおいて、医療現場こそが人間の砦である。砦たる医療イ
ンフラを保全するためには、社会活動を抑制して感染症患者の急増を防ぎ、患
者数を医療設備・人員の供給制約内に抑える必要がある。それが公衆衛生介入
であり、社会的距離の保持、検疫、学校閉鎖、営業規制、移動規制などを含
む。

健康損失と経済損失

　しかし、公衆衛生介入は経済活動とトレードオフの関係にある。より長く、
より厳格な介入は、経済活動のより大きな減退を招く。健康は何ごとにも代え
がたいが、日々の暮らしなくして健康はない。介入が長期化するにしたがっ
て、生活困窮者は増え、健康損失と経済損失との政策上のトレードオフが顕著
になる。経済的困窮は、感染症のようには命を奪わないかもしれないが、確実
に家計の厚生を蝕む。例えば、失業は自殺の原因となることが知られている[4]。

社会保険

　このように考えれば、感染拡大に対する経済対策として最重要の緊急課題
は、生活が困窮した家計への手当である。社会保険の提供と言い換えてもよい
だろう。たまたま損失を被った者に対して、損失を免れた者が扶助を提供する
仕組みである。一般に、保険政策を講じる上で考慮しなければならない問題は
モラルハザードだが、コロナ禍の失業において考える必要はないだろう。新型
感染症が影響しやすい業種をあらかじめ予期することは困難だからである。失

2　Ferguson *et al.*, March 16, 2020
3　Anderson *et al.*, March 21, 2020
4　澤田・上田・松林（2013）

業保険や信用保証といった既存制度を最大限に活用し、既に始まっている政府・自治体の取り組みを支援する必要がある。

介入の長さと厳格さ

健康損失と経済損失のトレードオフ関係は、問題を大まかに捉える上では役に立つ。現実的にも、感染拡大の「リスク」の大きさは、外出規制解除による経済活動拡大と裏腹の関係にある。MIT（マサチューセッツ工科大学）のアセモグル教授らによる論文[5]など、経済学の代表的な研究でも問いはそのようにフレームされている。

ただし実践的には、感染拡大の特質を考えれば、健康損失がほぼ先決、経済損失は後に決まるとも考えられる。免疫のない社会で実効再生産数が1を超える感染病があれば、感染者は当初指数関数的に増大（感染爆発）するし、1未満であれば減少する。医療キャパシティに限度があることから感染爆発は許容できないので、医療供給を超えない患者数が維持される程度の、1未満の実効再生産数が政策目標として設定される。

もしも感染を完璧に封じ込めるつもりで介入するのであれば、それに伴う経済損失との比較が問題になるが、完璧な封じ込めは実際問題として不可能に近い。一定程度の制御可能な感染を甘受することに社会が合意できれば、健康損失が先決変数となる。この場合、経済政策は、目標となる実効再生産数をいかに効率的に達成するか、という問いになる。冒頭のランセットの引用もそのように読める。

また、介入の長さを規定する決定的要因がワクチン開発にあることを忘れずにおく。1918年のいわゆるスペイン風邪の事例は、現在にも多くの示唆を与えてくれるが、100年前の当時と最も異なる点は、効果的なワクチンを開発する技術を人間社会が獲得したことだ。もちろん、HIV（ヒト免疫不全ウイルス）のように、ワクチンを開発できない可能性もあるが、季節性インフルエンザのワクチンがほぼ毎年開発されているように、新型コロナウイルスにも有効なワクチンが2年ほどで開発されることが期待されている。このことは、必要

5　Acemoglu *et al.*（2020）

な公衆衛生介入の期間に重要な上限を与えている。

3. 外部性

　感染拡大に対する経済政策を発想する上で一つの鍵となる概念は外部性である。外部性とは、経済取引に伴って起こる、取引に関わらない人への影響のことを指す。例えば、生産活動に伴う公害は、生産・消費に関わらない近隣住民の健康に害を及ぼす例であり、負の外部性と呼ばれる。

感染症と負の外部性

　感染リスクを伴う経済活動は、自身に対して一定程度の感染・重症化リスクを負わせると同時に、周囲の人へ拡散させる負の外部性を持つ。そのため、自身の損失を抑えるためだけに講じた防護策は、社会的に最適なレベルの防護策に比べて過小となる。

　例えば、感染再生産数が2だったら、身の回りの人々の厚生まで考慮に入れた防護策は、自分だけのことを考えた場合より3倍になるだろう。さらに、直接感染させた人から二次的・三次的に拡散していくことまで考えなければならない。再生産数が1以上であって集団免疫形成を無視すれば、1人の感染から社会のほとんどが感染することになる。この場合、社会全員のコストを勘案したレベルの防護策を各人がとることが社会的には最適になる。

　自分が感染するリスクだけでなく、人に感染させるリスクをも考慮するよう啓発活動が必要になるのはこのためである。また、一旦危機の領域に突入してしまったら、外出規制などの強制力を伴う措置が社会的に望ましいのもこの外部性のためである。

税・補助金政策

　一般に、経済活動に外部性が伴うときには、課税や補助金によって、社会的に望ましい活動水準に誘導することができる。例えば、店を営業することが感染拡大につながるような業種には、営業することに対して罰則を設ける、といった具合である。コロナ禍において多くの国で非常事態が宣言され、補償措置

を伴いながら自由営業権が一時的に制限された。経済活動を行う権利が一時的に国へ移譲され、国が認めない経済活動に罰則を付すことによって、国の権利が実効化されたのである。一方で、日本の緊急事態措置において営業権は停止されず、営業自粛の要請という形をとった。そこで、営業制限を実効化するため、自粛への協力金、つまり営業停止への補助金という形がとられた。しかし、どちらの形にせよ、税・補助金を使うことによって外部性を個人のインセンティブに内部化させ、外部効果の程度を社会的に適正化させるための経済政策である点で同じである。

「不要不急」業種とは

休業要請の対象となるのは「不要不急」な産業と言われているが、第二波に備える中で、その客観的な基準が必要になるように思われる。一つの基準は、それぞれの業態の外部性の大きさ、つまり感染再生産数だ。過去に発生したクラスターの疫学的検証から、リスクの大きさの目安を得ることができる。もう一つは、税・補助金政策の効果の大きさだ。これは、需要・供給の価格弾力性で測ることができる。代替的な財・サービスが存在する財・サービスであれば、同じ税・補助金でも効果的に取引量と外部効果を引き下げることができる。

必需品の定義には、需要の所得弾力性がしばしば用いられる。食料品やライフライン、必須医療などは、所得にかかわらず必要なものなので、この基準が妥当する。しかし、生活様式が変化し多様化するに従い、「不要不急」な財も変化し、多様化している。このことを次節で考えたい。

4. サービス化

100年前のスペイン風邪とのもう一つの相違は、市場による社会活動の包摂が進み、産業構造がサービス化したことだ。

生産と消費の同時性と一次的経済損失

外出規制の影響を直接被ったのは、飲食・宿泊・運輸・娯楽といった、対面

接待や客の密集を伴うサービス業だった。サービス業を定義付ける特徴の一つ
として、生産と消費の同時性が挙げられる。多くのサービスは、顧客と生産者
が同じ時間を過ごす中で行われる。したがって、外出規制によって失われた需
要は、そのまま失われた生産となる。規制解除後の価格が反動需要により高騰
するといったことがない限り、生産機会の消失は将来埋め合わされることがな
い。外出規制政策がもたらす一次的な経済損失は、このようなセクターに集中
した。

サービス業と家庭内生産の代替性

　製造業からサービス業への産業構造転換は長期的なトレンドである。第三次
産業で働く就業者の割合は、1950年には30%ほどだったのが、最近では70%
に達している。このサービス化の動きと対をなしたのは、家庭内生産の代替で
ある。伝統社会において女性によって担われてきた家事労働が、電化と外注に
代替されたことが、女性の社会参画と軌を一にした。そのようにして市場と公
共サービスに代替された重要なセクターが、育児、教育、介護である。

社会インフラとしての監護・介護

　今回、公衆衛生介入の口火を切ったのは、3月2日から実施された全国の小
中学校と高校、特別支援学校への休校要請だった。2月27日に首相が表明する
と、働く保護者には衝撃が走った[6]。就業の大前提となる、教育サービス提供
が突然休止になったためである。

　休業要請を受けたサービス業は、「不要不急」と判断された業種であるが、
理容店の扱いをめぐって国と東京都の対応が分かれたように、もともと白黒つ
きかねるところがある。感染対策に関わる医療・行政、ライフライン、食料小
売などの従事者がエッセンシャル・ワーカーとみなされるコンセンサスは早く
ついたが、幼小児監護や介助には社会的合意に時間がかかった。しかし、監
護・介助業の休業のしわ寄せは、所得維持のため家事労働に復帰するわけにい
かない世帯にいく。ひとり親と未婚子からなる世帯や母子世帯の相対的貧困率

6　日本経済新聞、2020年2月27日

が日本では顕著に高いという指摘[7]を踏まえれば、そのような世帯が所得ショックに脆弱である蓋然性は高い。保育・学校・介護といったセクターは、幼児・児童・介護利用者やその家族にとって、代替のきかない機能を果たすようになってきていることに留意したい。

5. 国際化

日本は世界経済の一部として各国とのつながりをさらに強めるトレンドにある。訪日観光客は肌で感じるほど増加した。輸出入のGDP（国内総生産）比率もこの30年間上昇基調を継続し、いまや20%に届こうとしている。とりわけサプライチェーンは東アジア圏で緊密化が進んだ。

今回のパンデミックは、世界が経済的な一体化を深める中で共有ショックとして起きたところに特徴がある。外出規制をとった各国では、対面サービス業の生産機会が一様に消失し、それを起点として総需要が急減した。各国の所得減少は輸入の減少、すなわち各国の輸出需要の減少を引き起こした。また、国境を越える移動制限により、観光客や交換留学生、外国人労働者の流れが一気に堰き止められた。さらに、緊密化した国際サプライチェーン上でのショックの伝播が懸念されている。

財政政策の国際協調

国際化した経済における拡張的財政政策は、その効果が国内にとどまらず海外にも及ぶ、いわば正の外部効果がある。それゆえに、今回、主要国が協調して迅速な対応に合意したことには意義がある。

同時に、長期的取り組みとはなるが、財政支出だけではなく課税においても国際協調が進展し、先進国の福祉を支える課税制度が整えられることを望みたい。コロナ禍がまざまざと見せているのは、国民の福祉における公共セクターの重要性である。先進国の高度な福祉を支えているのは政府である。そして、高度な福祉は相応の負担なくして維持することができない。欧米諸国の医療危

7　阿部（2018）

機を目の当たりにして、各国の財政が強靱であったならばと思わずにいられない。

介入政策の透明性と統計

世界共有ショックとして起きたコロナ禍では、同じショックに対して各国政府がどのように対応し、その結果がどうであったかについて、比較が一目瞭然であり、知見と経験が世界で共有された。「台湾モデル」「ドイツモデル」などと様々に議論される中で、日本の事例は「謎」と片づけられた[8]。その理由の多くは、政策自体と政策の根拠の不透明性にある。特に、国際的な議論の出発点となる、オープンでタイムリーな統計の果たす役割が重要である。国際世論は、少数の専門家が作るものでなく、開かれた統計を「たくさんの目玉」が吟味することによって形成されるようになってきている。一体化を強める世界経済の中での際立つ不透明性は、国際的な政策形成議論に貢献しないだけでなく、他国の不信を呼び直接的な不利益をもたらす可能性もある。公衆衛生介入の成否が、結果的な感染防止だけに集約されるものではないことを示している。

6. 需要外部性

感染症は典型的な短期供給生産性ショックと考えられている。例えば、季節性インフルエンザは例年流行があり多くの患者が亡くなるが、経済の長期的な停滞はもたらさない。流行の終息に伴い生産の回復が見込まれる。しかし、新型ウイルスの場合は、既存の免疫やワクチンが存在しないために、感染が急拡大する。このため、外出規制が実施され、後続の流行の可能性も残った。外出規制によって、対面サービス業における売上が消失する、一次的経済損失が起きた。サービス業の損失は、サプライチェーンを通じて川上と川下の産業の売上を減少させる。さらに、サービス業に従事する労働者の所得を減少させることから、他のセクターへの需要を減少させる[9]。

---

8 *The New York Times*, March 26, 2020

二次的経済損失

このような二次的な経済損失は、需要外部性によるものと説明される。ある家計の所得の減少は、その家計の消費の減少から他の家計の所得の減少につながる。多くの家計の所得が急減すれば、広範な分業によって支えられている現代の経済生活は綻びかねない。

感染症は供給設備や生産技術に影響しないのだから、もしも経済が協調して動けるものならば、外出規制解除後に総需要がV字回復できない理由は本来ないはずだ。リーマン破綻時と異なり、金融システムの安定が損なわれなかった今回は、現在のところ企業破綻も限定的である。ただし、雇用は米国の失業率が世界大恐慌以降最悪の14.7%となるなど、歴史的な悪化を見た。

第一波が終息した5月末現在、各国経済が協調してコロナ禍以前の経済に急速に復帰するかは不透明だ。各国の輸出需要が少ないために各国の所得が伸びず、それが各国の過少需要の原因となってしまう、いわゆる「協調の失敗」の可能性がある。そうすると、労働者を雇い戻す動きは鈍くなり、総所得の回復の遅れが見込まれ、V字回復を自己実現的に妨げてしまう。また、秋以降の総需要の動向には、自己実現メカニズムにすら依存しない、明確なリスクがある。第二波による外出規制の再発動である。

このような二次的経済損失に対して、生活困窮者への所得移転を最優先とした拡張財政政策は正当化される。危機の広がりがどこまで及ぶか見通せない現在、財政政策の妥当性を確かなエビデンスを持って議論することは難しいが、今回の不況の性質から2点を指摘したい。

家計・企業の予防的行動

まず、感染第二波については、そのリスクの存在とおおよそのタイミングについて事前の情報があることだ。これは、転換点予測が困難な通常の不況と異なっている。このことは、第二波に伴う不況には、家計や企業があらかじめ備えておくことが部分的にせよ可能になっていることを意味する。

この優位性を活かすためには、政府の対応があらかじめ予見可能であること

---

9 このような経路を分析したマクロ経済モデルとして Guerrieri *et al.* (2020) がある。

が重要だ。具体的にいつ第二波が来るかはわからないが、政府が目安とする感染指標や、シナリオ別の計画を策定することはできる。透明性のある政府行動計画は、家計と企業が将来のリスクに効果的に対処することを可能にする。

購入か所得移転か

　もう一つは、財政資源の使途についてである。一般に、総需要調整のためのマクロ財政政策として、政府による財・サービスの購入と、政府から家計への移転が考えられる。購入は移転よりも乗数効果が大きいなどと議論されるが、もっと根本的な相違は、購入では政府が直接に財資源を費消するのに対し、移転ではその判断は家計に委ねられる点だ。家計に委ねた場合は、その使い方を誤ることはない。どのように使うのが家計に有用なのかは、家計が一番わかっている。一方で、政府が使う場合は、無駄遣いをする可能性もあるが、家計単独ではできないような効果的な事業をなす可能性もある。

　二次にわたる補正予算が矢継ぎ早に策定されたが、景気対策という曖昧な名目で財資源を浪費してしまうくらいなら、家計に再分配してしまった方がよい。しかし、コロナ危機が残した強い印象は、医療セクターはもちろんのこと、それにとどまらず公共セクター全般の、国民福祉にとっての重要性であり、その現状の脆弱性である。パンデミックに対応できる頑健な公共サービスの提供が求められているが、デジタル技術の採用はその有望な方途である。

7. デジタル化

　人間がかかるウイルスに、パソコンはかからない。サービス化と国際化はパンデミックの経済損失を深刻にしたが、もう一つの長期トレンドであるデジタル化は、パンデミックから経済を退避させる場所を提供している。ところが、コロナ禍への対応の中で浮き彫りになりつつあることは、ICT（情報通信）技術が日常生活の助けになる度合いが、他国に比べて見劣りすることである。テレワーク、遠隔授業、オンライン診療、電子行政など、とりわけ公共セクターの出遅れが目立つように感じる。

ICTに付随する無形資産投資

情報通信技術の進展に伴い、社会経済構造が長期的に変質しつつある中で、日本社会の取り組みの遅さが従前から指摘されてきた。しかも、ICT投資そのものの額ではなく、ICT技術を活用するための付随的な投資の不足が指摘されている。典型的には、新技術を習得するための研修や活用するスキームの構築である。PCやスマートフォン自体は普及していても、それを活用する社会実装が遅れていた[10]。

公共セクター・商習慣の電子化

その中で、規制・制度に強く規定される労働形態や、教育・医療など公共セクターは、政府主導による変革が期待できる領域だった。しかし、政府の貧弱な財政資源と政治意志の欠如は、変革への期待を挫いてきた。だが今回、公衆衛生介入が長期化するにつれ、社会は否応なく新技術に適応を迫られていくという期待がある。

外出規制下の巣ごもり生活の中で、多くの人が改めてインターネットの力に気づいている。テレワークができれば通勤時間が省けるし、家事とも両立しやすい。役所への申請や送金、診察など、ネットでできればありがたい。経済へのショックに対して、生産技術の向上で迎え撃つことができれば最善である。デジタル化の恩恵を享受するためには、企業と家計による学習努力が必要だが、外出規制は期せずしてそのような効果を持った。

デジタル・トランスフォーメーション「以前」の課題

しかし、第一波の下では残念なニュースが多かった。特別給付金の支給に時間がかかり、オンラインより郵送の方が早い。マイナンバーに銀行口座を紐付けできない。感染対策最前線の保健所では、ファクスと手入力に頼っている。明らかに、必要な資源を投じて行政を整えるべきではないだろうか。

同様の「それ以前」な政策課題は、例えば公的統計でも指摘されていた。精細を誇る日本の家計調査は、「紙」の調査票への「鉛筆」入力方式だった。そ

[10] 数ある関連研究の中で、宮川・淺羽・細野（2016）と金・権・深尾（2020）を挙げる。

こで「ICT を積極的に活用した調査方法の進化・改善に取り組むこと」が謳われたのは喜ばしい[11]。

　筆者のよく知る大学業界にしても、現場の石器時代ぶりは甚だしい。背景には財政難だけでなく事なかれ主義と怠惰もあるように思う。言い訳にも事欠かない。確かに、教育には対面の要素も欠かせない。外出規制が長期化し、遠隔授業が通常化すると、結局は対面授業の代替にならないことがらもはっきりするだろう。しかしながら、その試行錯誤によって新旧技術の相補的共存を発見することが、技術の社会実装である。「学び」を尊ぶ教育人こそが、学びを率先したい。

8. おわりに

　大恐慌の最中の1930年、J.M.ケインズは100年後の経済を楽しげに予想している。彼によれば、生産技術がすばらしく進歩した2030年にもなれば、家計は週に十数時間だけ働き、あとは余暇を楽しんでいて、「経済問題」自体が消失している。いざ労働や蓄財から解放されて、何をしたらよいかわからない人も多くいるかもしれない、と言う[12]。

　デジタル社会への長い転換期にある現在は、戦後の大衆消費社会を支える基盤技術が出揃いつつあった戦間期と重なる。折から、経済成長率の長期低落傾向が議論されてきた。長期停滞の原因には諸説あるが、一つの仮説は、家計が貯蓄に勤しみ、それほど消費しなくなったというものだ。ひょっとしたら平均的な家計は、長寿化で伸びた生涯の安定的な消費は気にしても、年々の消費水準の上昇にはそれほど効用を感じなくなったのかもしれない[13]。

　2020年、感染第一波に見舞われた日本では、外出規制により健康損失をできるだけ抑え、それは一部の家計に直接的な経済損失をもたらした。その痛みを社会保険で分かち合うための経済の回復は必要だが、平均的な家計はどこまで所得回復を望むのだろうか。ひょっとしたら、家計は経済活動から余暇へゆ

11　総務省統計局、平成 28 年 7 月「家計調査の改善に関するタスクフォース取りまとめ」。
12　Keynes（1930）
13　Jones（2016）

っくりと撤退しているかもしれない。働きがいの追求や持続可能な地球環境へ
の行動など、価値あることは様々にある。ウェイトを傾けるべき種々の目標を
社会は有しており、所得は本来、それを達成する手段に過ぎない。やみくもな
景気対策ではなく、社会の長期的変化を踏まえた政策が求められる。

〈参照文献〉

阿部彩（2018）「相対的貧困率の長期的動向：1985-2015」科学研究費助成事業（科学研究
　　費補助金）（基盤研究（B））『『貧困学』のフロンティアを構築する研究」報告書。

金榮愨・権赫旭・深尾京司（2020）「日本経済停滞の原因と必要な政策：JIP2018による
　　分析」、矢野誠編『第4次産業革命と日本経済』東京大学出版会。

澤田康幸・上田路子・松林哲也（2013）『自殺のない社会へ：経済学・政治学からのエビ
　　デンスに基づくアプローチ』有斐閣。

総務省統計局、平成28年7月「家計調査の改善に関するタスクフォース取りまとめ」。

日本経済新聞、2020年2月27日付「突然の休校要請に衝撃走る『仕方ない』『仕事休め
　　ない』」。

楡井誠、2020年4月7日「コロナ禍の経済対策：社会的離隔・外部性・デジタル化」、経
　　済産業研究所コラム。

宮川努・淺羽茂・細野薫編（2016）『インタンジブルズ・エコノミー：無形資産投資と日
　　本の生産性向上』東京大学出版会。

Acemoglu D., V. Chernozhukov, I. Werning, and M.D. Whinston（2020）. "A Multi-Risk
　　SIR Model with Optimally Targeted Lockdown." NBER Working Paper, No. 27102,
　　May.

Anderson, R.M., H. Heesterbeek, D. Klinkenberg, and T.D. Hollingsworth（2020）. "How
　　will Country-based Mitigation Measures Influence the Course of the COVID-19
　　Epidemic?" *The Lancet*, 395（10228）:931-934, March 21.

Ferguson, N.M. *et al.*（2020）. "Impact of Non-Pharmaceutical Interventions（NPIs）to
　　Reduce COVID-19 Mortality and Healthcare Demand." Imperial College COVID-19
　　Response Team, March 16.

Guerrieri,V., G. Lorenzoni, L. Straub, and I. Werning（2020）. "Macroeconomic Implications
　　of COVID-19 : Can Negative Supply Shocks Cause Demand Shortages?" April.

Jones, C.I.（2016）. "The Facts of Economic Growth." *Handbook of Macroeconomics*,
　　Volume 2A.

Keynes, J.M. (1930). "Economic Possibilities for Our Grandchildren."

The New York Times, March 26, 2020. "Japan's Virus Success Has Puzzled the World. Is Its Luck Running Out?"

第9章

コロナ危機で露呈した医療の弱点とその克服

土居丈朗*

1. わが国の医療制度の弱点

今般の新型コロナウイルスの感染拡大防止に尽力する医療従事者には、その労を多としたい。2020年4月7日に発令された緊急事態宣言も、5月25日には全面解除となるところまでになった。その背景には、わが国の国民性もさることながら、制度面での特長として国民皆保険制度が定着していたことが挙げられる。

その半面、感染拡大によって、わが国の医療制度の弱点が露わになった。その弱点は、新型コロナウイルス対策だけにとどまらず、2020年代に不可避的に進む高齢化に対応するためにも、克服すべきものである。

露呈した医療制度の弱点は、かかりつけ医制度が定着していないことと、病床（病院のベッド）の機能分化と連携が進んでいなかったことである。これらは、以前から問題視されていた。

ウイルス感染の疑いがある者が突然診療所に訪れたり、重症化した患者を受け入れる病床の確保に困ったり、軽症患者が入院したままで重症患者を受け入れられなかったりした。これらは、まさにかかりつけ医制度の未定着と病床機能の未分化がもたらしたツケである。

感染拡大初期において、厚生労働省は、感染症でどのような症状のときに相談や受診をすべきかについて目安を公表した。

---

* 慶應義塾大学経済学部教授

　なぜ、相談・受診の目安を示さなければならなかったのか。どのような状態になれば病院に行けばよいのかがわからない人が多いからである。

　ちょっとした予兆を感じただけで病院に行かないように、とも言われるが、さりとて、37.5℃以上の熱が4日以上で続くまで、帰国者・接触者相談センターに相談できないというのも困る。持病を持つ人や妊婦はその限りではない、と厚生労働省は補足してみたりした。結局、政府は、相談・受診の目安を示したものの、ケースバイケースとさえ言えてしまうような示し方に成り下がってしまった。

　確かに、ちょっとした予兆を感じただけで感染の検査を受けに病院に行く人が殺到すれば、病院はパンクしてしまう。ただでさえ、風邪や肺炎以外の持病のある患者も受診に訪れているのに、医師も対応しきれない。

　しかし、本当は感染しているのに症状がかなり悪化するまで我慢して受診しないというのも問題だ。

　なぜ、こうした事態に陥ったのか。

　それは、日本にかかりつけ医制度が定着していないからである。

2. かかりつけ医制度の未定着

病院と診療所

　そもそも、我々が病気やケガをした場合、「病院に行く」と言うが、厳密に言えば、軽度の病気やケガなのにいきなり「病院」に行ってはいけない。というのも、病院とは、20床以上のベッド（病床）を持って入院患者も受け入れられる医療機関とわが国では定義されている。19床以下の病床しかない医療機関は、「診療所（クリニック）」である。多くの診療所には、入院機能はなく、外来診療のみを行っている。医療機関は、病院と名乗るのか診療所と名乗るのか、この定義に基づき厳格に名称を付けている。

　その観点から言えば、病院は入院患者を受け入れるが、診療所は外来診療を担う、という役割分担が想定される（もちろん、人口が少ない地域ではこうした役割分担が十分に行えない場合もある）。

　だから、この違いを理解すれば、重篤な自覚症状がなければ、まずは「診療

所に行く」と言うべきなのだ（残念ながら、わが国で病院と診療所にそこまで厳密な役割分担が確立していないとはいえ）。いきなり大病院に駆け込んではいけない。

医学の素人である患者が、自分の病状を的確に判断できるわけではない。だから、まずは日ごろから自らの身体状態をよく知っていて、信頼できる身近な医師（いわゆる「かかりつけ医」）がいれば、慌てふためかないでかかりつけ医にいの一番に相談すればよい。

かかりつけ医に診てもらえれば、自宅で静養すれば治る程度のものなのか、深刻な病気の予兆なのかを判断してもらえる。必要があれば、大病院への紹介もしてくれる。

ところが、あいにくわが国の多くの人には、そうしたかかりつけ医がいないのが現状だ。そんな状態で、新型コロナウイルスの感染拡大の懸念に直面したわけである。

だから、どんな症状になったら医療機関にかかればよいかが自分で判断できるわけもなく、相談できるかかりつけ医もおらず、相談・受診の目安が政府から示されることに期待するも、示された目安に納得できず、フラストレーションがたまる羽目になる。

ここには二つの問題がある。一つは患者側の問題、もう一つは医療提供体制の問題である。

患者の外来受診

患者の態度に問題があるのは、かかりつけ医がいないことである。近所の噂を聞いて、あの病気ならあの医者がいいらしいからあちらの医療機関、この病気ならこの医者がいいらしいからこちらの医療機関、と医学の素人なのに噂に振り回されて、病気やケガをしたらひとまずいつも同じ医師に診てもらうという行動をとらない人が多い。つまり、かかりつけ医と呼べる医師を自らが決めていない人が多いのだ。挙句に、1人の医師を信用できず、あてもなく複数の医師に診てもらうという重複受診が、患者によって引き起こされている。さらには、近くの町医者を頼りにすればいいのに、やみくもに大病院にいきなり駆け込んだりする患者もいる。病院と診療所の区別を知らなくて当たり前という

実態が、その象徴である。

だから、いざというときに、まずはともあれかかりつけ医に診てもらおうという行動がとれない。今般の新型コロナウイルスの感染で、図らずもこうした実態が露呈したのだ。

そこで、患者側がとるべき対応は、日ごろから信頼できるかかりつけ医を決めて、まずはかかりつけ医に相談できるようにしておくことである。

スウェーデンをはじめとする北欧諸国や英国では、消費税（付加価値税）の税率は高いが、ほとんどの医療が無料である。といっても、いつでもどこでも予約なしで医療機関にかかれるフリーアクセスということはない。無論、無料というのは、窓口での患者負担がないという意味であって、医師が対価なく治療するわけはなく、税金でそれを賄っているということである。

これらの国では、患者が体調を崩したときに、いきなり病院に行くことはありえない。ゲートキーパー機能を持った医師なり窓口に相談する。それも、電話で行う。医師の診察が必要な場合に、最初に診るのがかかりつけ医である。

かかりつけ医の定義の不統一

その観点からすると、もう一つの問題が浮き彫りになる。つまり、信頼できるかかりつけ医がどこにいるかをきちんと国民に示せるような体制になっていないという、医療提供体制の問題である。

どの医師が評価が高いかを、客観的に比較・評価する仕組みが、わが国にはない。医師同士が比較されるのを忌避する傾向があることも一因だろう。だから、患者は、近所の噂とか週刊誌で特集される名医の評判とかをむやみにあてにして、かかる医療機関を決めたりする。また、わが国では、患者はフリーアクセスだから、予約なしでその医療機関に行けたりする。

患者にとって、できれば腕のいい医師に診てもらいたいと思うのは当然だ。しかし、その情報が、諸外国に比べて明らかに不足している。

欧州諸国では、かかりつけ医制度が整備されている国が多い。英国やデンマークなど、患者がかかりつけ医を登録する制度（変更可能）にしている国もある。加えて、かかりつけ医の担い手となる総合診療医（General Practitioner、GP）あるいは家庭医を養成する仕組みも整えられている。

　かかりつけ医は、医師なら誰でもなれるということはない。世界的に見ると、かかりつけ医は、プライマリ・ケア（身近にあって普段から何でも相談に応じてくれる総合的な医療）を担う医師であり、総合診療医や家庭医がその役割を担う。

　わが国ではどうか。2013年に日本医師会と四病院団体協議会が、「かかりつけ医」の定義を提示した。そこでは、「かかりつけ医」を、「なんでも相談できる上、最新の医療情報を熟知して、必要な時には専門医、専門医療機関を紹介でき、身近で頼りになる地域医療、保健、福祉を担う総合的な能力を有する医師」としている。そして、これに基づき、日本医師会は、かかりつけ医機能研修制度を設け、各地で医師の研修を行っている。

　また、2018年度から「主に地域を支える診療所や病院において、他の領域別専門医、一般の医師、歯科医師、医療や健康にかかわるその他の職種等と連携し、地域の医療、介護、保健など様々な分野でリーダーシップを発揮しつつ、多様な医療サービスを包括的かつ柔軟に提供する医師」として、総合診療専門医が新設された。

　ただ、日本医師会と四病院団体協議会が定義した「かかりつけ医」と総合診断専門医は、同一のものではないことは明らかだ。別の言い方をすれば、総合診療専門医となった医師だけがかかりつけ医機能を担えるようにするわけではないという意図が浮かび上がる。

　わが国では、かかりつけ医制度の整備に向けた取り組みはあるが、何をもってかかりつけ医というかについてすら、統一見解が確立できていない。また、多くの先進国で定着しているプライマリ・ケアを、わが国でかかりつけ医が担うのかについても、方針が定まっていない。

　そこには、外来患者がかかりつけ医として腕のいい医師を頼りにして、多くの患者を抱えるかかりつけ医とそうでない医師とが顕在化するのを恐れる医師側の思惑も見え隠れする。そうした現状では、かかりつけ医制度がなかなかわが国で定着しない。

　かかりつけ医の普及に向けて、かかりつけ医以外の受診時定額負担という案も、政府部内にはある。しかし、2019年12月に取りまとめられた全世代型社会保障検討会議の中間報告では、その案は却下された。この仕組みは、やみく

もにかかりつけ医以外にかかれば定額負担という形で患者の負担増にはなるが、かかりつけ医にかかる限り定額負担はないから、患者がまずはかかりつけ医に診てもらおうという動機付けになる。

　受診時定額負担がなくとも、かかりつけ医制度が定着するかもしれないが、かかりつけ医制度がまだわが国で定着していないことが、今般の感染拡大であぶり出されたことだけは間違いない。

3. 病床機能の未分化

「医療崩壊」の懸念

　新型コロナウイルス感染症は、感染症法において指定感染症に指定された。これにより、新型コロナウイルス感染症のPCR検査で陽性になった人は、症状の軽重にかかわらず強制措置入院させることとなった。そして、2020年4月2日までは、新型コロナウイルス感染症の患者や無症状病原体保有者は、前回の検査後から12時間以後に再度検査を行って、2回連続で陰性が確認されるまで退院ができなかった（その後、退院基準は緩和された）。

　指定感染症の強制措置入院は、感染症拡大を防止する効果的な手法と見られていた。しかし、今般の新型コロナウイルス感染症は、無症状や軽症の患者が多い性質や、感染力が強くて感染者が急増する性質があるため、逆に強制措置入院によって医療崩壊が起きると強く懸念された。

　その主因の一つが、前述の退院基準だった。無症状や軽症の患者でも検査で2回連続陰性とならないと退院できないため、入院患者が増え続け、新型コロナウイルス感染症患者を受け入れる病床の不足と、医療従事者の過労を引き起こした。陽性者が急増し、中には中重症で集中的な治療が必要な患者が増えているのに、退院させられない無症状や軽症の患者が病床を埋めていて、新規入院が受け入れられなくなっている。特に、東京などの大都市部で、重症患者の増加で対応できる病床が足りなくなることが懸念される事態に追い込まれた。

　つまり、退院してよい患者を入院させていることで、医療崩壊が強く懸念される状態を引き起こしたのだった。

過剰な病床と「病床不足」

　それは、新型コロナウイルス感染症に限ったことではない。わが国の医療の弱点の一つは、退院してよい患者を入院させていることである。それは、以前から指摘されていたことである。もちろん、今般の新型コロナウイルス感染症の入院状況は、一般の疾病とは様相は異なるが、退院してよい患者を入院させているという点では共通している。

　一般の疾病では、日本の平均在院日数は、諸外国と比べて長い。以前は突出して長かったが、最近では短くなったものの、それでも長い。2017 年において、平均在院日数は、日本が 16.2 日で、OECD 諸国平均の 7.7 日の倍以上である（OECD Health at a Glance 2019 による）。ちなみに、日本より長くなった韓国は 18.5 日、日本に次いで長いロシアが 11.0 日で、他の OECD 加盟国は 10 日未満である。

　日本の入院患者は、他国の患者なら退院していても、入院し続けている傾向が依然残っている。

　どうしてこうなっているのか。巷の噂レベルでは、いろいろある。医師が退院を勧めるのに患者が退院したがらないとか、医師が病院の収入のことを慮って患者を退院させないとか。

　しかし、本質的な問題は、病床の機能分化・連携が進んでいないところにある。機能分化とは、患者の病状に応じた病床の機能を整え、そうして分けた機能に応じて入院患者を受け入れることである。病状が改善すれば、医療資源をさほど投じなくてよい病床で患者を受け入れ、最終的には入院医療を受けなくてもよいほどに病状が回復すれば退院に導く。

地域医療構想の意義

　入院する必要のある患者をきちんと受け入れつつ、在宅医療等で治療できる患者は退院する。この方針を明確に示したのが、地域医療構想である。

　地域医療構想は、病床の機能分化・連携の促進を一つの狙いとして、2015 年度から各都道府県で策定された。詳細は土居（2017）に譲るが、地域（二次医療圏など）ごとに、電子化されたレセプトデータなどに基づき、2025 年の入院医療需要を推計して、2025 年に目指すべき病床の必要量などを、病床機能

ごとに推計している。

　各都道府県で策定された地域医療構想をまとめると、わが国全体で2013年に約135万床ある病床を、2025年には約119万床あればその時の入院医療の需要に応えられるという推計結果になった。2025年に必要とされる病床は、2013年当時の病床より約16万床減らしても対応できる、ということである。

　新型コロナウイルス感染症で病床が不足しているのに、地域医療構想で病床が過剰だから削減せよというのはおかしいという見方があるが、それはまったくの的外れである。

　地域医療構想は、一般病床と療養病床についての病床再編であって、そこには感染症病床、結核病床、精神病床は含まれていない。医療法で、五つの種類の病床の役割を規定しており、今般不足しているのは、感染症に対応できる病床であって、地域医療構想が対象としている病床ではない。地域医療構想で、感染症病床を削減せよとは言っていない。

　新型コロナウイルス感染症に対する病床不足は、病床そのものが足らないというより、病床機能の分化と連携が進んでいなかったことによるものである。患者の病状に応じた病床の構え方が不十分だったために生じたミスマッチなのである。初期の軽症患者は受け入れられたが、増加してきた重症患者の受け入れに懸念が出たのは、その証左である。

　病床そのものなら、日本全体でもまだ多くある。日本の病床数は、人口に比して、諸外国よりも多い。先のOECD（経済協力開発機構）統計によると、人口1,000人当たりの病床数は、日本は13.1床とOECD加盟国の中で突出して最も多く、OECD平均は4.7床である。しかも、日本の病床の平均占有率は75.5％だから、空きベッドはある。

　ただ、それがただちに感染症患者を受け入れられるわけではないところに悩ましさがある。しかも、空きベッドが過疎部で多く、都市部で少ないという地域的な偏在もある。

　2014年に地域医療構想の策定作業が始まった頃から、病床機能の分化と連携の推進がずっと謳われてきた。しかし、2019年度でも、地域医療構想の推進が遅れていると指摘されていた。地域医療構想というと、何かと病床削減のイメージが関係当事者にはあるようだが、決してそうではない。東京や大阪を

はじめとする大都市部では、病床が全体として不足しているから増床と再編を必要とする地域医療構想が策定されていた。その増床や病床機能の分化と連携の推進も含めて、地域医療構想の推進なのである。

地域医療構想では、病床機能を、医療資源投入量が多い順に、高度急性期、急性期、回復期、慢性期と分けている。最初に高度な医療を必要とする患者を高度急性期の病床で受け入れても、急性期を経過し、在宅復帰に向けて回復期に移行する。そして、退院する。四つの機能が地域医療構想で規定されているが、その四つの機能が必ずしも一連の入院医療を担うのではなく、慢性期は、回復期までの3機能と多少独立している。慢性期は、長期にわたり療養が必要な患者を入院させる機能を担うものとされている。

そこで、回復期に期待されているのは、在宅復帰、つまり退院である。ところが、各都道府県で推進しようとしている地域医療構想で、多く不足しているのが回復期病床である。高度急性期や急性期の病床は多くあるが、持っている病床を回復期病床と名乗りたがらない病院がある、と言わざるをえない。

回復期は、定義上、高度急性期や急性期よりも医療資源投入量が少ないから、それだけ入院医療費は少なくて済む。患者がそれだけ快方に向かっているわけだから、当然である。しかし、病院からすれば、一人の入院患者は一つの病床を占めるわけだから、進んで収入（単価）が少なくなる病床を担いたくないという面がある。

とはいえ、地域医療構想は、医療資源投入量で見て、入院が必要な患者が、その地域に何人いるかを、レセプトデータなどに基づいて極めて客観的に推計しており、病床稼働率も9割前後として、一定の空きベッドも容認する形で余裕を見て策定されている。その患者に必要な医療資源投入量が、回復期の投入量より下回るならば、在宅復帰させるのが、回復期の機能である。

退院してよい患者を退院させる回復期の病床の担い手が足りない。ここに、地域医療構想の推進を阻む一因がある。当面は、新型コロナウイルス感染症の終息を目指すのが最優先で、その過程で、患者の病状に応じた病床機能の分化と連携を図る知恵が医療現場で見出されれば、終息した暁には日本の医療は2020年代に向けてより良いものになっていくだろう。

4. 2020年代の医療制度改革に向けて

　このように、わが国の医療制度には、良い特長もある半面、不合理・非効率な面が残されている。これは、2020年代の改革課題として残されている。新型コロナウイルス感染症対策として進められる改革は進めつつ、残された課題は2020年代に進む高齢化に対応する形で克服してゆかなければならない。

　2018年5月に政府が示した「2040年を見据えた社会保障の将来見通し」によると、わが国の医療給付は、2018年度の39.2兆円から2025年度には47.4兆円に増加するという。もちろん、これには地域医療構想のような改革効果は織り込まれていない。今後のパンデミック（世界的大流行）対策の費用も、当然含まれていない。だから、医療費の適正化をさらに進めることによって将来見通しで示された医療給付の増加を抑制しつつ、パンデミック対策のための費用をしっかりと財源を確保しながら捻出することが必要となってくる。

　その傍らで、今般の新型コロナウイルス感染症対策では、政権は、医療界にずいぶんとたくさんの「借り」を作ってしまった。今後しばらくは、政策決定過程で「医療費の削減」とは発言しにくくなる恐れがある。土居（2020）でも言及しているように、診療報酬の決定過程ではただでさえ利害が錯綜する上に、診療報酬を抑えたのは歴代政権で小泉内閣だけで、第二次安倍内閣以降でも伸びている。

　しかし、医療費の金額を減らすことが、医療の質を落とすことをただちには意味しない。医療費を節約しながら医療の質を高めることはできる。例えば、10種類以上の医薬品を同時に投与される患者が、わが国の薬剤費（約10兆円）の4割を用いている現状で、そうした患者のうち相当な割合で薬剤起因性疾患が起きているという。つまり、多剤投薬で逆に健康を害している患者が相当数いるという。こうした多剤投薬を改めることで、患者の健康も改善しつつ、医療費を減らすことができる。

　今般の新型コロナウイルスの感染によって、感染症対策の不備もさることながら、かかりつけ医制度と病床機能の連携が未整備であったことも露呈した。これを機に、かかりつけ医制度が定着し、病床機能の分化と再編が進めば、

（コロナ）禍を転じて福となすことになるだろう。

〈参照文献〉
土居丈朗（2017）『入門財政学』日本評論社。
土居丈朗（2020）『平成の経済政策はどう決められたか』中央公論新社。

第**10**章

ポスト・コロナのフューチャー・デザイン

中川善典[*]
西條辰義[**][1]

1. はじめに

　2020年3月27日、小林慶一郎と佐藤主光の両氏が「【経済学者による緊急提言】新型コロナウイルス対策をどのように進めるか？―株価対策、生活支援の給付・融資、社会のオンライン化による感染抑止―」を発表し[2]、4月20日には、両氏による対談「【東京財団政策研究所ウェビナー】動画配信：新型コロナウイルス対策共同提言フォローアップ」が公開された[3]。八つの提言の各々は超短期的なものから長期につながるものもある。これらの提言は、両氏が、新型コロナ感染が拡大しつつある「今」から「超短期」や「中長期」を見据えてのものである。一方で、両氏が、「将来」、例えば2050年にそのままの年齢でタイムトリップするとしたなら、どのような2050年を描くのであろうか。次に、描かれたビジョン（物語）から、歴史的イベントである30年前の八提言をどのように評価するのだろうか。さらには、その評価で2020年の提言そのものは変わるのだろうか。加えて、2020年から2050年の歴史、つまり、フューチャー・ヒストリをどのように描くのだろうか。

＊　高知工科大学フューチャー・デザイン研究所／経済・マネジメント学群准教授
＊＊　総合地球環境学研究所プログラムディレクター、高知工科大学フューチャー・デザイン研究所所長
1　セッション参加者である小林慶一郎と佐藤主光の両氏は本稿の公開に合意された。両氏に感謝したい。
2　https://www.tkfd.or.jp/research/detail.php?id=3361
3　https://www.tkfd.or.jp/research/detail.php?id=3391

　以上のような疑問に答えていただくために、2020年4月23日、東京在住の両氏の自宅と高知工科大学フューチャー・デザイン研究所をZoomでつなぎ、3時間弱のフューチャー・デザイン・セッションを開催した。本章はこのセッションの記録である。

　両氏が描いた2050年ビジョンは「安心していつからでもやり直す機会を保障された職業人たちの支えるしなやかな社会」である。そのような社会に至るために、産業構造の転換を含む社会そのものが大きく変革するプロセスも描き、その中で八提言をさらに豊かなものにしたのである。

　第2節では、フューチャー・デザインの基礎的な枠組みを記述し、第3節では、両氏のフューチャー・デザイン・セッションを詳述する。第4節では、今後の研究の方向を展望する。

2. フューチャー・デザインとは？[4]

　気候変動、生物多様性の崩壊、窒素・リンの循環の崩壊、巨額な政府債務など将来世代に大きな負荷をかける将来失敗（future failures）[5]の背後にある社会システムのプロトタイプを作ったのはリベラリズムの源流であるホッブズ、ロック、ルソーらではなかろうか[6]。「万人の万人に対する闘争」に終止符を打ち、不平等を容認する社会制度や因循姑息な規範などの軛を絶つために、社会契約を結び、人々が自由と独立を得るという構想である。これを支えるのが国家であり、国家を通じて、自由な市場、民主制という現在の社会体制の基礎ができる。さらには、彼らにさきだつベーコンは人類が自然を制覇するという考え方を提案している[7]。

4　Saijo（2019）, 西條（2020）などを参照されたい。小林（2019）は政治哲学を含む文脈、齊藤（2018）はリスクや不確実性の文脈でフューチャー・デザインを考察している。
5　Covid-19（新型コロナウイルス）が瞬く間に世界に広がった背景には、GDP（国内総生産）の伸び率を超える航空旅客の急速な拡大がある。2010〜19年の10年間、世界の航空旅客は年率約6％で成長している（Iacus et al., 2020）。この急拡大を支えたのは、気候変動の主要因である化石燃料の燃焼である。
6　Deneen（2019）を参照されたい。
7　Covid-19の急拡大にはこのような自然観がその背景にある。

　民主制は〈現在生きている人々の利益を実現する仕組み〉であり、〈将来世代を取り込む仕組み〉ではない。自然環境のためには化石燃料を使った移動は禁止という公約を掲げ市長選に出馬したならば、当選はおぼつかないだろう。一方の市場も〈人々の目の前の欲望を実現する優秀な仕組み〉ではあるものの、〈将来世代を考慮に入れて資源配分をする仕組み〉ではない。残念ながら、将来世代は現在の市場でその意思を表明することができないのである。つまり、現在の二つの基本的な社会の仕組みは持続可能性を担保しないと言ってよいだろう。これらの仕組みの下で、さらなる効率化や、グローバル化を目指し、様々な将来失敗とともに際限のない成長を目指す社会を形作ってきたのではないのか。そうだとするなら、社会制度そのものの変革が21世紀前半の大きな課題になるはずである。ところが、制度改革のエンジンとなるべき社会科学の様々な分野は、個別のパラダイムに固執し、小手先ではなく、持続可能な未来に向けてどのように制度を変革すべきかという答えを見出していない。にもかかわらず、社会科学の各分野に加えて、人文科学、情報科学、脳科学などの個別分野の知見を連携・総合し、ヒトの行動を把握し、それに基づき社会の仕組みを考案し、諸問題を解決するというのが現在の主流である。

　フューチャー・デザイン（Future Design, FD）は従来の〈社会〉科学とは〈真逆の立場〉をとる。従来の社会科学は、人々の考え方は簡単には変わらないことを前提としてきた。ところがヒトの考え方（性質）は、社会の制度とそのフィードバックで変容する[8]。つまり、社会の仕組みである市場や民主制そのものが、我々の考え方を形作っている。そのため、我々の考え方そのものを変革する社会の仕組みのデザインが必要となる。これがFDの出発点である。

　親が自らの食べ物を減らし、その分を子供に与えることで幸せを感じることにうなずく人は多いだろう。そこで血縁関係を超えて、「たとえ現在の利得が減るとしても、これが将来世代を豊かにするのなら、この意思決定・行動、さらにはそのように考えることそのものがヒトをより幸福にするという性質」を〈将来可能性（futurability）〉と定義し、将来可能性を賦活する社会の仕組みの

---

[8]　Covid-19のように社会制度を包含する環境の激変でヒトの考え方・行動も大きく変化する。

デザインを目指すのである。

　FD研究のアイデアの源泉は「イロコイ」である。アメリカ先住民は、5ないし6部族による連邦を組み、この連邦国家の総称をイロコイと言った。そして彼らは、重要な意思決定をする際に、自己を7世代後に置き換えて考えたという。想像するに、連邦国家の平和を維持するために遠い将来に視点を移し、そこから今を考えたのであろう。米国建国者たちであるジョージ・ワシントンやベンジャミン・フランクリンは、イロコイから連邦制を学び、それを13の植民地の結束に用いたと言われている。

　以上を背景に、Kamijo *et al.*（2017）を出発点とする様々な実験研究が始まっている。ラボ実験やフィールド実験で、仮想将来世代や仮想将来人（今の年齢でそのまま将来にタイムトリップする人）を用いると、今の意思決定の中身が変わるのである[9]。これを基礎に、様々な自治体で実践が始まっている。最初の実践は岩手県矢巾町である[10]。2015年度、内閣府は全国の市町村に2060年に向けた「長期ビジョン」を策定することを要請し、矢巾町はその一部をFDで作成した。現代から将来を考える通常のグループと将来から現代を考えるFDグループでは、提案の中身がまったく異なった。現代グループは子供の医療費の無料化など今の問題を将来の問題に置き換える一方、将来グループは宮沢賢治の「銀河鉄道」に基づく交通体系や公園などを提案したのである。

　これに加えて、矢巾町では、維持困難になりつつある水道事業の住民ワークショップにFDを用いたところ、住民側が自ら水道料金の値上げを提案し、町は2018年度から料金の6％値上げに踏み切った。住民側からの反対はほとんどなかったとのことである。これらのワークショップを観察した高橋町長は、2018年度の施政方針演説で矢巾町がFDタウンであることを宣言し、2019年4月、未来戦略室を設置した。2019年度、未来戦略室は住民とともに町の総合計画をFD手法で策定した。このように、矢巾町は町の仕組み自体を変えつつあり、住民の考え方そのものも変わり始めている。これを契機に、松本市（市庁舎建て替え、交通体系の改革）、京都府（上下水道）、宇治市（地域コミュニ

---

[9]　Shahrier *et al.*（2017）；Hiromitsu（2019）；Nakagawa, Kotani *et al.*（2019）；Nakagawa, Arai *et al.*（2019）；Kamijo *et al.*（2019）；Kamijo *et al.*（2020）などを参照されたい。

[10]　Hara *et al.*（2019）；Nakagawa（2020）などを参照されたい。

ティの再生)、西条市(インフラ)、飛騨高山地域(医療システム)、土佐経済
同友会(将来ビジョン)などで FD が採用され、成果を上げ始めている。

　以上のように市場や民主制で発現できなかった将来可能性をアクティベイト
することに成功しつつある。また、心の理論で重要な役割を果たす右側頭葉頭
頂葉接合部(rTPJ)が将来可能性と関係しているとの知見を得つつある。FD
だとなぜ独創性を発揮できるのか、なぜ頑健性・継続性が起こるのかなど未知
な領域が残っている。以下では、FD が開発した様々な手法を小林、佐藤の両
氏に用いた結果を報告したい。

3. フューチャー・デザイン・セッション

セッションの実施方法

　2020 年 4 月 23 日、東京在住の両氏の自宅と高知工科大学フューチャー・デ
ザイン研究所を Zoom でつなぎ、3 時間弱の FD セッションを開催した。両氏
の了解を得て、Zoom の機能を用いてすべてのやりとりを録画し、後日、議事
要旨を作成した。

　セッションの手順については、Nakagawa, Kotani *et al.*(2019)、Nakagawa,
Arai *et al.*(2019)に準じた。具体的には、以下の四つのステップを踏んだ。

ステップ 1(パスト・デザイン):今から約 30 年前の日本社会において重要と
認識されていた論点を主催者側が一つ選び[11]、その論点に対する当時の人々の
意見を多面的に振り返るための情報提供を行った。そして、両氏は、2020 年
現在の視点から、それらの意見がどのように解釈できるかを検討した。最後
に、それを踏まえて、両氏は約 30 年前の日本社会に対するメッセージを送っ
た。なお、本ステップの目的は、2020 年に生きる我々が、今から約 30 年前の
日本社会に生きた人々にとっては「将来人」であるという視点を、両氏に獲得

---

[11] 今回選んだ論点は、「レンタルレコード業界と音楽会社との対立」であった。ステップ 1
とステップ 3 のテーマが無関係であっても、ステップ 1 の実施がステップ 3 の実施を円滑
に進める効果を持つことが、Nakagawa, Kotani *et al.*(2019)、Nakagawa, Arai *et al.*
(2019)によって明らかにされている。

してもらうことであることを明示化した。

ステップ2（紙芝居動画の閲覧）：Zoomの画面共有機能を用いて、主催者側があらかじめ用意していた動画を、両氏に閲覧してもらった。中川・西條らは2018年度に、京都府宇治市におけるFDのワークショップ実施をサポートした。その参加者に対するインタビュー調査を踏まえ、中川は「仮想将来世代を経験するとはどういうことか」をテーマとする約10枚の紙芝居を作成した。これに音声を吹き込んで約10分の動画にしたものを、今回使用した。

ステップ3（フューチャー・デザイン）：次の教示を行った上で、100分を自由に使って討議してもらった。「あなたたちは、タイムマシンに乗って、そのままの年齢で2050年にタイムスリップし、そこで暮らしています。振り返ってみると、2020年当時の社会は、新型コロナウイルス感染症の世界的大流行に見舞われていました。また、東京財団政策研究所から八提言もなされていました。これを念頭に置き、次の二点について討議をお願いします。

① 2050年の社会は、どのようになっていますか。
② 2020年の社会へどんなメッセージを送りますか。」

ステップ4（2050年から八提言の評価）：両氏は引き続き仮想将来人の状態を保持するよう、主催者側から要請された。そして、ステップ3で描いた姿（上記の①）が実現している2050年の視点から両氏自身が2020年3月に東京財団政策研究所から発表した八つの政策提言を、どのように評価できるかを討議した。

分析方法

　2050年の姿を描くためのステップ3の討議の分析に際しては、Nakagawa (2020)の開発した討議可視化手法を適用した。一般に、仮想将来人としてのグループ討議においては、現代人の視点にとらわれずに様々な仮定を置き、その帰結をいろいろな方向に推論していくという発散のプロセスと、討議のゴー

ルである将来ビジョン（＝仮想将来人にとっては「今」の社会の姿）の描出の
ために推論結果を収束させていくというプロセスを経ることが多い。よって、
発散のプロセスにおける発言を網羅的にまとめても、論理整合的なビジョンが
抽出できる可能性は低く、また仮にそれが可能だとしても、それは討議を終え
た討議参加者の実感とは異なるアウトプットになる可能性が高い。そこで、本
研究では、討議の際に参加者が発した一つひとつの言葉がどのような文脈の中
で生まれたものであるかを可視化することで討議の全体像を把握し、そこから
参加者の描いたビジョンを事後的に抽出するという手続きを採用した。

議論の可視化とそれに基づく分析の結果

　可視化結果を図1に示す。小林慶一郎氏の発言には＊印を、佐藤主光氏の発
言には＊＊印を付した。また、発言の時系列順に番号を振った。さらに、発言
と発言とを、文脈を表現するために矢印でつないだ。具体的には、ある一つの
発言Bの話者が、その話者が自分自身であれ他者であれ、それよりも前の時刻
の別の発言Aを強く念頭に置いていたと考えられる根拠があった場合に、Aか
らBへと矢印を付した。例えば、発言Aで示されたアイデアを別の人が拡張し
たり転用したりすることで発言Bのアイデアが生まれたと考えられる場合や、
発言AとBとの間に長い時間間隔があるものの、話者が同一であり、かつ両内
容に類似性が高い場合などが、これに該当する。

　冒頭では、新型コロナウイルス感染症の終息後（以下、「コロナ後」）、わが
国の社会構造転換が進まず（No. 4）、悲観的な2050年が実現しているという方
向性で、議論が展開していった。そこでは、同感染症が広がる前（以下、「コ
ロナ前」）から懸念されていた、もしくは表面化していた問題（高齢化に伴う
消費や生産性の低迷、長時間労働：Nos. 5 & 6）が、一層顕在化したと仮定さ
れた。また、こうした構造転換の失敗の原因がどこにあったのかについての検
討もなされた（Nos. 9-11）。

　ここで議論が一旦収束してしまったため、今度はコロナ後の社会構造変換が
うまく行った楽観的な2050年を描くことを、主催者側が提案した（No. 12）。
その後の議論は、大きく分けて二つの流れに沿って急速に展開した。図1で
は、それらの流れを構成する矢印は、太線によって示されている。

図1　討議の可視化結果

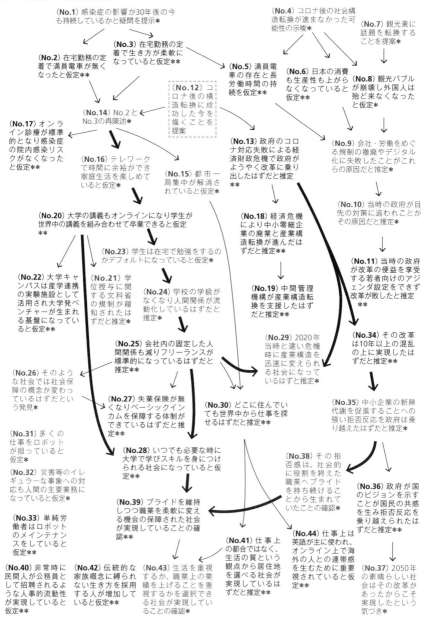

（No.1）感染症の影響が30年後の今も持続しているかと疑問を提示*

（No.4）コロナ後の社会構造転換が進まなかった可能性の示唆*

（No.7）観光業に話題を転換することを提案*

（No.3）在宅勤務の定着で生き方が柔軟になっていると仮定**

（No.2）在宅勤務の定着で満員電車が無くなったと仮定**

（No.5）満員電車の存在と長労働時間の持続を仮定**

（No.6）日本の消費も生産性も上がらなくなっていると仮定**

（No.8）観光バブルが崩壊し外国人は殆ど来なくなったと仮定*

（No.12）コロナ後の構造転換に成功した今を描くことを提案

（No.14）No.2とNo.3の再陳述*

（No.17）オンライン診療が標準的となり感染症の院内感染リスクがなくなったと仮定**

（No.13）政府のコロナ対策失敗による経済財政危機で政府がようやく改革に乗り出したはずだと推定**

（No.9）会社・労働をめぐる規制の撤廃やデジタル化に失敗したことがこれらの原因だと推定*

（No.16）テレワークで時間に余裕ができ家庭生活を楽しめていると仮定*

（No.15）都市一局集中が解消されていると仮定*

（No.10）当時の政府が目先の対策に追われことがその原因だと推定*

（No.20）大学の講義もオンラインになり学生が世界中の講義を組み合わせて卒業できると仮定**

（No.23）学生は在宅で勉強をするのがデフォルトになっていると仮定*

（No.18）経済危機により中小零細企業の廃業と産業構造転換が進んだはずだと推定**

（No.11）当時の政府が改革の便益を享受する若者向けのアジェンダ設定をできず改革が敗したと推定**

（No.22）大学キャンパスは産学連携の実験施設として活用され大学発ベンチャーが生まれ基盤になっていると仮定*

（No.21）学位授与に関する文科省の規制が緩和されたはずだと推定*

（No.24）学校の学級がなくなり人間関係が流動化しているはずだと推定*

（No.19）中間管理機構が産業構造転換を支援したはず

（No.34）その改革は10年以上の混乱の上に実現したはずだと推定**

（No.26）そのような社会では社会保障の概念が変わっているはずだという発見*

（No.25）会社内の固定した人間関係も減りフリーランスが標準的になっているはずだと推定**

（No.29）2020年当時と違い危機時に産業構造を迅速に変えられる社会になっているはずと推定*

（No.31）多くの仕事をロボットが担っていると仮定*

（No.27）失業保険が無くなりベーシックインカムを保障する体制ができているはずだと推定**

（No.30）どこに住んでいても世界中から仕事を探せるはずだと推定**

（No.35）中小企業の新陳代謝を促進することへの強い拒否反応を政府は乗り越えたはずだと推定*

（No.32）災害等のイレギュラーな事象への対応も人間の主要業務になっていると仮定*

（No.28）いつでも必要な時に大学で学びスキルを身につけられる社会になっていると仮定**

（No.38）その拒否反応は、社会的に役割を終えた職業へプライドを持ち続けることから生まれていたことの確認*

（No.36）政府が国のビジョンを示すことが国民の共感を生み拒否反応を乗り越えられたはずだと推定**

（No.33）単純労働者はロボットのメインテナンスをしていると仮定*

（No.39）プライドを維持しつつ職業を柔軟に変える機会の保障された社会が実現していることの確認**

（No.40）非常時に民間人が公務員として招聘されるような人事的流動性が実現していると仮定*

（No.42）伝統的な家族概念に縛られない生き方を採用する人が増加していると仮定**

（No.43）生活を重視するか、職業上の業績を上げることを重視するかを選択できる社会が実現していることの確認*

（No.41）仕事上の都合ではなく、生活の質という観点から居住地を選べる社会が実現しているはずだと推定**

（No.44）仕事上は英語が主に使われ、オンライン上で海外の人との連帯感を生むために重要視されていると仮定**

（No.37）2050年の素晴らしい社会はその改革があったからこそ実現したという気づき*

小林慶一郎氏の発言に＊印を、佐藤主光氏の発言に＊＊印を付した。また発言の時系列順に番号を振った。
印のない No.12 は主催者側の発言である。

　第一の流れとは、No.14に端を発する流れである。両氏は、仕事や教育の場面でオンライン化が大きく進展したと仮定し、それが社会にどのような帰結をもたらしたのかについて、様々な推論を行った。小学校から大学までの教育機関によるオンライン授業の普及（Nos. 20-23）は、学校における「学級」という概念を消滅させることで人間関係の流動化を促したはずだと推論された（No. 24）。さらに、そうした学校生活の経験は、彼らが社会人になった後の意識にも、大きな影響を与えたはずだと推論された（No. 25）。小林氏によるNo. 24の発言を踏まえつつ、佐藤氏がNo. 25で教育から仕事へと話題を自然に転換させたこの瞬間は、第一の議論の流れの中で、議論が最も大きく飛躍した創造的な場面だったと考えられる。ここから両者は、そのような意識で働く人々が社会保障によってどう守られているのかを具体化するための議論を進めていった。フリーランスとして働くことが標準的となるので、社会変動によって職が失われた場合には、彼らは大学に参加してオンラインで学び直し、必要なスキルを獲得して新たな職を見出していく（Nos. 25 & 28）。そのような「やり直し」を支援するのは、失業保険ではなく、政府によるベーシックインカムの保障である（No. 27）。

　第二の流れとは、No. 13に端を発する流れである。これは、最終的には日本社会がコロナ後の社会構造転換に成功するにしても、一旦は構造転換に失敗し、日本が経済財政危機に見舞われたと仮定し（No. 13）、その帰結を推定するという議論の流れである。このような紆余曲折を両氏が仮定した背景には、Nos. 4-11の悲観的なシナリオをセッション冒頭で検討したことがあると考えられる。コロナ後の社会に適した産業構造が確立するには、中小零細をはじめとする企業の廃業を経ねばならなかったはずだが（No. 18）、こうした事象を新陳代謝として肯定的に解釈するような世論は容易に形成されなかったはずであり（No. 35）、だからこそ新しい産業構造の確立に、10年もの歳月を費やさねばならなかったのである（No. 34）。

　こうした二つの議論の流れは、セッションの終盤に合流した。すなわち、2050年の日本社会の姿を描こうとした両氏が、その社会の互いに独立な二つの側面についてそれぞれ議論を掘り下げていったところ、その二つの議論が整合するものであることが、見出された。これは、主催者側にとって（もしかし

たら両氏にとっても）予期せぬ劇的な出来事だったが、そのような出来事は、セッションの終盤において二回起こった。

一回目の合流は、小林氏の発言 No. 29 の中で起こった。上述の通り、発言 No. 13 に端を発する第二の議論の流れの中で、日本はコロナ後の経済財政危機を経て、ようやく産業構造を転換させたと想定されていた。発言 No. 29 は、その議論を敷衍し、2050 年の産業構造は 2020 年のそれとは異なるだけではなく、その構造が兼ね備えている柔軟さ（すなわち日本経済を取り巻く外部環境の変化への対応可能性）の観点でも大きな進化が実現していることを主張したものである。これによって、産業構造のあり方に関する第二の議論の流れが、学び方と働き方の意識の変化に関する第一の議論の流れ（特に Nos. 20-24）と整合した。個人の学び方や働き方についての柔軟性が、産業構造全体の柔軟さを支える源であるという理解が、No. 29 において提示されたのである。

二回目の合流は、佐藤氏の発言 No. 39 の中で起こった。第二の議論の流れにおいては、日本経済を取り巻く新たな環境の中で、社会的役割を終えた職業に就いていた人たちがそれでも保持し続けようとするプライドが、構造転換を阻害する要因になってしまったのだろうということが確認されていた。そこで佐藤氏は、第一の議論で描いたような職業観を持つ人たちが、社会構造転換が進む中にあって、それまで持っていた職業とともにプライドも捨て去るのではなく、柔軟に職業を渡り歩くこととプライドを保持し続けることとが両立するような世界を構想しようとしたと言える。残念ながら、今回の短時間のセッションの中では、この両立が如何にして実現するかという論点について、踏み込んだ議論がなされるには至らなかったが、そのための必要条件として、ベーシックインカムの保障という社会制度が位置付けられた（No. 27）。いずれにせよ、こうした根源的な論点が発見されたこと自体が大きな成果と言える。

辿り着いたビジョン

以上の可視化結果とそれに基づく分析を踏まえると、両氏による討議を通じて、次のような 2050 年の将来ビジョン（両氏にとっては「今」の日本社会の姿）を描出することができる。

ポスト・コロナ時代における学校教育現場でのオンライン化の普及は、学級という概念を解消させ、子供たちを固定化された人間関係から解放させた。そのことは大人になってからの働き方にも影響を与えた。会社と固定的な関係を持つのではなく、専門性を持ちながらフリーランスとしてテレワークすることが当然になっている。こうした職業人は、社会構造が転換を迫られれば、柔軟にスキルを獲得し直して新たなニーズに応えることで、社会全体のしなやかさに貢献する。社会人になってからの学び直しに一役買うのもまた、大学教育のオンライン化である。そのおかげで、世界中のコンテンツの中から、自分が次に携わる仕事にとって、最も必要かつ有効なものをすぐに選び、勉強できる。こうした職業人にとっては、会社との固定的な雇用関係を前提とした「失業」という概念はもはや存在しないし、政府が失業者を救済することもない。その代わりに、オンラインで人生のどのタイミングからでも学び直せる機会と、最低限所得とが保障されている。そのような環境下で、柔軟な職業人として生き甲斐を追求してもよいし、テレワークの長所を生かして家族との生活に生き甲斐を求めてもよい。

　以上のビジョンで描かれた社会を一言で要約すれば、「安心していつからでもやり直す機会を保障された職業人たちの支えるしなやかな社会」となるだろう。

提言の評価

　仮想将来人として2050年の日本社会の姿を描くための討議を経験した立場からは、両氏自身が現代人として2020年3月に作成し東京財団政策研究所から発表した政府への8提言の内容は、どう評価されたのだろうか。提言1〜8の各々について、両氏にコメントを求めたが、その結果を要約したものが表1である。仮想将来人の視点からは、短期的な効果を狙った提言3と提言5の評価が低くなったのは自明かつ合理的であった[12]。それ以外の提言については、重要性が確認されたり、一層の重要性が確認されたりした。その中で、特筆する

べき発言が四つあった。

第一は、提言2に対する佐藤氏のコメントである。両氏は2050年の姿を描く中で、社会構造の転換に伴って職業を渡り歩く人たちが、誇りを保持できる世界を構想しようとしていた。この議論は、提言2「社会のデジタル化による長期的な感染抑制」とは直接的に関連しないため、両者を無理に関連付ける必要はなかった。それでも佐藤氏は、自らが構想した2050年の姿をいわばレンズとして提言2を見直し、社会のデジタル化によって取り残された人たちの職業人としての誇りを傷つけないための配慮の必要性に言及した。これは、そのレンズが2020年への政策提言をする上で一定の有用性や適用可能性を有することを、佐藤氏自身が確認した場面でもあっただろう。

第二は、提言4に対する佐藤氏のコメントである。提言4は、民間宿泊施設の借り上げに関する提言だった。佐藤氏は感染症の拡大に対処するための提言4の施策が、長期的には自然災害などの様々な災害の際にも有効になると考え、それを見越した制度設計を2020年の時点から開始する必要性に言及した。このアイデアは、両氏が描いた2050年の姿から導出されたというよりも、2050年の将来人の視点に立ったことの帰結である。つまり、仮想将来人として未来の姿を描くという比較的手間のかかるステップ3の①がなくても、2020年という現在における施策立案をより良いものにする機能を持ちうることを示している。

第三は、提言6に対する小林氏のコメントである。提言6は、あくまでもコロナウイルス感染症の拡大に伴って所得が急激に減少した人たちに対する応急的な対応を提言したものであった。しかし、小林氏は、流動的な働き方が実現した2050年の社会を支えるのはベーシックインカムを保障する制度であり、提言6はそのような社会を実現するための端緒となる施策であるという解釈を示した。提言2に対する佐藤氏のコメントと同様、小林氏もこの時点において、自ら描いた2050年の姿が「レンズ」として有用であることを確認したものと考えられる。

---

12 もちろん、だからと言って、現代人としての両氏が、これらの提言を重要視していないとは言えない。

第四は、提言8に対する小林氏と佐藤氏の発言である。産業構造の新陳代謝を促すことは、一部の業界に大きな負担を強いることに直結するため、提言8を発信するにあたっては、社会的反発を覚悟しなくてはならない。現代人としての小林氏と佐藤氏は、このような反発に晒されるリスクを常に有しているわけであるが、仮想将来人としての小林氏と佐藤氏にとっては、それはいわば他

表1　仮想将来人の視点からの8提言への評価

		小林氏	佐藤氏
提言1	感染拡大を防ぐ：政府はオンライン診療を迅速に普及させよ	提言してよかった。ただ、オンライン診療をしやすい環境を作るという、より具体的な提言ができればよかった。	
提言2	賢明な財政出動：社会のデジタル化による長期的な感染抑制	2020年の人たちには長期的な新陳代謝の話は明後日の話に聞こえるので、2050年の将来像はこうなっていると伝える必要があった。	デジタル化を進めるにあたり、働き方を変えたり機械に取って代わられるのは嫌だといった障害を乗り越える、具体的な道筋をつけてもよかった。
提言3	効果を検証できる仕組みを：検査体制の整備	2050年の今にとっては重要性は低い提言だが、2020年からの3.4年間のために重要だった。	
提言4	効率的な医療提供体制の拡充を：民間宿泊施設の借り上げによる隔離施設の整備		この仕組みは2020年以降、様々な災害への対応策として導入されることになった。だから、2020年時点で、固定資産税減免等を通じ民間施設にオプション料を支払い事前契約する仕組みの導入も、提言してもよかった。
提言5	株価対策：日本銀行は100兆円の介入上限額にコミットを	短期的な効果を狙った提言だったので、2050年から見ると、民間の資本不足への対策の方が、優先順位が高かったかもしれない。	
提言6	所得減に対処する：現金給付とリアルタイムの所得把握	ベーシックインカムを保障する制度のためにいずれ必要となるシステムであり、提言してよかった。	十分なだけでなく迅速な救済のための制度構築につながる、いい提言だった。
提言7	手元資金不足の解消：生活支援の無差別・無条件の緊急融資を	迅速な支援策として、講じる価値はあった。	
提言8	企業への支援：激変緩和とともに長期的な新陳代謝の促進を	2050年の将来像と併せて提言できていれば、より2020年当時の人たちに受け入れやすい形になったはずだ。	この改革の原動力でもあり、一番の被影響者でもある2020年当時の若者に向けて、彼らの未来のために何が必要かという強いメッセージを出せたらよかった。

人事である。だからこそ、両者は、産業構造の新陳代謝が完了していると仮定された2050年の立場から、悲観的になりすぎずに、どのようにしてその新陳代謝に成功したはずであったかを逆算することができた。提言8に対する小林氏と佐藤氏の発言は、そのような文脈の中で理解してよいだろう。実際、一連の討議がすべて終了した後、小林氏は、討議の中で2050年から2020年以降の歴史を振り返ることによって、「長期的な新陳代謝の話がすんなり心に入ったことが発見」だったと述懐している。

4. おわりに

　遠い先のことまで十分に考えているであろう日本を代表する研究者にFDセッションを実施しても何も新たなものは出てこないのではないのかと危惧するところもあったが、小林、佐藤の両氏は、これを見事に裏切ってくれた。新型コロナ対策としての8提言を出発点としながらも、2050年に今のままの姿でタイムトリップすることで、見事な将来ビジョン（「安心していつからでもやり直す機会を保障された職業人たちの支えるしなやかな社会」）を描いた。経済ビジョンというよりも、新型コロナに誘発され、教育そのものが大きく変わり、しなやかに生き抜いていく新たな日本人像を含む新たな日本社会のビジョン（物語）を構想したのである。

　もちろん、本稿に示されてきた討議中の両氏のアイデアの中には、両氏があらかじめ持っていたものも多く含まれていると思われ、それらは今回のセッションの成果ではない。実際、今回得られた将来ビジョンを構成する主要概念の一つであるベーシックインカムは、2020年4月15日に小林氏が東京財団政策研究所のHPに発表したコラムにおいて、既に言及されていた。また、フリーランスとして働くことが2050年には標準的になっているという考え方も、両氏が描いた将来ビジョンの重要な要素だが、両氏が3月18日に同研究所から公表した8提言の中でも、どのような働き方をする人にも所得補償をする必要があるという文脈の中で、フリーランスへの言及があった。これを踏まえると、FDによって刺激される独創性とは、個別の具体的な施策を着想する際に発揮される類の独創性ではなく、普段は無関係にしか見えない施策や事象の間につ

ながりを見出し、それらに新しい意味を発見する際に発揮されるような類の独創性なのだろう。

1990年代前半以降、社会科学の諸分野で、人の語る行為や物語、そして、そこに見出される意味を研究の関心とする動きが波及した。心理学においてその動きを主導したMcAdams（1993）は、一人の人間が持っている様々な側面の間につながりと意味を見出すことで構築された人生の物語こそが、その人のアイデンティティにほかならない、という大胆な主張をした。新型コロナウイルスの世界的拡大によって、私たちは、今までの延長上に想定してきたのとは根本的に異なる将来を想定し直すことを余儀なくされている。この状況下で私たちには、McAdamsが一人の人間を対象として行ったのと同じように、日本社会にとっての物語を構築し、その物語をいわばレンズとして現代社会を見つめ直し、様々な意思決定を行っていく必要があるだろう。FDは、その必要性を感じる人たちの大きな助けになるはずである。

FDでは様々な手法を開発している。今回は、主に、単に今から過去を見るのではなく、変わりようのない過去にアドバイスを送ることでオールタナティブ・ヒストリを構築するパスト・デザイン、将来ビジョンの策定から今を考えフューチャー・ヒストリを構築するフューチャー・デザインなどを用いている。実は、このような社会装置を今の社会はほとんど持ち合わせていない。例外として、2019年4月に開設された矢巾町の未来戦略室がある。全国の市町村でこのような変革が起こると日本全体が変わるであろう。一方で、国家レベルなら将来省の設立や参議院を将来議院に衣替えをすることで国そのものが将来に備えた「しなやかな」国に変わるのではないのだろうか。FDの適用範囲は政治・行政のみではない。企業を含む様々な主体の変革を加速するのではないのか。

〈参照文献〉

小林慶一郎（2019）『時間の経済学：自由・正義・歴史の復讐』ミネルヴァ書房。

西條辰義（2020）「フューチャー・デザイン：持続可能な自然と社会を将来世代に残すために」『ランドスケープ研究』84（1）：12-15。

齊藤誠（2018）『〈危機〉の領域』勁草書房。

Deneen, P. J. (2019). *Why liberalism failed.* Yale University Press.

Hara, K., R. Yoshioka, M. Kuroda, S. Kurimoto, and T. Saijo (2019). "Reconciling Intergenerational Conflicts with Imaginary Future Generations - Evidence from a Participatory Deliberation Practice in a Municipality in Japan." *Sustainability Science,* 14 (6) : 1605-19.

Hiromitsu, T. (2019). "Consideration of Keys to Solving Problems in Long-term Fiscal Policy through Laboratory Research." *International Journal of Economic Policy Studies* 13 (1) : 147-172.

Iacus, S. M., F. Natale, C. Santamaria, S. Spyratos, and M. Vespe (2020). "Estimating and Projecting Air Passenger Traffic during the COVID-19 Coronavirus Outbreak and its Socio-economic Impact." *Safety Science,* 129: 104791.

Kamijo, Y., A. Komiya, N. Mifune, and T. Saijo (2017). "Negotiating with the Future: Incorporating Imaginary Future Generations into Negotiations." *Sustainability Science,* 12 (3) : 409-420.

Kamijo, Y., Y. Hizen, T. Saijo, and T. Tamura (2019). "Voting on Behalf of a Future generation: A Laboratory Experiment." *Sustainability,* 11 (16) : 4271.

Kamijo, Y., T. Tamura, and Y. Hizen (2020). "Effect of Proxy Voting for Children under the Voting Age on Parental Altruism towards Future Generations." *Futures* (in press).

McAdams, D.P. (1993). *The Stories We Live by: Personal Myths and the Making of the Self.* New York: Morrow.

Nakagawa, Y., R. Arai, K. Kotani, M. Nagano, and T. Saijo (2019). "Intergenerational Retrospective Viewpoint Promotes Financially Sustainable Attitude." *Futures,* 114: 102454.

Nakagawa, Y., K. Kotani, M. Matsumoto, and T. Saijo (2019). "Intergenerational Retrospective Viewpoints and Individual Policy Preferences for Future: A Deliberative Experiment for Forest Management." *Futures,* 105: 40-53.

Nakagawa, Y. (2020). "Taking a Future Generation's Perspective as a Facilitator of Insight Problem-Solving: Sustainable Water Supply Management." *Sustainability,* 12 (3) :1000.

Saijo, T. (2019). "Future Design." in Laslier, Moulin, Sanver, Zwicker (Eds.), *Future of Economic Design: The Continuing Development of a Field as Envisioned by Its Researchers,* Springer: 253-260.

Shahrier, S., K. Kotani, and T. Saijo (2017). "Intergenerational Sustainability Dilemma and the Degree of Capitalism in Societies: A Field Experiment." *Sustainability Science*, 12 (6) : 957-967.

第2部

コロナ危機で経済、企業、
個人はどう変わるのか

^第11^章

感染症のSIRモデルと
新型コロナウイルスへの基本戦略

関沢洋一*

1. はじめに

　新型コロナウイルスという感染症の蔓延は、医療のみならず社会や経済のすべてを巻き込んだ大騒動になった。このウイルスが登場してから様々な情報に接するうちに、感染症の発生件数を時系列で追ったグラフがなぜ正規分布みたいな曲線になるのだろうかという疑問を私は抱いた。調べるうちに、SIR モデルというシンプルな数理モデルの存在を知り、このモデルに沿ってエクセルによる簡単なシミュレーションを作り、折れ線グラフを作ってみたら確かに正規分布に近い曲線ができた。また、変数を変えながらグラフを眺めていくうちに、厳しい対策を長い間続けても途中で対策を緩めると感染者数が急増すること、感染を徹底的に防ぐよりも感染をある程度許容した方がいいかもしれないことを実感するようになった。

　本稿では、私がこの数ヵ月の間に学んだことの共有を目指した。最初に、感染症に関する基本法則と SIR モデルについて説明し、次に、緩和戦略と抑圧戦略とジグザグ戦略という新型コロナウイルスに対する三つの基本戦略について説明した。次に、各戦略の制約を乗り越えて経済活動を行える範囲を拡大するための方策について述べた。最後に、シンプルな SIR モデルと今起きている現実の食い違いについて触れた。

＊　経済産業研究所上席研究員

2. 感染症に関する基本法則

感染症に関する基本法則は二つある（例外はあるが、簡略化することをお許しいただきたい）。

基本法則1：短い期間に複数の人々にうつす。
基本法則2：一旦感染して治ると、少なくとも当面の間は、再び感染することがないし、他人を感染させることもない（免疫ができる）。

基本法則1は、倍々ゲームとでも呼ぶべきもので、例えば最初は感染者が1人しかいない場合に、その人が週に2人うつすだけでも、単純に計算すると、半年後にうつされる人数は2の26乗で6,710万8,864人になる。この倍々ゲームは私たちの常識からかけ離れているのでなかなか理解できず、対応が後手後手に回ることになる。逆に、感染症の急速な蔓延を経験すると倍々ゲームに過剰に反応することもありそうである。

基本原則2は、倍々ゲームの法則にブレーキをかける役割を果たす。図1は

図1　感染が既に進行

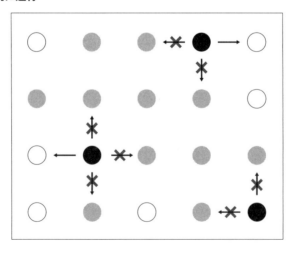

(出所) 筆者作成

感染者数がある程度増えた場合をイメージしたもので、感染して治った人々（グレーの○の人々）が周囲に増えると、感染者（黒い○の人々）が感染していない人々（白い○の人々）に感染させることが難しくなる（矢印に×がついているところはうつらない）。この結果、感染スピードは弱まる。感染して治った人々が増えていくと、免疫がない人々も感染しにくくなり（例えば図 1 の左上の未感染者）、これ以上感染が流行しにくくなる。集団免疫と呼ばれる。

3. SIR モデル

感染症の基本原則を使って感染症のたどる道を数理モデルで示したのが SIR モデルだ。SIR モデルでは、ある感染症について、S（susceptible）が感染症への免疫がない人々、I（infected）が感染症に現在かかっている人々、R（recovered）が感染症から回復して感染症への免疫が生じた人々を指す。本稿では大日・菅原（2009）を主に参照しているが、図 2 にある通り、加減乗除だけ使ってエクセルで計算できるようにしたので、文系でも難しくない。

第 t 日における S、I、R の人数をそれぞれ $S(t)$、$I(t)$、$R(t)$ とする。(1) 式は感染症への免疫がない人の第 t 日から第 t+1 日の増減を示す。ここでは一旦感染したら免疫ができて再び感染しなくなると仮定されているので、S の値は減少するだけだ。右辺の絶対値はこの 1 日の間の新しい感染者数を示している。ここでは、すべての人々に免疫がないと 1 人の感染者が 1 日にうつすのは β 人になっている。だんだん免疫ができる人々が増えてくるので、第 t 日では、誰も感染していなかったときの人数である $S(0)$ に対する $S(t)$ の割合だけうつすことになる。例えば、$S(0)$ が 1 億 2,000 万人のときに、感染者が増えたために $S(t)$ が 6,000 万人になると、$S(t)/S(0) = 0.5$ となって、1 人の感染者が 1 日にうつす数は当初の半分になる。t 時点において他人にうつす能力があるのはその時点の感染者数の $I(t)$ なので、それをかけて、(1) 式になる。

$$S(t+1) - S(t) = -\beta \times S(t)/S(0) \times I(t) \qquad \cdots\cdots(1)$$

次に、(2) 式は第 t 日から第 t+1 日にかけて感染から回復した人々の数を示

す。ここでは感染力のある期間が終了した場合に回復したとみなしている。回復した人々は免疫ができた人々と同じとしてあって、Rの値は増加するだけになる。γは感染力のある期間の逆数で、感染力のある期間が5日間とするとγは0.2（= 1/5）になる。第t日におけるγが0.2でI(t)が1,000人だとすると、第t日から第t+1日にかけて200人が回復することになる。

$$R(t+1) - R(t) = I(t) \times \gamma \qquad \cdots\cdots(2)$$

（3）式は第t日から第t+1日への感染者数の増減を示す。（1）の感染者数の増加分から（2）の回復者数を引いたものになる。

$$I(t+1) - I(t) = \beta \times S(t)/S(0) \times I(t) - I(t) \times \gamma \qquad \cdots\cdots(3)$$

S(0)、I(0)、R(0)はそれぞれ1億2,000万人、0人、0人で、S(1)、I(1)、R(1)は1億1,999万9,999人、1人、0人とする。エクセルの計算式は図2のようになる。

図3に$\beta = 0.4$、$\gamma = 0.2$の場合の結果が示されている。ここで、β/γがR_0（基本再生産数）と呼ばれるものになり、免疫がある人がいない場合に1人がうつす人の数である。

この場合は$R_0 = 2$となる。つまり感染初期段階では1人の人がうつすのは2人と想定されている。この場合、感染者は1日に0.4人ずつ感染症を他人にうつして、5日間たったら感染させなくなり、その後は免疫ができてかからなくなる。ピークは第101日目で、約1,930万人の感染者数がいて、その後は感染者

図2　エクセルの計算式

	A	B	C	D	E	F	G	H	I
1	時間(t)	β	γ	S（無免疫者数）	I（当該時点の感染者数）	R（感染経験者数）	S(t+1) - S(t)	I(t+1) - I(t)	R(t+1) - R(t)
2	0	0.4	0.2	=120000000	0	0	=-B2*D2/$D$2*E2	=-G2-I2	=E2*C2
3	1	0.4	0.2	=120000000-1	1	=F2+I2	=-B3*D3/$D$2*E3	=-G3-I3	=E3*C3
4	2	0.4	0.2	=D3+G3	=E3+H3	=F3+I3	=-B4*D4/$D$2*E4	=-G4-I4	=E4*C4
5	3	0.4	0.2	=D4+G4	=E4+H4	=F4+I4	=-B5*D5/$D$2*E5	=-G5-I5	=E5*C5
6	4	0.4	0.2	=D5+G5	=E5+H5	=F5+I5	=-B6*D6/$D$2*E6	=-G6-I6	=E6*C6
7	5	0.4	0.2	=D6+G6	=E6+H6	=F6+I6	=-B7*D7/$D$2*E7	=-G7-I7	=E7*C7

図3　各時点の感染者数、感染経験者数、無免疫者数の推移

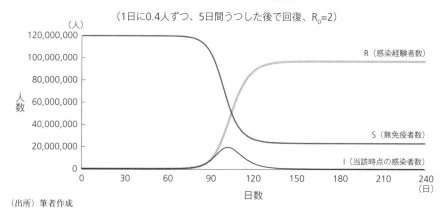

図4　四つのパターンにおける各時点の感染者数

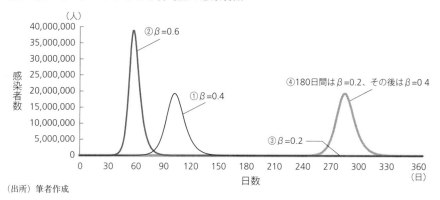

数が減っていく。多くの人々が感染して免疫ができたために、感染が止まったことになる。

　今度は、四つのパターンに分けて、各時点の感染者数を比較することにした。四つのパターンとは、図3と同じ①毎日 0.4 人にうつす（$R_0 = 2$）、②毎日 0.6 人にうつす（$R_0 = 3$）、③毎日 0.2 人にうつす（$R_0 = 1$）、④ 180 日まで毎日 0.2 人にうつし、その後は毎日 0.4 人にうつす、である。

　図4に示すように、①に比べて②では感染ピークが高く、ピーク時期も早く

なっている。③では感染者数はずっと1人のままである。④では感染者数は180日までは1人のままで、181日目から増え始め、最終的には①と似たようなグラフになっている。

　①と④の比較から見て取れるように、半年近く感染を抑え込んでも、免疫ができない限りは、緩みが生じると結局は元の場合と同じように感染の蔓延が起きる。

4. 緩和戦略と抑圧戦略

　図4において、βの値（1人の感染者が1日にうつす人数）を減らしていけば、各時点の感染者を示すカーブのピークは下がり、カーブは後ろにずれ、カーブのピークへの道筋は緩やかなものになっていく。γ（一日当たり回復する人数）を0.2人としたときに、βが0.2のときには感染者数は増えも減りもせず、βが0.2を下回れば感染者数は減る。

　この図を踏まえて、新型コロナウイルスに対してどのような基本戦略を考えるか。大きく言うと基本戦略は三つに分かれる。最初の二つは緩和戦略と抑圧戦略と呼ばれるものである（Ferguson *et al.*, 2020）。

　抑圧戦略では、上記の例で言えば、βを0.2未満に継続的に抑え込むことによって、感染者数をゼロに近い数字にすることが目指される。感染をほぼ完全に抑え込んで、ワクチンや効果的な治療薬が登場するのを待つ戦略である。本稿の執筆時点ではほぼ完璧な抑圧戦略をとっているのはニュージーランドと台湾である。シンガポールや韓国でも抑圧戦略をとっていると思われるが、シンガポールでは外国人労働者の感染増が問題になり、韓国ではナイトクラブでの感染が問題になった。理屈の上では国内における感染者数を一旦ゼロにし、完全な国境封鎖を行えれば、抑圧戦略を楽に行えそうだが、シンガポールや韓国に見られたように綻びが生じる場合があり、強力な監視体制の構築が重要になる。

　緩和戦略では、図4の例で言えば、$\beta = 0.6$が何らの対策もとらない場合として、βの数字を減少することによって、カーブを後ろにずらして緩やかにしてピークを下げることを目指しているが（flatten the curve と言われる）、感

染そのものを抑制することは主たる目的とはなっていない。上記の例では β の数値は0.2より大きく0.6より小さくなる。重症化しやすい一部の人々を除いては、多くの人々が感染するのはやむをえない、あるいは、集団免疫ができるためには感染者数が増えることは悪いことではないという暗黙の前提がある。

　緩和戦略の主たる目的は感染ピークが医療のキャパシティを超えないことにある。例えば、図4の $\beta = 0.4$ の場合にはピークが約1,930万人になるので、このうちの重症者数が例えば1割の193万人とすると、例えば200万人の重症者向けのキャパシティがあれば、緩和戦略を講じても医療のキャパシティを超えないことになる。新型コロナウイルスが高い確率で死に至る病気であれば緩和戦略はとられるべきではないが、実際には高齢者や基礎疾患のある人々以外の重症化リスクが低いために、高齢者などは感染させないように工夫しながら緩和戦略を採用する余地が出てくる。

　緩和戦略は英国が当初とろうとして、その旨をジョンソン首相が3月12日に記者会見して宣言したのだが、数日後に撤回した。最適な緩和戦略をとった場合であってもピーク時の患者数が一般病棟とICU双方のキャパシティの8倍を超えるというシミュレーションをインペリアル・カレッジ・ロンドンが行ったことが背景にあるとされている（Ferguson *et al.*, 2020）。緩和戦略を実際に採用したのはスウェーデンである。スウェーデンでは、講じる戦略の持続可能性を重視して、ロックダウンのような強硬な対策は講じなかった。50人以上の集会は禁止したり、高校や大学を閉校にしたり、老人ホームへの訪問を禁じたり、高齢者の外出自粛を推奨したり、在宅勤務の推奨は行ったものの、他の欧州の国々とは異なって、小中学校は開校、レストランは一部を除いて営業しており、ロックダウンを行った他の欧州の国々に比べると緩やかな対策が行われた。

5. ジグザグ戦略

　多くの国々は緩和戦略でも抑圧戦略でもない第三の道を進もうとしているようだ。多くの国々は、不意打ち的に新型コロナウイルスの蔓延を迎え、外出禁止や都市間の交流を禁止することによって人と人との接触を防ぐという強力な

対策を講じた。ロックダウンと呼ばれている。ところが感染を完全に抑え込むところまでは行っておらず、ロックダウンが社会や経済に与える負の影響も大きかったことから、全面的ではないものの社会活動や経済活動を再開する方向に向かっている。

　おそらく各国の念頭にあるのは、Kissler *et al.*（2020）が「断続的な社会的距離シナリオ」と呼んだもので、規制を一旦緩めて、また感染が蔓延してきたら規制を強化しようというものである。以下ではこれをジグザグ戦略と呼ぶ。Kissler *et al.* では、対策を行わない期間中に医療キャパシティの限界を超えそうになったら、R_0 を60％削減する社会的距離対策を講じて、感染者数が十分に減少したら対策をやめる。対策をやめたために感染者数が増えて医療キャパシティの限界を超えそうになったら再び R_0 の60％削減策を講じるというものになっている（Kissler *et al.* の fig. 6 を参照のこと）。ジグザグ戦略の下では感染者数のサーベイランスが重要になる。

　図5は、Kissler *et al.* の発想を本稿のSIRモデルに当てはめたものである。ここでは感染者数が医療需要と医療キャパシティの代理変数となっている。基本的な発想としては、許容上限感染者数を実際の感染者数が上回ったら $\beta = 0.1$ となるようにブレーキをかけ、許容下限感染者数を実際の感染者数が下回ったら $\beta = 0.4$ に切り替えるというものである。ここでは許容上限感染者数が初期（t = 0）では50万人、500日目では150万人として、医療のキャパシティが時間とともに増加していくことを想定している。許容下限感染者数は10万人とした。図5では、500日中で280日は $\beta = 0.4$、220日は $\beta = 0.1$ という結果になった。

　許容上限感染者数が重症患者向けの医療キャパシティを反映していて、このキャパシティから許容上限感染者数を概ね正確に計算できれば、許容上限感染者数をトリガーにして、緊急事態宣言を発して対応するというアプローチが可能になる。また、逆に、許容下限感染者数を作って、そこを感染者数が下回れば緊急事態宣言を解除するというアプローチも可能である。ただ、図5では、小さなピークが11個あり、500日間にこの回数だけ規制措置とその解除を繰り返すことになる。この図は例示に過ぎないが、実際にも緊急事態宣言とその解除が何度も繰り返されることになるかもしれない。短期間の間に規制措置とそ

図5　ジグザグ戦略における各時点の感染者数の推移

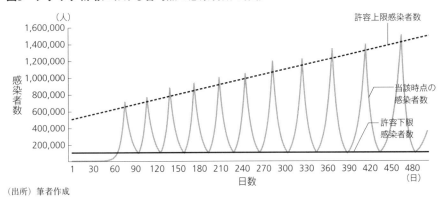

（出所）筆者作成

の解除を繰り返し、また、そのタイミングは完全には読み切れないとなると、長期間の現場の作業が求められる生産活動（建設業や多くの製造業など）では対応しきれないことが懸念される。

　上記のモデルでは各時点の感染者数をトリガーとしているが、経済活動を安定的に行えそうな案として、50日間の抑圧戦略をとる時期と30日間の緩和戦略をとる時期を交互に繰り返すという方法も提案されている（Chowdhury *et al.*, 2020）。こちらの方法だと不確実性は減るように見えるが、実際の新型コロナウイルスの感染速度は気温や湿度などの様々な条件によって変化する可能性があるため（Wu *et al.*, 2020）、30日間の緩和戦略の間に予想外に重症者が増加するなどのリスクがある。これを防ぐためには、感染者数のサーベイランスは依然として重要で、抑圧戦略と緩和戦略の期間を事前に完全に決めるのは、集中治療室に入りきれなくなる場合の優先治療順位（トリアージ）をあらかじめ決めておくなどの覚悟がないと難しいと思われる。

　日本でもジグザグ戦略に従って動こうとしているようである。新型コロナウイルス感染症対策専門家会議の2020年5月1日の「新型コロナウイルス感染症対策の状況分析・提言」では、参考1の図（新型コロナウイルス感染症対策の今後の見通し〈イメージ〉）でジグザグ戦略型の図を示しており、「新しい生活様式」と「徹底した行動変容の要請」を交互に行うことを示唆している。大阪府が作成した「大阪モデル」では、自粛要請などの基準として、新規陽性者に

おける感染経路（リンク）不明者の前週増加比が1以上、新規陽性者における
リンク不明者数が5〜10人以上、確定診断検査における陽性率が7%以上とい
う条件のすべてを満たすと、府民への自粛要請などの対策を段階的に実施する
こととしている。また、新規陽性者におけるリンク不明者数が10人未満、確
定診断検査における陽性率が7%未満、患者受入重症病床使用率が60%未満と
いう三つの条件を原則として7日間連続で満たすと自粛などを段階的に解除す
るとしている。

6. 経済活動を行える範囲を拡大するための方策

　新型コロナウイルスに向き合う基本戦略として、緩和戦略、抑圧戦略、ジグ
ザグ戦略の三つをここまでに取り上げてきたが、緩和戦略は医療キャパシティ
を超えるリスク（いわゆる医療崩壊）を甘受せざるをえず、抑圧戦略とジグザ
グ戦略は長期的な忍耐を強いられる。以下ではこれらの問題を少しでも和らげ
て経済活動を行える範囲を拡大するために、議論の俎上に上っている対策につ
いて述べる。

医療のキャパシティの増大

　重症者のすべてが集中治療室で延命治療を受けられないことを覚悟できれば
別だが、そうでなければ、医療のキャパシティが経済活動の上限を決めること
になる。したがって、経済活動の抑制を防ぐためには医療のキャパシティの増
大が必要になる。ここでいうキャパシティとは、医師や看護師などの人的資
源、人工呼吸器などの器具、麻酔薬などの医薬品、マスクなどの備品、集中治
療室などの設備など総合的なものであり、この中で最も不足するものが医療の
キャパシティを決めることになる。例えば、人工呼吸器の数だけ揃っても、そ
れを使いこなせる人がいなければ、医療キャパシティは低くなる。

　医療キャパシティを増やす上でどこが問題なのかは現場でないとわからない
面が強いので、現場の代表が自由に使えるような資金供給、現場の声を踏まえ
た速やかな規制改革（タスクシフトなど）が求められる。

高齢者に的を絞った対策

生産活動に携わっている高齢者が若年層に比べると少ないこと、高齢者の重症化リスクは若年層よりも大きくて医療崩壊を生じさせやすいことを踏まえると、医療崩壊と経済崩壊の両方を避けるための方策として、高齢者を隔離状態に置く一方で、若年層には通常に近い状態で活動してもらうことが考えられる。

5 月末時点では日本では高齢者に的を絞った対策には重点が置かれていないようだ。例えば、専門家会議の報告書（5 月 13 日）には「高齢者」という言葉がなかった。諸外国では高齢者に特化した対策もあり、例えば、スウェーデンでは高齢者は外出を自粛するように求められていたし、英国でも 70 歳以上の高齢者は中程度のリスクがあるとして社会的距離のアドバイスを守ることが重要だとされていた。

高齢者に的を絞った対策を講じる場合には、社会全体では感染が蔓延することを許容することでもあるので、高齢者の隔離が完全に近いものであることが重要になる。東京都港区では高齢者のための買い物代行事業を開始したと報道されている。身体的接触が最大の感染リスクなので、こうした対策は有意義である。

なお、高齢者を隔離するというよりも、一定年齢以下の若年層だけ自粛を解除することも考えられる。例えば、複数の報道によると、ロックダウンをしているインドネシアでは 45 歳未満だけ職務に復帰させるという案が出ているという。若年層だけの自粛解除は、それ以上の年齢層との身体的距離を置くことが確保できるのであれば、経済と医療を両立できる対策になりそうである。

免疫パスポートの可能性

英国やドイツなどで、一旦感染して治った人々に免疫パスポートを発行して経済活動を担ってもらうという議論が起きた（Phelan, 2020）。

本稿執筆時点では新型コロナウイルスに感染して回復した人々が本当に免疫を有しているかはわかっておらず、アカゲザルを使った実験で数週間は再感染しないことがわかっているだけである（Chandrashekar *et al.*, 2020）。ただ、わかっていないことは存在しないことの証明ではないので、数ヵ月から 1 年は

免疫があると仮定して、感染から回復した人々に活躍してもらうことは考えられる。

　感染から回復した人の活躍が特に期待されるのは介護だ。要介護状態にある高齢者を感染させないためには、感染させることのない人々だけが接触することが効果的だ。新型コロナウイルスの感染は症状が出る前に既に起きること、PCR検査も抗原検査も感染初期において偽陰性（感染しているにもかかわらず検査結果が陰性になること）が多いことから、要介護者に接する介護士が感染していないことを担保することが難しい。そこで、要介護者と接触が必要な部分を感染して治った人々に担ってもらった方が感染リスクを下げられる可能性がある。

　介護以外でも、多くの人々と接触する機会が多い仕事を感染から回復した人々に担ってもらうと、多くの人々の感染リスクを下げることになる（Weitz et al., in press）。また、通常の職場でも、集団感染によって組織全体が機能マヒするリスクがあるが、感染して回復した人々が組織の中にいることによって、一部の機能維持が期待できるかもしれない。

広義のトリアージ

　ジグザグ戦略や抑圧戦略が社会的経済的に困難で、緩和戦略しか講じられなくなった場合には、医療キャパシティを感染ピーク時の医療需要が上回ることを止められなくなるリスクが生じる。この場合の医療現場の混乱を避けるためには、誰が集中治療室に入れるか、延命治療を受けられるか、というトリアージを事前に決める必要が生じる。

　通常のトリアージの場合、災害などの緊急事態は既に起こっていて医療現場は受動的にトリアージするだけだが、新型コロナウイルスの場合には、経済活動を抑制することによって医療現場におけるトリアージを避けることができる代わりに、経済活動の抑制が自殺をはじめとする命を含めた損失を生むことになり、為政者はいわば広義のトリアージを迫られることになる。倫理学に出てくるトロッコ問題に現実に向き合うような話だが、避けて通れないかもしれない。

7. おわりに

　ここまでSIRモデルを踏まえながら、新型コロナウイルスに向き合う基本戦略について述べたが、実は新型コロナウイルスにおいてはSIRモデルを形式的に適用すると大きく間違うことがわかってきた。

　例えば、本稿の計算では、R_0を2として初期時点で免疫がない人々が1億2,000万人とすると、ピークは第101日目で、この時点だけで約1,930万人の感染者数が出て、この時点で既に感染した人々は全人口の半分になったが、これは日本の公表感染者数（2020年5月27日時点で1万6,112名）とは大きく異なっている。このようなモデルと現実の食い違いに向き合うため、栗田・菅原・大日の研究（未査読）では無症状の人々の割合が極めて多い（99.99％と推計）としており（Kurita, Sugawara, and Ohkusa, 2020）、こう考えると数千万人の感染者がいることの説明がつく。ところが、既に感染して抗体ができた人々を検査する抗体検査によれば、日本において既に感染した人々の割合はせいぜい数％であり（Doi *et al.*, 2020; Takita *et al.*, 2020）、これは公表感染者数に比べればはるかに大きな数字ではあるものの、R_0を2とするSIRモデルの試算に比べると極めて少ない。

　このような不可思議なことは日本に限ったことでなく、緩和戦略をとったスウェーデンでも抗体検査によって明らかになった既に感染した人々の割合はストックホルムで約7％、医療崩壊が起きたニューヨーク市でも約20％と、SIRモデルが予想する数値よりははるかに小さなものとなっている。

　この食い違いを埋めるためのアプローチとして、新型コロナウイルスに感染しにくい人々が多数いる可能性を検証する必要があるかもしれない。このことを早くから指摘していたのは生物物理学者でノーベル化学賞の受賞者であるマイケル・レヴィット氏で、同氏は新型コロナウイルスに対してもともと免疫がある（naturally immune）人々が大部分なので、感染スピードが自然と遅くなると指摘していた（Edmunds, March 20, 2020）。

　単純なSIRモデルでは、初期時点ではすべての人々が感染症への免疫がない（感染者との接触で感染しうる）と想定されているが、仮に感染症への免疫が

ある人々が大多数であれば、レヴィット氏の主張する通り、単純なSIRモデルが想定するよりも感染ピークは低く、かつ感染が早く終息に向かうことになる。この指摘を支持しそうな仮説として、風邪のコロナウイルスなど別なウイルスに既に感染したために新型コロナウイルスに感染しにくい人々がいる（交差免疫がある）という仮説が提示されている（Grifoni *et al.*, in press）。

　また、単純なSIRモデルでは人々の均質性を想定しているが、感染への感受性や活動量において人々の間に多様性がある場合には集団免疫の閾値が下がるという研究も最近出されている（Britton, Ball, and Trapman, 2020; Gomes *et al.*, 2020）。集団免疫の閾値が下がれば、既に感染した人々の全人口に占める割合が同じでも、感染がピークを超えて終息に向かうのは早くなる。

　モデルと現実の食い違いの原因を明らかにすることは、日本が新型コロナウイルスの感染の初期段階にいるのか、それとも感染は既に蔓延して集団免疫に近い段階にいるかを把握することにつながる。このことは、国民に様々な活動の自粛を求める必要があるかを決める上で重要なことだ。仮に集団免疫に近い状態にあれば、諸活動を抑制する意味は薄れる。

　日本が新型コロナウイルスの感染のどの段階にいるのかという問いに対する答えを明らかにするためには、厳密な手法に基づいた研究が必要になるはずで、登場が期待される研究者も、感染症への緊急対応の専門家だけでなく、ウイルス学、免疫学、疫学、統計学、経済学など幅広い分野にわたる。別の分野の研究をしている研究者が新型コロナウイルスの研究に速やかにシフトできる環境を整えたり、新型コロナウイルスの研究に携わる様々な分野の研究者への資金的な援助を拡充することが望まれる。

〈参照文献〉

大日康史・菅原民枝（2009）『パンデミック・シミュレーション：感染症数理モデルの応用』技術評論社。

Britton, T., F. Ball, and P. Trapman (2020). "The Disease-Induced Herd Immunity Level for COVID-19 Is Substantially Lower Than the Classical Herd Immunity

Level." *arXiv preprint arXiv:2005.03085.*

Chandrashekar, A., J. Liu, A. J. Martinot, K. McMahan, N. B. Mercado, L. Peter, . . . D. H. Barouch（2020）. "SARS-CoV-2 Infection Protects against Rechallenge in Rhesus Macaques." *Science*, eabc4776.

Chowdhury, R., K. Heng, M. S. R. Shawon, G. Goh, D. Okonofua, C. Ochoa-Rosales, . . . O. H. Franco（2020）. "Dynamic Interventions to Control COVID-19 Pandemic: A Multivariate Prediction Modelling Study Comparing 16 Worldwide Countries." *European Journal of Epidemiology*, 35: 389–399.

Doi, A., K. Iwata, H. Kuroda, T. Hasuike, S. Nasu, A. Kanda,. . . Y. Kihara（2020）. "Estimation of Seroprevalence of Novel Coronavirus Disease（COVID-19）Using Preserved Serum at an Outpatient Setting in Kobe, Japan: A Cross-Sectional Study." *medRxiv*, 2020.2004.2026.20079822.

Edmunds, D. R.（March 20, 2020）. "Israeli Nobel Laureate: Coronavirus Spread Is Slowing." *The Jerusalem Post.*

Ferguson, N. M., D. Laydon, G. Nedjati-Gilani, N. Imai, K. Ainslie, M. Baguelin, . . . A. C. Ghani（2020）. "Impact of Non-Pharmaceutical Interventions（Npis）to Reduce COVID-19 Mortality and Healthcare Demand." Retrieved from https://www.imperial.ac.uk/media/imperial-college/medicine/sph/ide/gida-fellowships/Imperial-College-COVID19-NPI-modelling-16-03-2020.pdf

Gomes, M. G. M., R. Aguas, R. M. Corder, J. G. King, K. E. Langwig, C. Souto-Maior, . . . C. Penha-Goncalves（2020）. "Individual Variation in Susceptibility or Exposure to SARS-CoV-2 Lowers the Herd Immunity Threshold." *medRxiv*, 2020.2004.2027.20081893.

Grifoni, A., D. Weiskopf, S. I. Ramirez, J. Mateus, J. M. Dan, C. R. Moderbacher, . . . A. Sette（in press）. "Targets of T Cell Responses to SARS-Cov-2 Coronavirus in Humans with COVID-19 Disease and Unexposed Individuals." *Cell.*

Kissler, S. M., C. Tedijanto, E. Goldstein, Y. H. Grad, and M. Lipsitch（2020）. "Projecting the Transmission Dynamics of SARS-CoV-2 through the Postpandemic Period." *Science*, 368（6493）: 860-868

Kurita, J., T. Sugawara, and Y. Ohkusa（2020）. "Statistical Testing between Counter Measure vs Herd Immunity in the Case of COVID-19 Outbreak in Wuhan and Japan." *medRxiv*, 2020.2004.2026.20081315.

Phelan, A. L.（2020）. "COVID-19 Immunity Passports and Vaccination Certificates: Scientific, Equitable, and Legal Challenges." *Lancet*, 395（10237）: 1595–1598.

Takita, M., T. Matsumura, K. Yamamoto, E. Yamashita, K. Hosoda, T. Hamaki, and E.

Kusumi (2020). "Preliminary Results of Seroprevalence of SARS-CoV-2 at Community Clinics in Tokyo." *medRxiv*, 2020.2004.2029.20085449.

Weitz, J. S., S. J. Beckett, A. R. Coenen, D. Demory, M. Dominguez-Mirazo, J. Dushoff, . . . C. Y. Zhao (in press). "Modeling Shield Immunity to Reduce COVID-19 Epidemic Spread." *Nature Medicine.*

Wu, Y., W. Jing, J. Liu, Q. Ma, J. Yuan, Y. Wang, . . . M. Liu (2020). "Effects of Temperature and Humidity on the Daily New Cases and New Deaths of COVID-19 in 166 Countries." *Sci Total Environ*, 729: 139051.

第12章

創薬による新型コロナウイルス危機の克服[1]

長岡貞男[*]

1. はじめに

　新型コロナウイルスは、インフルエンザよりも格段に死亡率が高く、しかも治療薬やワクチンが現在時点では存在しないことが、人類に大きな脅威をもたらしている。有効で安全な治療薬あるいはワクチンを提供することが、新型コロナウイルスがもたらす健康上の被害ならびに経済上の被害を克服する最も抜本的な解決策である。既に多くの創薬企業や大学などの研究機関が新型コロナウイルスの治療あるいは予防の研究開発に乗り出している。既存薬の適用拡大の研究開発を含めて、その流れを加速化していくこと、新しい研究開発の試みを奨励すること、また国際共同治験など国際協力によって新薬の早期活用を実現していくことが重要である。感染の外部効果によってパンデミックが健康・経済に与える損害は大きく、その脅威を早期に克服する創薬への政府の強力な支援が重要だと考えられる。

　そもそも20世紀の半ばまで結核、肺炎及び気管支炎など感染症が死亡の原因としても最も重要であったが、ペニシリン、ストレプトマイシン、ワクチン

＊　東京経済大学経済学部教授、経済産業研究所プログラムディレクター
1　本稿のベースとなった経済産業研究所の小論（「新型コロナウイルスと創薬イノベーションの予想外の効果」）執筆に当たっては、大杉義征博士（大杉ファーマバイオコンサルティング）から貴重な示唆を得たことに、記して感謝申し上げたい。また、経済産業研究所の佐分利応貴氏からコメントを頂いたことに感謝申し上げたい。本研究には科研費基盤B（「創薬イノベーションとインセンティブの研究」、18H00854）及び東京経済大学の共同研究費も活用した。

などの創薬によって、これらの感染症を克服してきた。Cutler *et al.* (2006) によれば、米国において20世紀の初頭からの半世紀で、感染症による死亡率は5分の1程度まで低下している。その結果、創薬の主要な目標は、感染症から高血圧、糖尿病や高脂血症などの成人病にシフトし、そしてさらに最近では腫瘍やアルツハイマー病などが創薬の中心となってきている。

　ただ、感染症の分野でも引き続き大きな創薬イノベーションがあった。細菌による感染とウイルスによる感染があり、ウイルス感染に対する治療薬は比較的限られていたが、ヘルペス・ウイルスの増殖を特異的に阻害する抗ウイルス剤が、1974年に発見され、水痘・帯状疱疹への有効な治療を提供した。1983年にエイズ患者が感染しているヒト免疫不全ウイルス（HIV）の増殖を抑制する阻害剤が発見され、エイズによる死亡率は劇的に低下した。肝硬変、肝臓がんへ移行することも多く、難治であったC型肝炎も、2010年代初頭に非常に有効性の高い抗ウイルス剤が開発され、最近では多くが完治するようになった。

　本稿では、新型コロナウイルスを克服するための創薬について、既存薬の活用（リポジショニングあるいはリパーパシング）と新ワクチンの開発について臨床試験の動向を分析し、今後の課題を述べたい。過去の創薬努力の蓄積によって、様々な疾患に対応できる多様な既存医薬品（あるいはその候補）があり、これが新型コロナウイルスの脅威を下げる重要な手段を提供する可能性がある。以下の第2節で、日本で創薬された医薬品を例にとりながら、このような既存薬について説明し、第3節では、その活用のための臨床試験の動向を概観する。また、ウイルスによる疾患メカニズムの理解の進展、遺伝子組み換え技術、ナノDDS（ドラッグ・デリバリー・システム）などの進歩によって、創薬技術も大きく進歩しており、新ワクチンや新治療薬の開発への技術的可能性も拡大している。第4節では新ワクチンの人を対象とした臨床試験の動向から、その動向を概観する。最後にこれらを踏まえて、今後の課題を述べる。

2. 既存薬の活用可能性

自然免疫の強化

　第一は、既存ワクチンによる自然免疫の強化である。結核の撲滅に大きな効果があり、現在でもその予防に広く利用されてきている BCG ワクチンは、自然免疫を強化することが知られている（平野, 2020）。自然免疫は、どのような感染症に対しても発症率や重症化率を抑制することに有効な免疫である。特定の疾患に特化したワクチンと比較して有効性は劣るが、感染率や死亡率を有意に下げることが期待される。安全性は確立しており、また供給可能性も確立している。

　新型コロナウイルス感染による死亡率には、BCG 接種をしている国かどうかで、大きな差があることを確認できる。以下の表 1 は、新型コロナウイルスによる感染者数が最も多い国 27 ヵ国について（2020 年 4 月 11 日時点）、その死亡率と感染率の国間の差が、感染の開始が最近かどうか（*recent*、最初の感染患者の発生日の中国との差が 30 日未満かどうか）、BCG ワクチンがユニバーサルに接種されているかどうか（その場合、*bcg* = 1、それ以外は 0）、及び一人当たりの GDP（国内総生産：*GDP per capita*、PPP）の三つの変数でどのように説明されるかを示している。被説明変数である死亡率や感染率は対数をとっている。

　BCG ワクチンがユニバーサルに接種されている国では、非常に有意に、死亡率も感染率も低い。死亡率の対数の係数が－ 2.9 であることは死亡率が約 16 分の 1 であること、また、感染率の対数の係数が－ 2.0 であることは、感染率が 7 分の 1 であることを示している[2]。感染開始がより最近の国では、死亡率も感染率も低いことは予想される結果であり（*recent* の係数がマイナス）、他方で、一人当たりの GDP は負であるが有意性はない。今回の感染症の特徴の一つは先進国の方が感染の程度が大きいことにある。

2　BCG の係数は死亡率の方程式でより大きいが、それは感染者数の測定に国による差が大きいことを反映しているかもしれない。

表1　新型コロナウイルスによる死亡率、感染率とBCG接種

説明変数	人口100万人当たり死亡率（対数）		人口100万人当たり感染率（対数）	
	Indeaths1mpop		InTotCases1Mpop	
recent	−1.125* (0.577)		−1.082** (0.445)	
bcg	−2.860*** (0.589)	−2.725*** (0.618)	−1.988*** (0.454)	−1.858*** (0.495)
lngdp_percapita	−0.767 (0.525)	−0.665 (0.552)	−0.140 (0.405)	−0.0409 (0.442)
Constant	12.73** (5.546)	11.02* (5.787)	9.185** (4.277)	7.543 (4.635)
Observations	27	27	27	27
R-squared	0.531	0.453	0.500	0.372

Standard errors in parentheses
*** $p<0.01$, ** $p<0.05$, * $p<0.1$
（出所）死亡率と感染率は https://www.worldometers.info/coronavirus/ （2020年4月11日）。最初の感染者については、2019-20 coronavirus pandemic by country and territory（https://en.wikipedia.org/wiki/2019%E2%80%9320_coronavirus_pandemic_by_country_and_territory）。BCGのユニバーサルな接種国かどうかはZwerling（2011）から筆者作成。GDP per capita は世界銀行アトラス。

　死亡率はBCG接種の効果以外にも、その国の医療などの水準に依存するが、隣国でかつ同じような経済発展の水準にあれば、このような他の要因はかなりコントロールされると考えられる（しかも、人の移動を考えると隣接国ではBCG接種の効果の差が小さくなるバイアスがある）。こうした点でスペインとポルトガルの比較は示唆的である。両国ではほぼ同じ時期に感染が始まったが（スペインが3月5日、ポルトガルが3月18日）、5月17日の時点で、BCGをユニバーサルに接種していないスペインでは人口100万人に対する死者が約600名、BCGをユニバーサルに接種しているポルトガルではそれが120名と約5分の1の水準となっている。日本では中国からの観光客も多く、新型コロナウイルスの患者が早期に発生したにもかかわらず、感染が爆発的に拡大しなかった理由として[3]、BCGの接種国であったことも重要である可能性がある。
　このようなBCG接種との非常に強い相関関係が因果関係かどうかは、臨床試験によって最終的に確定可能である。新型コロナウイルスに対してのBCG

3　日本の死亡者数は、同日（5月17日）で100万人当たり5.9人であった。

　ワクチンの利用については、日本ワクチン学会（2020）の見解は、「『新型コロ
ナウイルスによる感染症に対して BCG ワクチンが有効ではないか』という仮
説は、いまだその真偽が科学的に確認されたものではなく、現時点では否定も
肯定も、もちろん推奨もされない。」である[4]。
　しかし、新型コロナウイルスに対するワクチンの開発には時間を要する可能
性もあり、既存ワクチンの活用はその間に活用できる利用可能な重要なオプシ
ョンであり、その臨床的な可能性を追求する価値はあると考えられる。実際、
WHO のデータベース（COVID-19 Studies from the World Health Organization
Database）によれば、オーストラリア、オランダ、米国、ブラジルなどの大
学を中心に、七つのランダム化された、1,000 人規模の本格的な臨床試験が進
んでいる（その中で五つはプラセボによるコントロールも行っている）。日本
では BCG ワクチンの接種率は 98％と高いが、陰性の割合が年齢に応じて高く
なる。BCG ワクチンあるいはそれを改良した既存のワクチンが、新型コロナ
ウイルスに対する感染を抑止するのに一定の効果が確認できれば、新型コロナ
ウイルスに最も脆弱な高年齢者に対して、これを投与することも選択肢となっ
てくる。

既存の抗ウイルス薬の活用

　新型コロナウイルスは、ウイルスが宿主である細胞の中で増殖することによ
って重症化が進む。日本の製薬企業（富士フイルム富山化学）が創薬をしたイ
ンフルエンザの治療薬アビガン（一般名ファビピラビル）が、このようなウイ
ルスの増殖の抑制に高い有効性を持っている可能性が、中国で行われた比較臨
床試験の結果から示唆された（以下の白木〔2020b, c〕がその詳細を説明して
いる）。早期に投与することでウイルスの増殖を抑え、重症化を防ぐことがで
きる可能性が示されている。アビガンはウイルスの RNA ポリメラーゼ

[4]　日本ワクチン学会、2020 年 4 月 3 日、新型コロナウイルス感染症（COVID-19）に対する
　　BCG ワクチンの効果に関する見解、http://www.jsvac.jp/pdfs/kenkai.pdf
　　WHO も慎重な見解を出している（WHO、2020 年 4 月 12 日、"Bacille Calmette-Guérin
　　（BCG）vaccination and COVID-19."
　　https://www.who.int/news-room/commentaries/detail/bacille-calmette-gu％C3％A9rin-
　　(bcg)-vaccination-and-covid-19

（RdRp）を特異的に阻害し、その遺伝子複製を阻害する新規なメカニズムを有しているために、致死的なインフルエンザ感染にも有効であること、また耐性ウイルスを発生させない優れた特徴がある（古田, 2019）。

　この薬は発見されたのが1998年、インフルエンザの治療薬として承認されたのが2014年と、発見から承認まで長期間を要した。インフルエンザ薬には先行品があり、またインフルエンザの流行次第によって売り上げが左右される。このため、大手製薬会社で興味を示す企業がいなかったために、富山化学では長期間、開発中止となったからである[5]。しかし、鳥インフルエンザでの有効性を米国の大学が発見したなどで臨床試験を再開させ、その後富士フイルムに買収され臨床試験継続の資金を得て、ようやく承認となった。ただし、動物実験において初期胚の致死及び催奇形性が確認されており、妊婦には投与しないこと、また他の抗インフルエンザウイルス薬が無効または効果不十分なのに限定して利用されることとなった[6]。

　また、2015年に大村智博士がその発見に対してノーベル賞を受けた、イベルメクチン（Ivermectin、製品名はストロメクトール）にも、新型コロナウイルスの増殖を抑制する効果があることが最近報告されている[7]。ウイルスのタンパク質が核内移行をすることをイベルメクチンが阻害することで、ウイルスの増殖を強く抑制する可能性がある。イベルメクチンは抗寄生虫薬として承認を受けており、既に各国で大量に利用されてきた実績があり、安全性は確立している。さらに、最近のサイエンス誌に掲載されたGuy et al.（2020）は、アビガンに加えて、小野薬品が開発した慢性膵炎の医薬品フオイパン錠（一般名：カモスタット）を、ウイルスが細胞内に侵入することを抑える効果があり、臨床試験を実施する正当性が高いと指摘している。

　これらの既存医薬品について、新型コロナウイルスへの有効性確認のための臨床試験が必要である。

5　『週刊現代』、2014、「富士フイルム『エボラから世界を救う薬』を開発するまでの苦闘16年」、https://gendai.ismedia.jp/articles/-/41194　56 (41), 50-53, 2014-11-29

6　アビガンの添付文書（https://www.info.pmda.go.jp/go/pack/625004XF1022_2_02/）を参照。

7　Caly et al.(2020). "The FDA-approved drug ivermectin inhibits the replication of SARS-CoV-2 in vitro." *Antiviral Research*, Vol. 178, June, 104787.

自己免疫疾患治療薬の活用

　新型コロナウイルスによる感染が重症化すると、急性呼吸器不全や多臓器不全を起こして場合によって死に至る。その原因として重要なのはサイトカインストーム（サイトカイン放出症候群）である。それは感染した細胞が免疫関連細胞を刺激し、炎症性のサイトカイン（IL-6,TNF-α など）を放出し、それが免疫細胞を活性化させるが、それがさらなるサイトカインの放出を促し、サイトカインの放出に歯止めがなくなり、新型コロナウイルスの場合は、肺などの臓器に重大な損傷をもたらすことになる（平野, 2020）。もしサイトカインストームを抑えることができれば、死亡率を大幅に下げることが可能となると期待されている。

　このようなサイトカインの過剰産出は新しい現象ではなく、関節リウマチなどの自己免疫疾患の原因であることが、既に解明されている。サイトカインの発生を抑制する医薬品が既に開発され、関節リウマチの治療には大きな効果を上げている。このような医薬品の中で、新型コロナウイルスに対しては、大阪大学と中外製薬が共同で、長期間を要して創製したアクテムラ（トシリズマブ）が有効である可能性が指摘されている（アクテムラは、IL6 のシグナル伝達を阻害する作用機序を持った最初の医薬品であり、その創製過程については原・大杉・長岡〔2014〕を参照）。このため、以下に述べるような臨床試験が実施されている。

3. ドラッグ・リパーパシングのための臨床試験

　このような既存薬の新型コロナウイルスへのドラッグ・リパーパシングのためには、新しい用途における医薬品の有用性と安全性の確認が必要である。安全性は既存用途で基本的に確認されているとしても、有用性は新たに治験が必要であり、その一環として最適な投与時期や用量を見出す必要がある。効果的な医薬品がまだ存在していない疾患において新薬の有効性を確立するには、プラセボ（偽薬）によるコントロールとの比較試験を行うのが通常である。新型コロナウイルスに罹患しても多くの患者は自然免疫の力で回復するので、それを上回る回復があることが必要だからである。また、医者や患者による治療方

法の選択によって、結果が影響をされないため（例えば、効果がありそうな患者に投与されるあるいはその逆）、コントロール群と投与群に患者をランダムに振り分ける必要がある。

　既存薬の新用途への臨床試験はコストが低く、また新型コロナウイルスのように多数の患者が存在している状態では、患者の臨床試験へのリクルートも実施しやすく、また臨床試験投資の回収の面からしても企業が取り組みをしやすいと予想されるかもしれないが、実際にはハードルも存在する。以下に見るように、治療が優先され、プラセボの設定が困難であることが日本では指摘されている。また、早期に臨床試験を実施しないと、感染が終息し臨床試験の患者を集めることが困難となる可能性もある。

　表2に、WHOのデータベース（2020年5月5日版）によって、ファビピラビル（アビガン）について、ランダム化による比較試験を行っている臨床試験（第2相以降のみ）のグローバルな概況を示している。日本で実施されている治験は二つあるが、先行している藤田医科大学の臨床試験（第2相）はプラセボをおいていない。主任研究者である土井教授によれば、「重症患者で薬を投与するグループと投与しないグループに分けて比較試験をすることは日本では倫理的に難しい。そのため自然に治る可能性が十分高く、薬の投与をある程度待てる無症状か軽症者を対象に臨床研究をすることになった」[8]としている。無症状か軽症者を対象にし、かつアビガンを早期投与する患者と少し遅れて投与する患者に分けた臨床試験であり、プラセボは利用していないので、臨床試験の検出力を犠牲にしている。

　富士フイルム富山化学が日本で行っている臨床試験はプラセボ・コントロールであり、また、米国の臨床試験は標準的な治療との比較試験を行っている（標準的な治療とは事実上プラセボと考えられる）。ただし、日本の臨床試験は第3相の試験であるが、臨床試験の目標患者数は100名未満と規模は小さい。また、同社が米国で行っている臨床試験の段階はまだ第2相である。なお、米国の大学、フランスの大学病院、イタリアや中国の病院なども臨床試験を行っているが、規模の面ではフランスの大学病院による臨床試験（第3相）が最も

---

[8]　日本経済新聞、2020年4月22日付け、「コロナでアビガン臨床研究、軽症者を対象に検証」

表2 アビガン（ファビピラビル）、レムデシビル（ベクルリー）及びアクテムラ（トシリズマブ）の臨床試験のグローバルな概況（ランダム化試験のみを抽出）

医薬品	実施国	実施機関あるいはスポンサー	目標患者数	プラセボ等によるコントロール	臨床試験段階
ファビピラビル（アビガン）	日本	藤田医科大学病院	86		第2相
	日本	富士フイルム富山化学	96	プラセボ	第3相
	米国	富士フイルム富山化学	50	標準治療	第2相
	米国	大学	120		第2相
	仏	大学病院	1057	他の医薬品群	第3相
	その他	イタリア、中国、エジプト及びイラン			
レムデシビル（ベクルリー）	米国、日本など10ヵ国	国立アレルギー感染症研究所（米）	800	プラセボ	第3相
	米国、日本、韓国	国立国際医療研究センター（日本）	100	プラセボ	第3相
	米国	ギリアドサイエンシズ	6000		第3相
	米国	ギリアドサイエンシズ	1600		第3相
	米国	財団	500		第2相/第3相
	仏	国立保健医療研究所（仏）	3100		第3相
トシリズマブ（アクテムラ）	その他	中国、ノルウェー、カナダ（WHO）、イラン			
	米国など11ヵ国*	ロシュ	330	プラセボ	第3相
	米国	ロシュ（ジェネンテック）	379	プラセボ	第3相
	米国	病院	300	プラセボ	第3相
	米国	財団	500	他の医薬品	第2相/第3相
	米国	大学病院	180	他の最良の治療	第3相
	ベルギー	大学病院	342	他の医薬品	第3相
	その他	スイス、フランス、スペイン、マレーシア、チュニジア			

（出典）WHO のサイトで公表されている治験に関するデータ（2020 年 5 月 5 日版）から作成
＊日本では、別途中外製薬が重症 COVID-19 肺炎による入院患者を対象に国内第 3 相試験の実施を準備中（5 月 19 日現在、https://www.chugai-pharm.co.jp/coronavirus_measures.html）

9 医薬品医療機器等法第14条の3第1項の規定による、以下の二つの条件を同時に満たす特例承認である：(1) 緊急に使用されることが必要な医薬品で、当該医薬品の使用以外に適当な方法がないこと及び (2) 医薬品の品質、有効性及び安全性を確保する上でわが国と同等の水準にあると認められる外国での認可。

大規模であり（1,000 名以上）、異なる医薬品の間の比較試験となっている。

　他方で、表 2 は、米国で緊急使用が認可され、日本で 2020 年 5 月 4 日に特例承認[9]されたレムデシビル（製品名はベクルリー、米国のギリアド・サイエンシズが創出）の臨床試験の概要も示している。レムデシビルは当初エボラ熱への治療薬として開発されている。米国の国立アレルギー感染症研究所がスポンサーとなった臨床試験は第 3 相試験であり、13 ヵ国の 800 名が患者数目標であり（現実には 10 ヵ国 1063 例）[10]、ファビピラビル（アビガン）と比較すると、患者数の規模が約 10 倍となっている。治験に参加する患者数が 10 倍になるとは、医薬品の効果の評価誤差は約 3 分の 1 となり、医薬品の有効性のより正確な判断が可能となる。また、レムデシビルの場合は、国際的な共同治験が実施されていることも特徴的であり、このことは各国で早期に認可される上でも重要である。ただし、レムデシビルの特例承認時点のデータでは、「本品目の有効性及び安全性を明確に結論付けることは困難である」となっている[11]。

　レムデシビルの臨床試験が早期に第 3 相が実施され、大規模であるのは、米国政府の直接的な参画があった（国立アレルギー感染症研究所が主たるスポンサーとなった）ことに加えて、基本的な特許権（物質特許）が有効であることも貢献している可能性がある。特許権が失効している場合も、新用途で最初に上市を実現できる臨床試験を行った企業は、当該国ではデータ保護制度（あるいは再審査期間）によって一定期間の独占権を獲得する。しかし、それは国ごとの権利であり、特許権とは異なってグローバルな権利ではない。特許権の満了は、当該医薬品の創出企業以外の企業でも臨床試験を行って上市することを可能とするので、既存薬の新用途における利用を促進する可能性があるが、他方で創出企業が大規模な臨床試験に取り組む誘因を下げてしまう可能性もある。

　最後に、表 2 には、トシリズマブ（アクテムラ）の臨床試験の状況も示している。中外製薬の親会社である、ロシュがプラセボでコントロールした、国際的な臨床試験を行っており、かつ子会社であるジェネンテックも補完的な臨床

10　レムデシビル審査報告書（https://www.pmda.go.jp/about-pmda/news-release/0012.html#2）
11　レムデシビル審査報告書（同上）

試験を行っていることがわかる（ロシュ本体は、患者の容態のスコア、ジェネ
ンテックの場合は人工呼吸器が必要となるかどうかをアウトカム指標としてい
る）。さらに、米国では、大学、財団あるいは大学病院などが実施機関あるい
はスポンサーとなって、並行的に臨床試験が進んでいる。日本では中外製薬が
重症 COVID-19 肺炎による入院患者を対象に国内第 3 相試験の実施を準備中で
ある。

4. 新ワクチンの開発

　新型コロナウイルスに特化したワクチンが開発され、幅広く接種されれば、
接種を受けた個人としても、また集団としても免疫が形成され、新型コロナウ
イルスを克服できる。集団免疫が成立すれば、海外からの感染を恐れる必要性
もなくなり、国内での人の交流を自由化できる。また、感染が収まっていない
国に出かける場合に、事前に予防接種を受け、感染のリスクを下げることがで
きるようになる。
　ウイルスは変異をするために、長期に有効であるワクチンを開発することが
困難な疾患もあり、新型コロナウイルスの予防に有効なワクチンが開発される
確証はない。また、ワクチンからの獲得免疫がどの程度持続するかも、ワクチ
ンの費用対効果に大きな影響を与える。こうした不確実性はあるが、短期間
で、多様な技術を利用した、多数のワクチンが開発されつつあり、既に人を対
象とした臨床試験に入っている新ワクチンもある。WHO のデータベースによ
れば、5 月 22 日時点で 10 の候補ワクチンについて、人を対象とした臨床試験
が行われており、これに加えて 114 の候補ワクチンが前臨床試験の段階にあ
る。ワクチンは健常人に広く接種されるので安全性のハードルが高く、新薬候
補の多くが有効性と安全性の二つのハードルを最終的にはクリアーできないこ
とを考慮すると[12]、このように多数の候補ワクチンが存在していることは、新
型コロナウイルスをワクチンでコントロールできる可能性を高めている。

12　候補ワクチンが認可にいたる確率は 10 分の 1 未満とされている（ワクチン・ファクトブッ
　ク 2012 年、米国研究製薬工業協会、http://www.phrma-jp.org/wordpress/wp-content/
　uploads/old/library/vaccine-factbook_j/vaccine_factbook_2012_jp.pdf）。

表3　人を対象とした臨床試験に入っているワクチン候補（2020年5月段階）

プラットフォーム	創薬企業・大学			
	1	2	3	4
mRNA	Moderna/NIAID（米）	BioNTech/FosunPharma/Pfizer（独、中国、米）		
DNA	Inovio Pharmaceuticals（米）			
ベクター（NonReplicating Viral Vector）	CanSino Biological Inc./Beijing Institute of Biotechnology（中国）	University of Oxford/AstraZeneca/Serum Institute of India（英）		
タンパク質（Protein Subunit）	Novavax（米国）			
不活性化（Inactivated）	Wuhan Institute of Biological Products/Sinopharm（中国）	Beijing Institute of Biological Products/Sinopharm（中国）	Sinovac（中国）	Institute of Medical Biology, ChineseAcademy of Medical Sciences（中国）

（出所）DRAFT landscape of COVID-19 candidate vaccines – 22 May 2020
file:///C:/Users/sadao/Downloads/novel-coronavirus-landscape-covid-198cf6037313a140ce89905bdd05b50332%20(1).pdf

　表3に見るように、人を対象に実施されている10の候補ワクチンには四つの創薬プラットフォームが利用されており、伝統的な不活化ワクチン（ウイルスを増殖しないように不活化してワクチンとして利用）に加えて、mRNAワクチン、DNAワクチンなど先端的なプラットフォーム技術も利用されている。これらの先端技術の保有企業はすべて米国を中心とした、バイオスタートアップ企業ないし大学である。同時に、ワクチンの大量生産を念頭に、ファイザー、アストラゼネカなど大手製薬企業と連携している。さらに、中国の企業が六つのワクチンの臨床開発に関与しており、早期から積極的に研究開発に投資をしている。なお、日本でもアンジェスと大阪大学、塩野義製薬、第一三共、田辺三菱製薬などが取り組んでいるが、まだ人を対象とした臨床試験には至っていない。アンジェスは2020年7月に人を対象として、DNAワクチンの治験を始める計画だと伝えられている[13]。

　先端的な技術を活用したワクチン開発を非常に速いスピードで実施している一例を挙げると、米国のモデルナ社が創製したmRNAワクチンがある。新型コロナウイルスのゲノム配列は2020年1月初頭に決定されているが、同社は、1月13日にワクチンの候補（mRNA-1273）を既に創出をしており、人を対象とした第1相臨床試験は米国のNIH（米国立衛生研究所）のNIAID（国立アレルギー感染症研究所）主導で3月16日から開始し、またBARDA（Biomedical Advanced Research and Development Authority）から4億8,300万ドルの資金援助を得て、研究開発を加速化している。同社は、5月18日に第1相の臨床試験の中間データを報告し、また第2相の臨床試験を5月6日から開始した[14]。第1相の中間データによると、ワクチンは、投与した対象者に、感染した場合に劣らない水準の抗体を発生させ、また一部の患者にはウイルスの増殖を予防する「中和抗体」を体内に発生させることにも成功した。人への投与が安全であることを示唆するデータも得た。同社のワクチンはナノ粒子にmRNAを取り込ませて、体内に注入するものであり、通常のワクチンとは異なり、化学合成で製剤を行う。このことは、従来のワクチンと異なって、大量生産を安定した品質で実施できる可能性がある。また、mRNAワクチンの特性から、新型コロナウイルスの変異にも容易に対応できるとされている。ただ、現時点ではmRNAワクチンで実現したものはない。

　表3に示すものを含めて、グローバルに多数の候補ワクチンの研究開発が進んでおり、比較的早期にワクチン投与ができるようになる可能性もかなりあると考えられる。そうなった場合、感染能力が強い新型コロナウイルスに対して、多くの人が予防接種を受けることによって集団免疫を獲得することが一つの抜本的な対策となる。

　日本では、感染力が強い感染症に対しては、予防接種法により誰もが受けるべき定期接種として位置付けられており、B型肝炎、Hib感染症、小児の肺炎球菌感染症、結核（BCG）、麻疹・風疹、水痘、日本脳炎、ヒトパピローマウイルス（HPV）感染症が対象となっている。しかし、近年状況は大幅に改善さ

13　日本経済新聞（2020年5月25日付）
14　モデルナ社のホームページ（https://investors.modernatx.com/static-files/2adbe91d-8eb4-4600-ae1d-020f129ab21c）

れつつあるが、日本ではかって「ワクチン・ギャップ」があるとされてきた[15]。現時点でも海外ではユニバーサルに接種されていても、日本ではそうなっていないワクチンが少なくない[16]。また、ワクチンの研究開発の面でも、日本は長らく低調であったと評価されている[17]。しかしながら、集団免疫を実現するというワクチンの社会的な役割を再認識し、新ワクチンの開発、活用の環境を整えることが必要となっている。

5. 結　論

　新型コロナウイルスに対して、有効で安全な治療薬あるいはワクチンを提供することが、新型コロナウイルスがもたらす健康上の被害ならびに経済上の被害を克服する最も抜本的な解決策である。過去の創薬努力の蓄積によって、ウイルス増殖の抑制、自己免疫疾患の抑制、自然免疫の強化などを可能とする、多様な既存医薬品（あるいはその候補）がある。これらは、新型コロナウイルスの脅威を有意に下げる重要な手段を提供する可能性があり、また既存薬であるので基本的な安全性は確認されている。これらの新型コロナウイルスへの効果を、信頼性の高い臨床試験によって早期に確立する必要がある。

　加えて、ウイルスによる疾患メカニズムの理解の進展、遺伝子組み換え技術の進歩、ナノ DDS（ドラッグ・デリバリー・システム）の発展などによって、創薬技術も大きく進歩しており、新型コロナウイルスに対処する治療薬やワクチンの開発への技術的な可能性は大きく拡大している。新型コロナウイルスに

---

15 「我が国では、予防接種の副反応による健康被害の問題を背景に予防接種行政に慎重な対応が求められてきた経緯から、いわゆる『ワクチン・ギャップ』の問題が生じているところである。」（予防接種に関する基本的な計画、平成 26 年 11 月 21 日、https://www.mhlw.go.jp/stf/seisakunitsuite/bunya/kenkou_iryou/kenkou/kekkaku-kansenshou/kihonteki_keikaku/index.html）。その状況については、ワクチン産業ビジョン（厚生労働省、平成 19 年 3 月）、https://www.mhlw.go.jp/shingi/2007/03/dl/s0322-13d.pdf を参照。

16 日本ではおたふく風邪のワクチンの定期接種を 1993 年に中止したままとなっており、その後も流行を繰り返している OECD 諸国の中で例外的な国となっている。（https://www.niid.go.jp/niid/ja/allarticles/surveillance/2349-iasr/related-articles/related-articles-440/6832-440r11.html）。

17 感染症研究の今後のあり方に関する検討会報告書（平成 28 年 7 月、文部科学省）。https://www.mext.go.jp/b_menu/shingi/chousa/shinkou/052/index.htm

抜本的な解決を提供する可能性があるワクチンに注目すると、新型コロナウイルスの遺伝子構造が確定されてからまだ4ヵ月強しか経過していないが、これらの成果を活用した、多様な創薬プラットフォームによる10の候補ワクチンが人を対象とした臨床試験に入っており、さらに114の候補ワクチンが前臨床の段階にある。

この中で、日本企業の対応を見ると、有望な治療薬候補と認識されているアビガン（ファビピラビル）、アクテムラ（トシリズマブ）、ストロメクトール（イベルメクチン）、そしてフオイパン（カモスタット）を創製した実績があるが、これらの既存薬のリポジショニングでも、また新薬の開発においても臨床試験への着手が遅く、規模も小さく、国際的な共同治験のイニシアチブも見られない。

日本では当面の感染拡大防止と治療が優先されたため、創薬加速への投資が新型コロナウイルス危機克服への重要な鍵になるとの認識が政府にも不十分であったようである。米国では、企業の臨床試験に NIAID（国立アレルギー感染症研究所）や BARDA（バイオメディカル先端研究開発庁）がスポンサーとなるなど、強力な支援を行ったことも日米の差の要因の一つとして重要である。

新型コロナウイルスへの感染リスクは健康と経済に巨額の損失をもたらしており、その早期克服のための創薬は、これらの両面で大きな潜在的効果を持っている。有効な治療薬ができれば、感染した者の重症化を防ぎ、本人の健康上の被害を下げるだけではなく、医療システムへの負担や感染のさらなる拡大可能性を下げる。また、自らの感染可能性と同時に他者への感染可能性も大きく減らすワクチンは、さらに大きな外部効果がある (Kremer and Snyder, 2003)。集団免疫が確立すると予想されるようになれば、これにただ乗りが可能となり、ワクチン接種への国民一人ひとりの支払い意欲は非常に低くなってしまうので、外部性は非常に大きい。このため、多様な研究開発の促進とともに、臨床試験の加速化・規模拡大による既存薬あるいは新薬の有効性と安全性の早期確立を政府が強く促進していくことが重要である。先端性の高い医薬品については、米国政府が実施しているような企業の臨床試験にまで踏み込んだ支援にも合理性があると考えられる。

　国際的な感染症には、グローバルな解決が求められており、国際的な共同治験などの国際協力によって、各国における新薬の早期供給を可能とすることが重要である。またワクチンの有効性と安全性が確立されれば、各国の製造能力を有効に活用して、大量供給を行っていくことが今後重要となってくる。他方で、日本はワクチンの利用については必ずしも先進国ではない。集団免疫を実現するというワクチンの社会的な役割を再認識し、新ワクチンを有効に活用できる制度の準備を進めていくことも重要となっている。

　アビガン、アクテムラそしてイベルメクチンも、産学連携による、長期の基礎的な研究の結果創薬された、新作用機序を持った画期的な新薬であり、新型コロナウイルスという予想されない疾患への治療の潜在的オプションを多様化した。このような新しいメカニズムの理解と、活用をもたらす独自性のある基礎的研究の価値を再認識していくことも、この機会に重要である。

〈参照文献〉

白木公康（2020b）「緊急寄稿（2）新型コロナウイルス感染症（COVID-19）治療候補薬アビガンの特徴」。https://kango.mynavi.jp/contents/nurseplus/industry_news/200331-3/

白木公康（2020c）「緊急寄稿（3）新型コロナウイルス感染症（COVID-19）を含むウイルス感染症と抗ウイルス薬の作用の特徴」。https://www.jmedj.co.jp/journal/paper/detail.php?id = 14354

原泰史、大杉義征、長岡貞男（2014）「アクテムラ」、新薬創製12章、『日経バイオテック』。

平野俊夫（2020）「COVID-19克服への道」。
　　http://toshio-hirano.sakura.ne.jp/Hirano/Blog/entori/2020/4/11_COVID-19ke_fuheno_dao.html

古田要介（2019）「ファビピラビル（T-705）- ウイルスRNA依存性RNAポリメラーゼ阻害剤」日本臨床微生物学会、Vol. 29、B0.2、6-14。

Cutler David, Angus Deaton, and Adriana Lleras-Muney (2006). "The Determinants of Mortality." *Journal of Economic Perspectives*, Volume 20, Number 3,Summer 2006, pp. 97–120.

Guy R. Kiplin, Robert S. DiPaola, Frank Romanelli, Rebecca E. Dutch (2020). "Rapid repurposing of drugs for COVID-19." *Science*, 22 May, Vol. 368, Issue 6493, pp. 829-830, DOI: 10.1126/science.abb9332.

Kremer Michael. and Christopher M. Snyder (2003). "Why Are Drugs More Profitable Than Vaccines? " NBER Working Paper No.9833.

Zwerling Alice, *et al.*, (2011), "The BCG World Atlas: A Database of Global BCG Vaccination Policies and Practices." *PLoS Medicine* , March 2011, Volume 8 ,Issue 3, e1001012.

第13章

POSで見るコロナ禍の消費動向

小西葉子*

1. はじめに

　コロナウイルス感染症について、2020年1月末までの私たちは、インバウンド需要の心配をしていた程度で、その後世界中で長期間にわたり影響があるとは思っていなかった。日々状況は変化し、WHO（世界保健機関）、日本政府、地方自治体から自粛要請や緊急事態宣言が出され、生活様式、働き方、学び方と多くの変化に適応してきた。1月30日のWHOの非常事態宣言から現在までを経て、薄々感じることは、ワクチンや治療薬が無いウイルスはこれからも現れ、そのいくつかは圧倒的な感染力で世界中に広がることである。コロナショックは、人、モノ、サービスの行き来が網の目のように隅々にすさまじいスピードで駆け巡る時代の特徴的な事象の始まりである。

　新型コロナウイルスの感染拡大以降、私たちの購買行動にも大きな変化が起きている。コロナ禍での分析は、消費税率引き上げや台風などの気候変動が購買行動に与える影響とは異なる点がある。まず、食品の買いだめや化粧品の買い控えなど極端な購買行動が長く続くこと、次に政府の種々の要請やSNSを通じた情報の拡散などによって短期で動向が大きく変動することが挙げられる。よって、現状についてなかなか断定的に語れず、月次に集計すると見られない現象も出てくるので、週次や日次といった頻度の高いデータを素早く得る必要がある。

＊　経済産業研究所上席研究員、東北大学大学院経済学研究科特任教授

筆者は、2016年より経済産業省のビッグデータを活用した新指標を開発するためのプロジェクトに携わっている。経済産業省は、2019年度[1]に株式会社インテージとジーエフケーマーケティングサービスジャパン株式会社（以降、インテージ社、GfK社）という民間企業のPOS（販売時点情報管理）データを用いた新指標を開発し、毎週金曜日に前週の販売動向を公表している。これにより、週次の販売実績のデータを既存の公的統計調査より速報性を持って得られるようになり、現状把握と政策判断にも活用できるようになっている。

本稿では、コロナ禍での消費者の購買行動がどのように変化しているのかをデータで示し、消費の「今」を記録していく。

POSを活用した指標について

本稿で使用するデータは、経済産業省のウェブページの「BigData-STATSダッシュボード（β版）」[2]の公表データである。ダッシュボードでは、GfK社の家電のPOSデータとインテージ社の食品・日用品のPOSデータを利用して指標を作成し、「METI POS小売販売額指標［ミクロ］」[3]を公表している。指標の種類は、2015年を基準年とする販売金額指数と前年同週比、前年同月比がある。データの期間は、2012年から2021年の3月までで、前週のデータを毎週金曜日に公表している。この販売額指標は、「週次・月次」「期間」「業態」「品目（大・中分類）」「地域」を選択・組み合わせを行うことで、コロナショック、大雨・台風などの自然災害、消費税率引き上げなど経済活動や暮らしに影響を与える事象の市場動向への影響を確認できる。

また、インテージ社のPOSデータを用いて、経済産業省、野村證券株式会社とともに新指標の開発も行った。同ダッシュボード内で、小売業態別の販売

---

1 経済産業省は2014年度以降、POSデータや行政記録情報等のビッグデータを利活用し、既存の政府統計の拡充と速報性に優れた指標を開発・公表することを目指している。2019年度のプロジェクト名は「ビッグデータを活用した新指標開発事業（短期の販売・生産動向把握）」である。
2 経済産業省、BigData-STATSのダッシュボード（β版）
https://www.meti.go.jp/statistics/bigdata-statistics/bigdata_pj_2019/index.html
3 METI POS小売販売額指標［ミクロ］
https://www.meti.go.jp/statistics/bigdata-statistics/bigdata_pj_2019/pos_gfk_intage.html

動向から消費者の購買心理や体感物価などを捉える「METI × NOMURA コン
シューマーセンチメント・インデックス（「消費者心理指標」）」[4] も公表し、毎
週金曜日に更新している。これらの新指標は、既存の政府統計では捉えること
のできない消費者のプレミアム志向の強さや日々体感する物価について、2015
年以降週次で捉えることができる。

使用するデータと特徴

　本稿では主に METI POS 小売販売額指標［ミクロ］（以降、POS 販売額指
標）を使用している。この指標は、家電量販店については業界の 100%近い
POS データを持つ GfK 社の POS データ、スーパーマーケット、コンビニエン
スストア、ホームセンター、ドラッグストアは、インテージ社が保有している
全国約 4,000 店の POS データで作成されている。

　家電分野は、テレビ、パソコン、冷蔵庫、洗濯機、エアコンの 5 品目。スー
パー、コンビニ、ホームセンター、ドラッグストアは、食品、飲料、雑貨、化
粧品、ヘルスケア、その他の 6 大分類に分かれている。中分類は、主食、調味
料、加工食品、菓子、嗜好品、嗜好飲料、清涼飲料、アルコール飲料、オーラ
ルケア、パーソナルケア、ハウスホールド、紙製品、その他雑貨、ペット、基
礎化粧品、メイクアップ化粧品、その他化粧品、医薬品、健康関連品、ベビ
ー、たばこの 21 分類[5] となっている。地域は、全国に加えて家電量販店が 5 地
域、スーパー、コンビニ、ホームセンター、ドラッグストアは 9 地域の分析が
できる[6]。

　POS 販売額指標では、JAN コード（Japanese Article Number Code）という
バーコードで管理する商品を対象としており、例えばスーパーやコンビニの生

---

[4]　METI × NOMURA コンシューマーセンチメント・インデックス（「消費者心理指標」）
　　https://www.meti.go.jp/statistics/bigdata-statistics/bigdata_pj_2019/pos_nomura.html
[5]　各中分類に含まれる商品名一覧。
　　https://www.meti.go.jp/statistics/bigdata-statistics/bigdata_pj_2019/xls/pos_gfk_intage_
　　category.xlsx
[6]　概要については、下記参照。
　　https://www.meti.go.jp/statistics/bigdata-statistics/bigdata_pj_2019/pos_gfk_intage_
　　overview.html#menu02

鮮食品、サンドイッチ、おにぎり、お弁当、総菜、カウンター商材と呼ばれる揚げ物やコーヒーなどの店舗が独自のインストアコードで管理するものは含まれない。またオンラインショッピングでの消費も含まれない。在宅勤務の浸透による出勤の減少、外出自粛要請、販売店の営業自粛により販売減が続く衣料品、自炊の機会が増えることで販売増の調理器具、在宅勤務のオンライン会議に必要なウェブカメラやインカム、快適に執務するための机や椅子などの家具といったコロナ禍の特徴的な商品も今回の販売額指標には含まれていない。一方、経済産業省の商業動態統計調査の販売額には、上記の品目はすべて含まれる。ただし、POS販売額指標と比べ品目分類が詳細でなく、翌月末公表となっている。

　POSデータによる分析は、消費者が実際に購入しレジを通したものしか捕捉しないという限界はある。だが、生産―流通―消費の「出口」の生データが集計され、公的機関からダッシュボードで公表され、私たちの「今」を知る手立てとなるのは価値がある。加えて、「入口」の出荷額ベースのデータだけではわからない市場動向を知ることができるのは、大きな強みである。

　以降の節では、まず第2節で1月末以降のコロナ禍の消費動向を概観し、第3節では消費者が直面する物価変動を、購入頻度の高低で分けて作成した体感物価指標で示す。第4節では、長期間にわたる自粛要請下での私たちの消費行動の変容を観察し、第5節では、インバウンド旅行者に限定するが、サービス消費の減少について述べる。第6節のおわりにでは、データ活用の意義と今後の課題を示す。

2. コロナ禍での消費動向の概観

　まず、コロナ禍での販売動向を前年同週比で見ていこう。前年同週比は、52週前の販売額からの変化率である。0%のとき、前年と同額販売され、100%増のときは前年の2倍売れたことを示す。マイナスのときは前年より販売が減少したことを示す。

図1 コロナ禍での消費動向の変化

ドラッグストアの健康関連品と紙製品の販売動向

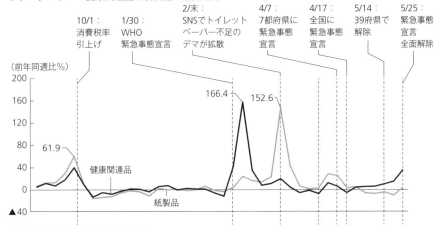

家電量販店のパソコンの販売動向

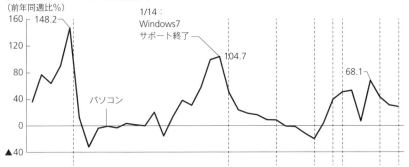

スーパーマーケットの主食とドラッグストアの化粧品の販売傾向

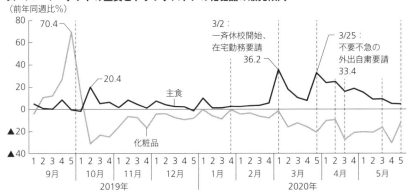

（出所）経済産業省 BigData-STATS ダッシュボード（β版）より著者作成

1 マスクと除菌製品とトイレットペーパーについて

　WHO が1月30日に緊急事態宣言を発出して以降、最初に異常をきたしたのは、マスク売り場だった。図1の上段はドラッグストアの健康関連品と紙製品の前年同週比である。マスクや手指消毒剤は健康関連品（黒色線）に含まれる。冬季は例年、風邪やインフルエンザの予防、花粉症対策としてマスク販売が増える時期であるにもかかわらず、集中的な買いだめ行動が起き、販売額は166％増（前年比約2.7倍）という異例の伸びを示した。その後、全国的に品薄が続いたが、5月中旬以降の緊急事態宣言の終盤にはわずかに戻った。全国で緊急事態宣言が解除された5月最終週には、売り場でマスクや手指消毒剤を見かける頻度が増え、前年同週比も約40％増となっている。緊急事態宣言解除後の新しい生活様式でもマスクの着用と手指消毒は奨励されており、夏以降の第二波、第三波に備えるためにも、引き続き計画的な購入が求められる。

　次のターニングポイントは2月末のトイレットペーパーについてのデマ拡散と3月2日からの一斉休校と在宅勤務の要請である。2月末にSNS上 で広がったデマをきっかけに、トイレットペーパーやキッチンペーパーといった紙製品の買いだめが起こり、これらの売れ行きが急激に増えた。このタイミングと2月27日の安倍首相の小中高一斉休校と在宅勤務の要請が重なり、この週末の買いだめ行動は拍車がかった。トイレットペーパー、ティッシュペーパー、キッチンペーパーは紙製品（灰色線）に含まれ、販売額は152％増（前年比約2.5倍）で、2019年10月の消費税率引き上げ時の駆け込み消費よりも販売額が増えている。マスクや手指消毒剤の不足を1ヵ月間経験し、紙製品はマスクと原料が異なるにもかかわらず、消費者はパニックとも言える買いだめをした。紙製品は4月の前半には供給が戻り、それ以降は家庭内在庫を消費している状況である。

　健康関連品も紙製品も各ピークの後に急激に0％付近に落ちている。通常であれば、例年通りに戻ったと言えるが、コロナショックの下では、供給量が十分でないのでこの程度の販売額になっていると読むのが妥当である。同様にピークも、実際在庫がもっとあればもっと高かったと考えるのが自然である。これは売れたものだけが数字に表れるPOSデータを読むときの注意点である。

2 パソコンについて[7]

　図1の中段のパソコンについては、10月の消費税率引き上げの駆け込み需要後の販売額は落ち着いていたが、1月14日に Windows 7 のサポート終了があったため年明け後も前年水準より2倍ほど売れていた。この買い換え需要終了後は、消費税率引き上げ後のように一気に販売減の見通しだった。しかしコロナ禍の在宅勤務増で需要が増え、前年と比べて販売減になるのに2ヵ月を要している。その後は、4月7日の7都府県への緊急事態宣言、17日の全国への拡大を経て、再び特需が起きている[8]。消費動向調査の2020年3月調査の結果によると[9]、全国のパソコンの2人以上の世帯の普及率は77.3％、100世帯当たりの保有台数は123.3台と一家に1台程度である。しかし、緊急事態宣言解除後も、在宅勤務でのテレビ会議、イベントや習い事などのリモート開催は増える見込みであり需要は増すだろう。今後の懸念は、実店舗やウェブサイトでの品薄や欠品である。企業や学校が家庭での環境整備を個人に委ねる場合は、パソコンや関連 IT 機器の流通状態の把握が必要となる。店舗での購入が難しくなると、当指標には含まれない EC（電子商取引）市場やメーカー直販での個人販売や BtoB 市場の動向の捕捉が課題となるだろう。コロナ禍は時差通勤、在宅勤務を普及させ、進まなかった働き方改革を期せずして推進させている。

3 食品について

　図1下段の黒色線は、スーパーマーケットの主食の販売額の前年同週比である。主食には、米、食パン、菓子パン・調理パン、シリアル類、インスタント麺、スパゲティ、マカロニ類、小麦粉、唐揚げ粉、パン粉など、調理不要または簡単な調理で済む食品が含まれる。図1上段のマスクやトイレットペーパー

7　他の家電商品については、筆者のコラム「POS でみるコロナ禍の購買動向：家電量販店×地域分析編」を参照。https://www.rieti.go.jp/jp/columns/a01_0589.html

8　4月17日に緊急事態宣言が全国に拡大してからは、先に緊急事態宣言が発令された関東・甲越、近畿以外で大幅なパソコン需要増が見られた。7都府県に入っていない北海道・東北は66.8％、東海・北陸は65.2％、福岡のみ対象の中国・四国・九州・沖縄は75％増と前年の1.5倍以上である。コラム（同上）参照。

9　内閣府、消費動向調査、令和2年3月調査、二人以上世帯、主要耐久消費財等の普及・保有状況について。
https://www.e-stat.go.jp/stat-search/files?page=1&toukei=00100405&tstat=000001014549

などのような買いだめは、1～2月末では起きず、スーパーマーケットの食品の販売額は例年の水準であったことに注目してほしい。

　3月2日の一斉休校、在宅勤務の要請以降は、在宅時間と家庭内の在宅人数が増え、家庭内での食事の機会も量も増えている。家にいる時間が長くなり、特に子供たちは家で昼食をとるようになり、私たちはまず主食や加工品を買いだめした。食品は軽減税率対象だったため、他の商品と異なり駆け込み需要は起きていない。しかし、10月10～13日に台風19号が本州に接近しながら通過し、それに備え買いだめし、前年の1.2倍増となった。台風通過後は、平時にすぐ戻っているのが特徴である。一方、コロナ禍では、3月2日以降ずっと販売増が続いている。特に緊急事態宣言下では、飲食店の営業時間短縮、休業の影響もあり、家ナカ消費が浸透している。

4 化粧品について

　コロナ禍においては、POS販売額指標で採用している品目は販売増のものが多い中、販売減が続いているのが、化粧品である。図1の下段の灰色線は、ドラッグストアの化粧品の前年同週比である。消費税率引き上げ前は駆け込み需要が起き、その後は反動減で販売減であった。しかし半年以上経っても浮上しないまま、販売減が続いている。日本のインバウンド旅行者の約3割は中国からで、東アジア4ヵ国の合計は全体のおおよそ7割である[10]。観光庁の「訪日旅行者消費動向調査」によると、彼らの支出シェアはショッピングが最も多く[11]、中でもドラッグストアの化粧品や医薬品は人気のお土産となっている[12]。そのため当初は、春節の中国圏からの旅行者減が与える影響について議論されていた。しかし、3月以降は外出自粛や在宅勤務の浸透で化粧の機会が減ったほか、マスクの着用でメークを控えめにする人も増えて減少し続けている。ドラッグストアだけでなく、スーパーマーケット、ホームセンター、コン

10　JNTO、2020年1月17日プレスリリース。
　　https://www.jnto.go.jp/jpn/news/press_releases/pdf/200117_monthly.pdf
11　観光庁、2019年の訪日外国人旅行消費額（確報）、2020年3月31日。
　　http://www.mlit.go.jp/kankocho/siryou/toukei/content/001335741.pdf
12　観光庁の訪日外国人の消費動向の2018年年次報告書（p.18）参照。
　　https://www.mlit.go.jp/common/001285944.pdf

ビニエンスストアでも同様の現象が起きている。

3. POSデータで見る体感物価の変化

　物価についての統計指標は、地域、商品、業種などカテゴリごとに作成されることが多い。ここでは、筆者が野村證券株式会社と経済産業省と共同開発した「METI×NOMURA　コンシューマーセンチメント・インデックス」[13]の一つである「POS−生活体感物価インデックス指標」を紹介する。この指標はインテージ社のPOSデータを使って作成している。図2は、よく買うもの（高頻度購入品）とあまり買わないもの（低頻度購入品）に分けた物価指数である。まず、阿部・新関（2010）のインテージ社のSCI（全国消費者パネル）調査と家計調査の品目対応表で品目のマッチングを行った。次に、SCI調査の購入率と家計調査の購入頻度をもとに高頻度購入品と低頻度購入品を選定した。高頻度購入品は79品目で菓子パン、カップインスタント麺、牛乳、ラッピングフィルムなど、低頻度購入品は193品目で、マヨネーズ、米、ビール、トイレットペーパー、ファンデーションなどである。

　購入頻度で分ける理由は、消費者が「物価が上がった、下がった」と感じるのはよく買う物の値段の上下の方が強いだろうという考えで、高頻度購入品の物価指数を体感物価とみなしている。図2は、平時（2015年）を基準とした高頻度、低頻度の物価指数の前年同週比である。2019年の3月までは、低頻度購入品の前年同週比が高いが、0％付近に分布している。2019年の4月から9月までは、軽減税率に含まれる食品の割合が多いにもかかわらず、消費税率引き上げ前から高頻度購入品は価格が上昇している。高頻度購入品は最高で1.5％程度、低頻度購入品は0.5％程度、前年より増加しているのがわかる。消費税率引き上げ直後は、高頻度購入品は約1.6％増、低頻度購入品は約1.3％増となっている。POSデータには消費税は含まれないので、税率引き上げ以外での価格上昇である。以降、2020年1月末のコロナ禍のスタートまでは、高頻度購

---

[13] 開発した指標は四つである。その他の指標については、伊藤ほか（2020）と https://www.meti.go.jp/statistics/bigdata-statistics/bigdata_pj_2019/pdf/pos_nomura_mikata.pdf を参照。

図2　METI×NOMURA体感物価インデックスの前年同週比

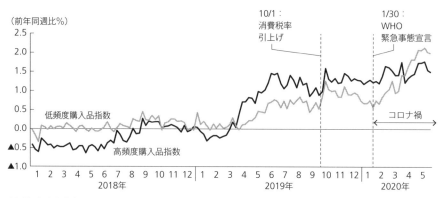

（出所）経済産業省 BigData-STATS ダッシュボード（β版）より著者作成

入品は高止まりし、低頻度購入品はやや減少を続け、前年同週比0.5%増となっている。

　コロナ禍では、高頻度購入品は高止まりを続け、一方で低頻度購入品の指数が上昇し続けていることに注目したい。これは、現状の小売り4業態は休業要請対象外で生活必需品も販売しているため、混雑している。感染防止に努め店内に密集状態を作らないために、セールや特売を控えている状態である。その価格の上昇が本指標に表れており、消費者は買い物全般で物価の上昇に直面している。私たちはまとめ買いや安さを意識した買い物をしており、スーパーやホームセンターでの購入が増えている。

4. POSで見る長期化に向けての行動変化

　ここでは、食品と化粧品の中分類の変動を見ることで、長期化するコロナ禍での私たちの日常の変化を見ていく。

1 消費行動から見える食生活の変化
（1）一斉休校と在宅勤務の要請開始

　図3はスーパーマーケットの食品を、中分類の品目に分解し、それぞれの販

売動向を見たものである。1月末以降のコロナ禍で、食品の購買行動に変化があったのは、2月27日に安倍首相が3月2日からの一斉休校と在宅勤務要請のアナウンスを行ってからである。3月2日の一斉休校開始時は、調理不要、調理時間の短縮が可能な主食（米、パン、パスタ、カップ麺など）や保存の利く加工食品（レトルト、冷凍食品など）が売れ筋で、主食は36％増、加工食品は24％増であった。その後も前年より販売額を伸ばして推移した。3月25日の小池都知事の週末の外出自粛要請を受けて、国の緊急事態宣言が現実味を帯び、全国に再び食品の買いだめ行動が広がった。3月の第5週の主食は33％増、加工食品は26％増で、2019年の台風19号の主食の買いだめによる販売増が20％なのと比較しても、ほぼ毎日、台風に備えた買いだめを超える買い物をしていたことになる。このときも、販売変化率は高い順に主食、加工食品、調味料、嗜好品であった。

（2）緊急事態宣言下での食生活の変化

　全国で外出自粛が長引く中で、次のターニングポイントは4月7日の7都府県への緊急事態宣言、17日の全国への宣言拡大である。4月第2週（4月6～12日）には、調味料の前年同週比が加工食品を抜いた。翌週（4月13～19日）には、自炊に使う調味料の増加率が主食を逆転し、4月20～26日の週には約28％増となった。増加率は高い順に、調味料、加工食品、主食、嗜好品となった。宣言下では、飲食店の営業時間の短縮や休業要請により、一層家庭内で食事をとる機会が増えており、自炊の頻度が上がっていることが、調味料の販売増から見て取れる。

　長期化する自粛生活の中で、私たちの生活は家ナカに集中している。生きることは食べることであり、生活の楽しみの中での食に対する比率が大きくなっている。5月の第1週（4月27～5月2日）に入ってからは、嗜好品の増加率が主食を抜き、翌週には嗜好品の増加率が最も高くなった。嗜好品には、ホイップクリーム、生クリーム、アイスクリームなどが含まれる。大型連休明けの第3週（5月11～17日）は、主食が10％、加工食品が11％の伸びなのに対し、調味料は17％増、嗜好品も15％増だった。長引く外出自粛と在宅勤務の浸透で、家庭内で食べることと作ることの両方を楽しむ時間が増えているようだ。

(3) 宣言解除後と今後に向けての課題

　5月14日には39府県で緊急事態宣言が解除され、飲食店の営業が再開された。翌週の第4週は嗜好品が11%減となっているが、調味料は依然として販売増である。POSデータで前年同週比の指標を見る際には、販売減のときには本当に減ったのか、品薄や欠品になっている商品がないか調べる必要がある。解除＝ウイルスの消失ではないので、今後もコロナ前よりも在宅での食事、自炊の機会は増えるだろう。

　もちろん今後、自炊疲れからの加工食品や主食の買いだめも起こるだろうが、POSデータによる週次の販売動向が取れていれば、変化を察知することは可能である。今後第二波、第三波が来ても、今回の消費パターンが参考になるし、次回の自粛時には、飲食店なども出前、ケータリング、持ち帰り販売への移行もスムーズになり、そのバラエティも増えるだろう。私たちは第一波で多くの適応をした。

　ここでは、主食・加工食品の消費から調味料の消費へという現象から私たちの家ナカの暮らしを見た。しかし、もし、POS販売額指標で生鮮食料品や中食（総菜、おにぎり、サンドイッチ）のデータが取れていれば、より正確に食品需要の推移の把握が可能となる。POSデータの整備の中で何十年も議論しているが、実現途中のインストアコードを付与された商材のJANコード管理

図3　スーパーマーケットの食品（中分類）の販売動向推移

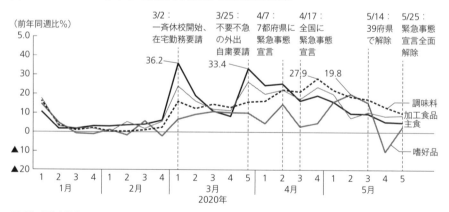

（出所）経済産業省 BigData-STATS ダッシュボード（β版）より著者作成

が求められる。

2 在宅勤務による行動変容：化粧品の販売減

　コロナ禍は在宅勤務、在宅学習を浸透させた。そこで影響がある品目は外出に伴う消費であり、POS 販売額指標では、化粧品が該当する。図4はドラッグストアの基礎化粧品（スキンケア品）、メイクアップ製品、その他の化粧品の販売動向である。在宅勤務の浸透、大学の休校やリモート講義の開始により、外出が減ることにより化粧品の販売額は長期にわたり落ち込んでいる。スーパーマーケット、ホームセンター、コンビニエンスストアでも化粧品のカテゴリのすべて（基礎化粧品、メイクアップ品、その他化粧品）が減少し続けている。

　2月以降はインバウンド旅行者の減少、3月以降は在宅勤務、外出自粛、外出時のマスクの着用によりファンデーションや口紅などのメイクアップ品の販売減が顕著である。化粧品売場は感染防止のため、早くから販売員の接客を中止しており、その後、売り場のテスターも撤去している店舗が多い。宣言解除後も感染防止のため、接客の縮小やテスターの撤去の傾向は続き、新しい生活様式の中でも引き続きマスク着用は推奨されているので、化粧品の中でもメイクアップ品の販売の苦戦は続くであろう。また今年の夏は、その他の化粧品に

図4　ドラッグストアの化粧品（中分類）の販売動向推移

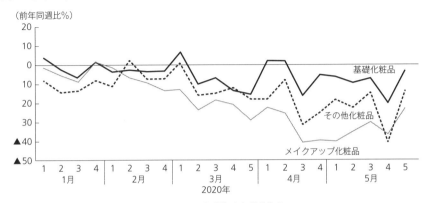

（出所）経済産業省 BigData-STATS ダッシュボード（β版）より著者作成

含まれる日焼け止めもマスク着用の推奨により使用量が減ることにより、販売減が予想される。

　緊急事態宣言解除後、徐々に化粧品売り場も営業を再開するだろうが、従来カウンセリングをし、試供しながら販売するサービス提供の形は、変更を余儀なくされるだろう。化粧品の購入方法が変化し、消費者、販売者両方の行動変容が起きる。インバウンド旅行者の需要も当分は望めない。一部では、マスクが汚れないファンデーションや口紅の販売も始まっており、基礎化粧品やマスクで隠れない目元製品に重点を置くなど、ラインナップにも変化が求められている。

5. インバウンド旅行者の減少の経済的なインパクト

　第4節までで小売業の食品・日用品と家電のモノ消費について見てきた。しかし、自粛要請、緊急事態宣言と、出張、旅行、大規模イベントの自粛、ジムや飲食店などのサービス業の休業も相次いでいる。ここでは、インバウンド市場に限られるが、サービス消費も含めた影響について見ていく[14]。

1 インバウンド旅行者支出の喪失の影響

　日本政府観光局（JNTO）によると、今年の2月の訪日旅行者数は2020年2月の前年同月比58%、3月は93%、4月は99.9%ダウンしている。諸国に対しての入国制限は簡単には解けないので、2020年は当面数値が悪化し続けることが予想される。2016年3月、安倍首相は2020年に訪日旅行者数4,000万人、訪日旅行者の消費支出額8兆円、2030年には6,000万人、15兆円という新目標を打ち出した。

　Konishi（2019）では、2020年の訪日旅行者の消費支出目標が達成された場合の各業種への波及効果について産業連関分析で推計した。観光庁の「訪日旅

---

14 日本のサービス消費については渡辺・大森（2020）がクレジットカードの利用状況からコロナ禍でのサービス消費の自粛の推計をし、Baker *et al.*（2020）は米国の消費者の口座情報に紐付く取引情報から各業種への支出を推計し、コロナ禍の消費へのインパクトをいち早く報告している。

行者消費動向調査」によると 2015 年の消費支出額は 3 兆 4,771 億円であった。また同調査で得られた 2015 年の各支出項目の割合を 2020 年の予測に用いた。結果は、インバウンド旅行者が 8 兆円支出したとして、そこから得られる付加価値額は 6.9 兆円で、内訳は、第 1 位は、対個人サービスで 2.6 兆円、2 位は運輸業・郵便で 1.1 兆円、3 位は商業で 0.9 兆円、4 位は製造業合計で 0.8 兆円の波及効果であった。対個人サービスが 1 位なのは、宿泊業、飲食業が含まれるからである。2015 年頃から始まったインバウンドブームで起きた各業界の需要増は、当初は国内需要の補完であった。しかし毎年右肩上がりに訪日者が増え、5 年が経過し、多くの企業が売り上げに折り込むようになってきた。あくまで推計ではあるが、インバウンド旅行者がほぼ皆無の状況で、各業種に波及するはずであった付加価値が消失したインパクトは大きい。

2 インバウンド旅行者数の予測の結果

次に、インバウンド旅行者数の予測について見てみよう。小西・西山 (2019) は、訪日旅行者数の分析で、観光庁の「宿泊旅行統計調査」の 2011 年から 2017 年までの外国人宿泊者数の都道府県別データを用いて、2020 年の予測を試みた。結果は 4,000 万人強という数値であった。これは、各都道府県の毎年の訪日旅行者数の成長率に対して前年の訪日旅行者数を回帰した推定結果を用いて得た。2016 年当時の安倍首相の演説の推計値はおそらく関係省庁で準備された目標値であろうが、JNTO によると 2019 年の訪日旅行者数は 3,188 万人であるし、なかなか筋の良い目標値であったと思われる。しかし、残念ながら私たちも政府も、2020 年の訪日外国人数の予想はすさまじく過大予想になることは明白である。もともと統計的な予測はショックに弱いが、この例を見るだけでも今までの経済分析の枠組みがまったく通用しないショックだと思い知らされる。本年については、予測や試算の工程が入った経済統計指標はやり直しが必要な状況である。

6. おわりに

POS 販売額指標では、食品、日用品、家電製品を収集しているので、目立

って販売減となった品目は化粧品であった。しかし、実際は衣料品、靴なども
コロナ禍で販売減になっているし、在宅勤務の浸透でウェブカメラやインカ
ム、机や椅子は販売増になっているが、指標には含まれていない。理由は、4
業態での売り上げシェアが少ないこと、平時では目立った需要変動が出る品目
ではないからである。コロナ禍で需要が増し、在庫状況がわからず品薄になっ
ているものについては、積極的に統計指標を作成する必要があるだろう。

　コロナ禍の分析は、消費税率引き上げや台風などの気候変動が購買行動に与
える影響とは異なる点がいくつかある。まず、食品や化粧品の例にあるように
影響が長く続くこと、次に政策のアナウンスやメディアの情報などによって短
期で動向が大きく変動することである。よって、現状についてなかなか断定的
に語れないし、月次に集計すると見られない現象も出てくるので、最低限週次
データでの観察が望ましい。この点においては現状の公的統計調査だと、1ヵ
月から最大2ヵ月は遅れるため、POS販売額指標のような民間データの活用は
有意義である。

　経済産業省のビッグデータプロジェクトでは、一昨年度の試験調査を経て、
基幹統計調査としてGfK社のPOSデータで「商業動態統計調査」の家電大型
専門店の調査を実施できるようになった。その過程で複数年にわたり、民間ビ
ッグデータの利用可能性の市場調査ができた。現在のダッシュボードで公表し
ている指標は、その際出合った企業のデータである。POS販売額指標が政府
から週次で公開されていることにより、私たちはコロナ禍の消費動向を1週間
のずれだけで見ることができている。また、もしこのデータがなければ、公的
統計調査を補うために、コロナ対応に追われる企業や業界団体から継続的に調
査やデータの拠出を依頼、ヒアリングを行う必要が出てくる。これは、統計業
務改革でいつも議論になる報告者の負担軽減に逆行するものであり、その点で
も今回の民間データの活用は社会貢献に値する。マスクやトイレットペーパー
のパニック買いを繰り返さないためにも、データで記録を残し、第二波、第三
波に備えて、足りないデータを捕捉する術を産官学で協力して準備しておく必
要がある。

〈参照文献〉

阿部修人・新関剛史（2010）「Homescan による家計消費データの特徴」『経済研究』、61
（3）、pp. 224-236。

伊藤健・田代大悟・饗場行洋（2020）「プレミアム品購買データから読み解く消費者心
理 —民間データとデータサイエンスが拓く、新しい投資・経済の視点—」『証券ア
ナリストジャーナル』第 58 巻第 5 号、pp.32-41。

小西葉子・西山慶彦（2019）「近年のわが国の地域別旅行者数に関するジップ法則とジ
ブラ法則：訪日旅行者と邦人旅行者の比較」RIETI Discussion Paper Series, 19-J-
008。

渡辺努・大森悠貴（2020）「新型コロナ感染拡大に伴うサービス消費自粛の度合いをク
レカ取引データから推計する方法」CIGS Working Paper Series. No. 20-001J。

Baker, S.R., N. Bloom, S.J. Davis, and S.J. Terry（2020）. "COVID-Induced Economic
Uncertainty." NBER Working Paper, No. 26983.

Konishi, Y.（2019）. "Global value chain in services: The case of tourism in Japan."
Journal of Southeast Asian Economies, 36, no. 2（2019）, 183-203.

第**14**章

コロナ危機後の行動制限政策と企業業績・倒産
——マイクロデータの活用による実態把握[1]

宮川大介[*]

1. はじめに

　2020年1月に中国での感染事例が報告されて以降、新型コロナウイルス感染症（COVID-19）の感染が世界的に拡大している。各国における感染者及び死亡者の急速な増加を受けて、個人に対する外出自粛要請やロックダウン（自宅待機令）、企業に対する営業自粛などを内容とする行動制限政策が導入された効果もあり、地域によっては感染の終息を示唆するデータが確認され始めている。一方で、こうした政策のもたらす副次的効果として、世界経済は企業業績

[*]　一橋大学大学院経営管理研究科准教授
[1]　本稿は、国立大学法人一橋大学と㈱東京商工リサーチ（TSR）との共同研究契約に基づくプロジェクトにおいて実施され、（独）経済産業研究所（RIETI）におけるプロジェクト「企業成長のエンジン：因果推論による検討（プロジェクトリーダー：細野薫学習院大学教授）」（産業・企業生産性向上プログラム：プログラムディレクター深尾京司一橋大学特任教授・IDE-JETRO所長）の成果として公表された宮川ほか（2020）をもとに一部データのアップデートを行った上で、大幅に加筆修正を行ったものである。本稿の分析にあたっては、（株）東京商工リサーチ（TSR）の倒産情報、企業情報データ、企業相関データ及びGoogleのCommunity Mobility Reportを利用した。本研究は、科学技術研究費基盤研究（S）「サービス産業の生産性：決定要因と向上策」（課題番号：16H06322）の支援を受けている。本稿の執筆にあたって、深尾京司（一橋大学・IDE-JETRO）、宮川努（学習院大学）、細野薫（学習院大学）、滝澤美帆（学習院大学）、友田信男（TSR）、駒井隼人（一橋大学大学院博士課程）、森川正之（一橋大学・RIETI）、中川秀敏（一橋大学）、平野智裕（ロンドン大学）、小野有人（中央大学）、清水千弘（日本大学）、内田浩史（神戸大学）、植杉威一郎（一橋大学）、川口大司（東京大学）の各氏から多くの有益なコメントをいただいた。ここに記して、感謝の意を表したい。

の悪化や雇用の喪失などの深刻な経済問題に直面している。各国政府はCOVID-19の再拡大リスクと経済問題の解決を天秤にかけた難しい政策的対応を迫られていると言えるだろう。

　個人や企業の行動制限を伴う政策の導入と解除を検討するにあたっては、感染による人的被害の抑制という正の効果（疫学的効果）と不可避的に発生する経済活動の停滞という負の効果（経済効果）との間のトレードオフを念頭に置いた議論が必要となる。その際、これらの二つの効果を短期的な視点のみならず長期的な視点から評価することも重要である。例えば、短期的な負の経済効果を受け入れることで感染拡大を早期に終息させることができれば、短期・長期の人的被害を抑制した上で、長期的な経済活動の停滞も回避することができる。しかし、この短期的な負の経済効果が極めて大きい場合や、感染拡大の長期化により行動制限政策を継続せざるをえず、結果として負の経済効果が長期にわたって発現した場合には、多数の企業や個人が経済的に行き詰まる可能性がある。

　これまで行われてきた行動制限政策に関する定量的な議論の多くは疫学的効果に集中しているが（Hartl *et al.*, 2020）、複数の研究がその経済効果について検討を始めている[2]。例えば、Koren and Peto（2020）は、行動制限により職場でのface-to-faceの交流が減少した場合の企業活動への影響を理論モデルに基づいた実証分析によって検討している。また、Inoue and Todo（2020）やBarrot *et al.*（2020）は、企業間や産業間の連関を明示的に取り扱った分析を行うことで、行動制限の経済的なインパクトを予測している。

　COVID-19の感染パターンや健康被害の詳細などに関する理解が十分でない段階において、定量化された疫学的効果が重視されてきたことに強い批判はないだろう。しかし、上記の整理が示す通り、政策がもたらす負の経済効果を可能な限り正確に把握した上で、政策運営において参照することは重要である。

2　COVID-19の感染拡大がもたらすマクロ経済や金融市場への影響については、既にいくつかの分析結果が報告されている（Baker *et al.*, 2020; Jordà *et al.*, 2020）。本稿の分析対象とは異なるが、在宅勤務の経済効果に関する研究も蓄積されつつある（Boeri *et al.*, 2020; Dingel and Neiman, 2020; Morikawa, 2020）。林文夫政策研究大学院大学教授（林, 2020）、楡井誠東京大学教授（楡井, 2020）、久保田荘早稲田大学准教授（久保田, 2020）らも、マクロ経済学的視点から論点の整理を行っている。

　特に、再度の感染拡大により政策的対応が長期化する可能性も指摘されていることを踏まえると、経済的な影響に関する定量的な議論を継続的に行うことは有用と考えられる。

　なお、疫学的効果と経済効果のトレードオフという経済学者にとっては自然な考え方を、実際の政策運営において活用するためには、いくつかの追加的な考慮が必要となる。

　第一に、経済を構成する企業や個人の状況をリアルタイムで把握する仕組みが完全に整備されているわけではないことに注意すべきであろう。本稿が対象とする日本国内の企業業績（売上高や倒産動向）に限定した場合でも、状況の把握には必然的にラグが生じる。また、需要の減少、生産活動の滞り、企業金融面での不具合、政府からの金銭的な支援の状況など、企業業績を規定すると考えられる個々の要因について正確な計測を行う備えは存在していない。足元の状況把握は政策的な意思決定にとって欠かすことのできないものだが、この点に関して限界があることを踏まえた上で、複数のデータから立体的に現況を把握することが重要となる。

　第二に、経済活動の停滞に起因する負の効果が、必ずしもすべての経済主体に対して均一に生じるわけではないという点も認識されるべきである。既に開示されている各企業の直近期決算や今期の業績見通しからも明らかな通り、例えば、行動制限政策によって否応なしに導入された在宅勤務の広がりによって、電子機器や宅配サービスへの需要は高まっている。特定の政策の副次的な効果が、ある範囲の企業群に対しては強い負の影響を及ぼす一方で、別の企業群に対しては思いがけない需要の増加を生んでいる事実を踏まえて、疫学的効果と経済効果のトレードオフを検討する必要がある。実際に、労働資源の移動が産業間や企業間でスムーズに行われることで、負の経済効果はある程度抑制される。ショックの影響が異質であるという視点が重要である。

　第三に、関連する論点として、負の経済効果が実際にどのようなメカニズムを通じて企業への退出圧力として顕在化しているかを正確に理解することが必要である。コロナショック後の時期にあっても企業活動を継続するに足りる経済価値を生み出せるような「高パフォーマンス企業」が、資金繰りなどの金融面の短期的な摩擦などが足枷となって市場からの退出を余儀なくされるという

事態は回避しなくてはいけない。しかし、経済が混乱している現在のような環境下では、企業パフォーマンスを反映しないこうした非効率的なセレクションが生じる可能性もある。企業の退出メカニズムがコロナショック前後でどのように変化したのか（していないのか）を理解することは、政策的な対応を検討する上で重要な情報を与える。

　第四に、ここまでの議論で一義的には負の経済効果をもたらすものと位置付けてきた行動制限政策について、この政策を採用しなかった場合にどのような事態が生じていたかを正しく想像することが重要である。仮に企業へ営業自粛が要請されていなかった場合でも、感染が爆発的に拡大した結果として消費者の需要が大きく減少したり、企業の生産活動を担う労働力の確保がままならなくなる結果として、負の経済効果が発現する可能性もある。いわゆる反実仮想実験の必要性とその難しさを認識した上で、政策的な対応の可否を議論するという姿勢が求められる。

　本稿の目的は、これらの認識を踏まえながら、現時点（2020年5月31日）で得られる企業レベルのマイクロデータに基づき、コロナ危機後の企業業績や倒産の状況を行動制限政策との関係を意識しながら実証的に検討することにある。具体的には、まず、2020年2月から4月までの各月における企業の倒産履歴データと2019年の2月から4月までの倒産履歴データを比較することで、コロナショック後の倒産動向を把握する。この際、業種による倒産動向の差異を明示的に計測するほか、コロナショック前の企業属性に着目することで、どのような企業に強い退出圧力が生じているかを整理する。次に、これらの分析を拡張する形で、コロナショック後の行動制限政策によって影響を受けたと考えられる人出（モビリティ）の変動が、足元の企業倒産とどのような関係を有しているかを検討する。最後に、疫学的効果と経済効果のトレードオフを念頭に置いた政策的な議論にとって、今後どのような情報や分析が必要となるかをディスカッションする。

2. 国内におけるイベントログ

　本節では、日本国内におけるコロナショックの発現経緯を各種のイベントに

関する記録（ログ）と東京商工リサーチ（TSR）が継続して実施している企業アンケート情報を参照しながら概観する。次節以降に実施する実証分析の結果を解釈する際に、こうした生の情報はリアリティチェックの意味でも参考になる。

　日本国内で最初の COVID-19 感染者が確認された 2020 年 1 月 16 日以降、2月には既に国内経済へ実体的な影響が及び始めていたと考えられる。TSR が 2月 7 日から 16 日にかけてインターネットで実施した第一回企業向けアンケートへの回答（有効回答数 1 万 2,348 社）によれば、「新型コロナウイルスの発生は、企業活動に影響を及ぼしていますか？」との問いに対して 23％の企業が「現状で既に影響が出ている」と回答し、44％が「現時点では影響は出ていないが、今後影響が出る可能性がある」と回答している。なお、この段階で既に影響が出ていると回答した企業は、卸売業や運輸業、製造業が相対的に多く、感染源とされる中国を含む国際的なサプライチェーン網の混乱が企業活動へもたらす影響が強く懸念されていた。

　その後、2 月 25 日に日本政府が「基本方針」を決定して以降の時期には、国内経済への影響がさらに拡大しており、TSR が 3 月 2 日から 8 日にかけてインターネットで実施した第二回企業向けアンケートへの回答（有効回答数 1 万6,327 社）では、「現状で既に影響が出ている」と回答した企業の比率が 55％まで上昇し、「現時点では影響は出ていないが、今後影響が出る可能性がある」と回答した企業の比率も 40％と高水準で推移していた。この時点で既に影響が出ているとの回答が最も多かった業種は、宿泊業や旅行業、飲食業などであり、インバウンド需要を含む国内消費が行動制限政策の影響を強く受けた結果が確認されている。なお、この第二回企業向けアンケートでは、2 月の売上高について前年同月実績との比較も調査されており（有効回答数 4,764 社）、中央値で 10％程度の売上高減少が生じていたとの回答が得られている。

　3 月に入ると、10 日に日本政府が第 2 弾の新型コロナウイルス緊急対応策を発表し、14 日には「改正新型インフルエンザ等対策特別措置法」が施行された。TSR が 3 月 27 日から 4 月 5 日にかけてインターネットで実施した第三回企業向けアンケートへの回答（有効回答数 1 万 7,896 社）では、引き続き宿泊業や旅行業、飲食業などを含むサービス業を中心として「現状で既に影響が出

ている」の比率が62％、「現時点では影響は出ていないが、今後影響が出る可能性がある」が35％となった。3月の売上高について前年同月実績との比較も調査した結果（有効回答数6,901社）、中央値で15％程度の売上高減少が生じていたとの回答が得られている。

　その後、4月7日に東京、神奈川、埼玉、千葉、大阪、兵庫、福岡を対象として緊急事態宣言が発令され、16日には全国に対象が拡大された。TSRが4月23日から5月12日にかけてインターネットで実施した第四回企業向けアンケートへの回答（有効回答数2万1,741社）では、宿泊業や旅行業に属する全回答企業のほか、道路旅客運送業でも98％の企業が「現状で既に影響が出ている」と回答しており、「現状で既に影響が出ている」の比率が76％、「現時点では影響は出ていないが、今後影響が出る可能性がある」が23％となった。また、4月の売上高について前年同月実績との比較も調査した結果（有効回答数1万905社）、中央値で20％程度の売上高減少が生じていたとの回答が得られている。

　以上のイベントログとアンケート回答結果から、2月以降の各月において、実際にコロナショックの影響を受けた企業が順次増加しており、月商の対前年同月比で計測したインパクトの点からもその被害が拡大していることがわかる。なお、5月29日現在でTSRが集計した負債1,000万円以上の法的整理、私的整理のうち同社が「コロナ関連」として明確に分類したものは全国で合計192件とされており、宿泊業、飲食業、アパレル関連といった消費関連業種が多く含まれている。同社の調査によれば、コロナ前から人手不足や資金繰りの面で厳しい経営状態であった企業において、コロナショックにより業績が急激に悪化した企業が多いとされている。また、この集計には含まれていない休廃業が、特に小規模事業者で増加する可能性についても議論されている。

　次節では、こうした観察事実に対して、倒産データと企業属性データを用いた実証分析を行うことで、コロナショック後の倒産動向にどのようなパターンが確認されるのか、また行動制限政策の影響が企業倒産の面でどの程度生じているかを検討する。

3. データと分析手法

　分析にあたっては、第一に、TSR が収集した 2020 年 2 月から 4 月における企業レベルの倒産履歴データを用いて、コロナショック後の日本企業の倒産動向を把握する[3]。ここで注意すべきは、コロナショック「後」の倒産動向を正確に理解するためには、コロナショック「前」の時点における倒産動向との比較が不可欠となる点である。例えば、コロナショック後の倒産データから、「特定の要因と倒産確率との関係」を示すパターン（例：特定の業種における高い倒産確率）が確認されたとする。残念ながら、この結果のみではコロナショック後に当該業種において倒産確率が上昇したとは言えない。コロナショックに起因して生じた「特定の要因と倒産確率との関係」を見出すためには、当該の要因と倒産確率の関係がショックの「前後」でどのように変化したかを明示的に分析する必要がある。こうした目的のために、本研究では TSR から提供を受けたコロナショック前の期間（2019 年 2 月から 4 月）の倒産履歴データを併せて用いる[4]。

　推定にあたっては、2020 年 2 月から 4 月の 3 ヵ月間において倒産イベントに直面した企業のうち、分析に必要な企業情報が確認できた最大 963 社について 1 をとり、非倒産の場合に 0 をとるダミー変数を被説明変数とする[5]。この非倒産企業の設定に際しては、決算期末が 2018 年 8 月から 2019 年 7 月の範囲に含まれており、2020 年 4 月末現在で倒産イベントに直面していない約 100 万社を用いることとする[6]。また、ショックの前後で倒産パターンがどのように変化したかを分析するために、2019 年 2 月から 4 月の間に倒産した企業のうち分析

3　本稿で用いる倒産データは、4 月末までの期間を対象として、5 月 13 日時点で集計したものである。倒産データについては、実際の倒産イベント発生後にラグを伴って計測されるケースもあることから、将来的に再度の倒産データ構築を行った際に倒産数に変化が生じる可能性もある。また、本稿では分析の対象としていない 5 月以降の倒産データについての分析についても今後実施する予定である。
4　本稿の予備的分析である宮川ほか（2020）では、比較対象として 2019 年 12 月の 1 ヵ月間に倒産した企業を参照したが、本稿では、倒産パターンに関する季節性が存在する可能性を勘案して、分析対象期間と同じ月に対応する前年の倒産データを参照している。
5　推定にあたって用いる説明変数のパターンによってこのサンプル数は変動する。

に必要な企業情報が確認できた最大559社について1をとり、非倒産の場合に0をとるダミー変数を被説明変数とする分析も行う[7]。この際、非倒産企業の設定については上記の方式を援用する。

　第二に、TSRから提供を受けた企業属性データを用いることで、推定における説明変数として主要な業種に対応したダミー変数を構築する[8]。また、企業の売上高対数値、売上高伸び率、対売上高利益率、社齢、資本金の対数値からなる企業属性を計測する。なお、これらの変数を構築する際には、倒産履歴を計測する時点の一期前の属性情報を用いている。

　第三に、推定における追加の説明変数として、都道府県レベルの「地域モビリティ変動」を用いる。この変数は、グーグル（Google）が保有する匿名化された個人のロケーションデータを同社が集計することで構築した、2020年1月から3月にかけての都道府県レベルの人出変動に関する公表データを用いて、都道府県レベルの「地域モビリティ変動」を計測したものである[9]。具体的には、レストラン、ショッピングセンター、娯楽関連施設などから構成される「Retail & recreation」（以下Retailと表記）、スーパーマーケット、食品市場、ドラッグストアなどの「Grocery & pharmacy」（以下Groceryと表記）、公園、マリーナ、ドッグランなどの「Park」、地下鉄、バス、鉄道の駅に対応する「Transit stations」のほか、「Workplace」（職場）と「Residential」（住宅）の6カテゴリについて都道県ごとに計測されている。

　本稿では、この47都道府県×6カテゴリ（282観測値）ごとの計測値を地域モビリティ指標として用いる。このデータを都道府県とカテゴリをプールした平均値で見ると、2020年1月から3月にかけての人出は8.2%低下している。カ

6　本稿の分析では、2019年8月以降に決算期を迎えた非倒産企業を分析に含めていない。これは分析に用いるデータが2019年12月時点で抽出されており、2019年12月に近い決算期のデータについては収集が完全ではない可能性があるという点を踏まえたものである。

7　倒産件数全体については、https://www.tsr-net.co.jp/news/status/monthly/202004.html を参照。今回の分析に含めることができなかった企業に関する情報を収集した上で、今後の分析に活用することが期待される。

8　具体的には、建設業、製造業、情報通信業、運輸業・郵便業、卸売業・小売業、宿泊業・飲食サービス業、医療・福祉に対応するダミー変数であり、それ以外の業種をプールしたグループをベース業種とする。

9　https://www.google.com/covid19/mobility/

テゴリごとの平均値では、Transit が−28％と最も変動が大きく、次いで Retail（−14.5％）、Parks（−7.8％）、Workplace（−3.6％）、Grocery（−0.2％）と続く。在宅勤務の広がりを反映して、Residential はむしろ5.1％増となっている。各指標間の相関が極めて高いこと（例：Grocery と Retail の相関は0.96）を踏まえて、本稿では Retail 指標を用いた結果のみ示すこととする。

　推定にあたっては、倒産ダミー変数を被説明変数として、主要業種ダミー変数のみを説明変数として用いたモデル、さらに企業属性を加えたモデル、さらに Retail モビリティ指標を加えたモデルに対して、各々プロビット推定を行う。これらの推定を、2020年2月から4月の倒産企業と前述の非倒産企業をプールしたデータを用いて行い、併せて比較対象として2019年2月から4月の倒産企業と前述の非倒産企業をプールしたデータに関する推定を行う。

4. 分析結果と含意

　表1は、業種固定効果のみから構成されるモデルのプロビット推定結果を示したものである。各業種の平均的な倒産確率の高低と対応する係数が、コロナ前の2019年2月から4月、コロナ後の2020年2月から4月の二つのサンプルに加えて、2020年2月、3月、4月のサブサンプルに対して推定されている。

　第一に、コロナ前後の期間に共通する特徴として、製造業と宿泊業・飲食サービス業の倒産確率が相対的に高いことがわかる。第二に、コロナショック前の2019年2月から4月とコロナショック後の2020年2月から4月に関する推定結果の比較から、製造業と宿泊業・飲食サービス業においてコロナショック後に係数が上昇していることがわかる。第三に、2020年2月以降の単月ごとの分析から、これらの業種における倒産確率の上昇が、主として2020年4月における結果を反映したものであることがわかる。

　以上の結果は、コロナショック以前から相対的に高い倒産確率を示していた特定の業種において、2月以降に感染が拡大し、対応する行動制限政策が採られる中で、業況が悪化していき、4月においてその影響が倒産の形で顕在化したことを示唆している。前節で確認した企業向けアンケートの結果から、2月から4月にかけて対前年同月の月商に関する低下幅が拡大していたことを確認

表1　業種固定効果モデルの推定結果

	コロナ前		コロナ後							
	2019年2〜4月		2020年2〜4月		2月		3月		4月	
	係数	標準誤差	係数	標準誤差	係数	標準誤差	係数	標準誤差	係数	標準誤差
業種固定効果										
建設業	0.043	(0.040)	0.045	(0.031)	0.086	(0.053)	−0.001	(0.043)	0.067	(0.059)
製造業	0.321	(0.040)***	0.355	(0.031)***	0.311	(0.054)***	0.280	(0.043)***	0.425	(0.055)***
情報通信業	0.211	(0.075)***	0.200	(0.060)***	0.184	(0.103)*	0.154	(0.083)*	0.244	(0.105)**
運輸業・郵便業	0.233	(0.071)***	0.154	(0.061)**	0.193	(0.099)*	0.030	(0.095)	0.253	(0.100)**
卸売業・小売業	0.318	(0.036)***	0.275	(0.029)***	0.326	(0.048)***	0.170	(0.041)***	0.309	(0.054)***
宿泊業・飲食サービス業	0.444	(0.064)***	0.484	(0.049)***	0.255	(0.105)**	0.406	(0.068)***	0.630	(0.075)***
医療・福祉	−0.219	(0.090)**	−0.252	(0.072)***	−0.099	(0.103)	−0.301	(0.106)***	−0.344	(0.172)**
定数項	−3.447	(0.029)***	−3.281	(0.023)***	−3.630	(0.039)***	−3.467	(0.030)***	−3.691	(0.044)***
観測数	1,090,178		1,090,582		1,089,911		1,090,024		1,089,885	

（注）＊＊＊は1％有意、＊＊は5％有意、＊は10％有意。

したが、こうした影響が倒産につながるまでには若干のタイムラグがあったものと想像される。

　表2は、さらに企業属性を加えたモデルのプロビット推定結果を示したものである。第一に、コロナショック前の時期において、売上高伸び率が低く、社齢の若い企業が相対的に高い確率で倒産していたことがわかる。第二に、コロナショック後の2020年2月から4月においてもこうした傾向が概ね維持されていることがわかる。第三に、この結果を2020年2月以降の単月で確認すると、社齢の若い企業が高い倒産確率を示すのはコロナショックが発現した直後である2月のみであり、一方で、低成長企業の倒産確率が上昇するパターンは3月に強く観察され、4月にはその傾向が弱まっていることもわかる。第四に、表1の結果との差異として、4月においてのみ、宿泊業・飲食サービス業のコロナショック後の時期における倒産確率がベースラインとなっている業種に比して有意に高いことがわかる。

　これらの結果は、コロナショック後の各月における倒産のパターンが目まぐるしく変化していることを意味している。また、特に注目すべき結果として、4月単月の推定結果において企業属性と倒産確率との関係が非常に弱く、一方

表2 企業属性を含むモデルの推定結果

	コロナ前 2019年2~4月		コロナ後 2020年2~4月		2月		3月		4月	
	係数	標準誤差	係数	標準誤差	係数	標準誤差	係数	標準誤差	係数	標準誤差
業種固定効果										
建設業	0.008	(0.056)	−0.017	(0.042)	0.000	(0.073)	−0.059	(0.060)	0.043	(0.076)
製造業	0.306	(0.060)***	0.248	(0.047)***	0.227	(0.082)***	0.224	(0.064)***	0.243	(0.082)***
情報通信業	0.165	(0.102)	0.064	(0.086)	−0.143	(0.190)	0.203	(0.102)**	−0.089	(0.192)
運輸業・郵便業	0.195	(0.102)*	−0.080	(0.105)	−0.082	(0.193)	−0.415	(0.250)	0.154	(0.137)
卸売業・小売業	0.338	(0.056)***	0.225	(0.044)***	0.279	(0.074)***	0.173	(0.062)***	0.190	(0.080)**
宿泊業・飲食サービス業	0.433	(0.108)***	0.478	(0.077)***	0.209	(0.172)	0.153	(0.151)	0.740	(0.101)***
医療・福祉	n.a.		−0.010	(0.148)	0.101	(0.204)	n.a.		0.200	(0.204)
企業属性										
売上高対数値	−0.020	(0.013)	−0.001	(0.010)	−0.012	(0.018)	−0.006	(0.015)	0.015	(0.018)
売上高伸び率	−0.172	(0.040)***	−0.124	(0.035)***	−0.059	(0.063)	−0.149	(0.045)***	−0.110	(0.063)*
利益÷売上高	0.001	(0.001)	0.000	(0.001)	0.000	(0.002)	0.000	(0.001)	0.000	(0.002)
社齢	−0.002	(0.001)**	−0.002	(0.001)**	−0.005	(0.001)***	0.000	(0.001)	−0.001	(0.001)
資本金対数値	0.011	(0.017)	−0.011	(0.014)	0.006	(0.023)	−0.029	(0.020)	−0.003	(0.022)
定数項	−3.186	(0.139)***	−3.033	(0.110)***	−3.332	(0.191)***	−3.096	(0.159)***	−3.706	(0.184)***
観測数	505,740		518,314		517,965		512,377		517,972	

(注) ＊＊＊は1%有意、＊＊は5%有意、＊は10%有意。

で、宿泊業・飲食サービス業が高い倒産確率を示していることがわかる。これは、事前のパフォーマンスに対応した退出のセレクションメカニズムが足元で弱まる中で、需要減少の影響を強く受ける特定の業種（宿泊業・飲食サービス業）において広い範囲の企業に対する退出圧力が顕在化している可能性を示唆している。足元の時点において、企業退出のセレクションメカニズムがコロナショック前とは異なった様相を呈しているという点は重要な結果である。

　表3は、Retailに対応するモビリティ指標を追加したモデルの推定結果である。第一に、コロナショック後にモビリティが低下している都道府県において統計的にゼロと異なる水準で倒産確率が上昇していることがわかる。この結果が実際にコロナショックの影響であることを確認する目的から、同様の分析を2019年2月から4月における倒産履歴に対して実施した。本来2019年2月か

表3　モビリティ指標を含むモデルの推定結果

	コロナ前		コロナ後							
	2019年2～4月		2020年2～4月		2月		3月		4月	
	係数	標準誤差	係数	標準誤差	係数	標準誤差	係数	標準誤差	係数	標準誤差
業種固定効果										
建設業	0.010	(0.056)	−0.007	(0.043)	0.012	(0.073)	−0.048	(0.060)	0.045	(0.076)
製造業	0.307	(0.060) ***	0.253	(0.047) ***	0.234	(0.082) ***	0.229	(0.064) ***	0.244	(0.082) ***
情報通信業	0.160	(0.102)	0.044	(0.086)	−0.162	(0.191)	0.177	(0.103) *	−0.091	(0.193)
運輸業・郵便業	0.197	(0.102) *	−0.071	(0.106)	−0.069	(0.193)	−0.403	(0.250)	0.155	(0.137)
卸売業・小売業	0.339	(0.056) ***	0.230	(0.044) ***	0.284	(0.074) ***	0.179	(0.062) ***	0.191	(0.080) **
宿泊業・飲食サ ービス業	0.434	(0.108) ***	0.483	(0.077) ***	0.215	(0.172)	0.160	(0.151)	0.741	(0.101) ***
医療・福祉	n.a.		−0.003	0.149	0.109	0.206	n.a.		0.201	0.204
企業属性										
売上高対数値	−0.020	(0.013)	−0.002	(0.010)	−0.012	(0.018)	−0.006	(0.015)	0.015	(0.018)
売上高伸び率	−0.172	(0.040) ***	−0.123	(0.035) ***	−0.060	(0.062)	−0.148	(0.045) ***	−0.110	(0.063) *
利益÷売上高	0.001	(0.001)	0.000	(0.001)	0.000	(0.002)	0.000	(0.001)	0.000	(0.002)
社齢	−0.002	(0.001) **	−0.002	(0.001) **	−0.005	(0.001) ***	0.000	(0.001)	−0.001	(0.001)
資本金対数値	0.010	(0.017)	−0.013	(0.014)	0.003	(0.023)	−0.031	(0.020)	−0.004	(0.023)
モビリティ指標										
Retail	−0.045	(0.079)	−0.161	(0.063) **	−0.183	(0.108) *	−0.200	(0.090) **	−0.022	(0.108)
定数項	−3.192	(0.139) ***	−3.059	(0.110) ***	−3.361	(0.191) ***	−3.134	(0.159) ***	−3.709	(0.184) ***
観測数	505,740		518,314		517,965		512,377		517,972	

（注）＊＊＊は1％有意、＊＊は5％有意、＊は10％有意。

ら4月における倒産動向に影響を及ぼすはずのない2020年1月から3月にかけてのモビリティ変動が、実際に影響を及ぼしていないことを確認することで（プラセボテスト）、当該モビリティ変動と2020年2月から4月にかけての倒産動向との関係を因果関係として理解することが可能となる。

　推定結果から、予想通り、モビリティ変動と2020年2月から4月の倒産確率との間の関係は確認されなかった。コロナショック後の時期に計測された地域モビリティ指標がそれ以前の倒産履歴とは相関していないというこの結果は、コロナショック後の地域モビリティの変動がエリアに特有の何らかの要因を代理している可能性が低いことを意味しており、当該モビリティ変動が企業倒産を生み出した可能性を示唆するものである。第二に、地域モビリティ指標の影

響が 4 月に入ってから観察されていない点にも注意が必要である。この結果
は、表 2 において議論した「セレクションメカニズムの変化」に対応している
と考えるのが自然だろう。つまり、2 月や 3 月においては確認されていた人出
の減少と倒産確率の上昇という関係が、4 月において弱まっている可能性があ
る。

　この点に関して、表 3 の分析では、2020 年 1 月から 3 月にかけての人出の変
化を計測した値を用いており、4 月における各エリアのモビリティ変動を十分
に反映できていない可能性がある。そこで、モビリティ変動計測の終点を 4 月
1 日から 4 月 11 日まで日次で変動させた上で対 1 月のモビリティ変動を再度計
測し、これら 11 種類のモビリティ変動指数を用いて表 3 と同様の分析を実施し
た。この分析においても、4 月には各モビリティ指標と 4 月の倒産確率との間
に統計的に有意な関係は確認されなかった。

5. ディスカッション

　前節で確認した推計結果は、コロナショック直後においてショック前と同様
のセレクションメカニズムが働いていた結果、業績が低迷していた企業から退
出が進んだ一方で、4 月にはこうしたメカニズムが弱まっており、むしろ特定
業種における面的な退出圧力が高まっていることを示唆する。本節では、こう
した結果を踏まえて、今後どのような情報や分析が必要となるかをディスカッ
ションしたい。

　第一に、何よりも継続的なデータの収集と分析のアップデートが必要であろ
う。特に、本稿で採用した倒産データに加えて、売上高（例：月商）の変動や
債務の不履行（例：延滞）に関するリアルタイムデータを用いた企業業績の把
握が必要である。企業の業績変動については、本稿でも参照した TSR による
企業向けサーベイ調査が有益な情報を蓄積している。こうした継続的なデータ
収集がエビデンスに基づいた議論にとって必要不可欠である。なお、企業の業
績把握として、理想的には、取引先ごとに計測された売上高や仕入高のリアル
タイムデータの利用が望ましい。こうしたデータは日本においてはまだ十分な
整備が進んでいないものの、金融機関が保有している決済情報や税務を中心と

する公的な業務統計のマイクロデータをフルに活用することで一定程度は対応できるものと考えられる。

第二に、本稿で用いたモビリティ指標に関してより高粒度のデータを利用した分析が期待される。本稿での分析は、公表されているデータの粒度である都道府県×6カテゴリのモビリティ変動指標を用いたが、市区町村や一定程度のメッシュ単位などで計測されたモビリティデータが活用されるべきである。この際、データソースとなっている個人のロケーションデータについてプライバシーの問題に抵触しないように十分な注意を払う必要があることは言うまでもない。また、こうした高粒度のモビリティデータが利用可能となった場合には、企業のロケーションについてもより細かい単位（例：事業所レベル）で計測されるべきと考えられる。

第三に、本稿では取り上げられなかったショックの波及効果に関する一層の分析が期待される。こうした議論は、例えば、隣接都道府県間における行動制限のコーディネーションについて有益な情報を与えるものである。例えば、A県で行動制限が導入された場合に、隣接するB県では同種の行動制限が見送られたとしよう。本稿のベースになっている宮川ほか（2020）の分析結果は、A県企業に対する需要がB県へシフトする結果として、A県に所在する企業のパフォーマンスに対して負の効果が生じる可能性を示唆している。様々な政策間のコーディネーションを検討する上でも、本稿で検討した経済的インパクトの正確な理解が役に立つ。また、異なる視点として、取引先の所在エリアにおけるモビリティ変動が取引先の業績変動を通じて自社に対してどのような影響を与えるのかを分析することも有用であろう。これまでに実施されている経済的なインパクトの予想は、一定の仮定に基づくシミュレーションが中心となっており、実データに基づくメカニズムの定量的評価が今後の最重要テーマと考えられる。特に、企業が退出に至るメカニズムを理論的なモデルに基づいて描写した上で、実データに基づいてそのパラメータを推定することで、より確度の高いシミュレーションを行えるほか、政策介入の効果を定量的に推定することが可能となる。

本稿の分析内容及びこれらの追加的な研究テーマは、今後長期にわたる追跡調査を必要とするものである。例えば、企業の倒産パターンに関する推定結果

を随時更新して公表することは、既に導入されている政策メニューの影響を把握し、今後の政策デザインを改善するためにも有用である[10]。また、今後リアルタイムかつ高粒度のデータが利用可能になれば、行動制限政策の程度（例：接触80%削減 vs. より低位の接触）と感染拡大の終息までの期間（強い接触削減により早期の収束）からなるパターンごとに、累積の倒産件数や倒産規模、さらに売上高の減少幅を予測することも可能となる[11]。

　こうした分析は、短期と長期の視点から疫学的効果と経済効果のトレードオフを検討する上で重要な情報を与えるものと考えられる。また、倒産のコスト（失われた売上高など）算定を踏まえた適正な政策給付レベルを検討する目的でも参照可能であるほか、特に大きな被害を受けた企業の特定にも役立つ[12]。これまで集中的に行われてきた疫学的効果に関する議論の基礎となっているデータ分析は、経済学者の最も得意とする分野である。経済学者と疫学分野の研究者とのコラボレーションを含めた速やかな研究の蓄積が望まれる。

6. おわりに

　本稿における分析は、業種や企業属性と倒産確率との関係がコロナショックの前後でどのように変化したかを確認することで、感染拡大を防ぐ目的から導入された行動制限の影響を含めた現況の把握を試みたものである。プラセボテストを含む推定結果は、コロナショック後の期間において倒産のパターンが変化していることを示唆しており、特に、4月の倒産履歴からはコロナショック前に確認された企業パフォーマンスに応じたシステマティックな倒産のメカニズムが弱まり、ショックの影響を強く受けたと考えられる特定の業種における面的な倒産圧力が高まっていることがうかがえた。また、コロナショック後の地域モビリティの低下が負の影響を与えていたことも確認された。

　個人や企業に関する行動制限の効果については、これまで疫学的効果に着目

---

[10] この点に関して、宮川努学習院大学教授より貴重な示唆をいただいた。
[11] 当該分析に関して、推定手法の選択を含めて学習院大学細野薫教授より貴重な示唆をいただいた。
[12] この点に関して、内田浩史神戸大学教授より貴重な示唆をいただいた。

する形で学術研究が進んできた。しかし、政策がもたらすトレードオフを構成するもう一つの重要な要素である経済効果を無視した議論は適切ではない。今後、利用可能な経済データが蓄積されることで実証分析が進むことを期待したい。

〈参照文献〉

久保田荘（2020）「コロナ危機は需要ショックなのか供給ショックなのか？」http://www.waseda.jp/prj-wishproject/covid-19.html.

楡井誠（2020）「コロナ禍の経済対策：社会的離隔・外部性・デジタル化」https://www.rieti.go.jp/jp/columns/a01_0561.html.

林文夫（2020）「政府コロナ緊急経済対策について」https://sites.google.com/view/fumio-hayashis-hp/home-%E6%97%A5%E6%9C%AC%E8%AA%9E.

宮川大介、尻高洋平、武政孝師、原田三寛、柳岡優希（2020）「コロナショック後の人出変動と企業倒産：Google ロケーションデータと TSR 倒産データを用いた実証分析」RIETI Special Report。

Baker, S. R., Bloom, N., Davis, S. J., Kost, K. J., Sammon M. C., and Viratyosin, T. (2020). "The unprecedented stock market reaction to Covid-19." Covid Economics Vetted and Real-Time Papers, Issue 1: 33-42.

Barrot, J., Grassi, B., and Sauvagnat, J. (2020). "Sectoral effects of social distancing." Covid Economics Vetted and Real-Time Papers, Issue 3: 85-102.

Boeri, T., Caiumi, A., and Paccagnella, M. (2020). "Mitigating the work-safety trade-off." Covid Economics Vetted and Real-Time Papers, Issue 2: 60-66.

Dingel, J. I. and Neiman, B. (2020). "How many jobs can be done at home?" Covid Economics Vetted and Real-Time Paper,s Issue 1: 16-24.

Figueiredo, A., Codina, A., Figueiredo, D., Saez M., and León A. (2020). "Impact of lockdown on COVID-19 incidence and mortality in China: an interrupted time series study," Bull World Health Organ. E-pub: 6 April 2020. doi: http://dx.doi.org/10.2471/BLT.20.256701.

Inoue, H. and Todo, Y. (2020). "The propagation of the economic impact through supply chains: The case of a mega-city lockdown to contain the spread of Covid-19," Covid Economics Vetted and Real-Time Papers Issue 2: 43-59.

Jordà, Ò., Singh, S. R., and Taylor, A. M. (2020). "Longer-run economic consequences of pandemics," Covid Economics Vetted and Real-Time Papers Issue 1: 1-15.

Hartl, T., Wälde, K., and Weber, E.（2020）. "Measuring the impact of the German public shutdown on the spread of Covid-19," Covid Economics Vetted and Real-Time Papers Issue 1: 25-32.

Koren, M. and Peto, R.（2020）. "Business disruptions from social distancing" Covid Economics Vetted and Real-Time Papers Issue 2: 13-31.

Kurita, J., Sugawara, T., and Ohkusa, Y.（2020）. "Forecast of the COVID-19 outbreak and effects of self-restraint in going out in Tokyo, Japan," medRxiv preprint doi: https://doi.org/10.1101/2020.04.02.20051490.

Morikawa, M.（2020）"COVID-19, teleworking, and productivity," https://voxeu.org/article/covid-19-teleworking-and-productivity.

第15章

新型コロナ危機による労働市場への影響と格差の拡大

菊池信之介[*]
北尾早霧[**]
御子柴みなも[***]

1. はじめに

　新型コロナ（COVID-19）による危機（以下、「コロナ危機」）が日本全国に影響を及ぼし、経済活動を大きく収縮させてしまうことは疑いようのない事実であり、労働市場もその影響を免れない。感染リスクの拡大は、外出自粛や営業休止によって財やサービスの需要と供給を収縮させる。総需要の急激な減少は労働需要の低下をもたらし、雇用環境の悪化が既に顕在化し始めている。また、人々が対面での接触や交流を控え、公共交通機関を利用した移動が制限される中、リモートワークでは完結できない作業を伴う仕事を維持することが困難になる。

　しかし、これらの影響は、すべての労働者たちに一様に襲いかかるわけではない。労働者と十把一絡げに言っても、年齢・性別・学歴など個人の属性によって、従事する職種や産業の分布は異なり、また正規・非正規といった働き方の違いも存在する。コロナ危機によって収入の低下を余儀なくされたり、雇用そのものが失われたりする人もいる一方、リモートワークへの切り替えによって職務を継続することができ、家計の収支的には目立った影響を受けない人も

＊　マサチューセッツ工科大学経済学部博士課程
＊＊　東京大学大学院経済学研究科教授
＊＊＊　東京大学大学院公共政策学教育部博士課程

いる。そのため、コロナ危機に対して、どのような人々が最も経済的に脆弱な立場に置かれ、深刻な被害を受けることになるのか、そしてどのような人々が一刻も早い支援を必要としているのかを見極めることは、政策対応を考える上で重要である。

　本章では、コロナ危機の労働市場への影響と、それに伴う格差の拡大について、雇用と収入の変化を中心に考察する。まず第2節では、過去の不況に関する様々な研究をサーベイすることで、景気変動と所得格差の関係について考察する。第3節では、コロナ危機が引き起こす格差の拡大について、国内外の研究に基づき詳しく述べる。第4節では、結語として、今後注視すべきポイントや政策対応について述べる。

2. 景気変動と所得格差の関係

1 景気変動と所得格差の間の三つのメカニズム

　好不況の波によって格差がどのような影響を受けるかを理解するには、景気変動が所得分布の各層に与える影響を精査する必要がある。また、景気変動を引き金として労働者個人の人的資本や、労働市場で求められるスキルが変容すれば、一時的な所得格差の変化だけではなく、中長期的な所得分布にも影響が及ぶ可能性がある。

　そのため、本節では以下の三つのポイントに着目して景気変動と格差の関係を考察する。

- 景気循環の影響を最も大きく受けるのはどういった労働者か？
- 失業や収入の減少はその後のキャリアにどのような影響をもたらすか？
- 景気変動によって産業構造や労働市場がどのような影響を受けるか？

（1）景気循環の影響を最も大きく受けるのはどういった労働者か

　景気循環、特に不況において、最も影響を受ける労働者はどういった特徴を持っているのだろうか。まず、労働所得の水準で見てみると、所得下位層がより大きな所得の減少に直面するようである。Guvenen, Ozkan, and Song

（2014）は、1979〜1983 年、1990〜1992 年、2000〜2002 年、2007〜2010 年の直近約 40 年間に、米国を襲った不況のそれぞれにおいて、各所得分位の労働者の平均収入がどのように変化したかを分析している。結果として、まず、四つすべての不況において、一般的には、収入がより低い層が所得の減少割合も大きいことを発見した。また、2000〜2002 年、2007〜2010 年の二つの不況においては、上位 1%層が例外的に最も所得減少割合が大きかったことを示している。いずれにせよ、上位 1%層の例外的な動きを除けば、景気循環の影響を最も受けたのは、低所得者層であると言えよう。

Hoynes, Miller, and Schaller（2012）は、景気循環の雇用と賃金への影響について、年齢・学歴・人種・性別の断面で、どのような違いがあるかを分析している。分析によれば、不況の影響は一様ではなく、女性より男性、白人・アジア系労働者より黒人・ヒスパニック系労働者、中高年層より若年層、大卒労働者より大卒未満の労働者に、より厳しい影響をもたらしていることが判明した。また、このような景気循環に対する感応度の異質性は、1980 年代以降の好況・不況両面において、同様のパターンであったことを明らかにした。

日本においても、Yokoyama, Higa, and Kawaguchi（2019）が、不況や企業業績の悪化が原因で雇用を減らす必要が生じた場合、企業は正規労働者ではなく非正規労働者を減らし非対称な調整を行うかどうかを検証している。当論文では、2001〜2012 年における企業レベルのデータを用い、個々の企業活動とは独立した動きを示すと考えられる為替レートの変化を外生的なショックとして、正規・非正規別に雇用に与える影響を分析した。結果として、非正規労働者が雇用の調整弁とされる非対称性の存在を明らかにしている。

以上の研究を踏まえると、これまでの不況においては、経済が不況に入る以前から既に経済的に比較的恵まれていない労働者に対して、ショックの影響が偏る傾向にあることがわかる。

（2）失業はその後の再雇用や収入、キャリアにどのような影響をもたらすか

一物一価の法則は、経済学で学ぶ基本原則の一つである。労働経済学においても、Katz and Murphy（1992）のように、労働者が持つスキルが労働市場で取引され、需要と供給を均衡させるように雇用と賃金が決まる、という古典的

なアプローチも存在する。しかし、仮にその見方が正しいとすれば、不況など
のマクロ的な要因で、同じような仕事をしていた労働者が、たまたま何らかの
理由で失業と就業継続というように異なる運命をたどったとしても、不況が過
ぎ去ればまた、元通り同じような仕事に就くことができるということになる。
もちろん、実際には様々な理由によって、そのような結果とはならないことが
これまでの研究の蓄積によって明らかにされている。以下では、失業が、個人
のその後のキャリアにおける収入と雇用に与える影響について述べる。

　まず注目すべきは、ひとたび失業してしまうと、失業前にその労働者と同じ
ような特徴を持っていたものの何かしらの理由で失業しなかった労働者と比較
して、収入の減少がかなり長い期間続いてしまう可能性がある点である。
Jacobson, Lalonde, and Sullivan（1993）は、失業による賃金への長期的な影響
を推計した代表的古典とも言える研究である。各労働者と各企業レベルそれぞ
れに関するデータを駆使することで、米国ペンシルベニア州において解雇され
た失業者について、仮に失業しなかった場合に得ていたであろう収入を推定
し、実際の失業後の収入と比較した。分析の結果、解雇後6年が経過してもな
お、収入の格差が継続して見られることが判明した。当論文に続いて、異なる
地域や時期について、様々な推定手法により、同様の推定が行われてきたが[1]、
いずれの研究においても、程度の差はあれ、失業が収入に与える悪影響は、長
期的に続いてしまうことが明らかにされている。

　同時に念頭に置くべきは、ひとたび失業し、さらにその失業期間が長引けば
長引くほど、良い仕事を見つけるのが難しくなってしまうという点である。
Kroft, Lange, and Notowidigdo（2013）は、労働者の失業期間が延びるにつれ
て、面接に呼ばれる確率が低下することを見出しており、Jarosch and
Pilossoph（2019）は、失業期間が長くなると、実際の再就職率が低下すること
を示している。さらに、Schmieder, von Wachter, and Heining（2016）は、失
業期間の長さが、再雇用の際にオファーされる賃金に対して負の因果関係をも
たらすことを明らかにしている。Guvenen, Ozkan, and Song（2017）は、失業

1　代表的なものとして、Davis and von Wachter（2011）、Krolikowski（2018）、Schmieder,
von Wachter, and Heining（2018）などが挙げられる。

の長期的な影響の所得階層における違いを分析し、所得が低ければ低いほど、再就職も難しく、長期的な所得水準に与える負の影響が大きいことを示している。

(3) 景気変動によって産業構造や労働市場がどのような影響を受けるか

　景気変動、特に 2008-2009 年の金融危機を経て、産業構造の変化が加速したと指摘されることが多い。長期的に振り返れば、それは産業の新陳代謝であり、シュンペーターの創造的破壊が言うところの、「経済発展のための必定」なのかもしれない。一方で、こうしたマクロ的な産業構造変化の裏では、労働市場にどのような影響がもたらされ、家計間の格差や個人の厚生が変化してきたかを明らかにすることもまた、不況による産業構造変化のトレードオフを議論する際には重要な論点である。

　Hershbein and Kahn（2018）は、米国の各地域の求人情報に関するデータと、企業レベルの設備投資のデータを用いて、2008-2009 年の金融危機下における経済の落ち込みが激しかった地域ほど、その後自動化を含めた設備投資がより盛んになされ、労働者に求められるスキルの要求水準もより大きく変化したということを明らかにした。Jaimovich and Siu（2020）においても、不況後に、GDP と比べて雇用が不況以前の水準まで戻らない "Jobless Recoveries（雇用なき景気回復）" という現象に着目した。とりわけ米国においては、自動化などが進んだことによって失われた中間スキル（製造現場における生産労働者など）の雇用は、産業構造の変化によって、元通りに回復することはなかったと指摘している。

　以上、本節では、不況と労働市場、格差の拡大について、どういった労働者が不況に伴うショックに対して脆弱であったかを概観し、次にショックを受けた後のキャリアへの影響と、より長期的な産業構造変化に関する示唆に触れた。現下のコロナ危機については、執筆時点ではまだ首都圏の緊急事態宣言が解除された直後であったり、米国では終息の兆しが見えていなかったりと、上記の 2 点目、3 点目については憶測の域を出ない。そのため、次節では、ある程度の研究が蓄積されつつある 1 点目、「ショックに対する脆弱性」に焦点を

当て、諸外国の研究の紹介も交えながら、日本の労働市場においてコロナ危機
への脆弱性がどのように分布しているか、データを用いて詳細な分析を行う。
後者については、Kikuchi, Kitao, and Mikoshiba（2020）に含まれる分析を中
心に解説を行う。

3. 新型コロナ（COVID-19）危機が引き起こす格差の拡大

　日本国内の経済活動に対して新型コロナ危機が本格的な影響をもたらしたの
は、緊急事態宣言が発令された 2020 年 4 月以降である。5 月末の現時点では、
行政機関などによって毎月集計される賃金・雇用に関する労働市場データは未
発表であり、また精緻な分析に必要なミクロデータの入手にはさらなる時間を
要することから、現在のところリアルタイムに行うことができる分析は限られ
ている。
　一方で、より早くからロックダウンなどの経済活動制限を行い、また毎月、
労働者レベルのミクロデータが公表される米国などでは、どのような特徴を持
った労働者が、ショックに対して最も脆弱で、格差拡大に対してはどういった
兆候が見られるかについて、既に様々な学術研究が蓄積され始めている。この
ような背景から、本節ではまず、前半では諸外国の労働市場に関するいくつか
の研究をサーベイし、後半で日本の労働市場に関する研究を紹介する。

1 諸外国の労働市場に関する研究

　Mongey, Pilossoph, and Weinberg（2020）は、米国における 2020 年 2 月と 4
月のセンサスデータ（Current Population Survey）を用いて、どのような特徴
を持った労働者の雇用減少が著しいかを明らかにした。当論文は、2ヵ月間で、
全体では 15 ログポイントの雇用減少を認め、特にパートタイム労働者、賃金
が全体の分布の中央値より低い労働者、外国人労働者、大卒未満の労働者など
の雇用減少幅が大きいことを明らかにした。またその減少幅の格差の原因にも
踏み込み、雇用減少幅が大きかった上記の特徴を持つ労働者は、リモートワー
クが困難であったり、対人的な仕事が求められたりするような職業に集中して
いたことも明らかにしている。

Adams-Prassl, Boneva, Golin, and Rauh（2020）は、分析対象を米国・英国・ドイツとし、労働者に対する大規模な独自調査を行い、各国内での既存の所得格差がさらに拡大していることを明らかにした。当論文では、労働時間の減少幅、失業確率、収入の減少幅、それぞれの要因に関する回帰分析を行い、どのような特徴を持った労働者が、コロナ危機に対して脆弱であったかを分析した。結果として、男性より女性、大卒以上より大卒未満、リモートワークがより困難、長期雇用契約より短期雇用契約を結んでいる、といった特徴を持っている労働者が、より失業しやすかったことを明らかにした。

Alon, Doepke, Olmstead-Rumsey, and Tertilt（2020）は、米国においてコロナ危機が男女格差に与える影響について、通常の不況での経験と比較しながら分析を行っている。通常の不況では、"man-cession" とも言われるように、より大きな影響を受けがちな製造業や建設業などに従事する男性を中心とした労働者の雇用・賃金が低下するのに対し、コロナ危機においては、女性の方が大幅な影響を受けるのではないかということを示唆している。コロナ危機以前のデータによると、リモートワークが困難な仕事に女性がより多くついていること、学校の閉鎖などによる家庭内労働の増加に対する負担の偏りがあることなどがその要因であると指摘している。

2 日本の労働市場に関する研究

次に、日本の労働市場におけるデータを使ってコロナ危機が所得格差に与える影響を分析した Kikuchi, Kitao, and Mikoshiba（2020）の研究を紹介する。総務省が提供する「就業構造基本調査」（2017 年）から、労働者個人の年齢・性別・学歴・職業・産業・雇用形態などといった詳細な属性の情報を得て、それに基づき、コロナ危機に対して脆弱な労働者は、どのような特徴を持っているのかを特定する[2]。

2　統計法に基づいて、独立行政法人統計センターから「平成29年就業構造基本調査」（総務省）のオーダーメード集計により提供を受けた統計成果物をもとにしており、総務省が作成・公表している統計等とは異なる。

(1) コロナ危機でより甚大な影響を受ける労働者の特徴

　はじめに、Kaplan, Moll, and Violante（2020）に倣って、労働者が就いている仕事を、コロナ危機による影響の受けやすさに応じて、産業および職業の二つの次元において分類を行う。

　第一に、対人的（face-to-face）要素の度合いに応じて、全産業を「一般的」産業及び「対人的」産業の2種類に分類する。さらに、後者に関しては、2020年4月7日に発令された7都道府県における緊急事態宣言の休業要請対象に応じて、「対人的・エッセンシャル」「対人的・その他」の二つに細分化する。例えば、一般的な産業の例は、農林水産業や工場、金融、不動産、港湾、空港、郵便などである。対人的な産業のうち、エッセンシャルな産業の例としては、飲食料品の小売、医療、ヘルスケア、公務員など、対面での職務が重要であるにかかわらず、社会活動の維持のために稼働せざるをえないものが挙げられる。一方、対人的な産業のうち、エッセンシャルに該当しない産業としては、交通、飲食料品を除く小売、宿泊、外食、教育などが挙げられる。

　もう一つは、職業ごとの勤務場所の柔軟性やリモートワークのしやすさなどに応じた分類（「フレキシブル」か「非フレキシブル」か）である。Mongey, Pilossoph, and Weinberg（2020）は米国の職業情報ネットワーク（O*NET）におけるサーベイに基づき、各職業におけるリモートワークのしやすさを指数化している。この指数をもとに、国際標準職業分類（ISCO）を経由して、就業構造基本調査に対応した分類（JSCO）に対応させることで、就業構造基本調査における各職業の分類を行った[3]。フレキシブルな仕事としては、マネジメント職、専門職や高度技能労働者、事務・販売従事者が挙げられる。一方、リモートワークなどが困難で非フレキシブルな仕事としては、サービス職業従事者、生産工程従事者、建設・運搬・清掃等従事者などが挙げられる。

　コロナ危機は、リーマンショックや東日本大震災などの過去の経済危機とは異なり、特に、人と人との接触を伴う対人的な産業で勤務し、かつリモートワークなどが困難で非フレキシブルな職務に従事する労働者に対して、大きなシ

3　Kikuchi, Kitao, and Mikoshiba（2020）では国土交通省「テレワーク人口実態調査」を用いてフレキシブルな職業の分類を行っている。そのため分類後の集計数値がここで示す値とは異なっている。

表1 産業別・職業別の労働者数の割合と平均年収（万円）

	フレキシブル	非フレキシブル	合計
一般的	24.5% 537	22.4% 351	46.9%
対人的	32.9% 390	20.2% 242	53.1%
（うちエッセンシャル）	（11.3%） （401）	（3.6%） （325）	（14.9%）
合計	57.4%	42.6%	

ョックを与えていると考えられる。つまり、この2つの分類の観点から見た産業・職種のうち、最もコロナ危機に対して脆弱なのは「対人的」で「非フレキシブル」な仕事に従事している人々である。

　表1は、産業の対人性と職業のフレキシビリティという2軸の分類に従って、各カテゴリーにおける人々の労働者全体に占める割合と平均年収を示したものである。これを見ると、コロナ危機に対して最も脆弱な労働者は日本の労働者全体のうち約5分の1（20.2%）を占めており、さらに最も年収が低いグループを形成しているということが見て取れる。

　これに対し、コロナ危機に対しては最も強靭であると考えられる「一般的」で「フレキシブル」な仕事に従事する労働者の割合は24.5%と、最も脆弱なグループと同じくらいの規模であるが、平均年収は537万円と、最も高い水準となっている。

(2) 雇用形態、性別、教育水準ごとに異なるコロナ危機

　次に、コロナ危機に対する脆弱性の分布が、労働者の属性によってどのように異なるかを様々な切り口から見ていきたい。

　日本の労働市場が米国や欧州などの労働市場と異なる点の一つとして、「正規」「非正規」という雇用形態による特有の区分が存在していることが挙げられる（詳しくは神林〔2017〕を参照）。そして、特に景気後退に直面した場合、非正規労働者は、正規労働者と比べて雇用の調整弁として雇い止めされやすい傾向にあることが指摘されてきた（Yokoyama, Higa, and Kawaguchi, 2019）。

　表2では、コロナ危機に対して脆弱な労働者が、正規労働者よりも非正規労

表2　雇用形態別の雇用シェアと平均年収（万円）　正規雇用（上段）　非正規雇用（下段）

正規雇用

	フレキシブル	非フレキシブル	合計
一般的	30.9% 604	23.3% 434	54.2%
対人的	32.0% 523	13.8% 388	45.8%
（うちエッセンシャル）	(11.2%) (540)	(2.9%) (508)	(14.1%)
合計	62.9%	37.1%	

非正規雇用

	フレキシブル	非フレキシブル	合計
一般的	12.0% 202	20.6% 167	32.6%
対人的	34.6% 150	32.8% 123	67.4%
（うちエッセンシャル）	(11.6%) (142)	(4.9%) (116)	(16.6%)
合計	46.6%	53.4%	

働者に集中していることが示されている。最もショックに脆弱なグループである「対人的」で「非フレキシブル」な仕事に従事する人々は、非正規労働者の中では約3分の1の32.8%に及ぶ一方で、正規労働者の中に占める割合はその半分以下の13.8%に過ぎない。さらに、表2では2軸の分類の組み合わせのすべてにおいて、非正規労働者の平均年収が正規労働者に比べて著しく低いことも示されている。

　それゆえ、今回の危機の発生以前から既に収入の低い非正規労働者は、コロナ危機によって少なくとも二つのチャネル、すなわち景気後退期における雇用の調整弁として、またコロナ危機に脆弱な産業・職種への集中的な打撃の双方によって多大なる影響を受ける可能性がある。

　正規・非正規以外の区分で労働者を見てみても、脆弱性には偏りがあることが確認できる。表3では、男女それぞれの労働者の中での脆弱性の分布を比較しているが、対人的な仕事に就く男性の割合が40.4%であるのに対して、女性のそれは約70%に上る。危機に強い一般的でフレキシブルな仕事に就く男性

は 28.9％であるのに対し、女性では 20％を下回る水準となっている。

　また、女性労働者の中でエッセンシャルな仕事に就く割合が合計で 20.7％と、男性の約 2 倍の割合となっている。これらの女性労働者はコロナ危機の最中においても就業の継続が求められる可能性が高いが、平均年収を見ると、フレキシブル、非フレキシブルな仕事においてそれぞれ 285 万、155 万円と、いずれも同じカテゴリーにおける男性の平均年収の半分以下の水準にとどまっている[4]。

　表 4 は労働者の教育水準に着目している。大卒以上の労働者のうち 80％以上が、フレキシブルな仕事に従事する一方で、大卒未満の労働者のうちフレキシブルな仕事に従事するのは半数以下にとどまっていることから、大卒未満の労働者の方が、コロナ危機に対して脆弱であることが示されている。また、いずれの産業・職業のグループにおいても大卒未満の労働者の年収は大卒以上の労働者のそれを下回っており、学歴という面から見ても、コロナ危機以前から収入の低い層がより大きな経済的打撃を受ける可能性が高いことを示唆している。

表3　男女別の雇用シェアと平均年収（万円）　男性（上段）と女性（下段）

男性

	フレキシブル	非フレキシブル	合計
一般的	28.9% 663	30.7% 409	59.6%
対人的	23.9% 569	16.5% 360	40.4%
（うちエッセンシャル）	(7.3%) (609)	(3.0%) (521)	(10.3%)
合計	52.8%	47.2%	

女性

	フレキシブル	非フレキシブル	合計
一般的	19.1% 297	11.9% 158	30.9%
対人的	44.1% 267	24.9% 144	69.1%
（うちエッセンシャル）	(16.4%) (285)	(4.3%) (155)	(20.7%)
合計	63.2%	36.8%	

表4　学歴別雇用シェアと平均年収（万円）　大卒以上（上段）と大卒未満（下段）

大卒以上

	フレキシブル	非フレキシブル	合計
一般的	38.0% 668	9.8% 455	47.8%
対人的	43.2% 525	9.0% 341	52.2%
（うちエッセンシャル）	（12.1%） （586）	（2.0%） （530）	（14.1%）
合計	81.2%	18.8%	

大卒未満

	フレキシブル	非フレキシブル	合計
一般的	18.4% 415	28.1% 334	46.5%
対人的	28.2% 296	25.3% 226	53.5%
（うちエッセンシャル）	（11.0%） （309）	（4.3%） （282）	（15.3%）
合計	46.6%	53.4%	

4. おわりに

　上記で見てきた通り、コロナ危機は、マクロレベルでの経済活動の縮小だけではなく、労働市場において、産業・職業・雇用形態などの異質性が原因で、所得の低い労働者にとってより厳しい影響をもたらす可能性の高いことが強く示唆される。コロナ危機以前から収入の低い労働者は、対人的でフレキシビリ

4　コロナ危機の影響について男女格差を考える際には、就業構造基本調査などの統計には現れない、家庭内における家事・育児時間の偏りについても検討が必要である。総務省（2017）の「平成28年社会生活基本調査」によれば、6歳未満の子供を持つ夫・妻ともに有業の世帯では、1週間当たりの平均家事関連時間は妻が6時間5分（うち家事2時間40分、育児2時間47分）であるのに対し、夫は1時間23分（うち家事20分、育児47分）となっている（https://www.stat.go.jp/data/shakai/2016/pdf/gaiyou2.pdf）。従前の家事・育児負担の偏りに大きな変化がない限り、例えば、コロナ危機による学校閉鎖の影響や、在宅時間増加による家事負担の上昇が女性に集中する可能性が否定できない。

ティの低い仕事に就いている割合が高く、コロナ危機によるショックが低所得
者層に対してより深刻な影響を与え、格差を拡大する危険性が高いと言えるだ
ろう。

　Kaplan, Moll, and Violante（2020）は、米国のミクロデータを用いて、コロ
ナ危機に脆弱な労働者層は収入が低いだけでなく、流動資産の保有残高も低い
傾向にあることを指摘している。十分な貯蓄がない状況で、職を失ったり収入
の大幅な低下に直面したりすれば、消費の低下を余儀なくされ、困窮をきわめ
ることが懸念される。

　政府は今後、変化し続ける労働市場のデータを注視して、特にコロナ危機に
対して脆弱な人々の経済状況に細心の注意を払い、甚大な影響を受けた人々に
対して迅速かつ十分な支援を行っていくことが重要となるだろう。

〈参照文献〉

神林龍（2017）『正規の世界・非正規の世界：現代日本労働経済学の基本問題』慶應義塾
　　大学出版会。

Adams-Prassl, A., Boneva, T., Golin, M., and Rauh, C.（2020）. "Inequality in the Impact
　　of the Coronavirus Shock: Evidence from Real Time Surveys." Institute of Labor
　　Economics（IZA）Discussion Papers, No. 13183.

Alon, T., Doepke, M., Olmstead-Rumsey, J., and Tertilt, M.（2020）. "The Impact of
　　COVID-19 on Gender Equality." Working paper. University of Bonn and University
　　of Mannheim, Germany.

Davis, S. J. and T. von Wachter（2011）. "Recessions and the Costs of Job Loss."
　　Brookings Papers on Economic Activity, （2）, 1-72.

Guvenen, F., Ozkan, S., and Song, J.（2014）. "The Nature of Countercyclical Income
　　Risk." *Journal of Political Economy*, 122（3）, 621-660.

Guvenen, F., Karahan, F., Ozkan, S., and Song, J.（2017）. "Heterogeneous Scarring
　　Effects of Full-year Nonemployment." *American Economic Review Papers and
　　Proceedings*, 107（5）, 369-73.

Hershbein, B., and Kahn, L. B.（2018）. "Do Recessions Accelerate Routine-Biased
　　Technological Change? Evidence from Vacancy Postings." *American Economic*

Review, 108 (7), 1737-72.

Hoynes, H., Miller, D. L., and Schaller, J. (2012). "Who Suffers during Recessions?" *Journal of Economic Perspectives*, 26 (3), 27-48.

Jacobson, L. S., LaLonde, R. J., & Sullivan, D. G. (1993). "Earnings losses of displaced workers." American economic review, 685-709.

Jaimovich, N., and Siu, H. E. (2020). "Job Polarization and Jobless Recoveries." *Review of Economics and Statistics*, 102 (1), 129-147.

Jarosch, G., and Pilossoph, L. (2019). "Statistical Discrimination and Duration Dependence in the Job Finding Rate." *Review of Economic Studies*, 86 (4), 1631-1665.

Kaplan, G., B. Moll and G. Violante (2020). "Pandemics According to HANK." Working paper. Princeton University.

Katz, L. F., and Murphy, K. M. (1992). "Changes in Relative Wages, 1963–1987: Supply and Demand Factors." *Quarterly Journal of Economics*, 107 (1), 35-78.

Kikuchi, S., S. Kitao, and M. Mikoshiba (2020) "Heterogeneous Vulnerability to the COVID-19 Crisis and Implications for Inequality in Japan." CREPE Discussion Paper, No. 71.

Kroft, K., Lange, F., and Notowidigdo, M. J. (2013). "Duration Dependence and Labor Market Conditions: Evidence from a Field Experiment." *Quarterly Journal of Economics*, 128 (3), 1123-1167.

Krolikowski, P. (2018). "Choosing a Control Group for Displaced Workers." *ILR Review*, 71 (5), 1232-1254.

Mongey, S., Pilossoph, L., and Weinberg, A. (2020). "Which Workers Bear the Burden of Social Distancing Policies?" National Bureau of Economic Research, Working Paper No. 27085.

Schmieder, J. F., von Wachter, T., and Heining, J. (2018). "The Costs of Job Displacement over the Business Cycle and its Sources: Evidence from Germany." Working paper. Boston University.

Yokoyama, I., K. Higa, and D. Kawaguchi (2019). "Adjustments of Regular and Nonregular Workers to Exogenous Shocks: Evidence from Exchange-Rate Fluctuation." *Industrial and Labor Relations Review*, Forthcoming.

第16章

新型コロナウイルスと労働時間の二極化
——エッセンシャル・ワーカーの過重労働と日本の働き方改革

黒田祥子*

1. はじめに

　新型コロナウイルスの感染拡大が世界中で深刻化する中、ILO（2020）は世界の総労働時間が2019年の第四半期から、2020年第1四半期にかけて4.8％減少し、2020年第2四半期には10.7％減少することを予測している。これは3億500万人のフルタイムの職が失われることに相当するという。日本でも、需要の減退により仕事を失った人、休業を余儀なくされた人、労働時間が減り収入が大幅に低下した人がいる。2020年4月の『労働力調査』（統計局）によれば、日本の就業者は1年前に比べ80万人減少、休業者数は597万人と過去最多を記録（休業者は前年同月比420万人増加、2020年3月比では389万人の増加）したことが明らかとなった。

　一方、医療・介護従事者、保健所や検疫所のスタッフ、各種政策に対応している行政担当者、物流関係者、テレワークの緊急導入要請に伴うIT（情報技術）関係の従事者、医療物資の製造、食品販売や清掃従事者など、山積する業務に対応している労働者もいる。社会の機能を維持するために不可欠な、いわゆるエッセンシャル・ワーカーと呼ばれる人たちである。コロナ禍において、世界中の業種・職種間で労働時間の二極化が起こっていると言える。

　本稿執筆時点では、日本のエッセンシャル・ワーカーの詳細な労働状況を個

---

*　早稲田大学教育・総合科学学術院教授

別に把握することは難しい。そこでまずは、『労働力調査』の集計データを使って、2020 年 3 月から、全国で緊急事態宣言が発出された同年 4 月にかけての男性労働者（15〜64 歳）の月間労働時間の変化を業種別に見てみよう（図 1）。2020 年 3 月から 4 月にかけて、全業種の月間平均労働時間は 8.5 時間減少した。この減少分には、新型コロナウイルスによる影響のほか、2020 年 4 月から中小企業にも適用開始となった改正労基法の時間外労働上限規制の影響、祝祭日などの暦の影響、年度末と年度初めという季節性など、様々な要因が含まれる。そこで図 1 では、全業種平均の 8.5 時間減をベンチマーク（図では「0 時間」に該当）として、業種別に全業種平均からの労働時間の差をとったものを示した[1]。同図を見ると、不動産業・物品賃貸業や宿泊業・飲食サービス業の労働

図1　業種別月間労働時間の変化

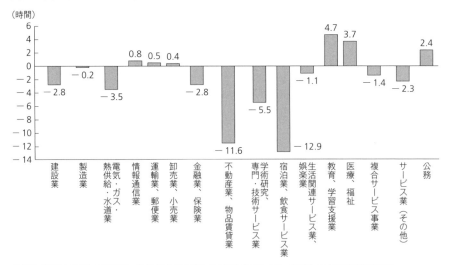

(出所)『労働力調査』（統計局）：2020 年 3 月及び 4 月の男性労働者（15〜64 歳）の月間平均労働時間
(備考) 全業種平均の「8.5 時間減」をベンチマーク（図では「0 時間」に該当）として、業種別に全業種平均からの乖離幅を示している。

1　なお、『労働力調査』では、「平均月間就業時間の集計対象は、『就業者総数』から『月末 1 週間の就業時間 0 時間の者（休業者）』及び『月間就業時間不詳の従業者』を除いた者」と定義されている。したがって、図 1 の値は、休業者を除き、4 月中も就業していた人に限定した平均労働時間の変化である。

時間が大幅に減少しているのに対して、教育・学習支援業や医療・福祉、公務などの業種では労働時間はそれほど減少しなかったことが確認できる。新型コロナの影響により、業種（あるいは職種）間で労働時間の長さに格差が生じたと言える。この図からは極端な労働時間の増加が認められる業種はないが、ここで示している数値はあくまでも業種平均である。また最前線で業務に当たっている労働者ほど回答する時間はないため、過重労働の実態はこうした集計データには反映されにくい点には留意が必要である。そこで以下では、国内外の研究を概観することを通じて、新型コロナウイルス禍で過重労働を余儀なくされている労働者の健康について考えることとしたい。

2. エッセンシャル・ワーカーの過重労働と健康への影響

1 新型コロナ禍の医療従事者の状況

　2020年4月上旬、イタリアでは医療従事者の100人超が新型コロナウイルスに起因して死亡したことが伝えられ、世界に衝撃が走った。しかし、こうした状況はイタリアだけではない。Centers for Disease Control and Prevention（CDC：米国疾病予防管理センター）は、2020年5月29日時点で、米国の医療従事者の新型コロナウイルス感染者数は6万3977人、うち307人の死亡を報告している。ただし、CDCは全数を把握できているわけではないとしており、実際の犠牲者数はこれを上回るとされている。英国でもガーディアン紙（2020年5月22日付）が、同国の医療従事者の死亡者数は200人超となったことを報じている。医療従事者向けの情報配信を行っているMedscapeでは新型コロナウイルスの犠牲となった世界中の医療従事者の追悼者リストが日々更新されている[2]。

　新型コロナウイルスは、最前線で働く人々にどの程度深刻な被害をもたらしているだろうか。状況が終息していない本稿執筆時点では上述の痛ましい数字以外で得られる定量的な情報は限定的なものにとどまるが、世界では少しずつ学術論文も発表され始めている。

2　https://www.medscape.com/viewarticle/927976

　例えば、新型コロナウイルスの感染拡大が深刻化した中国浙江省で、感染患者の治療に携わった医療従事者150人を対象に調査を行ったNing *et al.*（2020）、武漢市がある湖北省で最前線の治療に当たった医療従事者801人を対象に調査を行ったJing *et al.*（2020）、同じく武漢市の994名の医療従事者を対象に調査したKang *et al.*（2020）、180名の武漢市の看護師を対象としたMo *et al.*（2020）、シンガポールとインドの医療従事者906名を対象としたChewa *et al.*（2020）など、これらの論文ではいずれも医療従事者に睡眠障害や不安障害、うつ病の症状、感染リスクへの恐怖、体重減少などが顕著に観察されることが報告されている。

　本稿執筆時点では、新型コロナウイルスの問題が世界中に顕現化してから数ヵ月しか経過していないため、医療従事者に観察されるこれらの健康問題が一時的なものにとどまるのか、それともどの程度持続することになるかを把握するには至っていない。しかし、海外の研究では過去に起こった類似の事象（SARSやMERS）において、治療や看護に当たった医療従事者の健康問題をサーベイした論文も出始めている（Kisley *et al.*, 2020）。

　これらの論文はアウトブレイク直後に一回限りの調査を実施したものが多いが、SARSの治療や看護に当たった香港の医療従事者を対象に、アウトブレイク直後だけでなく1年後まで追跡調査したMcAlonan *et al.*（2007）によれば、治療に当たった直後よりもその1年後の方が、当該労働者の不安障害、うつ症状、PTSD（心的外傷後ストレス障害）の深刻度合いが増していたことを報告している。また、SARS発生の3年後に北京の医療従事者549名を対象に調査を行ったWu *et al.*（2008、2009）でも、PTSDのスコアが、当時SARSの治療に関わっていなかった医療従事者（比較対照群）に比べて約3倍程度高いことや3年後にアルコール依存症になっている確率も高いことなどが報告されている。

　これらの先行研究では、当時の過重労働や感染リスク不安、患者を救えなかったことへの自責の念など、様々なストレス要因が中長期的に医療従事者の心の健康に悪影響を与えたことが明らかとなっている。こうしたアウトブレイクに対応をしたことから生じる医療従事者の健康被害は、事態が沈静化すればただちに回復するものではなく、後々まで残る可能性があることを示唆している。

2 東日本大震災や9.11からの経験（医療従事者以外の過重労働）

　有事におけるエッセンシャル・ワーカーの過重労働については、日本では東日本大震災の経験から学べることも多い。当時も、原発関係者、医療従事者、行政の担当者、緊急物資を運んだ物流関係、介護施設の労働者など、数多くの労働者が不眠不休で業務に携わっていた。当時の状況を知る手がかりとしては、吉川（2017）がある。

　同論文では、労災認定のデータベースをもとに、東日本大震災の被災3県（岩手、宮城、福島）の脳・心臓疾患の事案から震災に関連している21件を抽出・分析を行っている。分析の結果、発症の主要因は、異常な出来事への遭遇6件、短期間の過重業務2件、長期間の過重業務15件（負荷要因の重複2例含む）であったこと、発症時期は、震災当日から1週間以内6件、1週間超〜1ヵ月以内3件、1ヵ月超〜6か月以内7件、6ヵ月超〜1年以内3件、1年を超えての発症は2件であったことが報告されている。震災直後だけでなく、震災後かなり時間が経過してからも当時の過重労働が身体へ多大な悪影響を及ぼしていたことがわかる。なお、これらの認定事例のうち50歳未満の事例は全体の約3割を占める。職種は、医療従事者だけでなく、管理職、トラック運転手、建設業作業員、小売業の店長など、多岐にわたっていたことも示されている。

　東日本大震災時の過重労働が、上述の脳・心臓疾患だけでなく、精神疾患にも影響を及ぼしたことを示す文献もある。宮城県の公務員約4,000人を対象に、震災後の2ヵ月および7ヵ月後の2時点で追跡調査を行ったSuzuki *et al.*（2014）によれば、回答者の約17%が震災発生から7ヵ月間の最長月間残業時間が80時間超だったと答えており、約26%の回答者が週休が1日もなかった週があったと回答している。

　同論文では、家族の死や自宅の損壊など、様々な悲しい経験をコントロールしたとしても、震災後7ヵ月の間に週休が1日もなかった週があったと答えた人は、最低1日は週休が確保できていたと答えた人に比べ、7ヵ月後に気分・不安障害となるリスクが3.95倍に上昇することが報告されている。さらに、震災後の16ヵ月後の調査も追加した3時点の追跡調査を実施したFukasawa *et al.*（2018）では、以下のことも明らかになった。震災直後に月当たり100時間

超の長時間労働をしていたかどうかは16ヵ月後のメンタルヘルスに影響を及ぼさないとの結果となった一方、16ヵ月経っても月40時間超の時間外労働をしていた人は、そうでない人に比べて気分・不安障害のリスクが1.58倍に、16ヵ月目の調査前月1ヵ月間（つまり、震災後15ヵ月目）に十分な休息を確保できていないと感じた人は、確保できていると回答した人に比べて気分・不安障害のリスクが2.81倍となることが示されている。

　これらの論文からは、非常時に長期間にわたって休息を確保しない働き方をすることはメンタルヘルスに多大な影響を及ぼすことを示唆している（震災対応に当たった労働者のメンタルヘルスを検証した論文にはこのほか、Kawashima *et al.*, 2016 や Wakashima *et al.*, 2019 などもある）。

　東日本大震災以外の文献では、米国ワールドトレードセンターの9.11テロの対応に当たったエッセンシャル・ワーカー（警察官4,035人、それ以外の職種6,800人）のメンタルヘルスを約8年間にわたって追跡調査したPietrzak *et al.*（2014）も参考になる。同論文では、事件発生から時間が経過した後も、警察官で22%、それ以外の職種で42%の人に程度の差はあるものの何らかのPTSDの症状が観察されること、特に警察官の5.3%、それ以外の職種の9.5%には慢性的なPTSDという深刻な症状が検出されたことを報告している。

　過去の大震災やテロという大きなショックへの対応事例を、今般の新型コロナウイルスのケースに単純に当てはめることはできないが、これらの文献からは少なくとも長期間にわたっての不休の過重労働は深刻な健康被害をもたらすこと、また一旦毀損したメンタルヘルスの回復は容易ではないことが示唆される。新型コロナウイルスのように感染者の拡大がいつまで続くか先行きが見えないような状況においては、長期戦になることも視野に入れた過重労働者の休息の確保が不可欠である。

3. 我々ができること——働き方の工夫

　第2節で紹介した文献からは、非常時に過重労働を余儀なくされたエッセンシャル・ワーカーの健康被害は対応に当たっているその時点だけでなく、その後も長期的に持続することが明らかとなっている。本稿を執筆している2020

年 5 月末時点では、日本は相対的には他国に比べ感染者数も死亡者数も少ないという状況にあるが、第一波が少し落ち着いた時期にこそ、次の波に備えた対策や働き方の変化を進めておくことが不可欠だ。

1 エッセンシャル・ワーカーの働き方

　改正労働基準法の施行により、大企業労働者には2019年4月から、中小企業で働く労働者には2020年4月から、単月で100時間未満を上限に、時間外労働を年720時間までとする罰則付き上限規制が導入された。ただし、新型コロナウイルスの対応のための時間外労働については、労基法33条第1項「災害その他避けることができない事由によって、臨時の必要がある場合」に該当するものとして、「その必要の限度において労働時間を延長し、休日に労働させることができる」との見解が厚生労働省から示されている[3]。

　また、建設業、自動車運転業務、医師については2024年3月末までは、時間外労働の罰則付き上限規制の適用が猶予されている。さらに、医師については、地方に医師が少ないという地域偏在問題が深刻化しているため、そうした地域に配慮し、2024年4月以降も当面の間は時間外労働の特例水準として、年間1,860時間を上限とすることが提案されている[4]。本稿執筆時点では感染者は比較的都市部が中心となっているが、ひとたび感染拡大が地方に起こることになれば、既にぎりぎりの状態で過重労働をしている地域医療はパンク状態になることが危惧される。それを防ぐためには、日本全体の働き方を変えていくことが必要だ（エッセンシャル・ワーカー以外の労働者については、本節第2項で述べる）。

　感染症治療に当たる医療従事者の健康問題については前節で紹介した通りだが、これらの海外の研究において、勤務時間の長さに関する詳細な記述がある文献は、筆者が認識している限り、ほとんど見当たらない。理由は不明だが、非常時に患者の治療に当たっている医療従事者の労働時間を厳密に把握するこ

3　https://www.mhlw.go.jp/content/11302000/000598680.pdf
4　第159回労働政策審議会労働条件分科会（2020年1月10日開催）資料、第7回医師の働き方改革の推進に関する検討会資料より。https://www.mhlw.go.jp/stf/newpage_08869.html、https://www.mhlw.go.jp/stf/newpage_10091.html）

とはそもそも困難であるためと推測される。こうした中、Cao *et al.* (2020) が報告している、中国北京のある病院での勤務体制の事例は参考になる。

この病院では、新型コロナウイルス治療に当たる医師や看護師計37名で構成されるチームを編成し、これらのチームメンバーについては勤務体系を従来のものから大きく変更した。具体的には、治療に従事している間（1チームは2～3週間に期間を限定）、メンバーは病院内の宿泊施設（個室）で寝泊まりをし、シフト期間終了後の2週間は隔離した施設で療養、その後は自宅に帰るというシフト交代制にした（シフト期間終了後は別の医師・看護師グループと交代）。そして、治療に当たっている間の労働時間も、インターバルを頻繁に挟むように、医師・看護師共に、通常の連続12時間勤務から、連続4時間×1日2回シフト（間に4時間の休憩）の体制に変更した。さらに、同病院の精神科が終日、これらの医療従事者の抱える悩みなどにカウンセリングで対応する体制をとったという。治療に従事した第1グループ37名の医師や看護師の業務期間中のメンタルヘルスをチェックしたところ、医師については16名中1名、看護師については19名中6名にうつ症状が、医師・看護師ともに2割程度のバーンアウトの傾向が見られたものの、「総合すると、そこまでメンタルヘルスが悪化する所見はなかった」と同論文では結論付けている。

同論文によれば、当該病院の医師は一時間当たり平均10人の患者を、看護師は最大で一日当たり200人を担当する膨大な業務量であったとされており、そうした中でメンタルヘルスの毀損を可能な限り抑制することができていたことはこうした勤務体制の工夫が関係していると考えられる。医療従事者の大きな不安要素の一つは、自分が感染するリスクだけでなく、自身を介して家族や親しい人にウイルスをうつしてしまうことにある。こうしたリスクを最小限に減らす工夫とともに、シフト中も細切れに休息をとる時間管理を行うことでできるだけストレスを軽減するというこの事例は参考にすべき点が多い。

また、医師もしくは看護師にしか許可されていない業務のうち、他の労働者にも委譲可能な業務がないかを検討し、職種間の業務量の平準化を図ることは、新型コロナウイルス対策のみならず、平時においても逼迫している医療従事者の過重労働を改善することにつながるだろう。PIAAC（国際成人力調査）を利用したOECD（2016）の医療従事者に関するスキルのミスマッチの分析に

よれば、「自分の専門スキルより低い業務に従事している」（under-skilled）と答える確率が、医療以外の専門・技術従事者に比べて、医師は67％、看護師は14％も高いことが示されている。

　勤務時間の長さに関する文献が少ないことは先に述べたが、アウトブレイクに対応する医療従事者への処遇に関する文献も少ない。経済学では、危険やリスクを伴う職業についてはそれを補償するだけの賃金プレミアムが支払われない限り、十分な労働供給は行われないとする「補償賃金理論」が古くから考えられてきた。しかし、この理論は市場メカニズムが働いてマーケットで賃金が決定される場合であり、保険診療点数に紐付いた現行の制度下では医療従事者の賃金水準は抑制的なものにならざるをえない。これに関連する理論として産業保健分野では、「努力＝報酬不均衡モデル」（Sigrist, 1996）がある。同モデルは、自身が費やした労力に見合った報酬が支払われていないと労働者が感じると、メンタルヘルスが毀損されやすいとするものである。2020年度の第二次補正予算では医療関係者に最大で20万円の慰労金を支払うことが織り込まれたが、長期戦になる場合には、一時金ではなく毎月の補償賃金を手当てする体制も検討していくべきだろう。

　なお、医療崩壊へのリスクは少しずつ認知度が高くなってきていても、新型コロナウイルス禍で過重労働を余儀なくされているそれ以外の職種についての関心はまだ低い。生活インフラを支えるエッセンシャル・ワーカーに感染者が広がれば、我々の生活は立ち行かなくなる。第一波の際に一部の企業間で行われたように、異業種の企業間で連携し、労働時間が二極化する業種や職種間で労働者の臨時的な移動を可能とするような体制やマッチングの枠組みを第二波に備えて今から構築しておくことも有効だろう。

　医療従事者以外のエッセンシャル・ワーカーについては、上述のPietrzak *et al.*（2014）の結果も参考になる。同論文では、9.11に対応した労働者のその後のメンタルヘルスは、職種間で違いがあり、普段から危険を認識し、そうした事態に備えて準備や訓練を受けている警察官に比べ、まったく備えがなかったその他の労働者の方が長期的なうつ症状に苦しむ人が多かったことが報告されている。本稿執筆時点では医療従事者に注目が集中する傾向にあるが、これらの先行研究からの知見は、長期戦になる場合にはその他のエッセンシャル・ワ

ーカーの体調管理も注意していく必要があることを示唆している。

2 それ以外の労働者の働き方

　大震災のような自然災害と異なり、新型コロナウイルスに対しては我々一人ひとりが知恵を絞り、働き方や生活を変えることで新たな犠牲者を減らすことができるのが大きな違いである。4月の緊急事態宣言では、政府から「オフィス出勤者の最低7〜8割削減」が求められたが、様々な理由で通常通りの出勤を続けざるをえなかった人も少なからずいたようだ。4月の緊急事態宣言時には、「どこまで・いつまで対策を講じるべきか」の判断に迷い、抜本的な投資や改革に踏み切れずに、様子見をしていた企業も多かったと考えられる。感染症との戦いは長期戦となることを覚悟し、インフラの整備をこの段階で急ぐことが喫緊の課題と言える。

　『通信利用動向調査』（総務省）によれば、日本企業のテレワーク導入率は2018年時点で19.1％であり、他の先進諸国に比べると導入率はまだ低い。もちろん、テレワーク[5]や在宅勤務が難しい業務もある（Dingel and Neiman, 2020）が、できないと決めつけず、本当にできない部分はどこかを検討したり、紙の書類にこだわってきた文化を見直したりすることも必要だ。日本では、「皆が働いているから自分だけ休むわけにはいかない」という負のピア効果（上司や同僚の働き方が自分の働き方に影響を与えてしまうこと）が長時間労働是正のネックとなってきた。こうした社会規範がある中では、「会社に行かないと仕事にならない」と考える人が職場にいれば、「上司や同僚が出勤するから、自分も出勤せざるをえない」というピア効果が働いてしまうことになる。出勤しなければ仕事ができないという環境を抜本的に変えていくことが不可欠だ。

　もちろん、テレワークが普及すれば、これまでの体制もそれに合わせて変えていく必要がある。例えば、テレワークが進めば、誰が何をどのくらい行ったかという仕事の見える化が進むことにもなる。これまでは出勤していれば会社の「メンバー」としてみなされてきた評価体系も、より成果に見合ったものへ

5　テレワークと生産性に関しては、本書第17章を参照。

と転換せざるをえないことになってくる。

　企業には、部下への適切かつ効率的な仕事配分と生産性に見合った公正な評価制度を確立していくことが求められる。こうした体制が整っていない限り、上司と部下との信頼が確立していない職場ほど、非効率なアピール合戦が生じてしまう可能性もある。オンライン環境に適した上司と部下とのコミュニケーションのとり方や、指示・報告の仕方などを模索していく必要があるだろう。

　なお、筆者らが行った研究（黒田・山本, 2019）によれば、労働者の自己啓発にかける時間は趨勢的な減少傾向にあり、特に2000年代半ば以降、「職場での時間外」に自己啓発をする人が大幅に減少していることがわかった。不払い残業が社会問題となり、職場に残って学習する機会が減ったためと思われる。もちろん、職場で早帰りが励行されたとしても、増えた余暇時間を使って別の場所で労働者が自発的に勉強すればよいのだが、分析からは40歳未満の若年・壮年層については、残業手続きが以前より厳しくなっても自己啓発の時間をほとんど増やしていないことも明らかになった。テレワークの普及により職場以外で仕事をする時間が増えれば、上司や先輩から直接指導を受ける機会も減る。今後、企業は新たなOJTの方法を模索するとともに、労働者は時代に即したスキルを自己責任で蓄積していくことが必要となる。

　現在の日本では長時間労働社会からの脱却を目指して、企業が徹底した時間管理を行うことが求められている。しかし、テレワークが社会に定着するようになれば、企業による時間管理は一層難しい時代になる。現行では、テレワークの時間管理は、PCのログや実際の操作時間などで把握せざるをえないが、今後は連続的にPCに打ち込むような作業は機械に任せ、人間は人間にしかできない仕事に特化することが求められる時代になっていく。一つの企業に定時に出社し、まとまった連続時間で働くことを前提とした現在の労働時間規制は、時代に合わせて見直していく必要がある。そのために今から企業に求められるのは、今般の在宅勤務実施で浮かび上がってきた課題を整理し、厳格な時間管理は果たして現実的なのか、労働者にどの程度自律的な働き方を許容し、短期的には成果が出にくいタスクに対しては評価をどの程度猶予すべきか、などの検討を急ぐことだ。

4. おわりに

　2020年4月以降、メディアが現場の最前線で働く医療従事者を取り上げ、日本でも医療崩壊の寸前のところで現場が何とか持ちこたえている様子がたびたび報道された。本稿執筆時点の2020年5月末においては、幸い緊急事態宣言が全国的に解除され、自粛していた様々な経済活動が再開しつつある。しかし、感染拡大の第二、第三の波がやってくる可能性は十分予測される。新型コロナウイルスとの闘いは長期戦になることを覚悟して、我々の働き方を変えていく必要がある。

　働き方の見直しや、日々の生活行動を変えることなど、これ以上の感染拡大を極力抑え込むための工夫の余地はまだある。医療や物流など、社会に不可欠な生活インフラが崩壊してしまえば、我々の生活は成り立たない。新型コロナウイルスの最前線で働いている人から犠牲者を出さないことこそが、我々一人ひとりの命を守ることにつながるという認識を持つことが重要だ。落ち着いている間にこそ、第二、第三波への備えを着実に行っていくことが求められている。

〈参照文献〉

黒田祥子・山本勲「長時間労働是正と人的資本投資との関係」RIETI Discussion Paper, No.19-J-022, Research Institute of Economy, Trade & Industry, 2019年。
吉川徹「東日本大震災に関連した脳・心臓疾患の労災認定事案に関する分析」『過労死等の実態解明と防止対策に関する総合的な労働安全衛生研究　平成28年度 総括・分担研究報告書』、2017年、pp.62-73。

Cao, Jinya, *et al.* (2020). "A Study of Basic Needs and Psychological Wellbeing of Medical Workers in the Fever Clinic of a Tertiary General Hospital in Beijing during the COVID-19 Outbreak." *Psychotherapy and Psychosomatics*, DOI: 10.1159/000507453.
Chewa, Nicholas W.S., *et al.* (2020). "A multinational, multicentre study on the

psychological outcomes and associated physical symptoms amongst healthcare workers during COVID-19 outbreak." *Brain, Behavior, and Immunity*, 2020, https://doi.org/10.1016/j.bbi.2020.04.049

Dingel, Jonathan I., and Brent Neiman (2020). "How Many Jobs Can be Done at Home?" NBER Working Paper, No. 26948.

Fukasawa, Maiko, Yuriko Suzuki, Akiko Obara, Yoshiharu Kim (2018). "Effects of Disaster Damage and Working Conditions on Mental Health Among Public Servants 16 Months After the Great East Japan Earthquake." *Disaster Medicine and Public Health Preparedness*, 12 (5), pp. 622-630, doi: https://doi.org/10.1017/dmp.2017.127Publ

ILO (2020). "ILO Monitor: COVID-19 and the world of work. Fourth edition."

Jing, Qi, *et al.* (2020). "The Evaluation of Sleep Disturbances for Chinese Frontline Medical Workers under the Outbreak of COVID-19," 2020, doi: https://doi.org/10.1101/2020.03.06.20031278

Kang, Lijun, *et al.* (2020). "Impact on mental health and perceptions of psychological care among medical and nursing staff in Wuhan during the 2019 novel coronavirus disease outbreak: A cross-sectional study." *Brain, Behavior, and Immunity*, https://doi.org/10.1016/j.bbi.2020.03.028

Kawashima Y, Nishi D, Noguchi H, Usuki M, Yamashita A, Koido Y, Okubo Y, Matsuoka (2016). "Post-Traumatic Stress Symptoms and Burnout Among Medical Rescue Workers 4 Years After the Great East Japan Earthquake: A Longitudinal Study." *Disaster medicine and public health preparedness*, pp.1–65.

Kisely, Steve, Nicola Warren, Laura McMahon, Christine Dalais, Irene Henry, and Dan Siskind (2020). "Occurrence, prevention, and management of the psychological effects of emerging virus outbreaks on healthcare workers: rapid review and meta-analysis." *the BMJ*, doi: 10.1136/bmj.m1642

McAlonan, Grainne M., *et al.* (2007). "Immediate and Sustained Psychological Impact of an Emerging Infectious Disease Outbreak on Health Care Workers." *The Canadian Journal of Psychiatry*, Vol 52, No 4.

Mo, Yuanyuan (2020). "Work stress among Chinese nurses to support Wuhan in fighting against COVID-19 epidemic." *Journal of Nursing Management*, doi: 10.1111/jonm.13014.

Ning, Sun, *et al.* (2020). "Status of and Factors Influencing the Anxiety and Depression of Front-line Medical Staff Supporting Wuhan in Containing COVID-19." doi: 10.21203/rs.3.rs-19665/v1

OECD (2016). "Health Workforce Policies in OECD Countries: Right Jobs, Right Skills, Right Places." *OECD Health Policy Studies*, OECD Publishing, Paris, doi:org/10.1787/9789264239517-en

Pietrzak, R. H., *et al.* (2014). "Trajectories of PTSD risk and resilience in World Trade Center responders: an 8-year prospective cohort study." *Psychological Medicine*, 44, 205-219, doi:10.1017/S0033291713000597

Siegrist, J. (1996). "Adverse health effects of high-effort/low-reward conditions." *Journal of Occupational Health Psychology*, 1 (1), p. 27-41, doi.org/10.1037/1076-8998.1.1.27

Suzuki, Yuriko, Maiko Fukasawa, Akiko Obara, and Yoshiharu Kim (2014). "Mental Health Distress and Related Factors Among Prefectural Public Servants Seven Months After the Great East Japan Earthquake." *Journal of Epidemiology*, 24 (4), pp.287-294, doi:10.2188/jea.JE20130138

Wakashima, Koubun, Keigo Asai, Taku Hiraizumi, and Shuji Noguchi (2019). "Trajectories of psychological stress among public servants after the Great East Japan Earthquake." *Palgrave Communications*, 5 (37), doi: org/10.1057/s41599-019-0244-7

Wu, Ping, *et al.* (2008). "Alcohol Abuse/Dependence Symptoms Among Hospital Employees Exposed to a SARS Outbreak." *Alcohol & Alcoholism*, 43 (6), pp. 706-712.

Wu, Ping, *et al.* (2009). "The Psychological Impact of the SARS Epidemic on Hospital Employees in China: Exposure, Risk Perception, and Altruistic Acceptance of Risk." *The Canadian Journal of Psychiatry*, 54 (5).

第**17**章

コロナ危機と在宅勤務の生産性

森川正之*

1. コロナ危機と在宅勤務

急速に広がった在宅勤務

　本章は、コロナ危機下で急拡大した在宅勤務の意義と課題について考察する。有効なワクチンが開発・普及するまでは、外出や集会の自粛といった措置が何らかの形で続く可能性が高い。そうした中、在宅勤務の生産性を高めるようなインフラ整備や制度改革が、感染症拡大の抑止と経済活動の両立を図る上で重要であることを強調する。

　新型コロナウイルス感染症（以下、「新型コロナ」）拡大に伴い、海外の多くの国では、外出禁止令など厳格な社会的離隔政策（social distancing policies）がとられた。その結果、感染拡大を抑制しつつ生産活動を維持する方法として在宅勤務が急速に広がった。日本でも4月上旬に「緊急事態宣言」が出され、対人接触8割削減という目標の下、在宅勤務が急拡大した。大企業を対象とした調査によれば、回答企業のうち98％が新型コロナへの対応として在宅勤務を導入しており、対象になる従業員のシェアが半数以上という企業が73％にのぼる（日本経済団体連合会, 2020）。

　現実と並行する形で在宅勤務に関する経済学の研究も活発に行われ、わかってきたことも多い。医療供給制約の下、感染者数の増加をフラット化するための外出制限措置は、少なくとも短期的に感染者・死亡者の抑制と経済活動の間

＊　一橋大学経済研究所教授、経済産業研究所（RIETI）所長

のトレードオフを伴うが、在宅勤務はこれを緩和する。精度の高い政策シミュレーションを行い、健康と経済活動のトレードオフの下での最適な離隔政策を考える上で、①在宅勤務の実行可能な仕事はどの程度あるのか、②可能な場合にその生産性がどの程度なのかは、新型コロナウイルスの感染率や死亡率とともに重要な変数である。

在宅勤務による健康と経済のトレードオフ緩和

シンプルな感染症モデル（SIR モデル）において、社会的離隔政策は感染率を低下させ、結果として「基本再生産数」（R_0）——1人の感染者が累計で平均何人を感染させるかを表す——を小さくする政策である。在宅勤務は職場や通勤経路での人と人の接触機会を減らすので、財・サービス生産活動を維持しつつ感染者数の増加を抑える効果を持つ。現実の離隔政策は買い物、外食、レジャーなどの消費活動にも及ぶので、需要サイドの影響は残るが、仮にすべての仕事が在宅で可能で、その生産性がオフィスと変わらないならば、少なくとも供給サイドから見た経済コストはゼロになる。

通勤・通学に混雑した公共交通機関を利用することは感染リスクを高める。例えば、米国で感染爆発が起きたニューヨーク市では、地下鉄網がコロナウイルス感染拡大、ホットスポット発生の重要な要因になった（Harris, 2020）[1]。日本は諸外国に比べて通勤時間が長く、公共交通機関の利用度も高いので、在宅勤務の拡大による感染抑止効果が大きいだろう。特に通勤時間が長い東京圏において重要であり、混雑緩和を通じて他人への感染リスクも低下させるという外部効果がある。

コロナ危機の下、標準的な感染症モデルを拡張して経済活動を組み込んだシミュレーション・モデルが急速に発展しており、それらの中には在宅勤務を明示的に考慮したものも少なくない（Aum *et al.*, 2020; Brotherhood *et al.*, 2020; Jones *et al.*, 2020; Rampini, 2020）。在宅勤務が可能な仕事の割合や在宅勤務の生産性について一定の仮定を置いた上でシミュレーションが行われている。在

---

[1] 新型コロナ以外では、ストライキによる公共交通機関の運行停止がインフルエンザ感染率を大きく低下させ、高速鉄道の開通が感染率を高めたことを示す研究がある（Adda, 2016）。

宅勤務が可能な仕事の割合は、欧米諸国の場合、後述する Dingel and Neiman（2020）などの推計に依拠して 30％前後という数字が用いられることが多い。他方、在宅勤務の生産性については実証的なデータがないため、50％とか 70％といった数字が仮定されている。

　当然のことながら、在宅勤務が可能なほど、離隔政策に伴う経済への影響が小さくなる。実際、例えばドイツの地域レベルのデータを用いた研究（Fadinger and Schymik, 2020）によれば、在宅勤務の実行可能性が高い産業構造を持つ地域は、感染率・死亡率が低く、生産の低下幅も小さくなっており、在宅勤務が実際にトレードオフを緩和する効果を持つことを示している。

2. 在宅勤務が可能な仕事

コロナ危機前のテレワークの実態

　近年の日本においてテレワークは「働き方改革」の柱の一つとなってきた。テレワークは自宅に近いサテライト・オフィスでの勤務も含む概念だが、その中心は在宅勤務であり、仕事と家庭の両立を図る働き方として期待されていた。日本は欧米諸国に比べて通勤時間が長いが、特に東京をはじめとする大都市圏で顕著である。都市型産業という性格を持つサービス産業の発展や経済のグローバル化と密接に関連しており、在宅勤務は大都市部を中心に少しずつ普及が進んでいた。

　仕事全体のうちどの程度を在宅勤務で行えるかは、産業・就業構造に依存する。本社のホワイトカラー労働や情報通信サービス業は在宅でも可能な業務が多いが、宿泊・飲食、医療・福祉、製造、建設といったセクターの現場業務を在宅で行うことは難しい。筆者が個人を対象に行った調査に基づき、「平時」においてどういう労働者がテレワークを行っていたかを見ると、産業別には金融・保険業、不動産業、情報通信業で実施率が高く、運輸業、宿泊・飲食業、医療・福祉業で低かった[2]。職種別には、管理職、営業職、専門的・技術的職

---

[2]　調査実施時期は 2017 年 11 月であり、回答者のうち就労者は 6,856 人である。詳しい分析結果は Morikawa（2018）参照。

種でテレワーク実施率が高く、生産工程業務、保安職、運搬・清掃・包装業務
が低かった。

　個人特性を見ると、高学歴者（特に大学院卒）、既婚者、小中学校の子供を
持つ女性はテレワーク実施確率がやや高かった。テレワーク実施者の賃金は平
均約20%高く、性別、学歴などをコントロールしても約10%高い。つまり平
均的にはテレワーカーは比較的恵まれた人たちだった。ただし、テレワーク実
施者は就労者全体の8%弱、自営業者を除く雇用者に限ると5%強と少数にと
どまっていた。また、その頻度は週に1日以下という人が過半を占めており、
かなり例外的な働き方だった。

　日本企業に対する調査（2019年）によれば、テレワーク導入企業は6%弱に
とどまっていた[3]。産業別には情報通信業が20%超とかなり多い一方、製造業
や小売業は4%程度と少なかった。所在地別に見ると、通勤時間の長さを反映
して東京都に本社を置く企業は13%強と高く、他の道府県（約4%）とは際立
った違いがあった。産業や立地をコントロールした上で、規模が大きい企業、
生産性が高い企業ほどテレワーク実施確率が高かった。

　つまりコロナ危機前から在宅勤務は奨励されていたが、実際に行っていたの
は比較的実施しやすい産業・職業のごく一部の人にとどまっていた。海外主要
国でもコロナ危機前に在宅勤務をしていた人は10%未満であり（Boeri *et al.*,
2020）、日本が際立って遅れていたわけではない。しかし、コロナ危機によっ
て事態は急変し、在宅勤務が難しい産業や職業でも感染リスク回避のため、特
に外出自粛要請に伴って急増した。

　個人を対象とした民間のアンケート調査（パーソル総合研究所, 2020）によ
ると、「緊急事態宣言」が出された後の4月中旬における在宅勤務（テレワー
ク）実施率は正社員全体で28%で、このうち約3分の2は初めて行った人であ
る。逆に言うと、就業者の70%以上はまだ在宅勤務を行っていない。コロナ
危機の下でも在宅勤務が実施できない理由として、「テレワークで行える業務
ではない」（47.3%）が最も多い。

3　同調査の実施時期は2019年1〜2月、常時従業者50人以上の企業が対象で、回答企業数は
　2,535社である。

最大でどの程度可能か

　外出禁止政策の下では、在宅では非効率な業務であっても可能な限りそうせざるをえない。それでは、コロナ危機の下で就労者全体のうち在宅勤務が可能な人はどの程度いるだろうか。海外では Dingel and Neiman（2020）が、米国の仕事のうち 34％は自宅での仕事が不可能ではないと推計している。これは、労働経済学の実証研究で頻繁に利用されている職業別の仕事内容の情報（O*NET）を用いた推計である。米国 O*NET の情報を欧州主要国に適用した試算（Boeri *et al.*, 2020）は、潜在的に在宅勤務が可能な仕事は 24％（イタリア）〜31％（英国）という数字を示している[4]。これらは在宅勤務の難しさは考慮しない最大値と理解する必要がある。なお、在宅勤務可能な労働者の賃金は相対的に高いので、総賃金に占めるシェアで見ると少し高い数字になる。

　新型コロナの拡大及び外出制限措置の下での労働市場への短期的な影響を、直近のデータを用いて分析した実証研究も現れており、在宅勤務の余地が乏しい仕事ほど雇用や労働時間の減少が大きいことが確認されている（Adams-Prassl *et al.*, 2020; Béland *et al.*, 2020; Mongey *et al.*, 2020）。逆に言えば、在宅勤務は経済活動の低下を抑える効果を持っている。ただし、感染症拡大の負の影響は在宅勤務が難しい職種で働く教育水準や賃金の低い労働者に集中しており、経済格差を拡大することも明らかにされてきている。日本でも Kikuchi *et al.*（2020）が、「就業構造基本調査」から作成した遠隔就労の実行可能性の情報と感染症拡大初期の消費支出データを組み合わせて労働市場への影響を分析している（本書第 15 章参照）。それによると、大卒未満、非正規雇用者など在宅勤務が困難な労働者への影響が深刻な可能性が高い。失業保険の拡充や緊急の給付金など、突然失職した困窮者にターゲットした支援の必要性を示唆している。

---

[4]　Alipour *et al.*（2020）は、サーベイ・データに基づく試算により、ドイツ労働者のうち在宅勤務が可能な割合の上限値は 56％とかなり高い数字を示している。

3. 在宅勤務の生産性

「平時」における在宅勤務の生産性

　在宅勤務が生産性に及ぼす効果を推計した研究はいくつか存在する。Bloom *et al.*（2015）は、中国企業のコールセンター従業者を対象にした実証実験に基づき、テレワークが全要素生産性（TFP）を約30％高めるという結果を示した。静かな就労環境による労働者の時間当たり業務処理量の増加、資本投入量（オフィス・スペース）の節約という二つのメカニズムによる。ただし、分析対象は電話での顧客対応という比較的定形的で、テレワークになじみやすい業務である。

　他方、職場の同僚との間でのフェイス・ツー・フェイスの緊密なコミュニケーションが必要な業務では、同じオフィスの中の近接した場所で仕事することが生産性を高めることを示す研究がある。Battiston *et al.*（2017）は、緊急電話に対応して警察官を派遣する英国の機関を対象とした自然実験に基づき、同僚が同じ部屋に配置されている場合、同じ部屋の中でもデスクが近くにある場合に生産性が高いこと、特に緊急性が高く複雑な業務ほど顕著なことを示している。

　つまりテレワークの生産性への効果は、当然ではあるが仕事の性質に強く依存する。Dutcher（2012）は、大学生を対象とした実験に基づき、仕事の性質によってテレワークの生産性効果に大きな違いがあり、創造的な仕事では生産性を高めるが単調な仕事では生産性に負の影響を持つという結果を示している。テレワークはオフィスのホワイトカラー労働者やIT関連業務を念頭に議論されることが多いが、サービス職業の多くを占める直接的な対人業務――医師・看護師、飲食店従業員、小売販売店員、理美容師など――では在宅勤務の余地がほとんどなく、在宅勤務の生産性は禁止的に低い。

　ただし、コロナ危機の下での在宅勤務の生産性を、平時の情報から推察するのはバイアスを持つ危険性が高い。「働き方改革」の文脈で進められてきたテレワークは、仕事と家庭の両立を可能にし、生産性を高めることも期待されてきた。しかし、外出自粛措置の下での突然かつ半強制的な在宅勤務は、職場で

の仕事の方が効率性が高い業務も対象なので、生産性を低下させる可能性が高い。在宅勤務の生産性を明示的に考慮した感染症シミュレーションは、在宅勤務の生産性は職場の生産性に比べて低いと想定しているが、実際にどの程度低いかはわからないので、前述の通り 50%とか 70%といった数字を仮定して計算している。感染爆発を防ぎながら経済的影響を小さくする上で最適な社会的離隔政策を正確にシミュレーションする上で、在宅勤務の生産性がどの程度なのかを明らかにすることは、それが可能な仕事の割合とともに感染症の経済モデルにとって重要である。

コロナ危機後の在宅勤務の生産性

　在宅勤務実施者を対象とした民間シンクタンクによるコロナ危機後の調査結果によれば、「営業活動」「コミュニケーション」「ミーティング」「社内手続き」「事務作業」などいずれのタスクも、「非効率になっている」という回答が「効率的にできている」を大きく上回っている（パーソル総合研究所, 2020）。コロナ危機を契機に急遽始まった在宅勤務の生産性が職場での業務に比べて低下した人が多いことを示している。

　経済産業研究所（RIETI）でも、3 月に入ってから職員に時差通勤や在宅勤務を強く奨励しており、部門ごとに約半数が在宅勤務をするようなシフトをとった。従来、フレックスタイムが適用されていた研究員に対しても、できるだけ在宅で研究活動を行うことを求めた。「緊急事態宣言」発出以降は、政府の指導もあり日々の出勤者を 2 割未満にすることを目標に役職員の在宅勤務が一段と強力に進められた。

　そこで 3 月中旬及び 4 月下旬の 2 回、役職員（研究員を含む）を対象に、在宅勤務の生産性について調査を行った。一種のインサイダー・エコノメトリクスである。回答数は 80 人弱と少ないが、フルタイム役職員のうち 90%以上から回答を得ることができたのでサンプルの代表性は高い[5]。具体的な質問は、「オフィスで仕事をする時の生産性を 100 としたとき、在宅勤務の生産性を数

---

[5]　3 月に行った調査は対面インタビューを中心にメールでの調査を併用したが、4 月はそもそも出勤者が非常に少なくなっていたためすべてメールで調査を行った。調査にご協力いただいた役職員の方々に謝意を表したい。

字で言うとどの程度ですか」というシンプルなもので、100を超える数字を含む形で尋ねた。また、在宅勤務の生産性が低くなる／高くなる理由を定性的に聞いた。あくまでも回答者の主観的な数字であることを留保しておく必要があるが、コロナ危機という予期せざる外生的ショックに伴う在宅勤務の実施は一種の自然実験なので、単純な比較でも因果関係として解釈する余地がある。

　2回の調査を通じて明瞭に確認されたのは、管理職・事務スタッフと研究員の違いである。4月調査に基づいて生産性分布を描いたのが図1である。研究員の生産性分布は全体として右側に位置しており、平均値は管理職・事務スタッフ67.2、研究員86.7と大きな違いがある。研究員は、①論文執筆をはじめ個人で完結する仕事が多い（フェイス・ツー・フェイスの重要性が相対的に低い）こと、②従来、在宅で仕事をする機会が多かったことによる学習効果や自宅の研究インフラがある程度整っていることを反映している。ただし、平均値はオフィスの生産性（100）よりも低いので、自宅での業務効率はオフィスには及ばない。同時に、職種を問わず生産性の分散は非常に大きい。

　3月と4月を比較すると生産性が上昇した人62％、低下した人23％であり、主観的生産性が高まった人が多い。図2は3月調査と4月調査の役職員（研究

図1　在宅勤務の生産性分布（職種別）

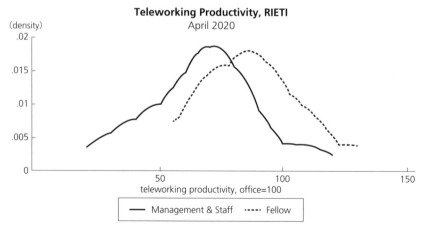

（出所）筆者作成（本文参照）
（注）オフィスでの仕事の生産性を100としたときの在宅勤務の生産性の主観的な数字。4月下旬の調査結果。
　　　Fellow は研究員。

図2　在宅勤務の生産性分布の変化

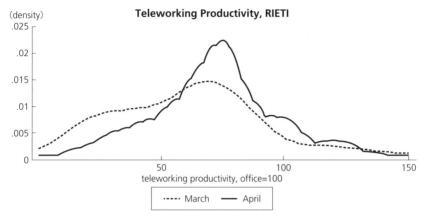

（出所）筆者作成（本文参照）
（注）オフィスでの仕事の生産性を 100 としたときの在宅勤務の生産性の主観的な数字。March は 3 月中旬、April
　　 は 4 月下旬に実施した調査。

員を含む）の生産性分布を比較したグラフであり、分布が少し右側にシフトし
たことがわかる。在宅勤務の生産性の平均値は、63.0 から 71.9 に 8.9 ポイント
上昇しており、3 月から継続して在宅勤務を行っているサンプルに限って計算
してもほぼ同じ数字である。在宅勤務に学習効果が存在することを示唆してお
り、調査のインターバルが約 40 日間なので、学習効果による生産性の伸びは
約 7 ％／月という計算になる[6]。もともと在宅勤務の生産性が高かった研究員
の場合、3 月と 4 月の平均値には有意差がないが、管理職・事務スタッフの平
均値は 11.9 ポイント上昇しており、統計的にも有意差がある。
　平均値とともに注目されるのは、職員間での分散が大幅に縮小したこと（＝
生産性の収斂）である。在宅勤務の生産性の標準偏差は、33.0 から 23.2 に縮小
した。図 2 からも推察されるように、3 月時点での在宅勤務の生産性が低かっ
た人ほど生産性上昇幅が大きい傾向がある。3 月の生産性が 10 ポイント低かっ
た人は生産性の上昇幅が約 6 ポイント大きいという関係であり、管理職・事務

---

[6] Jones *et al.*（2020）は在宅勤務に学習効果が存在することを前提とした感染症モデルのシ
　ミュレーションにより、感染症拡大の早い時期に在宅勤務を促進することが望ましいこ
　とを示している。

スタッフ、研究員を分けて計測しても同程度である[7]。

4. 在宅勤務の生産性に影響する要因

在宅勤務の生産性を引き下げる要因

　新型コロナの影響がある程度長期に及ぶ可能性を考えると、在宅勤務の生産性をいかに高めるかが大きな課題になる。そのためには、何が在宅勤務の生産性を引き下げているのか、その要因を把握する必要がある。RIETI役職員を対象とした調査から定性的にわかったことを整理すると、在宅勤務の生産性を引き下げる主な要因は、①在宅勤務で使用するハードウェア、ソフトウェアの問題、②オフィスでしかできない業務の存在、③フェイス・ツー・フェイスのコミュニケーションの欠如、④自宅の仕事環境の制約であった。

　在宅勤務の生産性が低下する理由として多くの人が挙げたのが、在宅勤務時に使用するハードウェアや遠隔アクセスのソフトウェアの操作性が低い点である。キーボードの配列の違いを含めてスイッチング・コストの影響があり、慣れるのにしたがってかなり改善したという声もあった。つまり影響の一部は短期的であり、特に当初在宅勤務の相対的な生産性が低い職員の場合、学習効果を通じてキャッチアップしていく可能性がある。

　次に、職場でなければできない業務の存在である。起案の回付・決裁といった紙媒体での業務がかなり多いこと、電子化されていない過去の資料を参照する必要があること、外部からの急な来客への対応、研究員の場合には秘匿性の高いミクロデータを使用した分析などがこれに当たる。この問題に対しては、管理・事務職員、研究員いずれも、在宅で行うタスクと出勤時に行うタスクを仕分けることで、生産性の低下を抑える工夫をしているケースが多かったので、仮に完全在宅勤務（週5日）にした場合には、生産性が大幅に低下する可能性が高い。実際、「緊急事態宣言」後は出勤者数の8割削減が求められる中、週4〜5日在宅勤務という人が大幅に増えたため、契約・納品業務、起案・決

7　この結果は在宅勤務の生産性の収斂傾向を示唆しているが、回答の平均回帰（regression toward the mean）を反映している可能性も排除はできない。

裁・押印、領収書の処理など職場でやらなければならない業務の遅滞という問題点が指摘された。

　フェイス・ツー・フェイスでの効率的な情報交換ができなくなったことをデメリットとして挙げた人も多かった。同僚が近くにいれば聞いてすぐに済むことを、遠隔でやろうとすると手間がかかってもどかしいという声である。これは、前述した Battiston *et al.*（2017）の分析結果とも整合的である。フェイス・ツー・フェイスのコミュニケーションができないことに起因するメール頻度の急増、長文化による効率低下という指摘もあった。

　研究員の中にも、他の研究員とのインタラクションが少なくなることの弊害を指摘した人がいた。個人単位での仕事が多く、ネットでの交流の頻度が高い研究員でも、同僚との日常的な接触から得られる知見・助言が重要な役割を果たすことを示唆している。この点、国際的な学会が相次いで中止されたり、遠隔会議方式に変わったりしていることも、研究者の生産性に影響する可能性がある。

　在宅勤務の生産性に大きく影響しているのが自宅の執務環境である。特に個室（書斎）を持っている人は、そうでない人に比べて在宅勤務の主観的生産性が高い傾向があった。個室がある人は、オフィスよりも静かなので集中力が高くなるという。また、家族構成（特に小さい子供の有無）による違いも大きい。このほか、自宅での作業姿勢に起因する健康面への影響、孤独感などメンタルヘルスへの影響を挙げる人もあった。「緊急事態宣言」後は、保育園・学童保育が利用できなくなったことの影響も指摘された。

　自宅からオフィスまでの通勤時間の長い人は通勤に伴う疲労の減少を在宅勤務のメリットとして指摘する傾向があり、3月には通勤時間が長い人ほど有意に在宅勤務の主観的生産性が高い傾向があった。しかし、4月には統計的に有意な関係はなく、頑健な関係があるとは言えない。なお、コロナ危機後も在宅勤務者が増えた状態が続いた場合、通勤混雑が緩和されることも期待されるが、通勤者数が恒常的に減れば列車など交通機関の運行頻度も減る可能性が高いことに注意する必要がある。通勤混雑を緩和する上ではおそらく時差通勤の方が有効である。

外部効果と制度的課題

　3月から4月にかけて在宅勤務の生産性が向上した要因としては、在宅勤務用に支給されている機器・ソフトウェアを使った作業の練度が上がってきたこと、遠隔会議の導入・活用によるコミュニケーション改善を挙げた人が多かった。経済学的に興味深いものとして、同僚の在宅勤務の生産性が高まったのでコミュニケーションがとりやすくなってきたという外部効果の存在を指摘する声があった。おそらく組織内だけでなく、取引先をはじめ他の組織との関係でも同様の外部性があるだろう。

　他方、個人所有PCでのサーバーへのアクセスや自宅でのプリントアウト禁止といったセキュリティ上の制限が生産性に影響していることも指摘された。在宅勤務が今後長期化する場合、情報セキュリティに係るルールをどう調整していくかという課題があることを示しており、企業でもおそらく同様だろう。

　有効なワクチンが開発・普及するまでの間、外出自粛などの措置はかなり長く続く可能性が高い。在宅勤務が長期にわたるとすれば、在宅勤務の生産性を高めるような物的・社会的インフラを作ることが大事になる。その中には、個々の企業、組織で対応できるものも多いが、政府全体での取り組みが必要なことも多い。

5. おわりに

　新型コロナの拡大を医療キャパシティの範囲内にコントロールするとともに、経済活動や労働市場への影響を緩和する上で在宅勤務の役割は大きい。精度の高いシミュレーションに基づく的確な政策決定を可能にするため、①仕事全体のうちどの程度が在宅で可能なのか、②その上で在宅勤務の生産性がどの程度なのかという情報は、感染率、死亡率、回復率の正確なデータが必要なのと同様に重要である。しかし、在宅勤務の生産性に関するエビデンスは内外を問わず極めて限られている。

　本章で示した断片的なエビデンスから判断すると、在宅勤務の生産性には学習効果があるようだが、様々な制約のためオフィスでの生産性には及ばない可能性が高い。中期的にオフィスの生産性に近づけていこうとするならば、①在

宅勤務の環境整備のための追加的な投資、②障害になっているルールや慣行の改善が重要になる。

政策的には、感染症の影響の長期化や再発の可能性も念頭に置くならば、景気対策としての財政支出は中長期的な生産性向上に結び付くタイプの需要創出（＝ wise spending）に力点を置くことが望ましい。在宅勤務向けの情報通信機器やソフトウェアの導入、職場・自宅における事務・管理業務のオンライン化への助成などテレワークの環境整備はその一つである。職場の同僚や取引先の在宅勤務の効率向上が自身の生産性を高めるという外部効果が存在することから、在宅勤務の生産性を高めるための投資を助成することは経済学的にも正当化できる。

在宅勤務と類似性があるのが遠隔教育（教員の立場からは在宅勤務）である。大学の遠隔講義を例にとると、いくつかの大学でシステムの処理能力を超えたために講義が中断したケースが報じられた。また、学生の自宅の通信環境によって学習の質がかなり影響される印象がある。米国の携帯デバイスの移動データを用いた分析でも、地域による高速インターネット普及率の違いが外出禁止政策の有効性に影響することを示す例がある（Chiou and Tucker, 2020）。教育の質は長期的な生産性を規定する大きな要因なので、教育に係る情報通信インフラ改善も政府の重要な役割である。

決裁、押印、契約、経理処理といった業務の中には、そもそもデジタル化が進む中で時代遅れになっているルールや慣行が少なくない。コロナ危機はそうした社内ルールの見直しを促す好機とも言える。しかし、企業や組織だけでは解消できない法制度上の課題も多い。例えば、官庁をはじめ公的機関の場合には、個人情報保護、公文書管理、会計検査などのコンプライアンスがしばしば在宅勤務の制約となる。これらは反射的に申請や届出を行う企業や個人の在宅勤務にも影響する。危機時にそぐわない制度的インフラの見直しは、おそらく日本では非常に緊急性の高い課題である。

本稿で示したエビデンスは、社会科学系の研究機関という比較的在宅勤務になじむ一つの職場のものであり、また、生産性指標は個人の主観的評価にとどまる。このためより広い範囲の個人や企業を対象とした調査に着手しているところであり、分析を深めてより一般性のある結果を得たいと考えている。

〈参照文献〉

日本経済団体連合会（2020）.「緊急事態宣言の発令に伴う新型コロナウイルス感染症拡大防止策：各社の対応に関するフォローアップ調査」。

パーソル総合研究所（2020）.「新型コロナウイルス対策によるテレワークへの影響に関する緊急調査」。

Adams-Prassl, A., T. Boneva, M. Golin, and C. Rauh (2020). "Inequality in the Impact of the Coronavirus Shock: Evidence from Real Time Surveys." IZA Discussion Paper, No. 13183.

Adda, J. (2016). "Economic Activity and the Spread of Viral Diseases: Evidence from High Frequency Data." *Quarterly Journal of Economics*, 131 (2), 891-941.

Alipour, J.-V., O. Falck, and S. Schüller (2020). "Germany's Capacities to Work from Home." IZA Discussion Paper, No. 13152.

Aum, S., S.Y. (Tim) Lee, and Y. Shin (2020). "Inequality of Fear and Self-Quarantine: Is There a Trade-off between GDP and Public Health?" NBER Working Paper, No. 27100.

Battiston, D., J.B.I. Vidal, and T. Kirchmaier (2017). "Is Distance Dead? Face-to-Face Communication and Productivity in Teams." CEPR Discussion Paper, No. 11924.

Béland, L.-P., A. Brodeur, and T. Wright (2020). "The Short-Term Economic Consequences of COVID-19: Exposure to Disease, Remote Work and Government Response." IZA Discussion Paper, No. 13159.

Bloom, N., J. Liang, J. Roberts, and Z.J. Ying (2015). "Does Working from Home Work? Evidence from a Chinese Experiment." *Quarterly Journal of Economics*, 130 (1), 165-218.

Boeri, T., A. Caiumi, and M. Paccagnella (2020). "Mitigating the Work-Safety Trade-Off." *Covid Economics*, 2, 60-66.

Brotherhood, L., P. Kircher, C. Santos, and M. Tertilt (2020). "An Economic Model of the Covid-19 Epidemic: The Importance of Testing and Age-Specific Policies." CEPR Discussion Paper, No. 14695.

Chiou, L. and C. Tucker (2020). "Social Distancing, Internet Access and Inequality." NBER Working Paper, No. 26982.

Dingel, J.I. and B. Neiman (2020). "How Many Jobs Can be Done at Home?" NBER Working Paper, No. 26948.

Dutcher, E.G. (2012). "The Effects of Telecommuting on Productivity: An Experimental Examination. The Role of Dull and Creative Tasks." *Journal of*

Economic Behavior and Organization, 84（1）, 355-363.

Fadinger, H. and J. Schymik（2020）. "The Costs and Benefits of Home Office during the Covid-19 Pandemic: Evidence from Infections and an Input-Output Model for Germany." *Covid Economics*, 9, 107-134.

Harris, J.E.（2020）. "The Subways Seeded the Massive Coronavirus Epidemic in New York City." NBER Working Paper, No. 27021.

Jones, C.J., T. Philippon, and V. Venkateswaran（2020）. "Optimal Mitigation Policies in a Pandemic: Social Distancing and Working from Home." NBER Working Paper, No. 26984.

Kikuchi, S., S. Kitao, and M. Mikoshiba（2020）. "Heterogeneous Vulnerability to the COVID-19 Crisis and Implications for Inequality in Japan." RIETI Discussion Paper, 20-E-039.

Mongey, S., L. Pilossoph, and A. Weinberg（2020）. "Which Workers Bear the Burden of Social Distancing Policies?" NBER Working Paper, No. 27085.

Morikawa, M.（2018）. "Long Commuting Time and the Benefits of Telecommuting." RIETI Discussion Paper, 18-E-025.

Rampini, A.A.（2020）. "Sequential Lifting of COVID-19 Interventions with Population Heterogeneity." NBER Working Paper, No. 27063.

第**18**章

文明としての都市とコロナ危機

藤田昌久[*]
浜口伸明^{**}

1. はじめに

　2020年、世界は新型コロナウイルスによるパンデミック（コロナ危機）のただ中にある。古代より文明の進化は、地理的空間においては都市化およびグローバル化の進展として現れてきた。「空間経済学」の視点からは、都市化とグローバル化は、国内および国際間における「人・物・金・情報」の移動費用、つまり広義の「輸送費」の低下とともに進展すると理解される[1]。しかし、今回のコロナ危機を理解するには、従来の空間経済学（また経済学一般）において無視されていた事実を視野に入れる必要がある[2]。つまり、「人・物・金・情報」の輸送費の低下は、文明の進化をもたらすと同時に、ウイルスの国内および国際間における拡散をも容易にし、人類に感染症をもたらすという「不都合な真実」である。

　感染症は人類の歴史とともにある。しかし、近年のエイズやマラリア、さらには現在も克服されていない結核などの感染症の多くは発展途上国を中心とし

---

*　京都大学経済研究所特任教授・名誉教授

**　経済産業研究所ファカルティフェロー、神戸大学経済経営研究所教授

1　空間経済学とは、多様な人間活動が近接立地して互いに補い合うことで生まれる集積力（効用、生産性と創造性の向上）に注目し、輸送費の低下とともに進行する、都市・地域・国際を跨ぐ空間経済システムのダイナミックな変遷を分析する経済学の分野である。空間経済学については、藤田・クルーグマン・ベナブルズ（2000）、藤田・ティス（2017）、藤田・浜口・亀山（2018）を参照。

2　本稿では、文明としての都市に焦点を当てながらコロナ危機について論じている。「文明としてのグローバル化とコロナ危機」については別の機会に論じる予定である。

て広がり、貧困問題と直結していた。一方、中国の大都市の一つである武漢から始まった今回のコロナ危機は、その後、最も豊かな先進国の大都市を中心として急速に世界中に拡散している。第 3 節で詳説されるように、今回のパンデミックは、ICT（情報通信技術）に支えられながらも密なフェイス・ツー・フェイス・コミュニケーション（対話）を不可欠とする現代の「知識創造社会（Brain Power Society）」に特有のパンデミックであり、人類にとって「不都合な真実」を新たな形で表している。

2. 感染拡大における人口規模効果

戦後、日本の経済発展は人口と経済・社会活動の東京一極集中の下に進行してきたが、新型コロナウイルスの感染拡大はそのような空間構造の影響を受けている。

図 1 は国内累計感染者数の 5 月 6 日までの推移を示している。当初の単調な増加ペースから一転して 3 月後半から増え方が逓増的になり、ようやく 4 月末から鈍化する傾向を見せた。次に、図 2 は 2019 年末における 47 都道府県人口の対全国比率（横軸 x）と各都道府県の感染者増加数の対全国比率（縦軸 y）の関係を、2 期間に分けて示している[3]。図 2（a）は、2020 年の 1 月 15 日に最初の国内感染者が確認されてから国内累計感染者数が 1,104 人になった 3 月 23 日

図1　感染確認者累計の推移

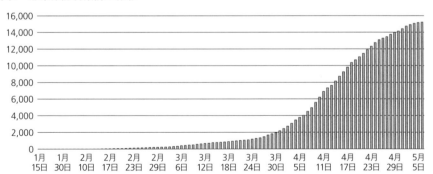

（出所）都道府県別新型コロナウイルス感染者数マップ（ジャッグジャパン株式会社提供）

までの、単調な増加傾向にあった初期の期間に対応している。点線で示された線形回帰の直線は、人口比率が大きい都道府県はその期間における感染者増加数の比率も大きいという2変数の大まかな傾向を示している。

　ただし、この期間においては、都道府県ごとの様々な個別事象、特に特定施設におけるクラスター（集団）感染があったことを反映してばらつきが大きく、回帰直線の適合度はあまり高くない。特に、図2（a）から読み取れるように、人口比率が東京都（x = 0.11）よりも小さい大阪府、愛知県、兵庫県および北海道も、それぞれ東京都に近い感染者増加比率（y）を有している。感染拡大の初期においては、必ずしも東京都の感染者数が人口比以上に特段に多かったとは言えない。

　次に、図2（b）は図1で国内感染者数が日増しに増大したことが示されている3月23日から4月23日までの期間（累計増大総数1万1,212人）に対応している。この第2期の各都道府県の人口比率と感染者数増加比率の関係は、点線で示された2次関数の適合度が非常に良い。このように右上がりに逓増している回帰曲線から、第2期における各都道府県の感染者数増大は、「人口規模の効果」が働いていることが明瞭に読み取れる。特に、図2（b）の一番右上に位置している東京都は、対全国人口比率0.11に対して対全国感染者数増大比率は0.31である。つまり、全国人口の11％を占める東京都が第2期における全国感染者増加数の31％を占めており、3倍近くの人口規模効果が働いている。埼玉県、千葉県、神奈川県を合わせて「東京圏」[4]として一括して図2（b）の値を合計すると、対全国で人口比率が0.289であるのに対して感染者増加比率は0.505となる。つまり、約29％の人口を持つ東京圏が、第2期の国内感染者増加総数の約50％を占めていたのである。

　東京圏以外でも、大阪府は、人口比率0.07に対して感染者数増大比率は0.11であり、1.6倍近くの人口規模効果が見られる。大阪府と兵庫県を「阪神圏」

3　以下の分析は、本来は、日本全国における「都市圏」別のデータを用いて行われるのが望ましい。しかしながら、新型コロナウイルスの感染者・死者数の推移データの入手の容易さから、さらに、国と地方による感染対策は主として都道府県を単位として行われるので、以下の分析は47都道府県別データを用いて行う。なお、本稿で使用する感染者のデータは居住地が不明、あるいは外国であるケースを除いている。感染者カウントの日付は陽性確認日であり、報道発表日と異なる。

図2　都道府県人口規模と感染者数増加の関係

(a) 1月15日から3月23日まで

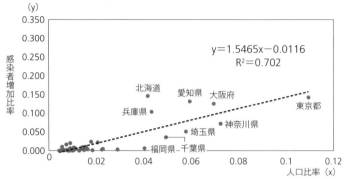

$$y=1.5465x-0.0116$$
$$R^2=0.702$$

(b) 3月24日から4月23日まで

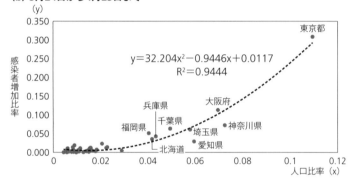

$$y=32.204x^2-0.9446x+0.0117$$
$$R^2=0.9444$$

（出所）都道府県別新型コロナウイルス感染者数マップ（ジャッグジャパン株式会社提供）と総務省統計局「住民基本台帳に基づく人口」に基づき筆者作成。

として合計すると、人口比率は0.113、感染者増加比率は0.156となる。つまり、約11％の人口を持つ阪神圏の第2期の国内感染者増加総数は、やはり人口比よりも多い約16％を占めている。東京圏と阪神圏を合計すると、約40％の

4　2015年国勢調査に基づく推定によれば、人口1,392万人（2019年10月現在）の東京都への一日当たりの通勤・通学者が、埼玉県より約94万人、千葉県より72万人、神奈川県より107万人、合計273万人ある（2020年3月27日付、東京新聞朝刊）。したがって、都市機能の観点からも、また感染拡大の視点からも、東京都および周囲のそれら三県を「東京圏」として一括して考えるのが妥当と考えられる。図2（a）と比較すると、図2（b）ではそれら三県は東京都を頂点とする回帰曲線の近くに引き寄せられており、第2期においては東京都の影響を強く受けたものと推察される。

人口を持つ 2 大都市圏が、第 2 期の国内感染者増加数の、実に 66％を占めていたことがわかる。4 月 7 日の「緊急事態宣言」の対象となった 7 都道府県で見れば、人口比率約 44％に対して第 2 期の感染者増加数は約 71％であった。対して、4 月 16 日に 6 道府県（北海道、茨城、石川、岐阜、愛知、京都）を追加指定した「特定警戒都道府県」以外の、全国の約 41％の人口を擁する残りの 34 県は、第 2 期の国内感染者増加数の約 18％を占めていたに過ぎない。

　以上のように、第 1 期に偶発的なクラスター感染の事象を伴いながらある程度全国に感染が広まった後、第 2 期においては、次節で検討する感染拡大自体に内包されている自己増殖的な人口規模効果が大都市を中心に働いたことによって、図 1 に示された逓増的な感染者増加と図 2（b）の東京都を先頭とする規則的な空間パターンが現れたと理解される[5]。

　なお、第 2 期の終わりの 4 月 23 日の翌日から 5 月 6 日（本稿を執筆している現在）までの間に、全国感染者増加数が 2,902 人であった中で、東京都は 1,183 人を占めた。この 13 日間において、感染者数の増加は全国的に緩やかな減少傾向に転じたが、東京都が全国感染者増加数に占めるシェアは 41％、東京圏では 56％となり、感染拡大は東京圏一極集中の局面に移った[6]。感染拡大の終息過程においても人口規模効果が働いて感染の減少を遅らせることがうかがわれる。

3. 多様な「三密」は都市活力と感染拡大の共通源

東京における多様かつ多層な「三密」

　前節で、新型コロナウイルスの第 2 期における急激な感染拡大において、人口規模効果が顕著に働いていることがわかった。その理由を理解する鍵は「三密（密集、密接、密閉）」にある。政府の専門家会議は 3 月 9 日「新型コロナウ

5　このことは、感染者数の予測に使われる SIR モデル（あるいは SEIR モデル）における感染率のパラメータは各感染症に固有の値ではなく、Hu *et al.*（2013）で考慮されているように、人口規模あるいは人口密度に依存して地域ごとに異なることを示唆している。

6　なお、第 2 期の終わりの 4 月 26 日から本稿執筆中の 5 月初めにおいて、北海道における感染者数は再び急増しているが、専門家によると、これは感染拡大の第二波が北海道で始まったのではないかとされている。

イルス感染症対策の見解」で、三つの条件（①人が密集、②密接して会話や発声をする、③換気の悪い密閉空間）が重なると感染リスクが最も高まると指摘し、これら「三密」の状況を避けることが、感染拡大を防ぐ肝とされた。一方、空間経済学においては、多様な「三密」こそが都市の魅力ないし活力の源であるとされる[7]。ただし、それは"常態"においてであり、今回のコロナ危機においては、都市の活力の源であるべき多様な「三密」が自己増殖的な感染拡大の源としてそのまま裏目に出たと言える。

このことを理解するために、日本最大の都市である東京を考えてみよう[8]。日本の総人口が減少を始めた現在においても、東京は全国から多くの若者を引きつけながら人口増大を続けている[9]。東京の魅力の源泉は、「産・官・学・住・遊・医」などの様々な経済社会活動全体における圧倒的に多様かつ多層な「三密」の集積にある。例えば、東京都には全国の18％に相当する140の多様な大学が「密集」しているが、人員で見れば全国の学生の26％、教員の28％と[10]、さらに大学の東京への集中度は高い。「密閉」性の高い高層校舎の建設も進み、「密接」な環境で多様な教育が行われている。

また、東京都では2019年上半期だけで4,686件のライブ公演が開催されたが、これは全国で行われた公演の31％に上る[11]。さらに、銀座の高級クラブからガード下の居酒屋まで、飲食店の種類・数は極めて豊富であり、東京都の飲食店の売り上げは全国の20％に上る[12]。このような「密閉」した空間で「密集」した客が「密接」な交流を楽しむ多様なエンターテインメントの存在も東京の特徴である。

7　誤解を避けるために述べておくが、空間経済学においては三密の一つである「密閉」は、活動集団ごとに空間的に他より分離された「集中して交流できる場所ないし施設」つまり「密閉した活動の場」を意味しており、"換気の悪い"ことを前提としない。

8　ここでの「東京」は、東京都あるいは東京圏のいずれに解釈しても差し支えない。なお、以下の"常態"における大都市の魅力については、脚注2の参考文献、特に藤田・浜口・亀山（2018）を参照されたい。

9　2019年10月1日時点で、日本の総人口は前年より27万6,000人減少する一方、東京都の人口は9万7,000人増加しており、また、東京圏のその他の三県（埼玉、千葉、神奈川）のそれぞれにおいても人口が増加している。

10　文部科学省「令和元年度学校基本調査」。

11　一般社団法人コンサートプロモーターズ協会「年別基礎調査報告書2019年上半期」。

12　平成28年経済センサス—活動調査による。

　東京都の人口が日本全体の11％であることを基準とすると、大学、エンターテインメントに2〜3倍の人口規模効果が表れている。興味深いことに、前節で見たように第2期の感染拡大の人口規模効果も約3倍であった。人口の密集は、その数倍の規模で人と人が密接に接する機会を増やすのである。

知識創造社会を支える「三密」の場

　それでは、東京になぜこのように圧倒的に多様な「三密」の集積が形成されてきたのだろうか。その根源的な理由は、人間は他の人々との「交流（コミュニケーション）」を求める社会的動物であり、「産・官・学・住・遊・医」などの様々な活動において、多様な人間がより多く集中している都市に住むことによって、多様な「三密」の場を介してより高い満足度（効用、生産性、創造性）を達成できるからである。ちなみに、現在「三密」の最も多く集積している東京都の一人当たり所得水準は、全国で一番高く、全国平均の約1.7倍である[13]。これは、東京都における「三密」に支えられた高い生産性を反映している。

　しかし、距離にほぼ無関係に使用できるICTが高度に発展した現在でも、なぜ人々は都市に集中するのだろうか。この問題を解く鍵は、人々の交流においてICTとフェイス・ツー・フェイス・コミュニケーション（対話）は相互に「補完的」であるという、空間経済学でよく知られた事実にある。実際、日常的にも、ICTをよく使う人々ほど、対話による交流も密に行う傾向があることが観察される。

　前世紀の「工業化社会」では、「工場」における物作りが中心であった。既に多くの工場は大都市から退出し、また、自動化も進み工場内の人の「密」は失われた。今世紀のいわゆる「知識創造社会（Brain Power Society）」における中心的な活動は、あらゆる経済社会領域における新しい情報・知識の創造と伝播である。その活動のためのいわゆる「形式知」はICTでも交換できるが、多様な頭脳の中にしかないいわゆる「暗黙知」を瞬時に組み合わせて新しい情報・知識を創造し交換するためには、フェイス・ツー・フェイス・コミュニケ

---

[13]　内閣府「平成28年度県民経済計算」。

ーションが不可欠である。したがって、知識創造社会における中心的な活動は、人々が「密閉」されたオフィスに「密集」し、「密接」に対話しながら行われる。

　素晴らしく整備された通勤鉄道システム、さらには世界に誇る新幹線網に支えられて、東京の都心の密集した高層ビルの「三密」の場には、東京のみならず全国からの通勤・通学者・出張者が集まる[14]。さらに、日暮れとともに、世界に誇る「ノミニケーション（learning by drinking）」が夜の「三密」の場で繰り広げられる。知識創造社会を支えるそれらすべての「三密」の場が、対話を中心として拡散する今回のコロナ危機においてはそのまま裏目に出て、自己増殖的な感染拡大の「三密」の場に変貌した。

4. 行動変容による危機対応

オフィスワークvs.テレワーク

　国内での新型コロナウイルス感染拡大の急増に対応して、政府および自治体は特措法に基づく「不要不急の外出自粛」「三密を避ける」「人と人との対面接触を極力8割削減」、という三点セットの「要請」により、国民の一人ひとり、各企業の自主的判断による「行動変容」を促した。ここでは、本稿の主題である、コミュニケーションの側面に焦点を当てながら、要請の下における行動変容について具体的に検討する。

　今、都心のオフィスに1単位（例えば1,000人）の雇用者を持つ一つの企業を想定してみよう。企業は各雇用者に都心のオフィスに通勤してもらってオフィスワークに従事させることができるし、あるいは、自宅でテレワークに従事してもらうこともできるとする。図3（a）の横軸は、一定期間にテレワークによって企業に提供されうる総労働量を表す。全員が在宅勤務した場合の総労働

---

[14] 東京のみならず、地下鉄と通勤鉄道を中心とする公共交通インフラの高度に発達したニューヨーク市やパリにおいても、都心に「三密」の場の圧倒的な集積が形成されており、今回のコロナ危機においては感染拡大の源になった。逆に、例えば前世紀後半の自動車時代に大きくなったカリフォルニア州の大都市ロサンゼルスは分散型の都市構造を持ち、感染拡大もニューヨーク市と比べてずっと弱かった。

図3　企業における勤務様式と行動変容

(a) 現行システム下での要請による行動変容

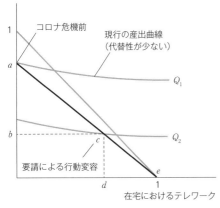

(b) 新しいシステム下での選ばれた行動変容

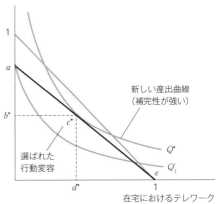

(出所) 筆者作成

量を横軸上に1として表されている。一方、図3 (a) の縦軸は、同じ一定期間にオフィスワークによって企業に提供されうる総労働量を表す。通勤時間を差し引いたオフィスワークによる実質労働量の総量は1を下回る a 点である。したがって、所与の総労働量について企業に利用可能なオフィスワークとテレワークの組み合わせは直線 ae で表せる。

　さて、企業にとって雇用者のテレワークとオフィスワークが完全に代替的であれば、図3 (a) において企業の等産出曲線は45°右下がりの直線となる。しかし、コロナ危機前の"常態"において企業はオフィスワークをテレワークで代替することが非常に困難であり、実際の等産出曲線は水平に近い曲線であった。このとき図3 (a) の労働供給の制約の下で最大可能な産出に対応する等産出曲線 Q_1 は点 a で直線 ae に上から接する[15]。したがって、企業は"常態"においては雇用者全員のオフィスワークを選択する。すなわち、テレワークとオフィスワークの代替性が弱いことが、コロナ危機前において、オフィスが都心に集中している理由である。

オフィスワーク&テレワークへ

ここで、政府の要請を受けて、企業はオフィスワークを図3 (a) の点 b まで
減らし、テレワークを点 d まで増加させたとしよう。要請による行動変容によ
って企業は結果的に点 a から点 c に移り、オフィスワークを大きく減少させる。
しかしながら、点 c を通る等産出曲線 Q_2 は、a 点を通る元の等産出曲線 Q_1 の
ずっと下にあり、企業にとって大きな負担となる。したがって、十分な補償の
ない限り、要請緩和とともに各企業は元の点 a に返り、都心は元の「三密」の
状況に戻る可能性が大きい。

しかしながら、後ほど説明されるような様々な対策により、各企業の内部シ
ステムおよび企業を取り巻く社会システムが大きく変革され、図3 (b) のよう
な状況になったとしよう。企業にとっての総労働直線 ae は図3 (a) と同じ直
線である[16]。図3 (b) で大きく変わったのは、企業の等産出曲線の形状であ
る。新しい等産出曲線、例えば Q^* に対応する曲線は原点に対して強く凸とな
っている。これはオフィスワークとテレワークの間に強い「補完性」があるこ
とを意味している。この状況下では、企業は、以前の点 a ではなく、自ら点 c^*
を選ぶことにより、全員がオフィスワークに従事する Q'_1 を上回る産出量の Q^*
を達成することができる[17]。したがって、新しいシステムの下では、企業の自
発的な選択によって三点セットの要請を満たす方向に動く。

では、どうすれば等産出曲線の形状を図3 (a) から (b) のように変えるこ
とができるのだろうか。図3 (a) ではテレワークをオフィスワークの生産性が

---

15 企業の生産関数を CES 関数を用いて、

$$Q = A \cdot \left\{ L_O^\beta + \alpha L_T^\beta \right\}^{1/\beta}$$

と表してみよう。ここに、L_O はオフィスでの総労働量、L_T はテレワークによる総労働量
で、β は L_O と L_T との代替性を表す係数 ($\beta \leq 1$)、α は L_O に対する L_T の効率性を表す
係数 ($0 < \alpha \leq 1$)。A はオフィスの置かれている全般的な立地状況を表す定数。(i) $\alpha = 1$
で $\beta = 1$ の場合は、L_O と L_T は完全代替で、等産出曲線は45°右下がりの直線となる。(ii)
α が1よりずっと小さく、β が1に近い場合は、図3 (a) の等産出曲線となる。(iii) α
が1に近く、β が1よりずっと小さい場合に、図3 (b) の等産出曲線となる。
16 都市を取り巻く社会システムの変革により、平均的な通勤時間が以前より減少したとす
ると、図2 (b) における点は上に移動し、企業はさらに産出を増やすことができる。
17 図3 (a) の Q_1 と図3 (b) における Q'_1 はすべてオフィスワークで生産が行われる a 点に
対応する同じ生産量であり、脚注15の式より $Q_1 = Q'_1 = AL_O$ となる。

低い代替物として見ているのに対して、図3（b）は"常態"において二つの働き方が相互に補い合い、人口減少社会にあって多様な雇用者の様々なライフイベントに柔軟に対応できる状況を実現していると捉えるべきである。そのためには、①在宅勤務の環境を整えること、②企業内での多様性を生かした働き方改革の重要性により意識を向けること、③企業内および在宅勤務におけるICT環境を整備すること、④企業間システムおよび企業を取り巻く社会システムを変革すること、など多面にわたるシステム改革が必要となる。

　①に関して言えば、在宅勤務を前提にした、仕事のための空間を確保できるより広い住宅、そのためにこれまで一極集中が進んできた国土をより広く使うことを促す土地政策との連携も必要である。テレワークの推進のみでなく、学校でのオンライン学習の推進や、医療現場でのオンライン診療を広げるなど、ICTと対話の最適な組み合わせによる新しいコミュニケーションシステムの構築が、今回のコロナ危機をチャンスとして総合的に推し進められるべき課題である。

5. おわりに

チャンスとしてのシステム改革

　要請に基づく"日本式モデル"は、幸運というべきか、今までのところは欧米の多くの国・地域に見られたような感染爆発を抑えられている。しかし、相当に長期化が予想されているコロナ危機を将来も乗り越えていくことができるのかについては、楽観を許さない。強制力を持たない現行法を前提とすれば、「自粛」に基づく日本式モデルを状況に応じて進化させながら対応していく以外にない。この場合、現在のコロナ危機の終息のみを目指した行動変容ではなく、以下のような危機終息後の日本の新たな発展に資する、経済社会システム全般の改革につながる行動変容へのチャンスと捉えるべきであろう。

　第一に、多様な「三密」の集積に支えられた東京一極集中構造の見直しである。歴史人口学者の速水融（2006）はスペイン風邪（1918〜20年）の流行を分析し、当時の日本政府は国民の多くが罹患して抗体を持つようになるまで何もできずに手をこまねいていただけでなく、災禍からほとんど何も学ばず、その

後の社会変容に結び付けることもなかったと断じている。それは、欧米も同様であった。歴史上、都市人口の増加による汚染がペストやコレラの蔓延を招いたことに対して、欧米の先進国は、感染源を特定して近代的な上下水道や廃棄物処理のための施設を整備して都市を進化させ、都市をさらに大規模に発展させてきた。ところが、スペイン風邪に対しては為す術がなかったのは、都市の本質である人と人の密な接触を介して伝染するウイルスに対処するには当時の科学技術の水準が低かったからではないだろうか。幸い、今日では進歩したICTを利用し、前項で検討した働き方の行動変容も含め、都市・空間構造をさらに進化させることができる。

バベルの塔の物語と地方分権

　ここで少し視点を変えて、文明としての都市について考えるために、『旧約聖書』に書かれている「バベルの塔の物語」を思い出してみよう。17世紀半ばのオランダの画家ブリューゲルによる《バベルの塔》は、10万人近くの人口規模を持つと想像される都市国家を収容すべく、雲を突き抜けたほぼ完成に近い一つの巨大な塔の建設現場が、圧倒的な想像力のもとに微細に描かれている。この《バベルの塔》が完成した暁には、一極集中の究極の都市国家が実現すると想像される。神はこの《バベルの塔》の建設を、一つの言語で統一され強大となり傲り高ぶった人類の神への挑戦と受け止め、それを阻止しようとした[18]。そのために、神は物理的に塔を破壊することや塔の中に疫病を蔓延させることも可能だったはずだが、選ばれた方法は、無数に近い異なった言語を人々に割り与え、互いにコミュニケーションがとれなくすることであった。

　破壊や疫病が選択されなかった理由について、我々は次のように想像する。つまり、神は自分の創造した人類を愛していた。傲慢な企てを進める人類を放っておくと、人類の文明社会としての進化は止まる。しかし、破壊や疫病で逃散させたところで、人々は時とともに塔の建設を再開するだろう。そうだとすると、これはいたちごっこであり、文明社会の進化に結び付くことは難しい。結局、神は同じ言語を密接して話すことができる「コミュニケーションの場」

---

[18] 「バベルの塔の物語」のこのあたりの解釈は、犬養（1969）に拠っている。

としての塔の機能を奪って、同じ言語を話す者同士を集めて地球上に分散させた。固有の言語を持つ地域ごとに独自の文化が発達し、多言語・多地域・多文化の世界が生まれた。このように豊かな多様性を獲得した人類全体は、その後互いに学び合うことによって、創造性の高い文明社会として進化することができた。このように「バベルの塔の物語」は、神による罰に見せかけての天恵の物語として理解できる。

　以上の物語は、東京一極集中の下にコロナ危機のただ中にある我々にも教訓を与えてくれる。ICTへの投資により、直接接触の必要を減らして東京の規模を維持することはできるだろう。しかし、それだけでは、日本を創造性豊かな国として再生するためには、十分でない。圧倒的に「三密」の集積している東京は、新型コロナウイルスのような感染症に弱いのみではない。近い将来高い確率で予測されている首都直下型地震が発生して、東京が物理的に破壊されれば、日本の経済社会全体の機能がほぼ完全に停止する。しかし、東京一極集中の現在の日本の根本的な問題は、東京のみならず日本の経済社会全体で多様性が失われていくことである。多様性に乏しい社会は、創造性を十分に発揮できないし、危機感にも乏しい[19]。

　今回のコロナ危機において、都道府県が独自の対応策ないし「モデル」を提案して危機対応においてそれぞれ主役を演じ、それが国の行動を促したことを我々は期待を持って見つめていた。日本の経済社会における多様性を促進するための一環として、今回のコロナ危機を奇貨として、地方分権を一層推し進めることを提案したい。同時に、ICTを駆使しながら、首都ないし首都機能移転も創造的に推進しつつ、多様性に富んだ新たな日本の再構築を実現していこう。

〈参照文献〉
犬養道子（1969）『旧約聖書物語』新潮社。
速水融（2006）『日本を襲ったスペイン・インフルエンザ：人類とウイルスの第一次世界戦争』藤原書店。

---

[19]　この点に関してのより詳しい議論は、例えば、藤田（2003）を参照されたい。

藤田昌久（2003）「停滞打破には『廃央創域』」（日本経済新聞、2003年11月29日付）。

藤田昌久・浜口伸明・亀山嘉大（2018）『復興の空間経済学——人口減少時代の地域再生』日本経済新聞出版社。

藤田昌久、ジャック・F・ティス（2017）『集積の経済学——都市、産業立地、グローバル化』東洋経済新報社。

藤田昌久、ポール・クルーグマン、アンソニー・J・ベナブルズ（2000）、『空間経済学——都市・地域・国際貿易の新しい分析』東洋経済新報社。

Hu, Hao, Nigmatulina, Karima, and Eckhoff, Philip（2013）"The scaling of contact rates with population density for the infectious disease models." *Mathematical Biosciences*, 244（2013）: 125–134.

第**19**章

感染症対策と都市政策

近藤恵介[*]

1. はじめに

　本稿の目的は、感染症対策を踏まえた今後の都市政策の論点を整理すること
にある。新型コロナウイルスの感染拡大防止という新たな課題によって、従来
の都市政策はどのような修正を迫られるのか。もしくは、従来の政策と同じ方
向性で議論を進めてよいのか。感染拡大防止には国民一人ひとりの協力が必須
であり、国民による政策への理解が重要になってくる。国民に対する政策の説
明責任や透明性をより一層高め円滑な政策運営に寄与できるよう、本稿では、
筆者の専門分野である都市・地域経済学の観点から今後の論点を整理してい
る。

　今回、新型コロナウイルスの感染拡大防止策を実際に推し進めたことで、日
本社会が直面する様々な課題が浮き彫りになってきた。例えば、都市・地域経
済学の分野では、これまで、集積の経済（もしくは密度の経済）や輸送や移動
を考慮した潜在的な市場規模の大きさ（市場ポテンシャル）、知識創造におけ
るフェイス・ツー・フェイス・コミュニケーションなど、地域や人のつながり
の重要性が強調されてきた。しかし、感染症は人との接触によって拡大するた
め、密閉・密集・密接の「三つの密」を避けることが感染拡大防止に必要とな
る。このような対策を長期的に継続していくことは、これまで強調してきた都
市・地域経済の政策議論とは逆の方向に向かってしまう。日本政府は、感染症

[*]　経済産業研究所上席研究員

対策を優先するのか、経済政策を優先するのかという判断の難しいトレードオフ問題に直面する。

　一方で、新型コロナウイルスの感染拡大防止策を推し進めることは、大都市がこれまで抱えてきた混雑という問題に取り組む機会にもつながった。例えば、大都市における通勤負担は非常に大きく、働き方改革でも、在宅勤務を含むテレワークや時差通勤の導入が推奨されてきた。このような方針は、接触機会を減らす目的として感染症対策でも推奨されている。もちろん、これまで働き方改革で議論してきた通常期の在宅勤務とは体制が異なるものの、感染症対策と方向性は一致しており、政策判断が行いやすい状況であった。このように状況を整理すると、これまでの政策議論と真逆の方向性を示す政策分野もあれば、従来の政策議論をより強化することで同時に感染症対策にもつながるという政策分野があることがわかる。

　本稿では、まず、従来の都市政策においてどのような議論がなされてきたのかを紹介する。そして、感染症対策という観点でこれまでの政策議論を見直すとき、どこで矛盾が生じていて、どこで整合性がとれているのかという論点を整理する。そこから感染症に備えた今後の都市政策への含意を導く。次に、今後、感染症対策を進めていくには疫学と経済学による学際的研究からの政策提言が重要になってくることを指摘する。その事例として、筆者が現在進めている「地域経済分析システム（RESAS）」のオープンデータを用いた研究を紹介する。最後に、本稿で得られる政策含意について結論をまとめる。

2. 感染症対策が与える都市・地域経済への影響と政策的含意

　従来の都市政策の考え方について、新たに感染症対策という観点から見直すと、どのような問題や矛盾が生じるのか、もしくは、従来の考え方をより強化することで対応できるのか、ここでは今後の都市政策のあり方について整理する。

　新型コロナウイルスの感染拡大防止として、専門家会議から要請されているように、不要不急の外出を控えること、どうしても外出する必要がある際には「三つの密」を避けることが重要である。また、感染拡大地域からの移動を控

えることも地域間の感染拡大防止において重要である。

　このような感染症対策を経済モデルに導入する場合、最も単純な仮定としては、人との接触および外出・移動に制約を課すことだと定義できる。従来の都市・地域経済学のモデルにおいて、このような制約を新たに加えた場合にどのような政策的含意が得られるのかについて、サービス業とコンパクトシティ政策に焦点を当てて議論する。

1 サービス業への影響

　都市・地域経済学の研究において、大都市の企業ほど平均的に生産性が高いことが明らかになっている（森川, 2014; Ciccone and Hall, 1996; Combes *et al.*, 2012; Combes *et al.*, 2015）。この事象を説明する一つの要因として、集積の経済が挙げられる[1]。集積の経済は、いくつかのタイプに分類することができる。伝統的には、マーシャル外部性と言われるように、経済活動の集積地では、より効率的な企業間取引が行われ、労働者と企業をつなぐ労働市場の厚みがあり、人々の間で知識移転がより活発に行われることを通じて生産性が向上すると考えられている（Marshall, 1890; Rosenthal and Strange, 2004）。新しい経済地理学では、規模の経済が重要な役割を果たす（Krugman, 1991; Fujita *et al.*, 1999）。規模の経済とは、生産に固定費用が必要な場合、需要（これは同時に供給も意味する）が増えるほど平均費用が下がることを意味する。したがって、他の条件が一定であれば、市場規模が大きいほど、生産性はより高くなる。

　市場規模の大きさには、財の輸送費用も影響する。輸送費用が下がるほど販売可能な市場範囲が拡大するためだ。このように財が輸送可能なとき、潜在的な市場規模、つまり、市場ポテンシャルの大きさが売り上げや立地選択において重要な要因となる（Head and Mayer, 2004）。

　この考え方をサービス業に適用してみよう。森川（2016）で議論されているように、日本では経済活動の主体がものづくりからサービスへ移行しつつあ

1　大都市の指標として人口密度や就業者密度が用いられることも多く、「密度の経済」という言い方もできる。

る。もちろん、サービスといっても幅広く、情報通信技術を利用できるサービスもあれば、医療・福祉、飲食、宿泊、理容、美容、冠婚葬祭、娯楽、観光、学校教育、警備などのように直接対面が必要とされる、もしくは直接対面することがより望ましいサービスもある。感染症対策として外出や移動に制限が課されるとき、以下で説明するように、主に後者のようなサービス業が最も影響を受けることがわかる。

　サービスは、輸送や保存ができないという特徴がある。つまり、需要と供給が空間的に同じ場所で行われるという空間的同時性、需要と供給が同じ時間帯に行われるという時間的同時性という特徴である。このような特徴のため、サービス業における市場ポテンシャルは、製造業のような財の輸送費用ではなく、人の移動費用に依存することになる。例えば、移動費用が下がると、より遠くの消費者が購入できるようになるため市場ポテンシャルは大きくなる[2]。

　感染症対策として外出・移動制限が課されるということは、モデル上は人の移動費用の上昇を意味し、市場ポテンシャルが下がることになる。また、感染症対策が与える影響は、財の輸送費用よりも、人の移動費用の方がより大きいと考えられる。このように、感染症対策によって売り上げが減少するメカニズムは、空間経済モデルの市場ポテンシャルによって表現可能で、空間的・時間的同時性という特徴を持つサービスは、感染症対策と経済対策の間でトレードオフの関係になってしまうことがわかる。

　では、感染症対策とサービス業の経済活動をどのように両立していくことができるのか。その鍵は、サービス業の空間的・時間的同時性という制約をどのように外すことができるのかを考えることにある。例えば、時間的同時性という制約を外す仕組みとして、回数券という対応が考えられる。消費者による将来の需要を先に券として販売することで、事業者側の直近の収入を確実にする

2　財の輸送とは異なるため、いかに店舗まで来てもらうような投資をするのかが売り上げに影響する。例えば、Bagwell（2007）やArkolakis（2010）の考え方をサービス業に当てはめると、より消費者を惹きつける（来店確率を高める）ため、宣伝に投資することで、市場ポテンシャルを引き上げるというメカニズムを考えることができる。このように、市場ポテンシャルを高めるには来店確率を高めることが重要であるが、物理的な移動費用のみで決まるわけではなく、消費者の移動の意思決定に関係する様々な要因を考慮する必要がある。

ことができる。このようなリスクヘッジによって、感染症のような不確実なショックに対応する方法が考えられる。

空間的同時性の制約を外すには、完全に同じサービスを提供することはできないが、情報通信技術を用いることで一部は対応できる。例えば、一部の医療や教育であれば、代替的なサービスをオンラインで提供できる。また飲食であれば、持ち帰りを導入することで空間的同時性の制約を外している。しかし、保育、介護、理容、美容、観光などについては空間的同時性の制約を外すことはほぼ不可能に近いと思われ、感染症対策によって大きな打撃を受けることになる。

以上をまとめると、経済活動の中でも時間的同時性と空間的同時性の特徴がより強いサービス業ほど、感染症対策と両立することが非常に困難であることがわかる。しかし、一部のサービス業では時間的同時性の制約を軽減することは可能であり、非常時にはこのようなリスク軽減できる仕組みを強化していくことで経済活動の安定化につながると考えられる。

2 コンパクトシティ政策への影響

日本では、少子高齢化、人口減少が進む中、コンパクトシティ政策が進められている。その一つの根拠が、公共部門における規模の経済である。例えば、バスや鉄道などの公共交通サービスは、車両だけでなく道路や線路の維持管理費も必要で固定費用が非常に大きくなる。需要の大小にかかわらず一定の固定費用がかかるため、需要の規模が小さくなると効率性は下がり、需要の規模が大きくなると効率性が高くなる。人口減少が進むにつれ公共交通利用者数が減少すると、事業の効率性はますます下がっていく。公共交通サービスだけでなく、電気、水道、ガスなどの生活インフラも同様である。また生活を支える公共サービスのため簡単には撤退できない。人口減少を止められないならば、限られた財源の中で、いかに都市の集約を通じて公共サービスの効率性を高めていくのかというコンパクトシティ政策は避けて通れない。

コンパクトシティ政策は、国土交通省が提示する「コンパクト＋ネットワーク」のように、局所的に密度を高めながら、各区域はネットワークでつながることで相互に強く依存し合うという考え方に基づく。したがって、十分な感

症対策がなければ急激な感染拡大の可能性があることには注意しなければなら
ない。

　一方で、コンパクトシティ政策を進める際には、同時に混雑費用を減らすと
いう考え方を持っている。都市・地域経済学の研究でも、集積の便益だけでな
く同時に混雑についても議論する（Helpman, 1998; Combes *et al.*, 2019）。

　このような混雑費用を減らすという考え方は、実際には感染症対策と整合的
な側面を持つ。なぜなら、混雑というのは人が密集することによって生じる問
題だからである[3]。例えば、通勤時の混雑を減らす政策として、在宅勤務など
のテレワークや時差通勤の導入が提案されているが、これは同時に感染症対策
にもつながっている。したがって、働き方改革でこれまで議論してきたこと
は、感染症対策としても同時に機能するため、感染症対策を特別に意識しなく
てもこれまで通りの政策をより強化すればよい。

　コンパクトシティ政策から生じる混雑について、「需要競合」という新しい
概念を最近の私の研究で扱っている（近藤, 2020b; Kondo, 2020a）。ここでの需
要競合とは、「一時的に超過需要が生じることで、財・サービスを消費者の間
で奪い合う状況」という意味で使っている。超過需要とは、欲しいときに欲し
いものが買えないという状況であり、人々の効用を引き下げ、社会厚生も低下
する。例えば、感染拡大時には限られた医療サービスの供給量に対して、過剰
な需要が集中することで超過需要が生じるが、これがまさしく「医療崩壊」と
いう状態であり、社会厚生の低下につながっている。医療ほど深刻ではない
が、普段から、繁忙期の新幹線やホテルの予約の難しさ、ランチタイムにおけ
るレストランでの行列待ちなど、需要が一時的に集中する時間帯にこのような
需要競合は頻繁に起こっている。

　このような需要競合に対応できる仕組みを普段から用意しておくことは、同
時に感染症対策としても機能するため、普段からどのように需要競合を解決し
ていくのかを考えておくことが重要である。仕組みとしては二つの考え方がで
き、一つ目は、需要集中が起こりにくいように需要平準化をすること、もう一

3　混雑費用には二つの見方がある。一つは、土地・住宅のように、需要増が価格を引き上げ
　るもので、これは市場を介した影響である。もう一つは、渋滞、騒音のように、市場を
　介さない負の外部性によるものがある。どちらも人々の効用を下げるように働く。

つは、需要競合がどうしても避けられない場合には混雑の度合いを引き下げることである。

　例えば、通勤時の需要平準化の手段としては、テレワークや時差通勤があり、既に対策がとられている。定時出勤が課されていることが需要集中の原因であり、分散できる仕組みを導入することによって問題を解決している。また市場メカニズムを利用する方法も考えられ、ダイナミックプライシング（動的価格設定）が提案されている。需要に応じて価格を変動する仕組みのため、価格に応じて消費者が需要する時期をずらすことで、需要分散が期待できる。電力需給が逼迫する際のピーク抑制策や交通渋滞の緩和策としても議論されている。ただし、今回のトイレットペーパーやマスクのように、非常時に価格がつり上げられ必要な財・サービスが需要できなくならないように価格付けの公平性の観点も同時に考慮する必要がある。

　需要競合が避けられない場合は、事業者側が混雑費用を引き下げるサービスを導入する必要がある。例えば、病院の診療予約システムも徐々に広がっているが、不確実な病院での待ち時間をリアルタイムに把握できるようになる。病院の待合室に長時間とどまる必要がないため、待ち時間を有効活用でき、また二次感染を防げる利点もある。ただし、こうした取り組みには情報通信技術の知識や機器の導入が必須なため、まだまだ多くの医療施設で利用されているとは限らない。医療施設のように社会的に正の外部性が大きいにもかかわらず投資が進まない場合には政府による補助金政策を考えていく必要がある。

3. 疫学と経済学の学際研究からの新たな政策提言に向けて

　感染症対策を考える際に、疫学モデルと経済学モデルを相互に合わせることで有効な政策的含意を導き出せると考えられる。実際に、経済理論モデルと感染症数理モデルの親和性は高く、全米経済研究所（NBER）からも多くのワーキングペーパーが公表されている。

　先に議論したように、人と人の接触によって感染が拡大するため、感染症対策を経済モデルに落とし込む場合の最も単純な一つの仮定は、人の移動を制限することである。なお人の移動を扱う都市・地域経済学の研究では、通勤や移

住に関する分析がこれまで多く行われており、この考え方を感染症数理モデルと融合できると思われる。

　ここでは一つの試みとして、都道府県間の移動を疫学モデルに導入することを考える。感染拡大防止策として、都道府県間の移動自粛の要請が政府から出されているが、実際にどのような潜在的な影響があるのかについて、現在、筆者が進めている RESAS のオープンデータを活用した研究（Kondo, 2020b）からわかったことを紹介する。

1 都道府県間の移動自粛の効果をどのように検証するのか

　都道府県間の移動自粛の潜在的効果を計測するために、例年通り都道府県間で移動が行われた場合と都道府県間の移動がまったく行われなかった場合を比較し、その差分を移動自粛の効果として抜き出す方法が考えられる。このような反実仮想に基づく比較から効果を検証するため、Susceptible-Exposed-Infectious-Recovered（SEIR）モデルという感染症数理モデルに地域間移動を導入した空間 SEIR モデルを開発した（Kondo, 2020b）。SEIR モデルとは、将来的に感染する可能性のある状態（Susceptible）、感染し潜伏期間中の状態（Exposed）、発症している状態（Infectious）、感染症から回復し免疫を獲得もしくは死亡した状態（Recovered）という四つの状態の遷移を微分方程式によって表したモデルである（例えば、西浦・稲葉〔2006〕；大橋〔2020〕が参考になる）。Kondo（2020b）における SEIR モデルでは、47 都道府県をモデルに導入するとともに、47 都道府県間の人流ネットワークを考慮することで、どのように都道府県間で感染が伝播するのかという状況をシミュレーションできるようになっている。このような空間ネットワークを導入した疫学モデルとして、例えば、Keeling *et al.*（2001, 2003, 2004）や Wakefield *et al.*（2019）がある[4]。

　この Kondo（2020b）のモデルのエッセンスは、我々の普段の生活のように、日中は通勤・通学で移動し、夜に自宅に戻るという行動を考慮している点にある。つまり、人々は昼夜で異なった地域に滞在しているため、居住地が同じで

あっても日中にどこに滞在しているのかによって個人ごとの感染確率が異なってくる。本モデルの仮定として、人々は日中の滞在先で感染すること、移動を通じて地域内外に感染が拡大することを考慮している。なおモデルの詳細については Kondo（2020b）を参照されたい。

　分析の前提として、2020 年 4 月 7 日（火）に新型インフルエンザ等対策特別措置法に基づく緊急事態宣言が 7 都府県に出されており、この日を基準として、それ以降も 47 都道府県間の移動が自由に行われ続けていたという状況と 47 都道府県間の移動制限を厳密に実施して居住地の都道府県から外に出られないという状況の 2 つの反実仮想に基づくシミュレーションを行っている。この 2 つのシミュレーション結果の差分が移動制限の効果ということになる。

2 RESASが提供する地域間移動データ

　分析で最も重要なデータは、人々が普段どのような移動をしているのかという人流データである。近藤（2020a）で提案されているように、人流データを活用することで、有効な感染症対策を立案することができる。

　Kondo（2020b）が用いている人流データは、RESAS がオープンデータ・ビッグデータとして提供しているものである。RESAS とは、Regional Economy and Society Analyzing System（地域経済分析システム）の略称で、地域活性化を考える際に役立つ様々なデータを可視化できる。その中の「まちづくりマップ」の項目に、「From-to 分析（滞在人口）」というデータがある。この「From-to 分析（滞在人口）」は、NTT ドコモが提供する「モバイル空間統計®」というビッグデータを集計したものである。NTT ドコモの基地局の情報をもとに、市区町村間で人々がどのような移動をしているのかを把握することができる。もちろん移動人数だけでなく、年月、平日・休日、時間帯、男女別、年齢別まで詳細にわかる。

　例えば、図 1 では、2019 年 3 月平日 14 時台において東京都千代田区に滞在している 30 代男女がどの市区町村から来ているのかという情報を可視化している。図における線は、人々の移動フローを表しており、全国の広範囲から東京都千代田区に訪れていることがわかる。

　なお RESAS では人流データの可視化のみだが、RESAS-API を用いること

図1　地域経済分析システム(RESAS)における30代男女の市区町村間移動の可視化

(出所)　RESAS（https://resas.go.jp/）の画面キャプチャの画像より掲載。
(注)　RESASのメインメニューから「まちづくりマップ」「From-to分析（滞在人口）」を選択して表示されるページをキャプチャしている。表示単位地域は「市区町村→市区町村（指定地域）」で、到着先は東京都千代田区を表す。RESASのFrom-to分析で使用されているデータは株式会社NTTドコモ、株式会社ドコモ・インサイトマーケティングの「モバイル空間統計®」である。

で2015年9月から2016年8月までの毎月平日・休日の詳細なデータがダウンロードできる。ここで紹介するシミュレーションの期間は、2020年4月7日から2021年3月31日までであり、この間の全365日の毎月平日・休日の違いまで考慮した都道府県間の移動パターンを2015年9月から2016年8月までの14時台の移動パターンから外挿する方法をとっている。

3　分析結果に基づく感染拡大防止への政策的含意

　分析結果の一部として、東京都市圏（埼玉県、千葉県、東京都、神奈川県）のみを図2で示している。ここでは8割削減ではなく政府が掲げた7割削減（基本再生産数2.5、実効再生産数0.75で期間中一定）、潜伏期間を7日、発症期間を14日と仮定している。なお感染者数の観測値は、各都道府県から公表されている数値を用いており、潜伏期間7日、発症期間14日の仮定より2020年4月30日までの日次の発症者数（観測値）を掲載している。

　図2のシミュレーション分析の結果を見ると、埼玉県、千葉県、神奈川県では、4月7日の緊急事態宣言後に移動制限を課すことで、感染拡大防止につな

がることがわかる。埼玉県、千葉県、神奈川県から感染者数の多い東京都へ通勤・通学する割合が高く、昼の滞在先で感染する確率が高くなるためである。したがって、政府からの要請通り、都道府県間の移動自粛には感染拡大防止の根拠がある。

　一方で、東京都を見ると、結果は逆で、移動制限を行うことで、より感染者数が増えるという結果になっている。これは、東京都で感染者数が多いため、県境を閉じることで都内では感染者との接触確率がより高まってしまうからである。県外の感染していない人々が流入しても都内では感染拡大の要因とはならない。したがって、東京都のように感染者数が既に増えてしまっている場

図2　空間SEIRモデルのシミュレーション分析による47都道府県間の移動自粛の潜在的効果の検証

（a）埼玉県

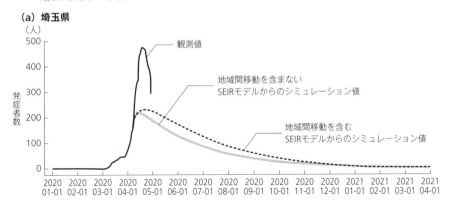

（b）千葉県

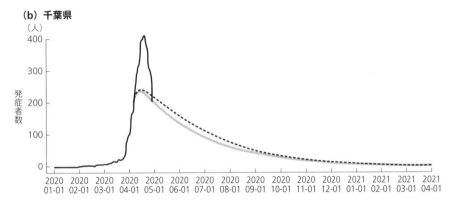

(c) 東京都

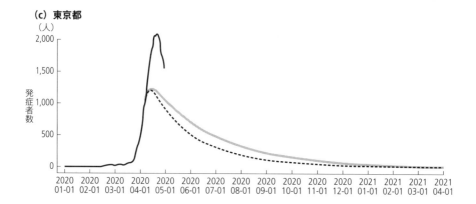

(d) 神奈川県

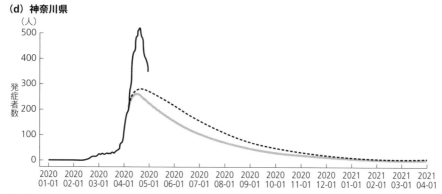

(出所) Kondo（2020b）の空間 SEIR モデルのシミュレーション結果をもとに筆者作成。
(注) ここでは東京都市圏（埼玉県、千葉県、東京都、神奈川県）のみを掲載している。反実仮想シミュレーショ
ンの設定として、政府が掲げた7割削減（基本再生産数 2.5、実効再生産数 0.75 で期間中一定）、潜伏期間を7
日、発症期間を14日と仮定している。なお感染者数の観測値は、各都道府県から公表されている数値を用い
ており、潜伏期間7日、発症期間14日の仮定より求めている。シミュレーションでは、2020年4月7日の緊
急事態宣言を起点として、47都道府県間でこれまで通りの移動が継続される場合と47都道府県内の移動に制
限される（居住する都道府県外へ出られない）場合を比較している。47都道府県間の移動パターンは、
RESAS-API の「まちづくりマップ＞From-to 分析（滞在人口）」から入手している。

　合、都道府県間の移動制限自体が都内の感染者数を減らすという効果はなく、
域外への感染拡大防止にのみ効果があるということを理解すべきである。
　以上をまとめると、普段から県外から人々が集まる地域が感染拡大地域とな
った場合、県境を閉じることで内部での感染率がより高まるため、感染拡大防
止としては不要不急の外出を避けること、三つの密を避けることをこれまで以
上に徹底しなければならないということになる。なお今回のシミュレーション

結果から、大阪府および福岡県でも東京都と同様の政策的含意が当てはまる[5]。

4. おわりに

　本稿では、感染症対策を踏まえた上で今後の都市政策のあり方を議論した。日本では、少子高齢化、人口減少の傾向は明らかであり、コンパクトシティ政策で議論されている都市の集約化は今後避けて通れないだろう。ただし、高密度な土地利用をするため、感染症対策が十分なされていない場合は、短期間での急激な感染拡大の可能性があることも否定できない。一方で、コンパクトシティ政策では混雑を減らすような政策も同時に必要になるため、感染症対策にも同時につながっている。今後重要なことは、コンパクトシティ政策から生じる混雑費用を最小限に抑えながら、局所的な集約からの便益を最大限享受できるようなまちづくりを進めていくことである。コンパクトシティ政策をする・しないという短絡的な議論ではなく、複数の手段を組み合わせ相互に補完し合うことで、感染症に備えたまちづくりを行っていくことが求められる。

　このように政策間に相互にトレードオフや補完し合う関係が存在するため、どれか一つの成果のみを取り上げて議論すべきではない。複数の政策をどのように調整すればより良い社会を達成できるのかという考え方が重要である。そのためには、様々な研究分野の知見から得られる学際的なエビデンスが必要になってくる。本稿での議論を通じて、今後の感染症対策と経済政策の議論がより活発に行われていくことを期待する。

5　ほかにも、岩手県は 4 月 7 日時点で感染者数は 0 であったが、従来通り移動が行われているならば、8 月 1 日までに累計感染者数は 15 人程度という結果になっている。もちろん都道府県間の移動がなければ外部から新型コロナウイルスがもたらされることはなく 0 が続くことになる。また基本再生産数が高くなるほど、都道府県間の移動制限による感染拡大防止の効果は大きくなり、国全体の感染者数を減らすことにもつながることがシミュレーションからわかっている。このような予測シミュレーションを行う前提としては、感染状況が正しく把握されていることも重要である。

〈参照文献〉

大橋順 (2020)「新型コロナウイルス感染症の流行予測：正しく理解し、正しく怖がり、適切な行動をとるために」、東京大学大学院理学系研究科生物科学専攻。
http://www.bs.s.u-tokyo.ac.jp/content/files/covid/COVID-19_SEIRmodel_full_ver4.1.pdf (2020 年 5 月 28 日確認)

近藤恵介 (2020a)「RESAS を用いた新型コロナウイルスの感染拡大防止の検討」、RIETI 特別コラム：新型コロナウイルス－課題と分析、2020 年 4 月 6 日。https://www.rieti.go.jp/jp/columns/a01_0557.html (2020 年 5 月 22 日確認)

近藤恵介 (2020b)「都市集積の費用：日本におけるインバウンド観光ブームからの証拠」『RIETI Highlight』、Vol. 80、pp. 26-29。

西浦博・稲葉寿 (2006)「感染症流行の予測：感染症数理モデルにおける定量的課題」『統計数理』、第 54 巻、第 2 号、pp. 461-480。

森川正之 (2014)『サービス産業の生産性分析：ミクロデータによる実証』日本評論社、東京。

森川正之 (2016)『サービス立国論：成熟経済を活性化するフロンティア』日本経済新聞出版社、東京。

Arkolakis, C. (2010). "Market Penetration Costs and the New Consumers Margin in International Trade." *Journal of Political Economy*, 118 (6), pp. 1151-1199.

Bagwell, K. (2007). "The economic analysis of advertising," in Armstrong, M. and R. Porter eds. *Handbook of Industrial Organization*, Vol. 3, Amsterdam: Elsevier, Chap. 28, pp. 1701-1844.

Ciccone, A. and R. E. Hall (1996). "Productivity and the Density of Economic Activity." *American Economic Review*, 86 (1), pp. 54-70.

Combes, P.-P., G. Duranton, and L. Gobillon (2019). "The Costs of Agglomeration: House and Land Prices in French Cities." *Review of Economic Studies*, 86 (4), pp. 1556-1589.

Combes, P.-P., G. Duranton, L. Gobillon, D. Puga, and S. Roux (2012). "The Productivity Advantages of Large Cities: Distinguishing Agglomeration from Firm Selection." *Econometrica*, 80 (6), pp. 2543-2594.

Combes, P.-P. and L. Gobillon (2015). "The Empirics of Agglomeration Economies," in Duranton, G., J. V. Henderson, and W. C. Strange eds. *Handbook of Regional and Urban Economics*, Vol. 5, Amsterdam: Elsevier, Chap. 5, pp. 247-348.

Fujita, M., P. Krugman, and A. J. Venables (1999). *The Spatial Economy: Cities, Regions, and International Trade*, Cambridge, MA: MIT Press.

Head, K. and T. Mayer (2004). "Market Potential and the Location of Japanese Investment in the European Union." *Review of Economics and Statistics*, 86 (4), pp. 959–972.

Helpman, E. (1998). "The Size of Regions," in Pines, D., E. Sadka, and I. Zilcha eds. *Topics in Public Economics: Theoretical and Applied Analysis*, Cambridge: Cambridge University Press, Chap. 2, pp. 33–54.

Keeling, M. J., O. N. Bjørnstad, and B. T. Grenfell (2004). "Metapopulation Dynamics of Infectious Diseases," in Hanski, I. and O. E. Gaggiotti eds. *Ecology, Genetics and Evolution of Metapopulations*, Cambridge, MA: Academic Press, Chap. 17, pp. 415–445.

Keeling, M. J., M. E. J. Woolhouse, R. M. May, G. Davies, and B. T. Grenfell (2003). "Modelling Vaccination Strategies against Foot-and-Mouth Disease." *Nature*, 421, pp. 136–142.

Keeling, M. J., M. E. J. Woolhouse, D. J. Shaw, L. Matthews, M. Chase-Topping, D. T. Haydon, S. J. Cornell, J. Kappey, J. Wilesmith, and B. T. Grenfell (2001). "Dynamics of the 2001 UK Foot and Mouth Epidemic: Stochastic Dispersal in a Heterogeneous Landscape." *Science*, 294 (5543), pp. 813–817.

Kondo, K. (2020a). "The Costs of Urban Agglomeration: Evidence from the Inbound Tourism Boom in Japan." RIETI Discussion Paper, No. 19-E-106.

Kondo, K. (2020b). "The Impacts of Interregional Mobility Restriction on Spatial Spread of COVID-19 in Japan." RIETI Discussion Paper, forthcoming.

Krugman, P. (1991). "Increasing Returns and Economic Geography." *Journal of Political Economy*, 99 (3), pp. 483–499.

Marshall, A. (1890). *Principles of Economics*, London: Macmillan.

Prem, K., S. Flasche *et al.* (2020). "The Effect of Control Strategies to Reduce Social Mixing on Outcomes of the COVID-19 Epidemic in Wuhan, China: A Modelling Study." *The Lancet Public Health*, 5 (5), pp. e261–e270.

Rosenthal, S. S. and W. C. Strange (2004). "Evidence on the Nature and Sources of Agglomeration Economies," in Henderson, J. V. and J.-F. Thisse eds. *Handbook of Regional and Urban Economics*, Vol. 4, Amsterdam: Elsevier, Chap. 49, pp. 2119–2171.

Wakefield, J., T. Q. Dong, V. and N. Minin (2019). "Spatio-Temporal Analysis of Surveillance Data," in Held, L., N. Hens, P. D. O'Neill, J. Wallinga eds. *Handbook of Infectious Disease Data Analysis*, New York: Chapman and Hall/CRC., Chap. 23.

第**20**章

パンデミックの長期的課題
——子供への影響を中心に

中田大悟*

1. はじめに

　新型コロナウイルスの世界的流行（パンデミック）は、多くの人命を奪い去っただけではなく、世界経済に（もちろん日本経済にも）大きな爪痕を残した。有効なワクチンや治療薬が確立していない現時点では、今後、いつ生じるとも知れぬ感染の第二波、第三波が、この爪痕をさらに深いものにする可能性も残っている。この惨事に対して、政府はどのような政策を駆使すべきか、はたまた企業や個人はどのように対応すべきか、社会科学の知見を総動員して方途を探るのが、本書を貫くテーマである。おそらく、本書の多くの章で、日本経済と世界経済のリアルタイムの動向を踏まえた、マクロ政策、産業政策、再分配政策などのあり方や、現在及び比較的近い将来における社会変革の方向性が論じられていることと思う。

　そこで本章では、少し趣を変え、より長期的な視点に立った新型コロナウイルス・パンデミックの影響とその対策について考えてみたい。特に、ここで焦点を当てるのは、子供への影響である。後に紹介するように、ある時点における様々な事象、現象が、子供の将来に対して、多様な経路を通して影響を与えることが、近年の経済学、公衆衛生学などの実証研究で明らかになっている。そこで、重要になるのは、過去のパンデミックの経験である。歴史上、ウイル

* 　経済産業研究所上席研究員兼データ専門職

ス、コレラ菌やペスト菌などが原因となって、幾度となくパンデミックが引き起こされてきたが、比較的最近のパンデミックについては、利用可能なデータが存在し、かつそれらについて因果効果を推定する統計学、計量経済学の分析手法（因果推論）の適用が可能であることから、これまでは明確にされてこなかったパンデミックの長期的な影響、特に子供に対する影響が、科学的に明らかになってきている。本章では、これらの研究を中心に紹介することで、新型コロナウイルスによるパンデミックが与えうる、長期的な社会的影響に関する理解を深めていきたい。

2. 概念的整理

人的資本の生産関数

　健康をストック変数の健康資本として捉え、加齢による減耗や疾病などの外生的ショックの下で、健康投資がインプットとなる生産関数によって、健康が通時的に変化することを先駆的にモデル化したのはGrossman（1972）である。そして、このグロスマンモデルを拡張、展開し、幼児発達の能力形成プロセスの分析への方途を拓いたのは、2000年にノーベル経済学賞を受賞したHeckman（2007）およびChunha and Heckman（2010）である。

　ヘックマンは、成人の能力（身体能力、認知能力、非認知能力など）を示すストック変数である人的資本について、親の能力、胎児期から各歳ごとにおける親からの投資（教育、健康、衣食住、親子間のふれあいなどを含めた広義かつ多義的な「投資」）をインプットとする生産関数によって決定されるものとして定式化し、これらのインプット間の相互依存関係を明示的に考慮した分析を展開した。

　ヘックマンが着目したのは、各歳時点における人的資本投資が持つ補完性である。例えば、発展段階を、胎児・乳児期と就学までの幼児期の2期間だけに簡略化して考えよう。このとき、乳児期に栄養状態が良好であった子供が、その後の幼児期に親から教育投資（プレスクールなど）を受けたなら、教育達成度がより高くなるかもしれない。少なくとも両期における人的資本投資が、完全代替（つまり乳児期の人的資本投資の少なさを幼児期に完全にカバーでき

る）であったり、完全補完（つまり乳児期か幼児期のどちらかの人的資本投資
で固定される）とは考えにくいことから、ゆるやかな補完関係が成立している
と考えられる。これについてヘックマンは、ある期における人的資本投資が、
それ以降の期における人的資本投資の生産性をより高める効果を動的補完性
（dynamic complementarities）と呼んでおり、ある期において高い人的資本を
達成した子供が、それ以降の期において高い人的資本を達成する効果のことを
自己生産性（self-productivity）と呼んでいる[1]。

　このように考えるとき、乳児期や胎児期など、人生のごく初期の段階での人
的資本投資の多寡が、その後の長い人生に長期的な影響を与える可能性がある
ことがわかる。乳児期や幼少期に資源を投入された子供は、より良い人生を歩
めるかもしれない。ただし、このようなことは、ある意味において常識と合致
した話であるので、わざわざ分析する必要性に疑問を持つ読者もいるかもしれ
ないが、次のように考えると、意義がよりわかりやすいかもしれない。つま
り、初期の影響による効果が永続するとすれば（動的補完性や自己生産性）、
初期時点でその影響が理由で人的資本投資が不足してしまった人に、後でそれ
を補償するような人的資本投資をするのは、あまり効率的ではなく、可能であ
れば初期段階で即座に政策介入して、人的資本投資を増強しておけば、より効
率的に将来の人的資本ストックの回復が図れる可能性が高いのではないか、と
いうことである。これは、幼児教育の重要性を解き明かしてきたヘックマン
の、これまでの主張と平仄の合う理論展開となっている。

実証研究の展開

　上記のヘックマンの理論モデルをベースとして、胎児、乳幼児期の子供の人
的資本蓄積に影響を与えるであろう出来事（外生的ショック）が、子供のその
後の人生の結果（アウトカム）にどのような影響を与えるのか、という問題に
関する、多くの実証研究が展開されることとなった。例えば、妊婦の栄養状
態、飲酒、喫煙、妊娠時の気候、公害、ストレス、産休、自然災害、飢餓、戦

---

[1]　Heckman（2007）及び Chunha and Heckman（2010）は、2 期間の人的資本投資をインプ
ットとする CES 型人的資本生産関数を設定して議論を展開している。

争、暴力などの諸要因が、出生児の体重、学力、身長、所得などの各種アウトカムにどのような影響を与えたのか、という数多くの実証研究が発表され続けている[2]。

　ヘックマンの分析のこれらの実証研究への含意は、次のように考えるとわかりやすいだろう。まず、グロスマンの健康資本のモデルでは、家計が自分の健康資本への投資を自分自身で決定する設定となっているが、ヘックマンのモデルにおいては、各期における人的資本投資を決定するのは、子供ではなく親であることに留意しておきたい。このとき、親は、胎児期や乳児期に起きた健康ショック（例えば早産や公害など）の負の効果を補うように、幼児期の人的資本投資を強化しようとするだろう（その結果として、子供の不利益がある程度は緩和される）。もしくは、逆に胎児期や乳幼児期にポジティブな健康ショック（例えば医療補助制度の導入など）があった場合、親は最適な反応として、子供への人的資本投資を減少させてしまうかもしれない（その結果として、子供はそれほど利益を受けない）。

　いずれにせよ、その外生的ショックそのものの純粋な影響を測ろうとするときに、このような親の最適化された行動は問題を複雑にしてしまう。つまり、現実に観察されたデータとして、外生的ショックを受けた世代の将来時点のアウトカム（体重や学力など）を用いて、単純な誘導型でショックの影響を推計すると、それは影響を過小評価してしまう可能性が高いのである。逆に言えば、このようにして推計された外生的ショックの影響が真であるとするなら、ショックに対して親が何も行動変容しなかったという強い仮定が必要とされるということでもある。

　また、このようなメカニズムは、外生的ショックを受けたはずの世代内での結果に多様性（不均一性）が生じることを説明している。ショックを受けた子供とその親の資源制約（所得や利用可能な制度など）が世代内でも異なり、親の最適反応にも差が生じるからである。と同時に、先進国のような利用可能な資源が豊富にある社会と、発展途上国のような資源制約が厳しい国では、結果

2　これらを包括的に整理したサーベイ論文としては、Almond and Currie (2011)、Currie and Vogl (2013)、Almond, Currie, and Duque (2018) などを参照されたい。

として生じるアウトカムにも違いが生じることになる。

　このように、外生的ショックの子供の人的資本に対する影響は、様々な交互作用が発生しうることから、クリアに分析することが難しい面があるが、近年、統計学、計量経済学の分野で、因果効果を識別する手法（統計的因果推論）が急速に発展したことから、前述したように、多くの実証研究が蓄積されるようになった。以下では、これらのうち、新型コロナウイルス・パンデミックに示唆を与えるであろう研究にフォーカスしていきたい。

3. パンデミックが子供の健康に与える影響

歴史的パンデミック

　今回の新型コロナウイルスを契機に言及されることも多かったが、1918 年の春に米国で発生し、北米と欧州で第一波の感染流行が発生したインフルエンザは、その後、1918 年の秋に毒性を強め、全世界で致命的な第二波の流行を引き起こし、1919 年初めの冬には第三波まで発生し、その後終息した。これは人類史で記録に残された最古のインフルエンザ・パンデミックとされ、これは俗に「スペイン風邪（Spanish flu）」と呼ばれる[3]。

　1918 年パンデミックは、世界中で痛ましい惨禍をもたらした。推計によって差はあるが、全世界人口の 4 分の 1 が感染したとされ、死者は 4,000 万〜5,000 万人に達したとされる（日本での死者は約 34 万人とされる）。特徴としては、若年成人の死亡率が高く、死亡者の約半数が 20 代と 30 代の成人であり、特に妊婦の死亡率が高かったことであった（これらの病態は、おそらくは新型コロナウイルスと大きく異なることには、注意が必要である）。

　また、この「スペイン風邪」以降も、たびたび、世界はインフルエンザウイルスによるパンデミックを経験している。その感染規模が大きかったものとして記録されているものとしては、1957 年の「アジアインフルエンザ（Asian flu）」、1968 年の「香港インフルエンザ（Hong Kong flu）」、2009 年の「新型イ

3　このウイルスはスペインで発生したものではなく、また現在の WHO のガイドラインによれば地名や人名などを感染症名には使えないことになっているが、歴史的慣習により、便宜的にこう呼ばれる。

ンフルエンザ（Swine flu）」などがある[4]。アジアインフルエンザは1957年に中国南西部で発生し、交通網の発達も相まって、わずか半年の間に世界中に広がり、約200万人の死者をもたらしたとされている（日本国内では約300万人が感染し、死者は約5,700人）。また、香港インフルエンザは、日本では「A香港型」という通称で知られており、現在でも頻繁に流行を起こすウイルスであるが、1968年に香港を起点として世界中に感染が広まったときには、死者は約100万人（日本国内では約13万人が感染し、死者は約1,000人）にのぼったとされる。

歴史的パンデミックの実証分析

　さて、1918年パンデミックは、約1年にかけて全世界を揺るがしたのであるが、前節で説明したヘックマンモデルの観点からは、この影響が、感染の終息で消え去ったと考えるのは早計である。そして特に、前述のように、1918年パンデミックは、妊婦の被害が大きかった。よって、感染流行期に胎児であった世代は、母体の感染を通して胎内でウイルスに暴露し、身体的、健康上の影響を受けるとともに、経済上のアウトカムにも影響を及ぼした可能性がある。このように、胎児が母体の中にいる期間に受ける健康上の影響が、生後も何らかの影響を与えることは、社会疫学では「胎児起源仮説（the fetal-origins hypothesis）」として知られている。このことを1918年パンデミックのデータを用いて立証し、その後の多くの研究の起点となったのがAlmond（2006）である。

　アーモンドが着目したのは、米国において、1918年パンデミックが破壊的な被害を与えたのは（米国内の死者は約50万人と推定される）、第二波が襲来した1918年の秋冬の短期間に集中していること、そして、感染と被害の広が

4　これらのほかにも、1947年の「イタリアインフルエンザ」、1977年の「ソ連インフルエンザ」などがあるとされているが、戦後の混乱で統計が整備されていなかったり、両パンデミックを引き起こしたウイルスは、同一ウイルスによるものとされていることから、主要なパンデミックにカウントされないこともある。いずれにせよ、インフルエンザウイルスが原因であるものに限ってみても（このほかにも新興感染症によるパンデミックもある）、世界は10年から30年という、意外なほどの短いスパンでパンデミックを経験しているということは、今後の社会のあり方を考える上で重要な情報と言える。

りが州ごとに大きく異なっていたことであった。そこでアーモンドは、1960年から80年までの10年ごとの米国国勢調査のデータを用いて、1919年生まれのコホートと、その前後（1918年と1920年）の生まれのコホートを比較した。これらのコホートは、ほぼ同世代であり、パンデミックによって行動変容の差異が生まれたとは考えられないので、これらを州ごとの感染強度に関するデータを用いて比較することで、胎内でインフルエンザに暴露された子供（つまり1919年生まれのコホート）が受けた因果効果を推計できるはずである。これがアーモンドの識別戦略である。分析の結果、アーモンドは、胎内でインフルエンザに暴露された子供は、出生後も有意に長期的影響を受けており、特にパンデミックの前後に生まれたコホートと比較して、教育年数が平均で0.6〜1.6%程度少なく、男性については総所得が1〜3%低下し、ダンカン指数で見た社会経済的地位が1〜2%低く、就労への制約となるレベルの障害を持つ可能性が1〜2%高くなるとともに、女性については生活保護の平均受給額が12%ほど高くなった、ということを示した。

　ただし、Almond（2006）をめぐっての議論も存在する。Brown and Duncan（2018）は、Almond（2006）が仮定する1919年生まれと前後のコホートの間での互換可能性について疑念を示している。特に、インフルエンザに関する暴露があった集団は、そうでない集団に比べて社会経済的地位の低い家計であり、さらに、1919年生まれのコホートの父親は、当時、第一次世界大戦の最中で、全国的な徴兵が行われていた影響で、前後のコホートの父親よりも識字率が低く、低所得の職業に就き、社会経済的地位が低いなどの特徴があり、それらの特性をコントロールした後では、1919年生まれの人の成人期の社会経済的アウトカムが前後のコホートと比較して悪いという証拠は見出せないと主張している。さらに、これへの再反論として、Beach *et al.*（2018）が、米国国勢調査に第二次世界大戦時の入隊記録と都市別のインフルエンザ記録をリンクさせたデータで、1919年生まれコホートの親の属性とインフルエンザへの暴露レベルをより厳密にコントロールした上で再検証しており、Beach *et al.*（2018）は、やはりAlmond（2006）が示した胎児起源仮説を支持できると主張している[5]。

　さて、アーモンドの分析は米国のデータを用いたものだが、これ以降、1918

年パンデミックに関する同様の研究が、各国のデータを用いて行われるように
なった。まず、Nelson（2010）は、ブラジルの労働市場調査の繰り返しクロス
セクションデータを用いて、アーモンドと同様に、胎内暴露したコホートとそ
の周辺コホートを比較し、ブラジルで胎内暴露したコホートは、大学教育を受
けている確率、就業する確率、正規雇用の確率、識字率がそれぞれ低く、かつ
教育年数と時給が低いことを示している。しかも、ネルソンが示したブラジル
男性についての結果、特に教育年数への効果は、アーモンドが示した米国人男
性における影響よりも、ブラジル人男性に与えた影響の方がはるかに大きかっ
た。これは、胎内暴露した世代が、生後に利用可能であった医療資源などの差
を反映しているものと考えられる。

　Neelsen and Stratmann（2012）は、スイスの国勢調査を用いて、アーモン
ドと同様に1918年パンデミックの胎児起源仮説の検証を行っている（ただし
スイスの国勢調査では所得と健康状態の情報がないことから、教育達成度、婚
姻、就業の社会経済指数〈ISEI〉を用いて検証している）。ニールセンらは、
スイスにおいても、パンデミックの胎内暴露が、男性の教育と就業の達成度に
ネガティブな影響を与えていることを示している。ただし、ニールセンらが示
した教育達成度などへの影響は、アーモンドによる米国の結果やネルソンによ
るブラジルの結果よりも小さい。ニールセンらは、これはスイスにおいては医
療資源へのアクセス障壁が比較的低く、その結果、暴露の影響のキャッチアッ
プが容易であることを反映するものと解釈している。

　アジアについては、Lin and Liu（2014）による台湾のデータを用いた検証が
嚆矢である。リンらは、胎内暴露したコホートは、小児期と青年期における身
長が低く、教育期間も短く、さらには、腎臓病、心血管疾患、呼吸器疾患、糖

5　このように、イベント前後の差分の差分（DID法）をとるようなデザインの研究では、イ
　ベント前のプレトレンドをどのように制御するかが議論の焦点となることが多い。例え
　ば、Correia, Luck, and Verner（2020）は、1918年パンデミックの米国において、早期に
　非医学的介入（学校等の閉鎖や営業制限など）を行った都市ほど、終息後の成長が高まっ
　ていることを主張したが、これに対して、Lilley, Lilley, and Rinaldi（2020）は、介入を早
　期に行った都市には、パンデミック発生前の製造業の雇用数と生産高の成長率が高かっ
　た都市が多く、データをこれらの成長が反映できるところまでさかのぼって拡張し、分
　析すれば、非医学的介入が与える効果は消失すると反論している。

尿病などを抱えている確率が高いことを示した。この成人期における健康状態の悪化は、胎児起源仮説による子供のアウトカムの悪化に重要な含意を持っている。つまり、胎児起源仮説による長期的な影響が、単に幼少期における教育達成度の低さ（早産などに起因する発達の遅れなど）だけに起因するものではなく、成人期においても残る健康悪化効果が重要な要因になっている可能性を示すものだからである。

　日本においては、Ogasawara（2017）および Ogasawara（2018）が、都道府県別データを用いて実証研究を行っている。Ogasawara（2017）は戦前の尋常小学校における身体検査データを用いて、胎内暴露したコホートの子供の身長が、周辺のコホートに比べて 0.2 cm 低くなっていたことを示した。0.2 cm というのは、非常に小さな影響であるように思えるが、米国のデータを用いた研究（Mazumder *et al.*, 2010）によると、0.1 cm の身長の低下は成人期における心疾患の発生確率を引き上げるのに十分なものであり、Ogasawara（2017）でも、パンデミック暴露コホートの心血管疾患の増加が確認されている。また、この結果は、前述のリンらの台湾における分析と整合性のあるものと言える。さらに、Ogasawara（2018）は、おなじく高等小学校と高等女学校の都道府県別身体検査データを用いて、胎内暴露コホートの影響を検証している。当時は教育機会が限られていた中等教育のデータを用いることで、一定以上のエリート階層の子女のみを対象とした分析となり、これによりアウトカムの不均一性の大きな要因の一つを排除しているのが、Ogasawara（2018）の特徴である。これによると、パンデミック期に胎内暴露したコホートは、男児で約 0.3 cm、女児で約 0.1 cm の身長低下につながっていることが示されている。さらに、興味深いことに、パンデミックの終息後も、日本においてはインフルエンザの恒常的な罹患確率の上昇が観察されていたことから、この身長への影響が比較的長期にわたって続いていたことが示されている。

　ここまでは、パンデミックによる胎内暴露が、子供に与える影響についての分析を紹介してきた。しかし、前節で説明したように、子供の胎児期や乳幼児期における外生的ショックに対して、親は何らかの最適反応を返すはずである。このとき、必ずしも外生的ショックの被害を受けた子供に対して補償するように振る舞うとは限らない。例えば、Parman（2015）は、米国の国勢調査

と軍隊への入隊記録をマッチングさせたデータを用いて、1918年パンデミックのときに、胎内の子供以外に年上の兄弟がいた場合、その長子の方への資源配分が強化され、年上の兄弟の学業成績が有意に高まっていたこと、すなわち、兄弟間の格差が広がっていたことを示している。

さらに、前述のOgasawara（2017）でも、地域別の死亡率を用いて推計した場合、身長への負の影響が、女児に対してより強く観測されることが示されている。Ogasawara（2017）は、この現象に対しての断定は避けつつも、戦前の日本において、男児により多くのリソースを差し向ける家族内の再配分行動が、女児に対しての負の影響を強化してしまった可能性を示唆している。

以上は、1918年パンデミックについての研究であるが、Kelly（2011）は、英国の個票データ（National Child Development Study）を用いて、1957年のアジアインフルエンザが、7歳から11歳までの英国の子供に与えた影響を検証している。ケリーによれば、アジアインフルエンザにおける胎内暴露は、子供の認知テストの得点に負の影響を及ぼし、妊娠前に母親が喫煙していた場合には出生体重と身長にも負の影響を与えていたことを示している。

4. 政策的示唆——結語にかえて

さて、これまで紹介してきた諸研究から、どのような政策的含意が導かれるだろうか。まず、胎児起源仮説（ウイルスへの胎内暴露）に関する研究から浮かび上がったのは、医療資源をはじめとする社会的なリソースへのアクセスを容易にすることの重要性であった。パンデミックの胎内暴露のアウトカムへの影響が、事後的により緩和されていたのは、医療資源へのハードルが低いスイスであり、よりシビアな影響を被ったのはブラジルであったことを思い出してほしい。このように考えるとき、幼児期や学齢期に、より容易に医療サービスを提供できる体制を維持構築することの重要性が理解できる。例えば、日本の各自治体で実施されている乳幼児期や学齢期の医療費の低額ないしは無料化のための助成制度について、専門家などの評価はあまり芳しいとは言えず、概ね、医療資源の無駄を生じさせるものと考えられているだろう。しかし、このような評価は平時における評価であって、パンデミックという緊急時に対応す

る策としては、より評価できる側面があるかもしれない。無償化までを是認するのか、という水準に関する議論はあるにしても、今後、より持続可能な、医療資源へのアクセスを容易にする医療費助成制度を検討していく必要性があるのではないだろうか。

　医療資源へのアクセスの容易さを維持することの重要性は、Clay *et al.*（2020）からも示唆される。クレイたちは、1957 年のアジアインフルエンザの後に低所得者層向けの政府運営の医療保険であるメディケイドの適用拡大が実施されたこと、さらにその適用拡大は州ごとにタイミングが異なっていたことに着目した。この適用拡大の後に、1968 年の香港インフルエンザパンデミックが発生することになるが、適用拡大前のアジアインフルエンザと事後の香港インフルエンザを、両パンデミックの重症度を制御しながら比較したとき、適用拡大後の香港インフルエンザでは、乳児死亡率が劇的に改善していることを、クレイらは見出している。この死亡率の改善は、単なる適用拡大による効果では説明しきれず、これは医療資源へのアクセスを容易にしたことで、感染症の伝播を抑えることが可能になったことを示しているとクレイらは主張している。パンデミックという非常事態に備える制度として、ユニバーサルな医療サービスの重要性がここにはあり、これは平時の評価基準だけでは捉えられないものであろう。

　また、パンデミックの胎内暴露の被害は、幼児期や学齢期だけにとどまらず、成人期においても健康被害を残して長期化するということは、重要な示唆を与える。例えば、公的医療保険において、現在もあるように、所得や資産に応じて自己負担額を抑制するような、制度内での垂直的公平性を担保し、健康上のダメージが長期化している人がリカバリーを容易にする制度として維持、強化していく必要もあるだろう。医療財源が逼迫する中で、応益負担の要素を強化することに主眼が置かれることが多いが、制度の評価軸に、パンデミックへの対応を据えることも重要と考えられる。

　保育や高等教育の無償化も、これらの視点から光を当てることができるだろう。パンデミックの胎内暴露被害に対する家計（親）の反応が、必ずしも被害を受けた子供を補償する方向に働かない可能性があったことを思い出してほしい。家計は、何らかの理由で、被害を受けた子供ではなく、その兄弟姉妹にリ

ソースを重点化してしまう可能性があるからである。このとき、現金給付では
なく、現物給付としての教育の重要性が評価できるかもしれない。つまり、育
児や教育のコストを、現金給付で補償しようとすると、そのリソースは、上記
のような理由から、被害を受けた子供に帰着しない可能性が生じてしまうが、
現物給付であれば、被害を受けた子供が受益できる可能性が高まるからであ
る。

　以上、パンデミックによる胎内暴露という観点から、より長期的な視点での
政策的含意を考えてきたが、最後に一点、このような因果効果を分析するにあ
たって最重要の社会的資源であるデータと、そのアクセスについて書き記して
おきたい。乳幼児期や胎児期における外生的ショックが、子供の将来に与える
影響を評価するために、世界各国では、様々なデータを用いて分析が行われて
いる。このような評価のためには、十分なサイズの多次元データが必要とされ
るが、欧州や米国などでは、このようなデータ整備とアクセスのために、大量
のリソースが投入されている。例えば、デンマークなどの欧州の国では、行政
データに対しての研究目的のアクセスを、セキュアな環境を構築して認めてお
り、それが上記のような研究成果として公表されてきている。本邦において
も、このようなデータ利用環境を整備することで、国内外の世界中の社会科学
者、データサイエンティストなどが、日本の政策課題に関する分析を深めてく
れることが可能になるはずである。より開放的な方向に、データ利用環境整備
の議論が進められることを期待したい。

〈参照文献〉

Almond, Douglas. (2006). "Is the 1918 influenza pandemic over? Long-term effects of in
　　utero influenza exposure in the post-1940 US population." *Journal of Political
　　Economy*, Vol. 114 (4), pp. 672-712.

Almond, Douglas, and Janet Currie. (2011). "Human Capital Development before Age
　　Five." In *Handbook of Labor Economics*: Volume 4B, edited by David Card and
　　Orley Ashenfelter, pp. 1315-1486. Amsterdam and Boston: Elsevier, North-Holland.

Almond, Douglas, Janet Currie, and Valentina Duque. (2018). "Childhood
　　Circumstances and Adult Outcomes: Act II." *Journal of Economic Literature*, Vol.

56 (4), pp. 1360-1446.

Beach, Brian. Joseph P. Ferrie, and Martin H. Saavedra. (2018). "Fetal shock or selection?" The 1918 influenza pandemic and human capital development. NBER Working Paper 24725.

Brown, Ryan, and Thomas, Duncan. (2018). "On the long term effects of the 1918 US influenza pandemic." Unpublished Manuscript.

Clay, Karen, Joshua A. Lewis, Edson R. Severnini, Xiao Wang. (2020). "The Value of Health Insurance during a Crisis: Effects of Medicaid Implementation on Pandemic Influenza Mortality." NBER Working Paper 27120.

Correia, Sergio and Stephan Luck, and Emil Verner. (2020) "Pandemics Depress the Economy, Public Health Interventions Do Not: Evidence from the 1918 Flu." March 30, Available at SSRN: https://ssrn.com/abstract = 3561560

Cunha, Flavio, James J. Heckman, and Susanne M. Schennach. (2010). "Estimating the Technology of Cognitive and Noncognitive Skill Formation." *Econometrica* Vol. 78 (3), pp. 883-931.

Currie, Janet, and Tom Vogl. (2013). "Early-Life Health and Adult Circumstance in Developing Countries." *Annual Review of Economics*, Vol. 5, pp. 1-36.

Heckman, James J. (2007). "The Economics, Technology, and Neuroscience of Human Capability Formation." *Proceedings of the National Academy of Sciences* Vol. 104 (33), pp. 13250-55.

Kelly, Elaine. (2011). "The Scourge of Asian Flu: In utero Exposure to Pandemic Influenza and the Development of a Cohort of British Children." *The Journal of Human Resources*, Vol. 46, No. 4 (Fall), pp. 669-694.

Lilley, Andrew and Matthew Lilley, and Gianluca Rinaldi. (2020). "Public Health Interventions and Economic Growth: Revisiting The Spanish Flu Evidence." May 2, Available at SSRN: https://ssrn.com/abstract = 3590008

Lin, Ming-Jen., Liu, Elaine M.. (2014). "Does in utero exposure to Illness matter? The 1918 influenza epidemic in Taiwan as a natural experiment." *Journal of Health Economics*, Volume 37, September, pp. 152-163.

Mazumder, B., Almond, D., Park, K., Crimmins, E.M., and Finch, C.E.. (2010). "Lingering prenatal effects of the 1918 influenza pandemic on cardiovascular disease." *Journal of Developmental Origins of Health and Disease*, Vol. 1 (1), pp. 26-34.

Neelsen, Sven. and Stratmann, Thomas. (2012). "Long-run effects of fetal influenza exposure: Evidence from Switzerland." *Social Science and Medicine*, Vol. 74 (1), pp. 58-66.

Nelson, Richard E.. (2010). "Testing the fetal origins hypothesis in a developing country: evidence from the 1918 influenza pandemic." *Health economics*, Vol. 19 (10), pp. 1181-1192.

Ogasawara, Kota. (2017). "Persistence of pandemic influenza on the development of children: Evidence from industrializing Japan." *Social Science & Medicine*, Vol. 181, pp. 43-53.

Ogasawara, Kota. (2018). "The long-run effects of pandemic influenza on the development of children from elite backgrounds: Evidence from industrializing Japan." *Economics and Human Biology*, Vol. 31, pp. 125-137.

Parman, John. (2015). "Childhood health and sibling outcomes: Nurture Reinforcing nature during the 1918 influenza pandemic." *Explorations in Economic History*, Vol. 58, pp. 22-43.

終 章

コロナ後の経済・社会へのビジョン
——ポストコロナ八策

小林慶一郎[*]
佐藤主光[**]

はじめに

　新型コロナウイルス感染症の危機は、いずれ何らかの形で終息するだろう。ここで問われるのはコロナ後のわが国の経済・社会のあり方である。政府も国民も当初は「短期決戦」でもって新型コロナの終息を図れることを期待していた。しかし、実際は「長期戦」の様相を呈している。「コロナ後（ポストコロナ）」といっても、有効なワクチンが開発され、普及するまで、長い年月、コロナと共存する時代になるかもしれない。このとき、我々が見る世界はコロナ以前と同じではない。まさにニューノーマルを見ることになろう。一部の飲食産業や観光産業などは斜陽化するかもしれない。他方、経済のデジタル化は一層進むことになろう。

　とはいえ、変化を恐れるべきではない。社会・経済の変化を拒絶してコロナ以前に戻そうとしても、新しい社会・経済環境に適応できないままになる。無論、運命はあらかじめ定められているわけではない。どのような経済・社会を創るかは我々の選択に委ねられている。ここで重要になるのは国民皆が共感できる出口としてのビジョンであろう。コロナ後の「出口」が明らかであれば、

＊　東京財団政策研究所研究主幹、慶應義塾大学経済学部客員教授、経済産業研究所プログラムディレクター・ファカルティフェロー、キヤノングローバル戦略研究所（CIGS）研究主幹
＊＊　一橋大学経済学研究科教授、同大学社会科学高等研究院医療政策・経済研究センター長

変化への抵抗感も和らぎ、これからも続くだろう困難も乗り切れるはずだ。

　現在のコロナ危機の経験を経て、感染拡大防止の観点から、社会全体の連帯がより強調される傾向が生まれるかもしれない。その結果、社会保障制度の枠組みも抜本的に変わり、これまで数十年間の格差拡大のトレンドが反転することにもなりうる。また、コロナ対策で世界各国は膨大な財政支出を余儀なくされた。コロナ後の世界では、世界中で増えた政府債務をどのように持続可能なレベルにソフトランディングさせるかがグローバルな政策課題となるだろう。世界的な財政運営の協調の枠組みが、第二次世界大戦後のブレトンウッズ体制に比すべき新たな国際経済秩序として構築されるのかもしれない。

　本章ではコロナ後を見据えた八つのビジョン（「ポストコロナ八策」）を提示することにしたい。具体的には、

　　その1　経済・社会のデジタル化を促進する
　　その2　医療提供体制を再構築する
　　その3　支え手を支える新たなセーフティネットを創設する
　　その4　天災・災害に対して社会を強靭化する
　　その5　公共と民間の垣根を解消する
　　その6　選択の自由を広げる
　　その7　将来世代の立場に立つ
　　その8　新たなグローバル時代に役割を果たす

を掲げる。現在を生きる我々にはコロナの後、どのような日本を、世界を将来の世代に残すのかが問われている。今回のコロナ禍を契機に、将来の感染症危機を含めたあらゆるリスクに対して強靭で持続性の高い経済・社会を作り上げるよう、改革を進めるべきなのである。

その1　経済・社会のデジタル化を促進する

　コロナ禍はわが国における経済・社会の「デジタル化」の遅れを露呈させた。緊急時の対応として政府は初診からの「オンライン診療」を解禁するな

ど、その推進を図ってきた。休校の続く学校では学生・生徒へのタブレットの配布を含めて「オンライン教育」に向けた環境整備が求められている。通勤を要さない「テレワーク」もようやく実施する企業が増えてきた。

　いずれも非常時の対応にとどまらず、平時においても普及するべき取り組みである。オンライン診療については2018年度から本格的に導入されたものの、患者との対面診療が原則であり、オンライン診療はあくまで補完とされ、コロナ以前は範囲が厳しく限られていた。「対面でなければ正しい診断が難しい」「患者情報が流出する」などが理由とされる。いずれも安全性を重視したものだが、こうした平時のリスクを重んじるあまり、コロナ感染拡大という非常時のリスクへの対応が遅れたことは否めない。

　情報流出などのリスクについてはオンライン教育やテレワークでも指摘されてきた。しかし、その程度はデータなどで定量的に評価されてきたというよりは、「なんとなく不安」を含めて現場の感覚によるところが少なくない。これを改め客観的にリスク評価するとともに、仮に情報流出などが生じたときの対応についてガイドラインを作成、現場に徹底するべきだろう。

　リスクがあるからオンライン化に躊躇するのではなく、オンライン化を進めるためのリスク管理のあり方を考える。医療・学校教育などの「質」の低下を懸念する向きもある。しかし、サービスの質についても学力の向上など客観的に評価できる体制がなければならない。その上で対面とオンラインを比較するべきだ。なお、ネット環境のない低所得層が十分な医療や教育サービスを得られない格差が生じる懸念はある。コロナ後の社会においては情報へのアクセスも「文化的な最低限の生活」であると位置付け、必要に応じてネット環境を公共財として政府・自治体が保証してもよいのではないか。

　オンライン化に限らず、わが国はAIの導入やフィンテック、ビッグデータの分析・活用などを含むデジタル化は「周回遅れ」と揶揄される。こうした状況を挽回すべく、政府は「デジタル化を原動力とした『Society 5.0』の実現」を目指すとしてきた（「経済財政運営と改革の基本方針2019」）。政府自身も「デジタルガバメント」を進めるとする。「デジタル技術を徹底的に活用し、行政のあらゆるサービスが、利用者にとって最初から最後までデジタルで完結する社会」（「デジタルガバメント実行計画」）を実現する。

そのためにはデジタル化に合わせた業務（仕事の仕方）の改革が必須である。行政・民間における「ハンコ文化」の見直しもその一つだ。契約書の締結や許認可においては対面・ハンコに拠らないデジタルでの本人確認を可能にする。そのためにはマイナンバーなどのインフラを最大限活用する。感染を防ぐ観点からも（接触のない）キャッシュレスによる決済も進むだろう。あわせて、業務を標準化する。地方自治体の規制を含め行政手続きの地域差を解消する。デジタル化に向けた設備投資などは小規模な自治体では難しい。これに対処するよう近隣自治体間の連携や都道府県のイニシアチブが求められる。もって人口減少が進むわが国における行政の利便性と経済の生産性を高める。

その2　医療提供体制を再構築する

わが国ではコロナの感染検査（PCR検査）が諸外国に比べて進んでこなかった。このことが感染者数の「過小評価」につながったのではないか、との指摘も少なくない。他方、検査を拡大すると感染の疑いのある患者が不安になって病院に殺到したり、重度患者のための病床が不足したりして医療崩壊につながりかねないとの懸念があった。

その背景にあるのは患者が自由に医療機関を選択できる「フリーアクセス」と医療機関の間での役割分担の遅れである。前者に対処するようコロナ禍を契機に「かかりつけ医」の制度を普及させる。かかりつけ医とは「健康に関することを何でも相談でき、必要な時は専門の医療機関を紹介」（日本医師会）する医師を指す。専門医の診察を受ける前にかかりつけ医が診察するようにする。患者の症状から高度な治療が必要と判断すれば、専門の病院を紹介する「ゲートキーパー」の役割を担う。あるいは専門医とオンラインでつながり、その助言を受けながら診察することもできる。

このかかりつけ医は病気の患者を診療するだけではなく、地域住民の健康管理を担う。地域住民は予めかかりつけ医に登録する。かかりつけ医として複数の医師がグループを組む。このかかりつけ医はオンラインでもって定期的に住民とコンタクトをとり、健康状況を把握、助言をしたり、受診を勧奨したりする。コロナ禍のような非常時には軽症患者の経過観察などを担う。従前、診療

報酬は患者を診察したときにのみ支払われてきた。換言すれば、住民が病気にならなければ診療所・病院は利益を得ることができなかった。これを変えて彼らの健康を管理することに対して報酬を払うようにする。その実践例としては英国におけるGP（General Practitioner）への人頭払いがある。あわせて住民自身による健康意識の喚起と健康増進に向けた行動変容（セルフメディケーション）を促して医療機関任せ（とそれによる「コンビニ受診」）から脱却する。

　もともと、高齢化と人口減少を見据え病床の機能分化と連携を進め、「効率的な医療提供体制」を実現することは地域医療構想として謳われてきた。今回のコロナ禍では感染、あるいはその疑いのある患者の救急搬送時の「たらい回し」などが問題視されてきた。医療の現場が個別に対処するには自ずと限界がある。

　こうした事態を解消するため、医療機関が互いに競合するのではなく地域全体で医療を提供する姿勢に転換することが必要だ。そのためにも診療（カルテ）情報を共有していることが有用だろう。個人が自分の病歴などの健康情報を管理するPHR（パーソナル・ヘルス・レコード）のような仕組みを普及させるのである。

　今回のコロナ禍で改めて公衆衛生の重要性と感染症向けの病床の維持の必要性が認識された。特に、ICU（集中治療室）の病床数が主要国に比べて際立って少ないことが、感染拡大への対応力に対する不安を掻き立てた。他方、全国的にわが国は、重症者以外の患者向け一般病床が過剰気味である。多すぎる病床は入院の頻度や期間を増やし医療費を高めてきた。わが国は総じて病床数が不足しているのではなく、その活用が非効率なのである。非常時＝感染症対策と平時＝病床の適正化を両立させるには、一定数の病床について平時はあえて稼働させず、非常時において感染症患者あるいは感染症指定病院などから転院してくる患者向けに活用するよう予め決めておくのが望ましい。管理維持のコストは非常時に活用するという「オプション」への対価として補助すればよい。後述の通り、このオプションはホテルなどの民間施設についても適用できる。

その3　支え手を支える新たなセーフティネットを創設する

　政府は「緊急経済対策」において当初、「収入の急減した家計に対して30万円給付」を打ち出していた。しかし、収入減少の証明や手続きが煩雑であり、迅速な支給が難しいといった批判もあり、紆余曲折を経て「国民一律10万円」ということになった。ところが、マイナンバーが使えない、かつ金融機関の口座とも紐付いていない状況で現場に混乱が生じた。オンライン申請するよりも郵送による申請の方が早く給付金が振り込まれる、というおかしなことが起きているとの報道もある。もっともオンライン申請自体に欠陥があるのではなく、平時からオンライン申請を活用してこなかった利用者及び担当者の「不慣れ」が問題の根本と言える。ここでも行政のデジタル化の遅れが露呈した格好になっている。

　近年、働き方が多様化する中、非正規雇用やフリーランス（あるいはギグエコノミーと呼ばれる）など収入の不安定な勤労者が増えている。しかし、これまで（自治体が担う）児童手当や保険料の減免などは前年の所得情報に拠ってきた。「収入が急減した」家計には対応できていないのが現状だ。これを改めるにはリアルタイムでの所得情報の把握が必要になる。

　具体的には雇用主は（フリーランスを含む）勤労者への給与や報酬について毎月源泉徴収するのと合わせて、その所得情報を課税当局にデジタルで送付する。国と自治体の情報連携を進めて、マイナンバーを介してこの情報を自治体の給付等に毎月ベースで反映させる。実例としては英国の「リアルタイム情報システム」がある。源泉徴収のない自営業などについては最低賃金及び法定労働時間を基準とするか、あるいは（課税事業者の場合）インボイスのデジタル化等を前提に消費税の納税の頻度を毎月ベースにして、当該事業者の付加価値に当たる納税額から収入を暫定的に決めるようにする。確定申告の段階で乖離があれば事後的に（結果的に所得が多ければ一部回収するなど）給付などを調整するようにすればよい。従前、わが国の給付手続きは誤りがないという「無謬性」を重んじてきた。これを改めて、リアルタイムの給付と合わせて事後の調整を可能にする。

その上で経済・社会の支え手である勤労者を支えるための新たなセーフティネットを構築する。公的年金・生活保護を含めて既存のセーフティネットは就労していない、あるいはできない家計を前提にしていた。実際、ワーキングプアなどが生活保護の支給を受けることは難しい。所得格差を是正するなら高所得層などへの増税だけでは不十分だ。給付がなければ再分配は完結しない。

「支え手」を「支える」セーフティネットは、諸外国では「勤労税額控除」（給付付き税額控除）などとして実施されてきた。コロナ禍においても勤労世帯への支援としてこれらが活用されている。給付を制度的に所得税と統合することで「負の所得税」を実現する。所得が高ければ納税、低ければ給付を受ける仕組みは再分配を強化するだけでなく、課税後の収入を安定化させるという意味で保険機能を果たすことになる。

さらにすべての国民に一人当たり一定額を生活保障する「ベーシックインカム」も選択肢になろう。ただし、基礎年金や失業給付など既存の社会保険のベーシックインカムへの統合を含めた見直しが前提だ。また、働くことができる者には就労、失業中であれば求職活動や職業訓練を給付の条件に課すなど労働への誘因を阻害しない工夫が必要だろう。

その4　天災・災害に対して社会を強靭化する

東日本大震災（2011年）以降、「国土強靭化」として防波堤・ダムなどインフラ整備が進められてきた。しかし、コロナ禍で、これら「ハード」だけでは天災・災害に太刀打ちできないことが示された。社会システム全体の強靭化が必要とされる。

この強靭化は事後＝天災・災害時と事前＝天災・災害前の取り組みに分けられる。事後には前述の経済・社会のデジタル化が求められる。PHR（Personal Health Record）が普及して、個人の診療・服薬履歴にアクセスできれば、慢性疾患を抱えた個人や高齢者に対して、避難所などの非日常的な空間であっても、（かかりつけ医以外からでも）引き続き必要な治療・処方を提供できる。パンデミックなどが生じたときに自宅で避難（待機）している高齢者についても、ウェアラブルなどのIoT（Internet of Things）を使った「見守り」によっ

て、健康状態を含む現状を外部からでもモニターできるようになる。

コロナ禍では台湾におけるICT（情報通信技術）の活用が注目された。生活物資の在庫状況などがリアルタイムで一覧できれば、被災者の安心にもつながるだろう。さらにマイナンバーカードがすべての国民に行き渡り、避難所において登録ができるようになると、年齢・性別別に各避難所にどのような属性の被災者が滞在しているのかがわかるようになる。

また、従前、避難所には真に必要な物資が集まらない、あるいは支援物資が届いても配分できないといった課題があった。デジタル化の徹底は各避難所の状況に応じた物資の提供を可能にする。

今回のコロナ禍では無症状者や軽症者についてはホテルなど民間施設が活用された。他方、これまで避難所は公民館や学校の体育館など公共施設が中心だった。しかし、典型的な「三密」（密集、密閉、密接）ではプライバシーがなく、感染症が蔓延しかねない状況にある。これを避けるには高齢者や子育て世帯などを優先にホテルなどを活用することが望ましい。公共施設とは違って、コストを要することは否めないが、災害関連死や性犯罪などを避けることが優先されよう。無論、災害が起きてから宿泊施設を探すようでは迅速性を欠く。事前に民間施設と「協定」を結んで、あらかじめ決まった額での災害時の利用を確保しておくべきであろう。この協定は借り上げる権利＝「オプション」に当たることから、誘因付けとして事前には固定資産税を一部減免するなどのオプション料を払うことも一案だ。

事前の取り組みとしてはリスクコントロールとリスクシェア（保険）の充実がある。災害時の事業継続の方法をあらかじめ定めるBCP（Business Continuity Plan、事業継続計画）を官民とも積極的に作成していく。コロナのような「想定外」の災害への対策としては不十分という向きもあろうが、事業継続のベースラインにはなろう。

特に中小企業のBCP作成を誘因付けるよう資金を貸し出す金融機関や業界団体、取引先企業などにも働きかける。加えて有効なBCPがあれば、災害時に優先的に低利で融資をするスキームを金融機関が提供することがあってもよい。加えて、民間の災害保険としては休業時に一定の利益を補償する「利益保険」などがある。保険への加入を促し、企業などには事前の自助努力を求める

ことで、災害後の再生を迅速化するとともに、公的支援を真に支援の必要な家計や企業に重点化させることができる。

その5　公共と民間の垣根を解消する

　国家・社会のあり方としては「大きな政府」か「小さな政府」かが問われてきた。その前提となるのは公共＝政府と民間の間に「垣根」があることだ。しかし、公共部門の効率化に向けて、PFI（プライベート・ファイナンス・イニシアチブ）・包括的民間委託など公共部門においても民間事業者のノウハウや競争原理が活用されるようになってきた。公共性を重んじることは民間の知見や資金を排除することを意味しない。公共の財源も税金だけでなく、公共施設などの運営権や使用料、不動産収入なども見込めるようになるだろう。

　他方、地球温暖化や途上国などでの貧困が問題視される中、民間部門でも利益追求一辺倒の経営が見直されてきている。従業員のワークライフバランスを含む企業の社会的責任（Corporate Social Responsibility、CSR）や環境などに配慮したESG（Ecology, Sociality, Governance）投資も活発になっている。公共＝公益の追求、民間＝私的利益の追求という二分法は必ずしも妥当しない。そもそも、豊かで安定的な経済・社会といった公共の利益が実現していなければ、長期にわたって企業などが自らの利益を得ることは難しい。公共と民間は「棲み分ける」のではなく、協調する関係を築いていくべきであろう。

　その一例が「オープンイノベーション」である。従前、公共は事務事業を丸抱えする自前主義だった。コロナ禍においてもPCR検査やクラスターの追跡など保健所が仕事を丸抱えして、検査が滞ったほか現場が疲弊した面が否めない。ここに民間の創意工夫を求める余地があれば、状況は違っていたかもしれない。自治体の窓口業務や福祉、まちづくり（地方創生）などの分野でも自前主義がとられてきた。しかし、今後、人口減少が続く中、今と同じ人数だけの公務員を確保することはままならない。業務へのAIなどの活用は無論のこと、地域経済の活性化や公共施設・用地の利活用など政策課題の解決に向けた知恵を広く民間（企業・非営利団体）に求めていくことがあってよいだろう。これまでにない発想が得られるかもしれない。

　そのためにも、国・自治体は自分たちが保有すデータ、例えば住民の健康情報や施設利用者の属性などを（個人は匿名化の上）広く公開して、民間が分析できるようにする。「証拠に基づく政策形成（EBPM）」の発展にも寄与しよう。「毎月勤労統計」で露呈したような不適切な統計処理もデータをオープンにすることで外部からの監視も行き届きやすくなる。

　ヒトの流れも変わるだろう。これまでは終身雇用制度の下、公共と民間の人事交流は限られていた。これからは民間人材が公共の政策現場を担ったり、（単なる「天下り」ではない現場の戦力として）公共の人材が民間で活躍したりするようになる。人の交流は自ずと公共と民間の文化（仕事の仕方や考え方）の違いを解消するに違いない。

　公共部門は、前例踏襲や事なかれ主義に代えて経済・社会の変革（ダイナミズム）の担い手にもなりうる。例えば、自治体は地元の人材に係る情報をもとに新しい技術やアイデアをもって起業する意欲のある個人と経理や労務などの組織運営を支えられる個人、ベンチャー企業に資金提供する用意のある個人をつなげるプラットフォーマーにもなりうる。福祉のニーズのある個人などと彼らを支える意思のある NPO をつなげる役割もありえよう。

その6　選択の自由を広げる

　コロナ禍は外出や営業の自粛要請など個人の選択に著しく制限を課すものとなった。「選択の自由」の大事さがこれほど痛感されることはなかっただろう。非常時において制限せざるをえない個人の選択であっても、平時においては最大限尊重されることが望ましい。今回の危機は中国をはじめ強権主義国家の優位性を示したと喧伝する向きもある。しかし、危機時の強権が平時にまで援用されるなら、健全な民主主義が損なわれるばかりか、経済・社会のダイナミズムをも失わせかねない。なぜなら、イノベーションは様々な個人や企業の「試行錯誤」によって生み出されるもので、権力者からの「上意下達」には拠らないからだ。

　そもそも強権・独裁のリスクは人権への深刻な侵害に加え、時の権力者の過誤がそのまま社会・経済の行く末を左右しかねないことにある（独裁者の失敗は

すべての国民の失敗になる）。選択が自由で異なる考え方に寛容な民主主義は
それ自体が経済・社会の安定装置なのだ。ただし、その民主主義にあっても、
ポピュリズムの台頭と社会の分断は寛容性を喪失させかねない。むしろ、コロ
ナ後の平時にあっては強権ではなく、自由と寛容を旨とするべきなのである。

　デジタル化は個人の選択の自由を広げるだろう。テレワークが普及すれば仕
事のためにわざわざ都市部の狭くて家賃の高い住宅などに住む必要はない。自
分の生活スタイルに最も適した場所に住むことができるようになる。つまり仕
事の選択と居住地の選択は分けられる。結果として地方への移住が進めば、東
京一極集中も緩和することになる。このことは地方の創生だけでなく、首都直
下地震などの巨大災害の被害を軽減することにもなろう。

　また、オンライン教育はこれまで不登校だった子供たちに教育の機会を与え
ることになる。テレワークやオンライン教育の場合、通勤・通学の労がないこ
とを考えれば、これまでより障害者にとっても就労や学業をしやすい環境にな
る。いずれも彼らの選択の幅を広げるものである。従前、日本社会は個々人に
あらかじめ固定された組織の中での生活を強いてきた。学校のクラスや企業の
現場などがそうだ。そこでは人間関係からも逃れにくい。オンライン教育であ
れば、子供たちは教科に応じて、学校の枠にさえとらわれることなく好きなグ
ループを選択できる。

　今回のコロナ禍を契機に「9月入学」を求める動きが知事らから出た。しか
し、教育界では「拙速な改革は現場の負担になる」として否定的である。文科
省も9月入学への「移行」に際して多くの財源・人員が不足するといった指摘
をしており、結論は先送りされる格好になった。学校休業で学業が遅れた生
徒・学生への救済、「グローバル化」への対応など9月入学をめぐる論点は多い
が、賛否のいずれも学業の進捗管理を「学年」によっている。

　仮にタブレットなどを活用した「個別学習」が徹底されれば、学年で教育の
進捗を担保する必要は必ずしもない。政府は緊急経済対策において児童・生徒
に「一人1台タブレット」を配布する「GIGAスクール構想」を前倒しで実施す
る方針を打ち出した。これを徹底させて、例えば、小学校教育を「6年一貫」
（6年間で所定の教育水準に達すればよい）とすることもできよう。学習塾など
では（特に公立の）学校よりも早いペースで授業を進めている。他方、学業の

遅れを取り戻す機会は限られる。生徒・学生ごとのペースに応じた「個別学習」
と「一貫教育」は学年の壁を崩すかもしれない。学校休業で学業の開始が遅れ
ても「6年間」かけて遅れを取り戻すこともできるだろう。逆に留学などを希望
する生徒・学生については早めに所定の教育を終えて早期卒業の道も開ける。

　また、働き方が多様化すれば、フリーランスなどは自らの専門性を糧にし、
特定の組織に属さないですむ。人が組織・集団に従属するのではなく、それら
を選ぶ自由が生まれるかもしれない。自らのキャリアの選択もより自由になっ
てこよう。大学などの教育機関で社会人向けの教育プログラムが充実すれば、
（営業職から技術職への転身など）これまでとは違ったキャリアを目指す道も
出てくる。公共と民間の人事交流の拡充も個人のキャリア選択の幅を広げるだ
ろう。

　ただし、選択の自由は利己主義を意味するわけではない。社会（公益）への
配慮が求められる。他方、社会を支えるのは（自由な意思を持った）自立した
個人の存在であることも忘れるべきではない。無論、自由な選択には責任を伴
う。とはいえ「自己責任」ですべてを片付けるべきではない。天災・災害や不
況など本人の選択の結果に帰さない事態で苦境に陥ることもある。これを先述
のセーフティネットなどで支えるのが社会の役割だ。社会の連帯があればこそ
自由な選択も続けられる。さもなければ、自己責任の追及を恐れるがあまり、
誰かに選択をすべて委ねようともなりかねない。それは独裁・強権政治への道
である。

その7　将来世代の立場に立つ

　時間は過去から現在、未来への一方向にしか流れない。このことは今、この
瞬間の我々の選択が未来の世代に関わってくるということを意味する。30年
後、50年後の人たちが今の我々を振り返ったらどう考えるだろうか。今回の
コロナ禍などにも、もっと真剣に取り組んでほしかったと言うに違いない。し
かし、未来を想像することは容易ではない。

　今回のコロナ禍では自粛要請に応じない個人や事業者へのバッシングがあっ
たが、これは彼らの感染が今の自分たちの感染リスクを高めるという（経済学

でいえば外部費用の）意識によるところもあったろう。このように現在のある個人の選択が現在の他者に及ぼす影響は認識できても、現在の自分たちの振る舞いが将来の世代にどのような影響を及ぼすのかに思いを巡らせることはあまりないようだ。無論、自身の子供や孫の行く末は誰でも気になるところだろう。しかし、それを将来世代に「一般化」することは難しい。

　とはいえ、現在の我々は将来世代に関わる重大な選択の岐路になっている。その一つは地球温暖化問題だ。COP21（第21回気候変動枠組条約締約国会議）は新たな地球温暖化対策の枠組みとして世界の平均気温の上昇を 1.5℃以内 に抑えるよう努力するとした。そのために「脱炭素社会・経済」を目指して今世紀後半には温暖化ガスの排出を実質ゼロにする目標を立てた。しかし、地球温暖化対策への取り組みという総論には賛成でも、プラスチックの利用制限や環境税の強化など各論＝個別政策になると反対論が噴出する。将来に起こりうる地球温暖化とそれに伴う災害などより、現在の自分たちの利得を重んじる結果である。ここに将来の世代の声はない。

　同様のことは財政・社会保障にも言える。高齢化の進むわが国は今後とも年金・医療など社会保障給付の増加が見込まれる。消費税は10％に引き上げられたが現在の社会保障を持続するには不十分だ。公的債務残高は先進国の中でも最悪の水準にある。財政が行き詰まれば、社会保障も立ち行かない。しかし、「デフレ脱却が優先」「財政赤字は問題ではない」といった異論もあって、財政再建は進んでこなかった。そこに来て今回のコロナ禍である。巨額の補正予算で財政規律は完全に失われた感もある。確かに日本経済は奇跡的に復活して、痛みを伴う財政再建は要さないかもしれない。財政破綻は杞憂かもしれない。いずれにせよ、財政・社会保障をこのままにしておくことは現代世代（特に高齢世代）の利益であることに間違いはない。他方、「見込み違い」があれば、そのしわ寄せを被るのは将来世代である。

　コロナ禍が「今そこにある危機」ならば、地球環境問題も財政・社会保障問題も「これからの危機」にほかならない。コロナ後の日本の社会・経済のありようも現在の世代次第だ。その意味でも、この国は岐路に立っている。しかし、「シルバー民主主義」とも揶揄されるように、今の政治には高齢世代に忖度しがちで未来への視点に欠ける。

　ここで欠けているのは、将来世代への利他心だけでなく想像力であろう。いずれ将来世代は我々に「歴史的」な評価を下すことになる。彼らが現在の我々に求めている決断を想像してみることだ。我々の誤った決断は歴史的に糾弾されるだろう。優先すべきは現在、自分たちが何を享受できるかではなく、将来の世代に何を残せるかではないか。コロナ後においては未来に立った視点での政策判断が必要だろう。政策決定の過程の中に将来世代の利益を代弁する仕組みがあってよい。

その8　新たなグローバル時代に役割を果たす

　多くの死者とともにコロナ禍が世界に残す爪痕は「分断」であろう。コロナ感染が拡大するなか、人の移動が制限されるだけでなく人種差別や偏見が露呈した。日頃は外国人などを観光客として「おもてなし」をしても、一旦、互いの本音が見えてしまうと、その後の関係修復は難しい。リーマンショックやその後の欧州財政危機の折とは対照的に、感染拡大に向けての国際的な協調も乏しかった。

　このことは近年、各国でポピュリズムが台頭してきたことと無縁ではあるまい。他者を敵視・排斥することで自らの団結を図るポピュリズムの手法は国際協調の障害となったことは否めない。この後はどうだろうか。このままポピュリズムが影響力を増して「自国第一主義」が横行するか、ポピュリズムがコロナ禍を深刻化させたとして潮目が変わるか、現在が岐路とも言える。

　実際のところは、新型コロナをはじめとする人類共有の脅威に対しては、ワクチンの開発を含めて各国がバラバラに対応しても限界がある。コロナに限らず、地球温暖化や途上国・新興国の貧困とそれに伴う難民の増加も同様だ。であれば、コロナ後に求められる国際秩序は「分断」ではなく「協調」ではないか。

　わが国はこれをリードしていく立場にある。その一つは、途上国におけるワクチンや医療機器の購入などコロナ対策への支援だ。非常時には途上国向けの知的財産に係る特許料などを停止する、あるいは先進国がコストを肩代わりする仕組みもありえよう。加えて、医療従事者の派遣など人的な支援があっても

よい。他の先進国とも協調して新たな ODA とする。また、感染等に係る情報
の共有を進める。感染状況の隠蔽が被害を大きくしたとの指摘もある。情報共
有にあたっては高い透明性が求められよう。協調に向けたコンセンサスを国内
で形成するためにも、（プロパガンダではなく）客観的なエビデンスが必要だ。

　危機に際しては、各国の政府・中央銀行が速やかに足並みを揃えて危機管理
できる体制も整える。仮にコロナの第二波、第三波で再び出入国を制限せざる
をえない事態になったときも、発動する条件や対応をあらかじめ国家間で合意
しておくことだ。さらに協調して、国境を越えた医療従事者や医療物資の派遣
も実施する。地球環境問題にしても、難民問題にしても、負担（痛み）を分か
ち合う仕組みがあってよい。

　こうした国際協調に向けてはG20など既存の枠組みを充実させることは無論
だが、途上国・新興国に財政的な負担を軽減するための共通の財源があっても
よいだろう。具体的には世界レベルで共通の環境税を賦課するのが一案だろう。
環境税は感染症、地球温暖化対策を含む人類共通の課題への対応に充当する。

　いずれにせよ、経済のグローバル化は止まらないだろうし、止めるべきでも
ない。実際、人の流れは制限できても、情報は国境を越えて広がっていく。確
かに南北間の格差などの問題は顕著になっている。しかし、保護貿易を復活さ
せることではなく、国際的な協調を軸にグローバル経済のありようを考えてい
くべきだろう。

　こうした中、わが国は人口の高齢化・減少問題などを抱えた「課題先進国」
とも言える立場にある。課題が多いから国際社会から埋没するのではなく、そ
れを生かす術を考えるべきだろう。コロナ禍では人工呼吸器や人工肺などの医
療機器の不足が指摘されてきた。わが国は医療へのニーズが高いにもかかわら
ず、医療機器や医薬品は海外に頼ってきた。認可に係る国内の規制が厳しいこ
とが一因ともされる。こうした規制を改めて、高齢社会・人口減少の課題解決
につながるイノベーションを促し、その分野をリードしていくことが望まれる。

　課題を経済・社会の強みに転換できれば、国内外の市場を開拓でき、成長に
もつながる。デジタル化に加えて高齢社会・人口減少社会に適った産業構造の
転換を進めるべきだ。そのためにも医療や介護を「福祉」の分野にとどめるの
ではなく、「産業」として育成していくことが肝要ではないだろうか。

あとがき──今、求められる対処と長期的な展望

　新型感染症のパンデミックというまったく想定外の危機に際して、経済学の立場から何が提言できるのか。本書は、日経BP日本経済新聞出版本部の田口恒雄さんからのこの熱い問いかけに答えるべく、経済産業研究所長の森川正之さんと筆者で企画することになった緊急出版である。経済産業研究所のホームページで「新型コロナウイルス ── 課題と分析」という特集コラムを執筆した経済学者を中心に執筆を呼びかけ、執筆者の方々にはわずか1ヵ月で論考を書き上げていただいた。ご協力いただいた執筆者の皆様に編者を代表して心から感謝申し上げます。

　最後に、今、求められる対処と今後の長期的な展望について記しておきたい。新型コロナウイルス感染症という経済システムの外から来た危機について、感染状況や医療の限界を我々は外生的な所与の条件として受け止め、その条件の中で、経済政策的な対処を考えがちである。

　しかし、感染への不安が消費や投資を萎縮させ、不況を呼び込んでいること、そして、感染症対策としての接触削減政策（外出自粛と休業要請）が経済活動を停止させた結果、人々が経済的困難に直面していることを考えれば、感染症の制圧が最大の景気対策であることは間違いない。

　すると、感染症の解決に政策資源を集中的に投入することが、最大の経済政策である。まず、5月25日に解除された緊急事態宣言が再び発出されるような事態（すなわち医療崩壊の切迫）を極力回避するため、医療提供体制と検査体制を第二波に備えて大幅に増強すべきで、そこに平時の医療行政の政策資源を超えた、あらゆる人材と資源を投入するよう官邸が強いリーダーシップを発揮すべきではないか。

　また、秋以降の第二波、冬のインフルエンザ流行（一日10万〜30万人規模の患者発生）への懸念が高まっている。感染不安と将来不安が経済を萎縮させ

るので、例えば「発熱患者は全員 PCR 検査にかけて、陽性者はコロナ専門病院へ、陰性者は非コロナの一般病院に選別して送るという検査・医療のシステムを構築し、冬までに一日 20 万件処理できるようにする」などの数値的な目安を導入することで、消費者の感染不安や企業の将来不安を軽減し、経済活動の活性化を目指すべきである。積極的な感染制御の政策目標を示して消費者や企業に事態をコントロールしているという自信を与え、経済活動を活性化させるという意味で、これは積極的感染防止戦略による経済再生のシナリオである。

　このとき、重要なのは、時間軸と数量的目安のある医療・検査体制の増強の「見通し」を、消費者や企業が共有することである。政府の行動についての不確実性を減じることが、経済活動を活発にするからである。この意味で、政府の情報発信が経済政策として極めて重要である。これは、必ずしも数値目標にコミットする必要はなく、数値的な「見通し」を消費者や企業に与えることが、不確実性による行動萎縮を解除して経済を正常化するという目的からは、最も重要なのである。また、検査や医療の対応件数の目標がなければ、目標達成のための人員養成や物資調達というロジスティックスの計画を立てることもできず、結果的に目標件数は達成できない。

　今後の長期的な展望について二点挙げる。一つ目はコロナ危機で収入が激減し、困窮する家計や企業への支援のあり方である。コロナ危機の後、接触型の産業は衰退し、非接触型の産業は大きく成長すると予想される。コロナ危機に影響された家計も企業も、急激な産業構造の変化に対応して、転職や業種転換を余儀なくされる。彼らには、1 年程度の期間、政策支援し、その間に転職や業種転換による生活再建を図ってもらう必要がある。

　家計への支援を迅速に行うには、リアルタイムで所得情報を政府が捕捉する必要があるが、プライバシーと危機時の支援の利便性のトレードオフはこれから長く議論されるテーマとなるだろう。プライバシーをある程度犠牲にすることに合意できれば、所得変動をリアルタイムで是正する新しい社会保障制度（例えば、誰もが一定の所得を保障されるベーシックインカム制度）が実現するかもしれない。

　企業への支援として、現状で政府が検討しているのはエクイティの支援、す

なわち、資本注入政策である。中でも、零細企業に対する資本注入政策は過去に例がなく、どのような政策手法が実現可能なのか、今後の議論が期待される。感染症危機において、中小零細企業に対する政策手法として資本注入が望ましいのか否かという点についても経済学的な分析と議論が待たれる。

　長期的課題の二つ目は、財政の持続性の問題である。これから数年後、感染症危機が終息したときには、感染症対策のために発行された巨額の政府債務が積み上がっている。日本はコロナ以前から巨額の債務があり、他の国々の債務レベルも様々だったが、コロナ危機によってGDPの2割〜3割を超える債務の増加があることは各国共通の現象である。この追加的な債務を減らすためには、何らかの国際協調の枠組みを作って各国が協調して財政再建していくことが望ましいのではないか。

　例えば、法人税や資産課税、金融取引税を課すことによって債務を減らそうとする場合、一国だけがそのような課税をすれば、企業や投資家はあっという間に外国に資本逃避をしてしまう。主要国が協調して一斉に同じ率で法人税や資産課税、金融取引税を課すのでない限り、税収増の実効を上げることは難しい。各国が協調してほぼ同率のインフレを起こして債務軽減をすることも考えうるかもしれない。コロナ危機後の新しい国際秩序として、財政面での国際協調が一つの原動力となる可能性が展望できる。その具体的なかたちとして、世界財政機関のような国際機関の設立を提唱することも考えられるのではないだろうか。

　コロナ危機においては、短期的には検査と医療の増強が最大の経済政策であるし、ベーシックインカム、民間への公的資本注入、世界的な協調財政など、現実から遠いと思われてきた課題が一気に近づいてきた感がある。これまでの経済学の枠組みを超えた経済学的思考が求められている。本書がそのような研究活動と政策提言活動が日本で発展するきっかけとなれば幸いである。

　2020年6月

小林慶一郎

索　引

英数字

8 割削減　29, 31, 32, 35, 280, 285, 294, 308, 324
9 月入学　355
AI　56, 112, 347, 353
BCG ワクチン　205
BCP　85, 352
CDC　273
CPTPP　117, 120
CSR　353
DNA ワクチン　214
EBPM　21, 354
ESG　353
EU 離脱　112
F2F 産業　47, 48, 54
face to face　47, 240, 264
FAO　125, 132
GATT　121
GIGA スクール構想　355
HIV　144, 204
ICU　28, 39, 193, 349
ILO　271
IoT　117, 351
JAN コード　223, 232
MERS　46, 274
METI × NOMURA コンシューマー　センチメント・インデックス　223, 229
MMT　86
OJT　281
O*NET　264, 289
PCR 検査　7, 10, 21, 31, 32, 34, 37, 45, 86, 107, 109, 160, 198, 348, 353, 362
PFI　353
PHR　351
PIAAC　278
POS −生活体感物価インデックス指標　229
POS データ　7, 22, 222, 229, 232

POS 販売額指標　223
PTSD　274, 276
RCEP　122
RESAS　316, 322, 323
SARS　46, 274
SIR モデル　7, 9, 29, 32, 34, 187, 189, 199, 286, 305
Society 5.0　347
TPP　112
TPP11　117
VIX 指数　13
V 字回復　49, 79, 107, 149
WHO　125, 132, 207, 210, 213, 221, 226
WTO　111, 114, 121, 122, 125, 132, 133, 134

あ　行

アクテムラ　209, 211, 212, 217, 218
アジアインフルエンザ　335, 336, 341
新しい公共事業　37, 38
新しい生活様式　12, 18, 195, 226, 233
アビガン　207, 208, 210, 211, 217, 218
アルコール依存症　274
暗黙知　307
一物一価の法則　259
一斉休校　226, 228, 231
一般病床　162, 349
遺伝子組み換え技術　204
移動制限　147, 318, 323, 325, 326, 327
イノベーション　84, 115, 118, 204, 354, 359
イノベーションのジレンマ　56
イベルメクチン　208, 217, 218
医療キャパシティ　143, 194, 196, 198, 296
医療崩壊　9, 38, 39, 44, 107, 160, 196, 197, 199, 279, 282, 320, 348, 361
イロコイ　170
インサイダー・エコノメトリクス　291
インターネット　103, 152, 297
インバウンド　39, 79, 221, 234, 235, 243

インフルエンザ　28, 38, 39, 40, 144, 149, 203, 207, 208, 226, 335, 337, 361
インフレ　87, 90, 363
インボイス　350
ヴェイカンシー・ディコントロール　71
うつ病　274
売り上げ蒸発　95, 96
ウルグアイ・ラウンド　133, 136
営業自粛　13, 14, 82, 105, 106, 108, 145, 224, 239, 242
エイズ　28, 204, 301
エッセンシャルな産業　264
エッセンシャル・ワーカー　18, 80, 147, 271, 273, 275, 276, 277, 279
エビデンスに基づく政策形成　21
遠隔教育　20, 297
エンターテインメント　306, 307
オイルショック　50
大いなる制度変化　43, 51
大阪モデル　195
オーバーシュート　44
オプション契約　61
オープンイノベーション　353
オンライン化　84, 167, 175, 177, 297, 347
オンライン学習　311
オンライン教育　347, 355
オンラインショッピング　224
オンライン申請　56, 80, 103, 350
オンライン診療　20, 151, 311, 347

か　行

外国人訪日客　15
解雇権濫用法理　65
解雇手当　59, 60, 64, 65, 66, 67, 68, 69, 70, 74
解雇手当積立口座　67
解雇プレミアム　64, 65
外出規制　10, 29, 111, 143, 144, 146, 147, 149, 150, 152, 153
外出禁止　7, 8, 9, 11, 13, 193, 285, 289, 297
回復期病床　163
外部効果　9, 145, 148, 203, 217, 286, 296, 297
外部性　6, 9, 11, 85, 144, 145, 217, 296, 321

外部不経済　6, 74
カウンセリング　278
価格裁定　131, 137
かかりつけ医　155, 156, 157, 158, 159, 160, 164, 348, 351
学習効果　292, 293, 294
確定申告　80, 82, 83, 101, 103, 350
過重労働　18, 273, 274, 275, 276, 277, 278, 279
可処分所得　35
課税平準化理論　87
仮想将来人　170, 172, 173, 177, 178, 179
課題先進国　359
家庭内在庫　226
家庭内生産　146
紙文化　56
感染症に関する基本法則　187, 188
感染爆発　30, 143, 286, 291, 311
感染リスク　9, 11, 12, 15, 16, 20, 31, 33, 35, 36, 38, 39, 109, 144, 197, 198, 217, 257, 274, 286, 288, 306, 356
関東大震災　84, 101
岩盤規制　20
緩和戦略　187, 192, 193, 195, 196, 198, 199
偽陰性　108, 198
帰国者・接触者相談センター　156
規制改革　20, 196
規制緩和　37, 38
帰属家賃　17
基礎的財政収支　21, 87
気分・不安障害　275, 276
規模の経済　317, 319
基本再生産数　8, 190, 286, 324
客室稼働率　15, 16
キャッシュ　16, 19
キャッシュフロー　92
キャッシュレス　348
休業者　17, 60, 62, 141, 271
休業手当　59, 60, 62, 63
休業要請　27, 29, 31, 33, 38, 47, 83, 145, 147, 230, 231, 264, 361
給付付き税額控除　72, 81, 351

偽陽性　108
強制措置入院　160
協調の失敗　149
協力金　82, 145
緊急経済対策　13, 14, 51, 52, 53, 77, 97, 98, 350, 355
緊急事態宣言　8, 28, 29, 33, 36, 38, 39, 40, 43, 47, 54, 55, 78, 79, 82, 95, 96, 101, 107, 141, 155, 194, 221, 226, 227, 228, 231, 232, 234, 244, 261, 262, 264, 272, 282, 285, 288, 291, 294, 295, 305, 323, 324, 361
空間 SEIR モデル　322
空間経済学　301, 306, 307
クラスター　27, 33, 44, 145, 303, 305, 353
グループ補助金　84
グローバル・サプライチェーン　9, 12, 116
グローバル・バリューチェーン　111, 117
継続的な社会的距離シナリオ　194
ケースワーカー　60, 72
ゲートキーパー機能　158
現金給付　97, 98, 99, 100, 101, 104, 105, 342
健康資本　332, 334
検査・追跡・待機　27, 28, 31, 33, 34, 35
減反　135, 136, 137, 138, 139
現物給付　342
工業化社会　307
公共交通機関　257, 286
抗原検査　107, 109, 198
交差免疫　106, 200
公衆衛生　36, 349
公衆衛生介入　142, 144, 146, 148, 152
抗体検査　7, 12, 86, 107, 199
公的債務残高　105, 357
行動制限　27, 31, 35, 38, 240, 252, 253
行動制限アプローチ　28
行動制限政策　29, 239, 240, 241, 242, 243, 244, 247, 253
行動変容　195, 234, 308, 309, 310, 311, 312, 334, 337, 349
合理的期待　35
国際共同研究　115, 118, 120
国際共同治験　203

国内回帰　114, 115, 116
国民皆保険制度　155
穀物価格高騰　128
個人情報保護　104, 297
国境封鎖　31, 192
米騒動　128
米備蓄制度　132
雇用慣行型　65, 66, 69, 70, 71
雇用調整助成金　18, 52, 54, 56, 59, 62, 63, 74, 78, 80
雇用なき景気回復　261
コールセンター　290
混雑費用　320, 321, 327
コンティンジェンシー・プラン　86, 87
コンパクトシティ　317, 319, 320, 327
コンプライアンス　20, 83, 297

さ　行

再就職　18, 60, 64, 261
財政危機　88, 175
財政再建　86, 88, 101, 357, 363
財政収支　20, 86, 88
財政政策　6, 14, 148, 150
財政の持続可能性　15
財政破綻　21, 357
財政ファイナンス　54, 87
在宅勤務　14, 16, 18, 19, 20, 48, 193, 224, 226, 227, 228, 231, 233, 236, 240, 241, 247, 280, 281, 285, 286, 287, 288, 289, 290, 291, 292, 293, 294, 295, 296, 297, 298, 308, 311, 316, 320
最低賃金　83, 350
サイトカインストーム　209
再分配制度　60
サテライト・オフィス　287
サービス業　146, 147, 149, 234, 243, 317, 318
サービス産業　15
サービス収支　47
サプライチェーン　48, 85, 113, 115, 116, 117, 119, 147, 149, 243
サーベイランス　194
士（サムライ）所得税　72

産・官・学・住・遊・医　306, 307
産業構造の転換　168, 359
三密　47, 305, 306, 307, 308, 310, 311, 313, 352
時間外労働　272, 276, 277
事業継続計画　85, 352
事業譲渡　85, 86
資金繰り　16, 54, 96, 108, 241, 244
ジグザグ戦略　194, 195, 196, 198
資源再配分　17
自国第一主義　358
自己啓発　281
自己生産性　333
自己責任　281, 356
時差通勤　227, 291, 295, 316, 320, 321
資産課税　88, 91, 92, 363
市場の失敗　85
市場ポテンシャル　315, 317, 318
システミック・リスク　13, 16
自然災害　6, 12, 19, 21, 178, 222, 280, 333
自然実験　290, 292
自然免疫　106, 205, 209, 216
持続化給付金　17, 52, 80, 83, 86
失業保険　14, 59, 60, 61, 62, 63, 64, 66, 74, 143, 175, 289
実効再生産数　143, 324
指定感染症　160
シフト交代制　278
資本注入政策　362
資本逃避　363
社会厚生関数　35
社会的距離　142, 197
社会的距離政策　142
社会的離隔　6, 11
社会的離隔政策　7, 8, 10, 11, 13, 14, 15, 285, 286, 291
重症化リスク　11, 144, 193, 197
集積の経済　315, 317
集団免疫　12, 19, 29, 37, 144, 189, 193, 200, 213, 215, 216, 217, 218
集中治療室　28, 195, 196, 198, 349
住民税均等割非課税　52, 98, 99, 100

受診時定額負担　159, 160
出入国規制　39
首都機能移転　313
首都直下型地震　313
首都直下地震　355
需要外部性　149
需要競合　320, 321
需要平準化　320, 321
乗数効果　80, 150
消費税率引き上げ　221, 222, 226, 227, 228, 229, 236
情報セキュリティ　296
情報の非対称性　62, 101, 108, 109
将来可能性　169, 171
将来世代　21, 168, 169, 346, 357, 358
昭和恐慌　84
食料安全保障　133, 134, 135, 136, 137, 138, 139
食料自給率　135
食料有事法制　138
所得格差　258, 263, 351
所得再分配　14, 15, 101
所得税制改革　60
所得分布　258
シルバーパス　11
シルバー民主主義　357
シーレーン　126, 136, 138
新型インフルエンザ　85, 335
新型インフルエンザ等対策特別措置法　8, 95, 243, 323
人口規模効果　303, 305, 307
人工呼吸器　28, 39, 114, 196, 212, 213, 359
新陳代謝　17, 20, 84, 85, 175, 179, 180, 261
人的資本　19, 258, 332, 333, 334, 335
信用保証　86, 143
診療報酬　164
スイッチング・コスト　294
睡眠障害　274
スタートアップ　19, 214
ストレス　274, 278, 333
ストレプトマイシン　203
スピルオーバー　9

スペイン風邪　19, 43, 47, 120, 143, 146, 311, 312, 335
スマートフォン　56, 151
生活保護　59, 60, 72, 74, 80, 81, 99, 104, 337, 351
正規分布　187
生産性の収斂　293, 294
生産と消費の同時性　15, 146
精神疾患　275
政府債務　20, 168, 346, 363
整理解雇の四条件　65
世界恐慌　6, 120
世界金融危機　6, 13
世界経済危機　13, 15, 49
世界財政機関　363
世界大恐慌　149
石油危機　6, 15
世代間問題　15
積極的感染防止戦略　362
設備投資　40, 261, 348
セーフティネット　15, 59, 60, 72, 78, 81, 85, 104, 346, 351, 356
セレクションメカニズム　249, 251
潜在成長率　19
選択の自由　69, 346, 354, 355, 356
潜伏期間　322, 324
専門家会議　195, 197, 305, 316
全要素生産性　19, 290
総合診療専門医　159
創造的破壊　261
相対的貧困率　147
創薬イノベーション　204
創薬プラットフォーム　214, 217
ソーシャルディスタンス　127

た　行

大恐慌　36, 49, 149, 153
対個人サービス業　15
胎児起源仮説　336, 337, 338, 339, 340
退職金　59, 64, 65, 70
対人的産業　264
胎内暴露　338, 339, 340, 341, 342

ダイナミックプライシング　321
第二次補正予算　53, 279
多剤投薬　164
タスクシフト　196
ダンカン指数　337
地域医療構想　161, 162, 163, 164, 349
地域経済分析システム　316, 323, 324
地域モビリティ変動　246
地球温暖化　353, 357, 358, 359
知識創造社会　302, 307, 308
地方創生　86, 353
地方分権　313
中小企業保護　84
中和抗体　215
長期停滞　19, 153
直接支払い　135, 138
賃金操作　100
賃金プレミアム　279
定期借家権　65, 71
定期就業型　65, 66, 69, 70, 71, 74
定率増税　89
デカップリング　113
テキスト分析　7
出口戦略　9, 91, 107, 108
デジタルガバメント　347
デジタルガバメント実行計画　347
デジタル技術　20, 151, 347
デジタル政府サービス　103
デジタル・トランスフォーメーション　56, 57, 152
データサイエンティスト　342
テレワーク　55, 56, 79, 151, 152, 177, 271, 280, 281, 287, 288, 290, 297, 308, 309, 310, 311, 316, 320, 321, 347, 355
電子商取引　227
トイレットペーパー　226, 227, 229, 236, 321
東京一極集中　16, 302, 311, 313, 355
東京オリンピック・パラリンピック　39
東京圏　286, 303, 304, 305, 306
統計的因果推論　335
倒産確率　245, 247, 248, 249, 250, 251, 253
等産出曲線　309, 310

倒産履歴　242, 245, 246, 250, 253
動的補完性　333
特定警戒都道府県　305
特別定額給付金　53, 56, 77
都市型産業　287
都市封鎖　31
特許権　212
トリアージ　195, 198
鳥インフルエンザ　208
努力＝報酬不均衡モデル　279
トレードオフ　7, 10, 11, 12, 15, 82, 142, 143,
　240, 241, 242, 253, 261, 286, 287, 316, 318,
　327, 362
トロッコ問題　198

な　行

ナノ DDS　204, 216
南海トラフ地震　116
二重課税　91, 92
日米デジタル貿易協定　117
日経平均ボラティリティー指数　13
日中韓 EPA　122
日本銀行　13
日本式モデル　311
乳児死亡率　341
ニューノーマル　345
ノミニケーション　308

は　行

廃業支援　85
倍々ゲーム　188
パーソナル・ヘルス・レコード　349
働き方改革　227, 287, 290, 311, 314, 316, 320
発症期間　324
バベルの塔　312, 313
バラマキ　53, 74
バリューチェーン　117, 119, 120, 122
ハローワーク　80
バーンアウト　278
はんこ文化　56
ハンコ文化　348
阪神・淡路大震災　71

阪神圏　303, 304
パンデミック　43, 60, 69, 70, 72, 73, 141, 147,
　151, 164, 203, 301, 302, 331, 332, 335, 336,
　337, 338, 339, 340, 341, 342, 351, 361
ピア効果　280
比較優位　127
東日本大震災　6, 15, 18, 47, 84, 101, 113, 119,
　136, 264, 275, 276, 351
ビジネスマッチング　120
非正規雇用　50, 266, 289, 350
非正規労働者　17, 65, 259, 265, 266
ビッグデータ　56, 57, 220, 222, 234, 236, 321,
　323, 347
ビッグプッシュ　51
非フレキシブルな仕事　264
費用対便益　12
ファンダメンタルズ　48
フィールド実験　170
フェイス・ツー・フェイス　16, 47, 55, 290,
　292, 294, 295, 302, 307, 315
フォワード・ルッキング　13
不確実性　5, 6, 10, 13, 21, 38, 40, 50, 51, 54,
　55, 61, 64, 101, 168, 195, 213, 362
双子の危機　36
復興債　101
不都合な真実　301, 302
負の所得税　72, 81, 351
不払い残業　281
フューチャー・デザイン　21, 168, 169, 172,
　181
不要不急　8, 145, 147, 308, 316
プライバシー　57, 252, 352, 362
プライマリ・ケア　159
フラット化　9, 285
フリーアクセス　158
フリーランス　52, 79, 83, 175, 177, 180, 350,
　356
フルタイム　271
フレキシブルな仕事　264
フレックスタイム　291
プロビット推定　247, 248
平均在院日数　161

米中貿易戦争　130, 131
ベーシックインカム　175, 176, 178, 180, 351, 362, 363
ペニシリン　203
補完性　310, 332
保護主義　112
補償賃金理論　279
ポストコロナ八策　346
ボトルネック　37, 56
ポピュリズム　355, 358
ホワイトカラー　20, 287, 290
香港インフルエンザ　335, 336, 341

ま 行

マイナポータル　102, 103, 104, 105
マイナンバー　57, 72, 77, 91, 102, 103, 104, 105, 152, 348, 350
マイナンバーカード　14, 15, 102, 103, 352
マイナンバー法　81, 102, 104, 105
マーシャル外部性　317
マッチング機能　18
マラリア　301
水際対策　8, 39
ミスマッチ　162, 278
密室・密集・密接　55
三つの密　8, 11, 315, 316, 326
みなし失業給付　80
無謬性　80, 350
免疫パスポート　197
メンタルヘルス　276, 278, 279, 295
モノカルチャー生産　128
モビリティ　242, 249, 251
モビリティデータ　252
モラルハザード　61, 62, 66, 143

や 行

薬剤費　164
家賃支援給付金　17, 54
雇い止め　70, 265
輸出管理　113, 121
輸出税　133, 134
輸出補助金　133

ユニバーサルクレジット　79
輸入関税　134
抑圧戦略　187, 192, 193, 195, 196, 198
予見可能性　82, 91
予備的貯蓄　14
予防接種法　215

ら 行

ラボ実験　170
リアルタイム　7, 22, 79, 241, 251, 253, 262, 321, 331, 350, 352, 362
リアルタイム情報システム　79
離職手当　65, 67
リスクヘッジ　319
リパーパシング　204
リポジショニング　204, 217
リーマンショック　47, 49, 50, 51, 53, 87, 111, 117, 264, 358
リモートワーク　257, 263, 264
流動資産　269
流動性制約　14
療養病床　162
旅行収支　47
履歴効果　19, 49
履歴料率制　61, 62, 63, 66, 67, 68, 70, 74
リンク不明者　196
臨床試験　204, 206, 207, 208, 209, 210, 211, 212, 213, 214, 215, 216, 217
レイオフ　50, 67
レセプトデータ　161, 163
レムデシビル　212
労働時間規制　281
労働生産性　126
ロックダウン　9, 21, 111, 193, 194, 197, 239, 262
ロボット　20, 117

わ 行

ワクチン　12, 13, 19, 27, 28, 37, 46, 78, 86, 101, 106, 143, 144, 149, 192, 203, 204, 205, 207, 213, 214, 215, 216, 217, 218, 221, 285, 296, 331, 345, 358
ワッセナー・アレンジメント　121

執筆者紹介

編著者 ────────

小林慶一郎 （こばやし けいいちろう）

東京財団政策研究所研究主幹、慶應義塾大学経済学部客員教授、経済産業研究所プログラムディレクター・ファカルティフェロー、キヤノングローバル戦略研究所（CIGS）研究主幹

東京大学大学院工学系研究科修了（工学修士）、シカゴ大学 Ph.D.（経済学）。通商産業省（現経済産業省）、経済産業研究所を経て現職。専門はマクロ経済学、財務省財政制度等審議会臨時委員、新型インフルエンザ等対策有識者会議及び基本的対処方針等諮問委員会構成員。

主著に『日本経済の罠』（共著、日本経済新聞社、2001年、日経・経済図書文化賞、大佛次郎論壇賞奨励賞）、『財政破綻後』（編著、日本経済新聞出版社、2018年）。

森川正之 （もりかわ まさゆき）

一橋大学経済研究所教授、経済産業研究所（RIETI）所長

東京大学教養学部卒業、経済学博士（京都大学）。

経済産業省などを経て現職。

主著に『サービス産業の生産性分析：ミクロデータによる実証』（日本評論社、2014年、日経・経済図書文化賞）、『サービス立国論：成熟経済を活性化するフロンティア』（日本経済新聞出版社、2016年）、『生産性 誤解と真実』（同、2018年）。

執筆者（執筆順） ────────

【序章】

森川正之

【第1章】

小林慶一郎

奴田原健悟 （ぬたはら けんご）

専修大学経済学部教授、キヤノングローバル戦略研究所（CIGS）主任研究員

東京大学経済学部卒業、東京大学大学院経済学研究科博士課程修了。博士（経済学）。専門はマクロ経済学。

主な研究業績："Laffer Curves in Japan." *Journal of the Japanese and International Economies*, 2015（単著）、"What Asset Prices Should be Targeted by a Central Bank?" *Journal of Money, Credit and Banking*, 2014（単著）など。

【第2章】

鶴光太郎（つる こうたろう）

慶應義塾大学大学院商学研究科教授

東京大学理学部数学科卒業、オックスフォード大学経済学博士号（D.Phil.）取得。経済企画庁入庁、OECD 経済局エコノミスト、日本銀行金融研究所研究員、経済産業研究所上席研究員を経て、現職。

主な著書に、『人材覚醒経済』（日本経済新聞出版社、日経・経済図書文化賞受賞）、『日本経済のマクロ分析—低温経済のパズルを解く』（共著、日本経済新聞出版社）など。

【第3章】

八田達夫（はった たつお）

（公益財団法人）アジア成長研究所所長、理事長

国際基督教大学教養学士。ジョンズ・ホプキンス大学経済学博士。ブルッキングス研究所経済研究員、オハイオ州立大学助教授、ジョンズ・ホプキンス大学助教授・准教授・教授、大阪大学教授、東京大学教授、政策研究大学院大学学長などを経て現職。国家戦略特区諮問会議議員、電力・ガス取引監視等委員会委員長。大阪大学名誉教授。最近の編著書に Hatta, Tatsuo, and Shinya Ouchi, eds.（2018）. *Severance Payment and Labor Mobility, A Comparative Study of Taiwan and Japan*, Springer がある。

【第4章】

佐藤主光（さとう もとひろ）

一橋大学経済学研究科教授、同大学社会科学高等研究院医療政策・経済研究センター長

一橋大学経済学部卒業、クイーンズ大学（カナダ）Ph.D 取得、専門は財政学、政府税制調査会委員、内閣府規制改革推進会議委員、財務省財政制度等審議会委員、内閣府経済財政一体改革推進委員会専門委員などを歴任、主な著書に『地方税改革の経済学』（毎日エコノミスト賞受賞）、『震災復興：地震災害に強い社会・経済の構築』（共著）など。2019 年日本経済学会石川賞受賞。

【第5章】

小黒一正（おぐろ かずまさ）

法政大学経済学部教授

京都大学理学部卒業、一橋大学大学院経済学研究科博士課程修了（経済学博士）。大蔵省（現財務省）入省後、大臣官房文書課法令審査官補、関税局監視課総括補佐、財務省財務総合政策研究所主任研究官、一橋大学経済研究所准教授などを経て、2015 年 4 月から現職。財務省財務総合政策研究所上席客員研究員、経済産業研究所コンサルティングフェロー。内閣官房「革新的事業活動評価委員会」委員、会計検査院特別調査員。日本財政学会理事、鹿島平和研究所理事、新時代戦略研究所理事、キヤノングローバル戦略研究所主任研究員。専門は公共

経済学。
主な著書に『日本経済の再構築』（単著、日本経済新聞出版社）、『薬価の経済学』（編著、日本経済新聞出版社）など。

【第6章】
戸堂康之（とどう やすゆき）
早稲田大学政治経済学術院教授
東京大学教養学部卒業、スタンフォード大学経済学部博士課程修了（経済学 Ph.D.）。東京大学大学院新領域創成科学研究科教授・専攻長などを経て現職。
著書に『途上国化する日本』（日経プレミアシリーズ）、『日本経済の底力』（中公新書）など。

【第7章】
山下一仁（やました かずひと）
経済産業研究所（RIETI）上席研究員、キヤノングローバル戦略研究所（CIGS）研究主幹、東京大学公共政策大学院客員教授
東京大学法学部卒業、農林省入省。ミシガン大学行政学修士、同大学応用経済学修士、東京大学より博士（農学）を取得。農林水産省農村振興局次長などを歴任。
主著に、『いま蘇る柳田國男の農政改革』（新潮選書）、『日本農業は世界に勝てる』、『農業ビッグバンの経済学』（いずれも日本経済新聞出版社）、『環境と貿易』、『食の安全と貿易』（いずれも日本評論社）など。

【第8章】
楡井 誠（にれい まこと）
東京大学大学院経済学研究科教授
シカゴ大学 Ph.D.（経済学）。カールトン大学経済学部、一橋大学イノベーション研究センターなどを経て 2019 年より現職。
主　著："An Interaction-based Foundation of Aggregate Investment Fluctuations," *Theoretical Economics*, 2015, "Zipf's Law, Pareto's Law, and the Evolution of Top Incomes in the United States," *American Economic Journal: Macroeconomics*, 2017（共著）.

【第9章】
土居丈朗（どい たけろう）
慶應義塾大学経済学部教授
大阪大学卒業、東京大学大学院経済学研究科博士課程修了。博士（経済学）。東京大学社会科学研究所助手、慶應義塾大学助教授などを経て、2009 年 4 月から現職。
主著に『地方債改革の経済学』（日本経済新聞出版社、日経・経済図書文化賞、サントリー学芸賞受賞）、『平成の経済政策はどう決められたか』（中央公論新社）、『入門公共経済学』（日

本評論社）など。

【第10章】

中川善典（なかがわ よしのり）

高知工科大学フューチャー・デザイン研究所／経済・マネジメント学群准教授

東京大学大学院工学系研究科博士課程修了、東京大学大学院助手を経て現職。

主著：Nakagawa, Y., H. Shiroyama, K. Kuroda, and T. Suzuki (2010). "Assessment of Social Implications of Nanotechnologies in Japan: Application of Problem Structuring Method Based on Interview Surveys and Cognitive Maps." *Technological Forecasting and Social Change*, 77 (4) : 615-638.

西條辰義（さいじょう たつよし）

総合地球環境学研究所プログラムディレクター、高知工科大学フューチャー・デザイン研究所所長

ミネソタ大学 Ph.D.（経済学）。オハイオ州立大学、カリフォルニア大学、ワシントン大学、筑波大学、大阪大学、一橋大学などを経て現職。

主著：西條辰義編著（2015）『フューチャー・デザイン』（勁草書房）、Saijo, T. (ed.) (2020). *Future Design*, Springer (in press).

【第11章】

関沢洋一（せきざわ よういち）

経済産業研究所上席研究員

東京大学法学部卒業、経済産業省入省、2012 年より現職。

【第12章】

長岡貞男（ながおか さだお）

東京経済大学経済学部教授、経済産業研究所プログラムディレクター

マサチューセッツ工科大学 Ph.D.。通商産業省（現経済産業省）入省。成蹊大学経済学部教授、一橋大学商学部付属産業経営研究所教授、一橋大学イノベーション研究センター教授、同センター長を経て 2015 年 4 月より現職。

最近の著作：*Drug Discovery in Japan : Investigating the Sources of Innovation*, 2019, Springer, "Making the patent scope consistent with the invention: Evidence from Japan." with Okada Yoshimi, Yusuke Naito, 2018, *Journal of Economics & Management Strategy*, 2018.

【第13章】

小西葉子（こにし ようこ）

経済産業研究所上席研究員、東北大学大学院経済学研究科特任教授

名古屋大学大学院で経済学博士号取得。一橋大学経済研究所講師、米エール大学客員研究員などを経て 2008 年から経済産業研究所研究員、2014 年より現職。専門は計量経済学。

主著：Konishi, Y., Saito, T. "Total Factor Productivity Changes in Japanese Small and Medium-Sized Enterprises in 1982-2016: Suggestive Indications of an IT Revolution." *Asian Economic Papers*, 近刊、小西葉子・齋藤敬・石川斗志樹（2020）「家電製品の省エネ化と価格変動：パネルデータ（1996-2019）による分析」RIETI Discussion Paper, 20-J-018、小西葉子・齋藤敬（2020）「インバウンド需要の獲得に効果的なアメニティは何か？：宿泊施設タイプ別分析」RIETI Discussion Paper, 20-J-014。

【第14章】

宮川大介（みやかわ だいすけ）

一橋大学大学院経営管理研究科准教授

カリフォルニア大学ロサンゼルス校（UCLA）経済学博士（Ph.D.）。日本政策投資銀行、ハーバード大学などを経て現職。現在、日本銀行金融研究所客員研究員、内閣府経済社会総合研究所客員研究員、中小企業庁中小企業政策審議会委員を兼任。

主著："Natural Disasters, Damage to Banks, and Firm Investment," *International Economic Review* 57（4）：1335-1370, 2017, "Overseas Market Information and Firms' Export Decisions," *Economic Inquiry* 53（3）：1671-1688, 2015.（共著）

【第15章】

菊池信之介（きくち しんのすけ）

マサチューセッツ工科大学経済学部博士課程在学

東京大学大学院経済学研究科（修士）。マッキンゼーアンドカンパニーを経て現所属。

北尾早霧（きたお さぎり）

東京大学大学院経済学研究科教授

ニューヨーク大学経済学博士（Ph.D.）。南カリフォルニア大学マーシャル経営大学院、ニューヨーク連邦準備銀行などを経て現職。

主著："Policy Uncertainty and Cost of Delaying Reform: The Case of Aging Japan," *Review of Economic Dynamics*, 2018. "Sustainable Social Security: Four Options," *Review of Economic Dynamics*, 2014.

御子柴みなも（みこしば みなも）

東京大学大学院公共政策学教育部博士課程在学

東京大学大学院経済学研究科（修士）。

【第16章】

黒田祥子（くろだ さちこ）

早稲田大学教育・総合科学学術院教授

慶應義塾大学経済学部卒業、博士（慶應義塾大学）。日本銀行金融研究所にて経済分析を担当、一橋大学経済研究所助教授、同准教授、東京大学社会科学研究所准教授などを経て、2014年4月より現職。著作に "Mental health effects of long work hours, night and weekend work, and short rest periods, *Social Science & Medicine*, 246, 2020"（共著）、"Why Do People Overwork at the Risk of Impairing Mental Health?," *Journal of Happiness Studies*, 20 (5), 2019, pp. 1519-1538（共著）、『労働時間の経済分析〜超高齢社会の働き方を展望する』（共著、2014年、日本経済新聞出版社、日経・経済図書文化賞受賞、労働関係図書優秀賞受賞）など。

【第17章】

森川正之

【第18章】

藤田昌久（ふじた まさひさ）

京都大学経済研究所特任教授・名誉教授、学士院会員

ペンシルバニア大学大学院博士課程地域科学専攻修了。これまでにペンシルバニア大学地域科学部教授、京都大学経済研究所教授、甲南大学特別客員教授、日本貿易振興機構アジア経済研究所長、経済産業研究所長等を歴任。主著に *Urban Economic Theory*（1989年、Cambridge University Press）、*The Spatial Economy: Cities, Regions, and International Trade*（1999年、MIT Press）、*Economics of Agglomeration*（2013年、Cambridge University Press）、『復興の空間経済学』（2018年、日本経済新聞出版社）ほか、刊行された学術論文も多数に上る。

浜口伸明（はまぐち のぶあき）

経済産業研究所ファカルティフェロー・地域経済プログラムディレクター、神戸大学経済経営研究所教授

ペンシルバニア大学大学院博士課程地域科学専攻修了。日本貿易振興機構アジア経済研究所研究員を経て現職。主著に『復興の空間経済学』（2018年、日本経済新聞出版社）、*Innovation with Spatial Impact: Sustainable Development of the Brazilian Cerrado*（2019年、Springer）など。

【第19章】

近藤恵介 (こんどう けいすけ)

経済産業研究所上席研究員

神戸大学大学院経済学研究科修了、博士（経済学）。

主な著作：Kondo, K. (2019). "Does Agglomeration Discourage Fertility? Evidence from the Japanese General Social Survey 2000–2010," *Journal of Economic Geography*, 19 (3), pp. 677-704. Kondo, K and T. Okubo (2015). "Interregional Labour Migration and Real Wage Disparities: Evidence from Japan." *Papers in Regional Science*, 94 (1), pp. 67-87.

【第20章】

中田大悟 (なかた だいご)

経済産業研究所上席研究員兼データ専門職

横浜国立大学大学院国際社会科学研究科博士後期課程単位取得退学、博士（経済学）。

経済産業研究所研究員、同上席研究員などを経て 2020 年より現職。

主要論文：「少子高齢化、ライフサイクルと公的年金財政」（共著）『季刊社会保障研究』、2010 年、第 46 巻第 3 号、「社会保険料負担は企業の投資を抑制したのか？—個票データを用いた設備・研究開発・対外直接投資の実証分析」（共著）『財政研究』、2016 年、第 12 巻。

【終章】

小林慶一郎

佐藤主光

コロナ危機の経済学
提言と分析

2020 年 7 月 17 日　　1 版 1 刷

編著者	小林慶一郎 森川正之

©2020　Keiichiro Kobayashi, Masayuki Morikawa,
Kengo Nutahara, Kotaro Tsuru, Tatsuo Hatta, Motohiro Sato,
Kazumasa Oguro, Yasuyuki Todo, Kazuhito Yamashita,
Makoto Nirei, Takero Doi, Yoshinori Nakagawa, Tatsuyoshi Saijo,
Yoichi Sekizawa, Sadao Nagaoka, Yoko Konishi, Daisuke Miyakawa,
Shinnosuke Kikuchi, Sagiri Kitao, Minamo Mikoshiba,
Sachiko Kuroda, Masahisa Fujita, Nobuaki Hamaguchi,
Keisuke Kondo, Daigo Nakata

発行者	白石　賢
発　行	日経 BP 日本経済新聞出版本部
発　売	日経 BP マーケティング 〒 105-8308　東京都港区虎ノ門 4-3-12
装　幀	野網雄太
ＤＴＰ	マーリンクレイン
印刷・製本	三松堂印刷株式会社

ISBN978-4-532-35861-7